몸에 밴 어린 시절

Originally published in English as *Your Inner Child of the Past* by Simon&Shuster, NY, USA
© 1964 by W. Hugh Missildine
Translated and printed by permission of legal copyright successors,
Daniel Missildine and Nancy Missildine
This Korean translation edition © 2020 by Il me dit, Seoul, Republic of Korea

몸에 밴 어린 시절

2020년 6월 14일 초판 1쇄 펴냄
2025년 1월 17일 초판 6쇄 펴냄

지은이 W. 휴 미실다인
옮긴이 이석규, 이종범
펴낸곳 도서출판 일므디
편집 강서윤, 김소정, 김지영, 박다솜
디자인 정진아, 강혜인, 이경숙, 정호진
마케팅 안효진, 황희진
전자우편 Ilmeditbook@gmail.com

ISBN 979-11-970317-0-0 03180

값 22,000원

이 책의 한국어 출판권은 도서출판 일므디에 있습니다.
저작권법에 의해 한국 내에서 보호를 받는 저작물이므로 무단 전재와 무단 복제를 금합니다.

일므디 Il me dit 는 '그가 나에게 말하다'라는 프랑스어로 '책이 우리에게 말을 건다'는 의미를 살렸습니다.
바쁜 일상을 사는 우리에게 문득 책 한 권이 말을 걸어옵니다. 잠시 숨을 고르며 그가 하는 말에 귀 기울여 보세요.
진정한 나와 만나는 시간이 시작될 것입니다.

― W. Hugh Missildine ―

몸에 밴 어린 시절

W. 휴 미실다인 지음 | 이석규, 이종범 옮김

고민과 불행의 원인이 되는
내재과거아에 효과적으로 대처하는 법

일므디

차례

제1부 내재과거아에 대한 이해와 수용

| 제1장 | 내재과거아란 누구인가? 9
| 제2장 | 왜 감정의 혼란을 겪게 되는가? 19
| 제3장 | 내재과거아는 어른의 삶에 어떻게 영향을 끼치는가? 29
| 제4장 | 어린 시절을 대하는 태도가 우리를 잘못 이끈다 42
| 제5장 | 내재과거아가 몸에 배면 57
| 제6장 | 당신에게 내분이 일어나고 있는가? 73
| 제7장 | 결혼 생활에는 네 사람이 필요하다 80
| 제8장 | 갈등의 영역: 돈, 성, 오락 93
| 제9장 | 당신은 어떤 부류의 어린아이였나? 110

제2부 부모의 지나친 태도
: 이 태도가 현재 당신에게 어떤 영향을 끼치고 있는가?

| 제10장 | 완벽주의: 더 잘하기 위해 노력해야 한다고 생각한다면   129
| 제11장 | 강압: 꾸물거리는 태도를 버리지 못한다면   156
| 제12장 | 유약: 요구가 많고 충동적인 사람이라면   193
| 제13장 | 방임: 지루해하고 진득하게 견뎌 내지 못한다면   226
| 제14장 | 건강 염려증: 건강에 대해 항상 걱정해야 한다면   269
| 제15장 | 응징: 계속해서 과거사에 대해 보복하고자 한다면   306
| 제16장 | 방치: 소속감이 없고 소속되기 어렵다는 생각이 든다면   368
| 제17장 | 거부: 애써 자신을 고립시키려 한다면   420
| 제18장 | 성적 자극: 성의 역할을 잘못 판단하는 것 같다면   442

제3부 당신 자신과 당신의 인생을 바꾸는 일
| 제19장 | 자신에게 새로운 부모 역할 하기   481

제1부

내재과거아에 대한 이해와 수용

제1장

내재과거아란 누구인가?

• **지속되는 어린 시절**

　어디선가, 언제인가 당신은 어린이였다. 이 점은 명백한 사실이지만, 그다지 의미가 없다는 이유로 우리 삶에서 간과되곤 한다. 그러나 당신이 한때 어린이였다는 사실은 현재의 삶에서 중요한 의미를 지닌다. 우리는 언제나 '어른'이 되려고 노력하면서 어린 시절을 무시하고 생략해 버리는 잘못을 범하고 있다. 이러한 잘못은 많은 어른에게 고민과 불행을 가져다주는 근본적인 요인이 된다. 그리고 우리가 자신을 잘못 대하고 있음을 보여 주는 일면이기도 하다.

　당신이 현재 부유하든 가난하든, 자신의 처지를 만족스러워하든 불만이 가득하든, 가정주부이든 회사원이든, 기혼자이든 이혼을 했든, 감옥에 갇혀 있든 집에서 지내든 간에, 한때 당신이 거쳐 온 어린 시절은 까마득한 옛날 아득히 먼 곳에 묻혀 있는 존재가 아니다. 어린 시절은 지금도 당신 안에 자리 잡고 있다. 그리하여 당신이 하는 모든 일과 당신이 느끼는 모든 정서에 영향을 끼치고 있는 것이다. 어린 시절의 감정과 태도는 친구, 동료, 배우자와의 관계뿐 아니라 자녀들과의 관계에도 실제로 자주 영향을 끼치고, 그 관계를 지배한다. 또한 당신이 일하고 사랑하는 데 지장을 가져오기도 한다. 그리고 피로감과 불안증, 극심한 두통, 위장 장애의 주요 원인이 될 수도 있다.

한때 당신이 거쳐 온 그 어린이*에게 무슨 일이 생겼는가? 그 아이는 죽어 버렸는가? 아니면 이미 자라서 낡은 장난감이나 덧버선, 썰매와 함께 내버려졌는가? 그 아이는 유기되었는가? 아니면 마침내 어디선가 잊혀서, 결국 당신의 기억에서 아주 사라져 버렸는가?

• 문제를 불러일으키는 태도

필자는 어린이 전문 정신과 의사로서 어린이들과 어른들이 각자의 문제로 고통스러워하는 것을 관찰할 기회가 많았다. 이를 통해 어린 시절에 일어난 문제가 어른에게도 거듭해서 일어나고 있다는 사실을 발견하였다. 또 그들 감정의 뿌리를 찾는 과정에서, 이것이 어린이에게 나타나는 '문제 유발성 태도'에서 기인했음을 자주 목

---

* 역자 주: 이 어린이를 저자는 내재과거아(內在過去兒, inner child of the past)라고 부른다.

격하였다. '문제 유발성 태도'란 부모와 같은 소중한 사람들의 터무니없는 태도와 지나친 요구에 부응하는 어린이 나름의 방식이다. 이와 같은 어린 시절의 반응이 어른이 되어서 외로움, 성적 장애, 우울증, 불안, 부부간의 불화, 성공을 향한 충동적인 집착 등의 결과로 나타난다는 사실을 알아낸 것이다.

당신의 내재과거아는 어른이 되어서도 그대로 남아 지속된다. 그런데 여기서는 '그대로 지속된다'는 말보다 오히려 '무럭무럭 자란다'는 표현이 더 알맞다고 하겠다. 왜냐하면 흔히 이러한 내재과거아는 마구 발버둥 치고, 고래고래 소리 지르고, 말다툼을 벌이고, 자기가 좋아하는 활동에 무턱대고 뛰어들고, 좋아하지 않는 것은 피하려고 꾸물대고, 속이고 거짓말을 하며, 다른 사람들의 생활을 뒤흔들어 놓거나 망쳐 놓는 존재이기 때문이다. 내재과거아는 당신의 성품 중에서 겁 많고 소심한 내성적인 면으로 나타날 수도 있다.

좋든 싫든 간에, 우리는 지난날의 정서적인 분위기에 묻혀 살면서 현재의 삶에 끼어들고 있는 어린이이기도 하고, 한편으로는 과거를 잊으려고 노력하면서 오로지 현재에 집착해서 살아가는 어른이기도 하다. 당신의 내재과거아는 어른으로서 얻는 만족을 방해하거나 무산시킬 수도 있고, 당신을 난처하게 만들거나 괴롭힐 수도 있고, 병들게 할 수도 있으며, 당신의 삶을 풍요롭게 해 줄 수도 있다.

• 당신은 내재과거아를 어떻게 다루는가?

　당신은 이미 이런저런 모습으로 내재과거아를 다루고 있다. 당신이 살면서 부딪히는 많은 문제의 이면에 그 흔적이 엿보인다. 실제로 우리는 청소년기 이래로 각자의 내재과거아를 나름대로 다루고 있다. 그렇지만 어린 시절이 어른인 당신에게 어떤 모습으로 계속 영향을 끼치고 있는지 이해하지 못한다면, 성과 없이 지쳐 버리고 끝내 좌절하게 될 것이다.

　사람들은 대부분 이러한 어린 시절의 감정을 뿌리 뽑으려고 애쓴다. 자신이 어른답지 못하다고 자책하거나 경멸하면서 어린 시절의 감정을 부인하거나 무시하고, 잊어버리거나 극복하려고 한다. 그러나 감정의 특성상, 어린 시절의 감정을 묻어 두는 것은 불가능하다.

　만약 자신의 내재과거아를 다루기 위해 노력하고 있지 않다면, 갈등을 겪을 일도 없고 고통스러워하거나 고민할 필요도 전혀 없을 것이다. 실제로 그렇게 지내는 사람들도 있다. 그들은 어른으로서 살아가는 자신의 삶을 내재과거아에게 내맡긴다. 그렇게 되면 다른 사람들과 맺는 관계는 물론 사회생활에서 심각한 갈등을 불러일으키는 것을 피할 수 없다. 예를 들어 '소유권'에 대한 개념이 전혀 없는 어린이가 있다고 하자. 그 어린이는 자기 관심을 끄는 것이면 무엇이든 다 가지려고 한다. 그런데 만약 어른이 되어서도 그런 식으로 행동한다면 결국 교도소에서 살아야 할 것이다.

자신의 내재과거아를 이해하고 받아들여야 한다고 해서, 어린이처럼 충동적으로 행동하거나 발끈 화를 내도 된다는 것을 뜻하지는 않는다. 그런 사람에게는 제약이 뒤따라야 한다. 이를테면 부모가 자녀를 보호하기 위해 건널목의 안전 수칙을 꼭 지키도록 제재를 가하는 것처럼 말이다.

· **문제의 심각성**

내재과거아와 현재의 어른 사이의 갈등이 심각한 정서적 파란을 불러일으킨 결과, 대략 열에 하나는 정신병원에 입원하거나 의사에게 개인적으로 치료를 받게 된다. 그런데 이러한 갈등은 대부분 신체 질환 증세로 감춰진다. 일반 개업 의사들은 환자의 정서상 장애에서 오는 불평을 듣는 데 진료 시간의 30~50%를 보내고 있다. 국가에서 병을 치료하기 위해 해마다 높은 비용을 들이는데도 사람들은 여전히 그 병을 앓고 있다. 사람들의 정서적인 특성이 제대로 파악되거나 적절하게 다루어지지 못하고 있기 때문이다.

몇 년 전만 해도, 정신과 의사가 더 많이 배출되고 더 많은 연구가 진행되면 언젠가 이런 문제들이 해결되리라고 전망하기도 했다. 그러나 그 희망은 이루어지지 않았다. 이제 우리는 정신 건강 분야에서 불행의 극변에 서 있는 셈이다. 정신과 의사 증가율이 인구 증가율을 따라잡지 못하고 있으니, 임상 분야에서나마 발전이 이루어지기를 바라야 하겠다.

그런데 이 책에서 다루고자 하는 대부분의 문제는 전문적인 정신과 치료를 필요로 하는 사람들에게 해당하는 것이 아니다. 여기서는 정상적인 사람들이 일상생활에서 당면하는 문제들, 원인이 무엇이고 그것을 어떻게 다뤄야 하는지 깨닫는다면 스스로 해결해 나갈 수 있는 문제들을 다룬다.

자신의 내재과거아에 효과적으로 대처하며 살아가는 요령을 깊이 이해할 때, 갖가지 근심과 피로, 외로움과 내면의 공허함 등이 사라질 것이다. 또한 결혼한 부부들은 상대방의 요구에 충분히 응답하게 되고, 부모들은 어린 자녀들이 장차 문제가 될 수 있는 태도에서 벗어나도록 도움을 줄 수 있게 된다. 이 책은 정서적 장애를 실질적으로 규명하고 이에 대처하는 방법을 독자들이 이해할 수 있는 말로 제시하려는 노력을 담은 책이다.

• **세 가지 주요 개념**

당신은 이 책에서 중요한 개념 세 가지를 발견할 것이다. 이것은 필자가 의사로서, 어린이와 부모에게 관심을 집중했던 어린이 전문 정신과 의사로서, 오하이오 주립 대학교 의과 대학에서 의학도들, 젊은 의사들과 함께 연구하던 교수로서 쌓은 체험에서 얻어 낸 개념이다. 그 세 가지 개념이란 다음과 같다.

1. **내재과거아:** 말 그대로 어른이 된 지금도 당신의 삶 안에 그

대로 남아서 지속되고 있는, 당신이 과거에 거쳐 온 어린이의 모습.

2. 자신에 대한 부모 역할: 당신은 이미 자신의 내재과거아에게 부모로서 행위하고 있는데, 이러한 태도에 대한 내재과거아의 반응이 때로는 당신이 부딪히는 문제의 원인이 되기도 한다.

3. 상호 존중: 당신이 자신의 내재과거아나 다른 사람들과 더불어 지내는 데 필요한 기본적인 태도이다.

제2차 세계 대전 후 오하이오주 콜럼버스시에 어린이 정신 건강 센터가 개설되었다. 필자는 그곳에 몰려드는 수많은 어린이들과 부모들을 도와야 한다는 과제에 당면하여 이 개념들을 정립시켰다. 그들은 하나도 예외 없이 시급한 도움이 필요한 상황에 있었다.

• 활용 가능한 개념

콜럼버스시에서 필자를 찾아온 환자들은 대부분 성실하고 근면하며 교양이 있었지만 정서적인 장애를 겪고 있는 부모들이었다. 필자는 정신분석 위주의 심리요법이 그들에게 별다른 도움을 주지 못한다는 점을 알아냈다. 그들이 당면한 문제에는 그러한 치료법이 맞지 않았다. 또한 그들이 심리요법의 전문 용어나 기본적인 개념을 이해하지 못하고 있었을 뿐 아니라 그런 것들을 이해하게 되면 진료를 거부하는 경우도 있었기 때문에 별로 성과가 없었다. 게다가 심리요법은 너무 더디고 시간이 많이 걸린다는 단점도 있었다. 그래서 결국에는 지루한 정신분석학적 치료법과는 다른 어떤 방법을 고안해 내지 않으면 안 되겠다는 생각이 들었다.

그렇다고 해서 정신분석학이나 정신분석학적 치료법이 성과를 낼 수 없다거나 성과를 내지 못한다는 뜻은 아니다. 그러나 이러한 치료법은 부적당할 때가 많다. 또한, 환자가 감당해야 하는 시간과 비용은 제쳐 놓는다 하더라도 숙련된 정신과 의사의 시간이 많이 낭비된다는 문제가 있다. 정신분석학자들을 훈련시키는 데는 시간이 굉장히 오래 걸린다는 점을 감안한다면, 그들의 기술은 아주 심각한 정신 장애를 겪는 사람들을 위해 유보해 두어야 할 것이다.

만약 프로이트의 정신요법 개념에 고집스럽게 집착한다면, 빠르게 증가하는 정신적 질병의 발생을 줄일 수 없을 것이다. 필자는 이 점에서, 일반 개업 의사들이 우리에게 큰 희망을 준다고 믿는다. 긴 수련을 거치며 환자 가족들과 친밀한 관계를 맺어 온 그들은 정서 장애를 초기에 알아내고 완화해 줄 수 있는 중요한 위치에 있다.

그들도 현재로서는 프로이트식 정신요법에 이론적으로 의존할 수밖에 없다. 하지만 이것을 효과적으로 원용하기에는 너무 번거로운 데다가 일상적인 체험과는 동떨어진 이론이라는 한계가 있다. 물론 더욱 실용적으로 진단하고 치료할 수 있는 수단과 장비를 갖춘 의사라면, 만연하는 정서 장애를 효과적으로 다룰 수 있을 테지만 말이다.

우리에게는 더 많은 정신과 의사와 심리학자, 그 밖의 숙련된 전문 인력이 필요하다. 그리고 더 많은 연구가 절실하게 필요하다. 또한 사람들을 괴롭히는 긴장과 불안이 왜 일어나는지, 어떻게 해서 일어나는지 충분히 알아들을 수 있는 쉬운 설명이 필요하다.

필자는 콜럼버스시에서 정통적인 프로이트식 정신요법 개념의 사용을 점차 줄여 나갔다. 그리고 환자들이 자신의 정서 장애를 이해하고 대처하는 데에 더욱 효과적으로 활용할 수 있는 개념을 발전시키려고 고심했다. 필자는 어린이뿐 아니라 어른 환자들도 다루고 있었다. 그래서 어린이들이 부모의 태도와 승강이하는 것처럼 어른 환자들 역시 부모의 태도에서 여전히 영향을 받으며 옥신각신하는 모습을 자주 관찰할 수 있었다.

실제로는 부모가 더 이상 곁에서 뭐라고 하지 않는데도 부모의 태도는 여전히 맹위를 떨치고 있었으며, 환자들은 계속해서 자신이 어린 시절에 대응했던 대로 이 태도에 반응하고 있었다. 이렇게 해서 어른에게 그대로 남아 있는 내재과거아란 개념이 생겨났다.

내재과거아, 자신에 대한 부모 역할, 상호 존중 등의 개념은 필자가 사용한 즉시 환자들에게 큰 도움이 되었다. 그들은 몇 년 동안 계속해서 이 개념을 활용해 오고 있다. 필자는 이 개념을 다른 사람들에게도 가르쳐 주었으며, 성공적으로 활용되는 사례들을 지켜보았다. 많은 사람이 이 개념들을 빌어서, 문제가 되는 자신의 감정을 이해하는 방법과 이에 대처하는 요령을 찾았다. 만약 이 책을 읽고 나서 당신의 문제를 심각하게 여기고, 일반 의사나 정신과 의사에게 이야기하고 싶어진다면, 자신의 문제가 어디에 있는지 파악하는 데 도움이 되는 책을 발견한 것이라고 할 수 있겠다.

  물론 이 책을 읽는다고 해서 당신의 문제들이 자동으로 해결되지는 않을 것이다. 그러나 자신이 느끼는 고독, 불안, 극심한 갈등의 실제 원인을 파악하는 실마리를 얻을 수 있을 것이다. 그리고 당신 자신과 당신의 어린 시절에 대해 새롭게 살펴보는 안목을 기를 수 있을 것이다.

제2장

왜 감정의 혼란을 겪게 되는가?

• **터무니없는 우리의 감정**

바람직하지 않을뿐더러 터무니없기까지 한 감정이 우리의 일상에서 끊임없이 드러나고 있다. 가령, 누군가가 옷차림을 칭찬하거나 추켜세우면 우리는 도리어 수줍어할 때가 있다. 또 우리를 사랑하는 사람들에게 분노를 느낄 때도 있다. 아무 근거가 없는데도 가게 주인이 우리를 속였다고 생각하거나 이웃 사람이 우리를 두고 이러쿵저러쿵 입방아를 찧고 있다고 의심하기도 한다. 또는 오래 고민하고 골라 준 선물에 자녀가 시큰둥한 반응을 보일 때 몹시 화를 내기도 한다.

이와 같이 터무니없는 감정으로 인해 우리는 자주 당황하거나 죄책감을 느끼기도 한다. 그리고 언짢은 소식이라도 들으면 대개는 웃어넘기다가도, 때로는 자신을 탓하기도 한다. 또는 자녀의 찌푸린 얼굴을 보고 마음 아파하기도 한다. 그런가 하면 사람들과 친분을 다지려고 애쓰는 중에 말실수를 해서 우정을 깨뜨리고 마는 경우도 있다. 또한 스스로 계획하고 소망했던 일들에 대해 몹시 슬퍼하거나 울적해할 때도 있다. 아니면 행복해하고 만족스러워하면서도, 애매한 한숨을 내쉼으로써 사람들을 혼란에 빠뜨리기도 한다.

우리의 감정은 이처럼 지나치고 격렬하며, 불필요하거나 비현실적이고, 온당치 못할 때가 많다. 그래서 이러한 감정과 이 감정을 불러일으키는 격한 고통을 감추려고 애쓴다. 그리고 우리를 곤혹스럽게 만드는 감정을 부끄럽게 여긴 나머지 부질없는 것이라고 말하며, 이러한 감정을 갖게 되는 자신을 나무란다.

그런데 감정을 억누르거나 부인하려는 시도는 자신에 대한 불만이 더욱 커지게 할 뿐이다. 자책은 고독감과 소외감을 불러온다. 또 자신의 감정에 냉소적으로 대처하려는 노력은 반드시 실패로 끝나게 되어 있다. 그러한 노력으로는 본래의 자신으로 되돌아갈 수 없으며 마음의 안정을 찾을 수도 없다.

원치도 않는 감정을 제어할 수 없다는 점에서 자신이 정말로 무능하거나 유별나고, 적응할 줄 모르거나 희망조차 없는 신경증 환자는 아닌가 하는 두려움을 느끼기도 할 것이다. 이러한 두려움에 대해 누군가에게 심각하게 이야기하자니, 일을 더욱 그르치는 것처럼 생각되기도 할 것이다. 그래서 많은 사람들이 피로, 날씨, 일

같은 것들에 대해, 그리고 친구들이나 고용주, 가족의 몰이해에 대해 느끼는 자신의 감정을 나쁘다고 비난한다. 이러한 과정을 되풀이하면서 괴로워하는 가운데, 자신이 혼자이며 사랑하는 사람들로부터 소외되거나 격리되어 있고 인생살이에 제대로 참여할 수 없다는 의식이 깊어진다. 혼자라는 감정은 우리 사회에서 가장 파멸적이면서도 공통적인 체험 중 하나이다.

실제로 우리가 느끼는 고독감은 대부분 자신을 대하는 태도에서 기인하는 것일 따름이다. 그리고 자신을 대하는 태도는 주로 어린 시절에 체험한 가족의 태도와 정서적 분위기에 의해 형성된 것이다. 그렇다고 우리가 어렸을 때 '훗날 뿌리 깊은 노이로제로 발전하게 될' 정신적 충격을 체험했고, 그것으로 고통을 받았다는 뜻은 아니다. 필자가 말하려는 것은 자신을 대하는 태도가 한두 차례의 정신적 충격을 체험함으로써 이루어진 것이라기보다는 가족들의 일상적인 분위기와 태도로 말미암아 굳어진 것이라는 점이다.

• 어린 시절에는 그럴 만한 이유가 있었다

우리는 저마다 나름의 내재과거아를, 즉 어린 시절에 길러진 감정과 태도를 지닌 채 살아간다. 그런데 이러한 감정과 태도를 회상한다거나 식별해 내기는 쉽지 않을 것이다. 왜냐하면 어린 시절에 대한 우리의 기억은 선명하면서도 모호하고, 덧없이 사라졌다가도 다시 떠오르며, 겉보기에는 일관성 없이 뒤죽박죽인 것처럼 보이기 때문이다. 당신은 아마도 이런 것들을 기억하고 있을 것이다. 이를테면 교회의 만찬 모임에서 커피를 잔에 넘치게 따르고 당혹스러워하시던 어머니의 모습, 파티에 차려입고 나갔던 옷, 별난 방식으로 벌을 받았던 일, 방 안의 장식, 다른 아이들의 장난감, 카우보이나 간호사에 대한 동경과 같은 기억 말이다. 그런가 하면 당신은 그런 기억에 대해서 "아, 그거야 제가 어릴 적에 있었던 옛날 일이잖아요!"라고 일축해 버릴지도 모른다.

그러나 우리는 자신이 언제 어린이의 단계를 벗어났으며, 언제 어른이 되었는지 기억하지 못한다. 내재과거아는 그 모든 감정과 태도를 우리의 삶이 끝나는 순간까지 실제로 이어간다. 어른인 당신에게는 이러한 감정과 태도가 바람직하지 않고 납득조차 안 가는 듯이 보일지도 모른다. 그렇지만 어린이, 특별히 당신의 내재과거아에게는, 그리고 당신이 살아온 정서적인 분위기에는 그러한 것들이 싹틀 만한 이유가 있었다.

• 본질적인 차이점

필자는 문제 아동을 지도하고 진료하는 과정에서, 부모의 태도가 각기 다른 연령층의 어린이들의 감정에 어떤 영향을 끼치는지 관찰할 기회가 여러 번 있었다. 어린이의 정서적인 혼란은 잠자리에 오줌을 싸거나 식사를 거부하거나 수줍어하거나 발끈 화를 내거나 까닭 없이 다른 어린이를 공격하는 행동으로 나타나기도 했다. 그런데 어린이가 그런 반응을 보이는 데에는 부모의 태도가 중요한 요인으로 작용하며, 부모가 태도를 바꾸면 문제가 되는 어린이의 행동도 대개 사라진다는 것을 알 수 있었다.

필자는 진료 과정에서 어린이가 스스로를 평가하려고 애쓰는 모습을 발견할 수 있었다. 어린이는 부모가 자신에게 보이는 반응으로 자신이 어떤 사람인지, 자신에 대해서 어떻게 생각하는지를 감지하곤 한다. 이러한 관점에서 어린 시절에 문제점이 싹튼다고 추정해 볼 수 있다. 또한 어린 시절에 가정에서 체험한 정서적 분위기를 되살리려 할 때 어른의 삶에서도 그 문제점이 지속된다고 생각해 볼 수 있다.

진료 과정에서 수많은 정신 장애 어린이와 부모를 대하며, 발병의 원인이 되는 부모의 특정한 태도, 즉 지나친 태도나 문제를 불러일으킬 만한 태도를 꼬집어 낼 수 있었다. 그런데 이와 같은 태도는 어렸을 때뿐만 아니라 장차 자신의 내재과거아의 감정과 부딪히며 살아야 하는 어른이 되어서도 문제가 되리라는 것은 거의 확실하다. 앞으로 이처럼 정도가 지나친 태도에 대해 낱낱이 살펴볼 것이며, 이를 통해 자신이 안고 있는 문제점의 원인이 무엇인지 규명해 볼 수 있을 것이다.

만약 해악을 끼치는 부모-자녀의 관계를 다루는 어린이 전담 정신과 의사의 관점에 입각해서 어른들의 문제점을 살펴본다면, 우리는 다음과 같이 간명하면서도 중요한 두 가지 사실을 곧바로 발견할 수 있을 것이다.

　1. 정서적인 의식 면에서 어른과 어린이의 본질적인 차이점 가운데 하나는 이것이다. 곧, 어린이에게는 갖가지 방법을 빌어서 지시하고, 이끌어 가고, 안심시키고, 평가하고, 가치를 따지게 하는 등 내면의 의식을 심어 주는 부모가 있는 반면 어른은 스스로 자신에게 지시하고, 자신을 이끌어 가고, 안심시키거나 자책하는 등 자신에 대한 부모 노릇을 한다.
　2. 그러한 어른들은 어린 시절에 익힌 부모의 태도를 이어받아 자신이 어른으로서 생활하는 데에 고스란히 적용한다.

　이상의 두 가지 사실은 어른이 된 당신에게 '어떻게 그와 같은 문제들이 일어나는지'를 이해하는 바탕이 된다. 아동기란 일반적으로, 부모의 지도와 보호를 더 이상 필요로 하지 않고 한 인간으로서 독립할 수 있을 때 끝나는 성장과 훈련의 시기라고 할 수 있다. 그런데 당신이 정작 어른으로서 행동할 때는 실제로 당신 자신에 대해서 부모 노릇을 하게 된다. 그리고 그 과정에서 당신의 부모가 어린 시절의 당신을 대하던 감정이나 태도를 이용한다.

• **당신은 자신에게 어떤 부모 노릇을 하는가?**
　당신이 처한 어려운 상황을 풀어 나가려고 노력하는 가운데 자신에게 이렇게 물어보라. "나는 자신에게 어떤 부모 노릇을 하고 있는가? 자신을 비하하며 경멸하는가? 자신을 학대하고 있는가? 자신을 관대하게 대하고 있는가? 자신에게 너무 많은 것을 기대하며 요구하고 있는가? 이러한 상황에서 전에 부모가 나에게 했던 것과 똑같은 방식으로 자신을 대하고 있는가?"

당신은 성장하면서 점차 당신을 대하던 부모의 태도를 답습하거나 빌어 온다. 필자는 '빌어 온다'는 표현을 선호한다. 이 태도는 당신 부모의 태도이지 당신 자신의 태도는 아니기 때문이다. 세상을 대하거나 특별히 자신을 대하는 태도의 대부분이 부모의 태도를 그대로 되풀이하는 것이지, 자기들이 스스로 굳힌 것은 아니라는 사실을 깜빡하는 사람들이 많다. 그 태도가 자신의 것이 아니라는 사실을 깨달을 때, 비로소 당신의 것이라고 할 수 있는 태도로 자신을 대할 수 있을 것이다.

어린 시절의 감정이 모여서 어른으로서 살아가는 당신의 활기차고 적극적인 부분을 이룬다. 말하자면 당신의 내재과거아가 지속되는 것이다. 그러기에 지난날 당신의 부모가 보였던 태도로 자신을 대할 때, 그에 대한 당신의 반응이 전에 당신의 내재과거아가 보였던 것과 같다는 점을 새삼 깨닫게 될 것이다.

당신은 아마 이러한 반응을 철부지 같다고 할지도 모른다. 우리는 대개 자신이 더욱 성숙해졌다거나 어른스러워졌다는 것을 드러내기 위해 철부지 같은 짓을 숨기려 든다. 그래서 감정이 상했을 때 억제하지 못하고 내버려 두는 것에 대해 스스로를 질타할 것이다.

• 활동하는 어린 시절의 감정

사람들에게서 내재과거아가 활발하게 작용하는 것을 볼 수 있는 가장 대표적인 예가 있다. 그것은 바로, 운동 경기에서 어린 시절 좋아했던 팀을 응원하면서 감정적으로 열광하는 것이다. 한 소년이 야구를 배우기 시작하면서 자기 학교와 자기 학교의 야구팀을 응원하는 감정을 다져 간다. 그는 이러한 감정을 특정한 프로구단으로 이어 간다. 그리하여 어른이 되어서도 그 팀의 성적에 따라 상대 팀에 야유를 보내는가 하면, 그 팀이 졸전을 벌이면 수치심을 느끼거나 안절부절못하고, 승리를 거두면 한껏 만족을 느끼곤 한다. 이렇게 야구 경기를 보면서 어렸을 때 하던 그대로 자신의 감정을 토로해 낸다.

많은 사람이 어린 시절의 감정은 모두 반드시 문제를 불러일으킨다고 잘못 생각하고 있다. 그런데 실제로 내재과거아는 우리가 어른으로서 행위하는 모든 분야에, 우리가 당하는 어려움뿐만 아니라 우리가 누리는 기쁨에도 참여한다. 이러한 감정이 어린 시절에서 유래한 것임을 깨달을 수 있다면, 크나큰 진전을 본 것이다.

• 옛날이라는 색안경

어떤 의미에서 내재과거아는 우리에게 두 가지 안목을 제시한다. 어른으로서의 현재는 우리에게 꽤나 지적이고 분별력 있으며 성숙하다고 할 수 있는 안목을 제공한다. 동시에 내재과거아는 똑같은 상황을 과거의 가족 관계라는 정서적인 색안경을 쓰고 바라보는 안목을 제공한다. 그런데 이 두 안목이 워낙 다르기 때문에 우리를 이끌어 가는 두 가지 방향이 동시에 제시되고 있는 셈이다.

때때로 우리는 이렇게 말한다. "내가 생각하는 방식과 내가 느끼는 방식이 전혀 딴판이다."라거나 "나는 실제로 바라지 않는데도 왜 이런 식으로 행동하고 마는 것일까?"라고 말이다. 이것은 우리 안에서 내재과거아와 현재의 어른이 마찰을 빚을 때면 흔히 떠오르는 물음들이다.

필자는 의학도들에게 정신의학을 강의하는 중에 다음과 같은 사실을 발견했다. 어른에게서 내재과거아가 활발하게 지속된다는 개념을 이성적으로 이해하고 받아들이는 경우에도 아동기부터 유래하는 감정의 중요성을 최소화하려는 경향이 강하더라는 것이다. 당신은 성인기에 영향력을 행사하는 내재과거아가 존재한다는 사실을 받아들이기 위해 내면의 갈등을 겪게 될 것이다.

내재과거아는 우리가 어른으로 살아가는 지금도 어린 시절에 익숙했던 분위기에 맞춰 살게 하려고 끈질기게 노력하고 있다. 이러한 영향으로 우리는 현재의 환경을 과거에 알았던 환경과 흡사하게 짜 맞추려 한다. 어느 면에서는 우리가 잠들고 싶을 때 사용하는 저마다의 방식이 있어서 그 방식대로 이부자리를 둘둘 만다든지 다시 정리한다든지 하는 것과 크게 다를 바가 없다. 이런 태도를 취함으로써 우리는 어려서부터 지녀 온 '친숙함에서 오는 안정감'을 얻는다. 어린 시절의 환경이 전적으로 안락했다고 볼 수는 없을지 모르지만, 아무튼 우리는 주로 그와 같은 어린 시절의 특수한 분위기를 통해 인생과 세상에 대해 배웠다. 우리는 이처럼 특별한 정서적 분위기에 자신을 적용하도록, 그리고 그것을 '현실'이라고 일컫도록 배웠다. 결국 우리는 어른이 되어서도 계속해서 어렸을 때 몸에 익힌 분위기라는 '현실'에 비추어 사물을 보려고 한다.

제3장

내재과거아는 어른의 삶에 어떻게 영향을 끼치는가?

　내재과거아가 성인기에도 계속 영향을 끼치고 있음을 보여 주는 몇 가지 실례를 들어 이제까지의 탐구와 연결 지어 보고자 한다. 다음의 사례들은 내재과거아의 역할을 확실하게 밝히는 데 도움이 될 것이다.

• **어린 시절의 감정을 벗어 버린 사람은 없다**

　내재과거아를 벗어 버릴 정도로 성숙하거나 나이 든 사람은 아무도 없다. 오래전 미국의 아이젠하워Dwight D. Eisenhower 대통령이 기록적인 새 예산안을 발표했을 때, 기자들은 신속하게 대통령의 형인 에드가Edgar와 인터뷰를 하며 그의 견해를 물었다. 에드가는 새 예산안이 인플레를 유발하게 되리라고 혹평을 했다. 다음날 아침에 대통령은 형의 논평을 어떻게 생각하느냐는 질문을 받았다. 〈뉴욕 타임스〉의 보도에 따르면, 대통령은 대범하게 웃으며 "에드가 형님은 내 나이 다섯 살 때부터 줄곧 나를 비방해 왔지요."라고 대답했다고 한다. 어려서부터 에드가의 말에 개의치 않는 법을 터득했음을 암시하는 대통령의 말에 기자들은 웃음을 터뜨렸다. 그 말은 대통령의 내재과거아의 한 면모를 보여 준다. 즉, 동생에 대한 에드가의 비방에 대처하기 위해 쌓아 올린 태도의 일면을 보여 주는 것이다. 반세기가 더 지났는데도 이러한 태도는 여전히 역력하게 드러나고 있던 것이다.

벨라 코르니처의 저서 《위대한 미국인의 유산: 아이젠하워 집안 다섯 형제들의 이야기》를 보면, 에드가와 드와이트는 형제이자 동년배 소년으로서 종종 입씨름을 하고 싸움을 한 것으로 나타나 있다. 둘 다 육십 고개를 넘어선 1953년에도 에드가는 코르니처에게 "나는 지금도 언제든지 그 애를 물리칠 수 있다."라고 호언하였다. 아이젠하워 대통령은 어린 시절에 벌였던 입씨름에 대해 개의치 않으면서도, 코르니처가 에드가의 호언장담을 들려주자 이런 반응을 보였다고 한다. "대통령은 충격을 받고 깜짝 놀란 듯 의자를 뒤로 젖히면서 손을 들어 보였다. 참으로 믿기지 않는 소리를 들었다는 표정이었다. 에드가는 절대로 자기를 이길 수 없다는 것이었다. 대통령은 빙긋이 웃어 보였다. 그리고 에드가는 자기를 이길 수 없노라고 거듭해서 말했다."

• 아내를 사랑할 수 없었던 사람

　어른인 당신이 내재과거아에 의해 지배되고 있기 때문에, 때로는 자기를 표현하거나 만족감을 맛볼 수 있는 기회를 맞아도 실패로 끝내거나 무산시켜 버리는 경우가 있다. 우리는 걸핏하면 화를 내는 어린아이가 부모를 당황하게 하고 애를 먹임으로써 그들을 지배하는 모습을 본 적이 있을 것이다. 이것이 바로 많은 사람이 그 실체를 알지도 못하면서 끊임없이 속으로 겪고 있는 갈등의 한 모습이다.

　프레드의 경우를 예로 들어 보자. 그는 자기 회사를 성공적으로 경영하고 있는 젊은 사업가이다. 겉보기에는 명석하고 쾌활하며 훤하게 생긴, 의욕이 넘치는 사람이지만 아내인 헬렌과 사랑을 나누지 못하는 고통을 겪고 있다. 그는 예쁜 얼굴과 풍성한 갈색 머리를 가진, 애교 넘치는 그녀에게 왜 끌리지 못하는지 의아해한다. 그래서 걱정을 하고 압박감마저 느낀다. 그는 자신에 대한 모멸감을 감추지 못하면서 "남자라면 누구나 그 사람에게 매료될 만도 한데, 유독 나만 그렇지 못하다는 게 문제다."라고 말한다.

　프레드는 아내가 자신을 사랑하고, 자신이 안아 주기를 기다리고 있다는 것도 안다. 그런데도 그들은 사랑을 나누지 못한다. 그때그때 의례적이고 공허한 몇 마디로 결혼 생활을 메꿔 가는 것이 고작이다. 헬렌은 무엇이 잘못되었는지 의아해하고 걱정하면서 프레드가 팔을 벌려 자기를 안아 주기를 인내를 다해 기다린다. 프레드 역시 그렇게 해야 한다고 자신을 타이르지만 어떤 이유에서인지 그렇게 하지 못하는 것이다. 그의 회사가 있는 건물에서 만나는 다른 여자들에게는 쉽게 매혹을 느끼면서도 말이다.

프레드는 집에서 헬렌이 한두 마디 실언이라도 하면 속절없이 버럭 화를 내고 심지어 손찌검까지 한다. 그러고 나서는 아내에게 욕설을 퍼붓는 자신을 비난하곤 한다. 하지만 아내에게 화를 내는 상황은 갈수록 심해지는 것만 같다.

필자의 사무실에서 프레드는 이렇게 물었다. "어째서 나에게 이런 일이 생긴 걸까요? 우리가 막 결혼했을 때만 해도 내가 이렇지는 않았거든요. 그런데 내가 집에서 사랑을 너무 많이 받고 있기 때문에 이제는 그것을 거절해야만 할 것 같은 생각이 듭니다. 아내가 나를 사랑해 주려는 낌새라도 보이면 나는 외로워지고 서글퍼져서 나 자신이나 아내를 주체할 수 없게 되고 맙니다. 이게 어찌된 일일까요?"

물론 그의 행동은 사리에 맞지 않는다고 할 수 있다. 그렇다면 그에게 다른 문제라도 있단 말인가? 그렇지도 않다. 프레드는 자기 사업을 잘 이끌어 가고 있다. 게다가 주위 사람들은 모두 그를 좋아한다. 다만 그는 자기 아내를 사랑할 수 없을 뿐이며, 이것이 그가 안고 있는 문제의 전부이다. 당신은 말도 안 되는 소리라며, "프레드가 조금만 더 노력한다면 아내를 사랑할 수 있을 거예요. 아내에게 그런 식으로 반응하는 사람이 어디 있겠어요?"라고 말할지도 모른다. 하지만 안타깝게도 많은 사람이 자기 배우자에게 그런 식의 반응을 보이고 있다. 그리고 이런 태도는 내재과거아가 지금도 자주 문제를 불러일으키고 있음을 말해 주는 하나의 예일 뿐이다.

프레드의 내재과거아를 살펴보는 것이 그의 행동을 밝히는 데 도움이 될 것이다. 프레드는 아버지가 걸핏하면 심하게 화를 내며 어머니와 자신을 자주 구타하던 가정에서 성장했다. 마침내 프레드가 결혼했을 때, 처음에는 모든 것이 순조로웠다. 그러나 자기만의 가정을 꾸리게 되자, 자기 아버지가 보였던 지난날의 태도로 자신을 대하기 시작했다. 곧, 자신을 가혹하게 대하기 시작한 것이다.

그리고 어린 시절 아버지가 그를 대할 때 보이던 방식을 그대로 되풀이하기 시작했다. 또한 자기 집안에서 유일한 타인이자 성인인 헬렌에게 화를 내기 시작했다. 처음에는 매력적이고 사랑스러운 아내에게 차마 그렇게 하지 못했다. 그러나 아내를 대하는 자신의 태도를 자책하면 할수록, 마치 아버지가 자기를 꾸짖을 때 그랬던 것처럼 더욱더 화를 내게 되었고, 급기야 아내에게도 화를 내기에 이른 것이다. 그러니까 내재과거아가 프레드의 생활을 사로잡아 아내와 사랑을 나누거나 아내에게 애정을 표현하는 것조차 불가능하게 만든 것이다.

아내를 사랑해야겠다는 프레드의 감정은 스스로 무력하게 만드는 자기 비난의 첫째 단계에 불과했다. 이러한 감정은 꾸지람과 비난뿐이던 어린 시절의 가혹한 태도를 되살리는 계기가 되었다. 바꾸어 말하자면, 그가 어린 시절에 쌓아 올린 분노라는 크나큰 짐더미에 불을 지른 격이었다. 이런 식으로 프레드의 내재과거아는 어른이 된 그의 생활을 지배하게 되었다. 그러니까 이것은 헬렌이 얼마나 매력적이냐 하는 것과는 별개의 문제였으며, 그들 부부의 원만하지 못한 성생활과도 별개의 문제였다.

그런데 이러한 문제는 전적으로 어느 한쪽만의 문제가 아니다. 헬렌의 아버지는 '손수 모든 일을 알아서 하는' 사람으로서, 늘 자기 아내를 도와 집안일을 해 주곤 했다. 이런 면에서 프레드는 도움을 주지 못했는데, 헬렌의 내재과거아는 이것을 자신에 대한 프레드의 사랑이 부족한 탓이라 여겼다. 그리하여 프레드를 교묘하게 긁어댐으로써 한 맺힌 어린 시절의 해묵은 상처를 건드려 그가 화를 내게 만들었던 것이다.

아버지가 자신에게 보였던 가혹한 태도를 이제는 자기가 답습하고 있음을 깨닫게 되자, 프레드의 무기력은 점차 사라져 갔다. 흥미로운 점은, 프레드가 '헬렌을 사랑해야 한다'는 다짐을 마침내 그만둘 수 있게 되자 헬렌을 사랑할 수 있게 되었으며, 지난날 구박만 하던 부모의 가혹한 태도에서 벗어나게 되었다는 사실이다. 헬렌 또한 자기 앞에서 어찌할 바 모르던 프레드의 태도가 자신에 대한 사랑의 결핍을 의미하는 게 아니라는 사실을 깨닫게 되자, 프레드의 상처를 건드리고 투정 부리던 일을 하지 않게 되었다.

· **알렉산더 플레밍의 이야기**

　알렉산더 플레밍Alexander Fleming은 박테리아 연구에 평생을 바쳐, 배양판에서 자란 미량의 곰팡이가 박테리아의 성장을 막는 데 큰 효능이 있음을 발견한 사람이다. 그는 곰팡이에 들어 있는 어떤 성분이 박테리아의 성장을 막는다고 추론했으며, 이 관찰 결과를 발표하면 감염 해결에 유용하리라는 결론을 얻었다. 플레밍이 인체에 대한 감염 연구를 시도했을 때, 경우에 따라서 기적적인 효능을 보일 때가 있었는가 하면 전혀 효능이 없는 때도 있었다. 이 신비스러운 항생 물질을 뽑아내서 정화할 수만 있다면, 분명히 생명을 구하는 데 강력한 효능이 있는 약품이 될 터였다. 그러나 그는 자신의 말처럼 "적절한 화학적 조처를 협조받을 수 없어 연구를 더 진전시키지 못했다."

　플레밍은 그 뒤로 12년 동안 줄곧 페니실륨이라는 독특한 물질을 배양했지만, 아무런 성과도 이뤄 내지 못했다. 플레밍은 페니실륨 연구가 충분히 관심을 가질 만한 일이라는 것을 연구소의 상사들에게 납득시킬 수 없었던 것이다. 마침내 1940년에 이르러, 체인이라는 생화학자가 우연히 플레밍이 작성한 서류를 찾아내게 되었다. 서류 내용에 감탄한 체인은 플레밍이 이미 사망한 것으로 생각하고 다른 두 화학자의 도움을 받았다. 그리고 그들은 몇 달이 채 안 되어 페니실륨에서 병균을 죽이는 물질, 곧 페니실린을 분리해 냈다.

플레밍은 페니실륨의 효용성을 잘 알고 있었지만, 그의 내재과거아가 상사들을 납득시키지 못하도록 했다. 그러니까 플레밍은 숙련된 화학자의 도움을 받아야 할 필요성에 대해 '성 마리아 병리학 연구소'에 근무하던 자신의 상사이자, 명석하지만 독선적인 과학자인 암롯 라이트Almroth Wright 경을 설득하지 못한 것이다. 플레밍은 자기 의사를 나타내거나 다른 이에게 자기 생각을 납득시키는 데는 참으로 무능하기 짝이 없는, 그 방면으로는 특별한 결점을 지닌 사람이었다.

• **플레밍의 어린 시절**

플레밍은 여자 형제 셋, 남자 형제 다섯과 함께 스코틀랜드의 외딴 농장에서 성장했다. 플레밍의 아버지는 재혼해서 플레밍을 낳았으며, 그의 밑으로는 남동생이 하나 있었다. 그래서 몇몇 형제들과는 나이 차이가 많이 났다. 이를테면 그의 형 톰은 그가 태어날 무렵에 벌써 글라스고우 대학교를 다니고 있었다. 60세에 재혼한 그의 아버지는 막내아들이 태어난 직후 뇌일혈로 쓰러졌다. 그리고 2년 후에 세상을 떠났다. 앙드레 모로아Andre Maurois가 쓴 이 위대한 과학자의 전기에 따르면, 아버지에 대한 플레밍의 유일한 기억은 뇌일혈로 쓰러져 안색이 창백하고 수족이 불편해진 노인이 난로 곁에 앉아서, 자기가 죽으면 자녀들은 어떻게 될 것인지 걱정하는 모습이었다.

아버지의 병세가 심해지면서, 집안에 얼마나 무거운 침묵이 흘렀을지 쉽게 상상해 볼 수 있을 것이다. 어린이들은 때때로 떠들게 마련이지만, 그럴 때마다 어머니에게 즉각 제지를 받았을 것이다. 의심할 바 없이, 플레밍은 아버지의 오랜 병고와 네 살 때 맞은 아버지의 죽음으로 인해 자신을 표현하는 능력을 남들처럼 기르지 못했다. 게다가 자기 생각과 감정을 손위 형제자매들의 의견에 비해 대수롭지 않은 것으로 여기게 되었다.

플레밍이 하는 운동이나 놀이라고는 농장에 사는 소년이 혼자서 즐길 수 있는 것, 곧 사냥과 낚시가 고작이었다. 그는 약 6km나 떨어진 곳에 있는 학교를 친구도 없이 혼자서 걸어 다녔다. 그는 말을 건넬 상대가 없어 침묵했으며, 쾌활한 형들을 지켜보며 그들의 말을 듣는 데 만족했다. 그는 이런 생활에 익숙한 가운데 성장했다. 열세 살 때, 플레밍은 런던으로 가서 형들과 그들을 뒷바라지해 준 누나와 함께 살았는데, 이렇게 얹혀사는 생활은 플레밍이 병리학 연구 기관의 연구원이 된 뒤에도 계속되었다. 40여 년간 연구소에서 날마다 공동 작업을 하고, 학문적인 토론을 벌이고, 식사를 할 때에도 플레밍은 거의 말이 없었다. 그는 미소를 띤 채 앉아서 호의적인 태도를 보였을 뿐, 침묵으로 일관했다. 이렇듯 플레밍의 말이 없는 내재과거아는 계속되었다. 그래서 자신의 연구로 생명을 구하는 약품을 만들 수 있게 되었고 실제로는 별로 반대에 부딪히지 않았음에도, 사람들에게 그 효용성을 납득시켜 연구 결과를 실용화하지는 못했던 것이다. 12년 동안 침묵으로 일관하면서 페니실륨 배양을 계속한 플레밍의 인내는 영웅적이었다. 그것은 자기 한계를 지니고 할 수 있었던 일의 전부였으며, 결국 그 일을 올곧게 해낸 것이다.

플레밍은 나중에 큰 명성을 얻은 뒤에도 여전히 말을 하지 못하는 내재과거아 때문에, 하마터면 함께 일하던 여자 동료에게 청혼조차 못할 뻔하였다. 플레밍의 태도 때문에 두 사람은 한동안 불필요한 근심과 외로움을 겪어야 했다. 마침내 플레밍이 청혼했을 때도 알아들을 수 없는 소리로 중얼거려서, 그녀가 다시 말해 보라고 하지 않았더라면 흘려듣고 넘어가도 모를 정도였다. 그리하여 플레밍은 뒤늦게야 명성과 사랑을 누리게 되었다. 그러나 자신의 업적과 개인적인 행복을 무참하게 짓밟은 내재과거아의 태도와 감정으로 인해 일생 동안 끊임없이 고통을 겪어야 했다.

• 린다의 이야기

린다의 이야기는 그의 내재과거아가 자신이 하고 싶었던 일, 이를테면 결혼을 해서 현모양처가 되는 것을 어떻게 방해했는지를 보여 준다. 매력적이지만 말수가 적고 여간해서 속내를 드러내지 않는 린다는 필자에게 자신이 미혼이며 보육원에서 일한다고 말했다. 그는 어린이들과 함께 어울리는 것이 즐겁고 어린이들도 자기를 좋아한다고 했다. 린다는 결혼을 해서 자녀를 갖기를 몹시 원했기에 두 번이나 약혼을 했다. 그러나 그때마다 정작 결혼식 날짜가 다가오면 당황한 나머지 파혼을 했다.

린다가 필자를 처음 찾아왔던 날, 그는 아무 말도 하지 않고 입을 닫은 채 앉아 있기만 했다. '왜 말문을 열지 못하는 것일까? 왜 아무 말도 하지 않으려고 안간힘을 쓰는 것일까?' 하고 생각하던 차에 그는 조금씩 자신의 이야기를 들려주기 시작했다.

린다가 두 살 때 어머니가 세상을 떠났다. 그 후 린다는 할머니와 함께 살게 되었는데, 주중에는 할머니가 그를 돌봐 주었고 주말에는 아버지가 그를 맡았다. 린다가 네 살 때 할머니마저 세상을 뜨자, 아버지는 가정부를 고용했다. 그리고 여섯 살 때 아버지도 세상을 떠났다. 그래서 린다는 늙고 다소 엄격했던 숙부 내외와 함께 살게 되었는데, 그들에게는 혈육이 없었다. 숙부 댁에서 지낸 2년 동안, 린다는 자다가 자주 가위에 눌리곤 했으나 숙부 내외에게는 그 사실을 차마 털어놓지 못했다. 그는 겉보기에 안정을 찾게 되었으며, 숙부 내외에게 짐이 되지 않으려고 애를 썼다. 그러한 노력 끝에 우수한 학생이 되었고, 착한 소녀로 성장했다.

린다는 성장하면서 어린 시절의 체험에서 비롯된, 모호하면서도 어쩔 도리가 없다는 느낌을 갖게 되었다. 그것은 어떤 사람을 가깝게 사귀는 것은 위험하다는, 곧 그가 좋아하는 사람에게는 죽음의 그림자가 다가온다는 강한 느낌이었다. 그래서 린다는 많은 친구들과 친밀하게 지내면서도 거리를 두었다. 자신이 누군가와 아주 가까워지면 그 사람을 갑작스럽게 빼앗길 것만 같이 느껴졌기 때문이다. 심지어 필자와 이야기하는 것조차도 그에게는 겁나는 일이었다. 왜냐하면 우리는 문제의 핵심에 대해서까지 이야기를 나누었기 때문이다. 그는 마음속에서 이런 소리가 들려왔다고 한다. 무언가가 "너의 진짜 기분이 어떤지 박사에게 이야기하지 마라. 그것을 이야기하면 박사 역시 네게서 빼앗아 갈 것이다."라고 말하곤 했다는 것이다.

이것은 내재과거아의 목소리였다. 결혼을 원하지만, 결혼할 단계에 이르도록 관계가 깊어질 때면 들려오던 목소리였다. 그래서 자기가 어떤 사람을 남편으로 맞아들이기로 마음먹으면 그 사람 역시 어머니, 할머니, 아버지처럼 틀림없이 세상을 떠나게 될 것만 같다고 느꼈던 것이다.

이런 생각을 비논리적이라고 하겠는가? 린다의 어린 시절 체험에 비추어 보면 비논리적이지 않다. 실제로 우리도 마음속으로 이같은 체험 논리에 입각해 사태를 감지하는 경우가 있다. 결국 린다는 자신의 내재과거아가 두려워하는 감정을 존중하는 한편 제약을 가하려고 노력함으로써 결혼을 하고 자녀도 가질 수 있었다.

• 현재와 과거와 미래

자신의 태도에서 현재 드러나는 면만을 보고 파악하는 대신, 다음 세 가지 차원으로 이해해 보자. 이는 스스로에게 큰 도움이 될 것이다. 물론 어떤 이들은 어린 시절을 별다른 고비 없이 지낸 것처럼 보인다. 어렸을 때 부모의 태도로 피해를 당하지 않았기 때문에 깊은 상처를 받지 않은 것이다. 그러기에 어른이 되어서도 자신을 대하는 태도를 비교적 쉽게 수정해 나갈 수 있다. 반면, 깊은 상처를 주는 태도를 겪은 사람들은 친절한 부모로서 자신을 대하는 데 큰 어려움을 겪는다. 필자는 극도의 불안과 두려움에 사로잡힌 듯 보이는 이들이라도 약간의 도움만 받으면 정서적 장애의 참된 원인을 대부분 스스로 찾아낼 수 있다는 것을 자주 체험했다. 그리하여 지난날의 태도가 더는 자신의 생활을 지배하지 못하도록 원인을 제거할 수 있었다.

첫째 단계는 이렇듯 혼란을 불러일으키는 감정에 대해 파악하고 그 감정이 어린 시절에서 비롯되었음을 깨닫는 일이다. 둘째 단계는 어린 시절이 우리에게서 떼어 낼 수 없는 부분이듯이 이런 감정 또한 우리 자신의 일부임을 받아들이고 존중하는 일이다. 셋째 단계는 이러한 어린 시절의 감정이 자신의 행동과 능력 발휘를 제어하거나 지배하지 못하도록 제약을 가하는 일이다. 그런데 이러한 일련의 노력은 힘겨운 일이기에 인내가 필요하며 무수히 반복된다.

불평하거나 자책만 해서는 아무런 진전이 없다. 그러나 우리는 방금 말한 단계를 한 걸음씩 밟아 감으로써 자신에 대한 감정을 고쳐 나갈 수 있으며, 내재과거아를 통해서 현재와 미래에도 대처해 나갈 수 있다.

제4장
어린 시절을 대하는 태도가 우리를 잘못 이끈다

　어린이들과 그들의 감정을 경시하는 풍조가 배어 있지 않은 사람은 드문 편이고, 이것은 우리 문화의 일반적인 현상이기도 하다. 그러므로 부모들은 어쩔 수 없이 문화적 풍조를 반영한 태도를 전달하는 사람이 되는 셈이다. 당신이 이 점을 이해하게 되면, 문화적인 관점을 폭넓게 반영하는 부모의 특정한 태도를 두고서 부모를 비난하려 들지 않을 것이다. 어렸을 때나 그 이후에나 그와 같은 태도는 자기를 비하하는 근거가 되며, 계속해서 자기 비하를 부추긴다는 점을 깨달아야 한다.
　한 세대 전만 하더라도 '어린아이들이란 그저 지켜봐야지, 아이들의 말에 귀를 기울여서는 안 된다'는 말을 흔히 했다. 다른 문화권에서는 어린이의 행동을 '어린이다운' 행동으로 받아들여 주는 데 비해서, 우리 문화는 어린이들에 대해 항상 '좋다' 혹은 '나쁘다'는 식으로 윤리적인 판단을 요구한다. 만약 당신이 어린 시절에 당했던 횡포로부터 자유로워지고 싶다면, 다음과 같은 점을 객관적으로 살펴볼 필요가 있다. 곧, 어린 시절 당신의 가정에서는 이러한 문화적 태도가 어떤 역할을 했으며, 당신의 부모는 그러한 태도를 어디까지 답습했는지 살펴볼 필요가 있다. 이러한 성찰은 부모가 왜 그렇게 행동했는지 이해하는 데 도움이 될 것이다.

우리는 대부분 일종의 윤리적인 의미에서, 어린이에게 견디기 힘든 짐을 지게 해 놓고 어른들 편에서는 짐이라고 생각하지 않는 분위기에서 성장했다. 우리 문화에서는 어린이들이 어른이라면 마땅히 져야 할 책임을 지고 있지 않다고 해서, 근심 걱정이나 골치 아픈 일 없이 행복하게 살고 있다고 생각한다. 어른들이 어린이들에게 화를 내는 일면에는, 부모는 자녀에게 안락함과 즐거움을 주기 위해 열심히 일하는데 자녀들이 사소한 책임에 대해 불평하는 것에 대한 꾸중도 자리 잡고 있다. 당신은 어떤 부모가 자녀에게 이렇게 말하는 것을 들어 봤을 것이다. "너는 옷 하나도 제대로 못 챙겨 입니? 나는 너를 잘 키우려고 온종일 뼈 빠지게 일했는데, 도대체 넌 뭐가 그리 못마땅한지 모르겠구나." 계속해서 이렇게 실망과 불만을 쏟아 내는 태도는 어린이에게 죄책감과 무력감을 심어 주며, 결과적으로 어른이 되어서도 그대로 반영된다.

우리의 전통적인 문화 풍조는 어린이와 아동기에 관한 것은 모두 가볍게 여긴다. 그리하여 자기 비하의 바탕이 되는, 경멸하고 멸시하는 태도로 어린이들은 물론 자기 자신을 대하는 경향이 있다.

• 어른들의 기대

그렇다고 이러한 풍조가 어린이가 부모를 지배하거나 부모에게 버릇없이 굴거나 말을 듣지 않아도 된다는 구실이 되지는 않는다. 우리는 필연적으로 어른들이 지배하고 통제하는 세상에 살고 있다. 어린이의 정서 발달에 특히 관심을 기울여 온 정신과 의사 비벌리B. I. Beverly 박사는《어린이를 변호하며》라는 유명한 저서에서 이렇게 지적한다. "가정에서 부모를 보거나 넓게는 사회적 통념으로 보더라도, 이 사회는 어른들에 의해서 그리고 어른들을 위해서 만들어졌다. 이와 같은 구조에서 어린이들은 그저 어린이라는 이유로 전적으로 무시되고 있다. 어린이는 어른들의 기준을 어른들처럼 이해하고 평가하며 그 기준에 자신을 적응시키도록 요청받는다. 어린이는 온갖 노력과 선의를 다하여 거의 매번 올바르게 처신할 것이다. 그러나 어쩌다가 요구되는 행동을 하지 못하는 경우, 어린이가 저지른 한 차례의 과오에 대해 부모, 손위 친척, 교사와 다른 어른들의 분노가 쏟아진다. 반드시 자기만의 정신세계에서 살아야 하는 어린이가 어른의 기준에 따라 생각하고 행동하기를 요청받고 있는 것이다."

비교적 최근에 이르러서야, 우리는 비로소 어린이를 어린이로서 인식하게 되었다. 그런데 우리의 전통은 어린이를 '작은 남자 어른'이나 '작은 여자 어른'으로 보도록 은근한 압력을 가하고 있으며, 역사적으로는 이러한 전통을 빌미로 어린이들에게 힘에 겨운 원칙과 절대적인 복종, 기계적인 훈련을 부과해 왔다.

• **철부지 같은 면은 사라지지 않는다**

 우리 문화에서 어린이를 대하는 가장 일반화된 태도 가운데 하나는, 어느 시점에 이르면 이제 어린이가 아니며 그 이후부터 줄곧 어른이라고 생각하는 것이다. 그런데 이런 태도는 정서적으로 성장하고 발달한다는 사실과는 완전히 반대되는 것으로, 성인의 삶에 갖가지 혼란과 때로는 가혹하고 불필요한 자기 멸시를 초래하게 된다. 당신이 학교를 졸업하고, 성년에 이르고, 결혼하고, 직장을 얻고, 부모가 되는 것처럼, 상황이나 책임이 변화하기 때문에 당신은 끊임없이 성장해야 한다. 이 과정에서 감정이나 행동, 소망이 가치 없고 치졸하며 적합하지 않은 것처럼 보이면, 철부지 같은 짓으로 여겨지게 마련이다. 따라서 부모가 늘 성숙한 행동을 요구하던, 불필요하게 엄격한 환경에서 자란 사람들은 흔히 자신을 질책하게 된다. 또한 어른이 되어서도 자신에게 계속 그러한 요구를 하는데, 이것은 내재과거아가 자기 비하를 불러일으킴으로써 반항하는 것이다.

 윤리성을 따지는 부모들은 때때로 이처럼 그릇된 생각을 하며 바오로 사도의 말을 인용한다. "내가 아이였을 때에는 아이처럼 말하고 아이처럼 생각하고 아이처럼 헤아렸습니다. 그러나 어른이 되어서는 아이 적의 것들을 그만두었습니다."(1코린 13,11) 그러나 사실 바오로 사도는 아동기나 철부지 같은 행동을 비난하고 있는 것이 아니다. 일반적으로 받아들여지는 것처럼, 자신의 회심과 그리스도의 가르침을 따라 영적인 삶을 살아가야 하는 어른으로서의 책임을 말하고 있는 것이다. 그런데도 이 말은 자주 어린 시절의 감정을 경시하는 말로 잘못 해석되곤 했으며, 어린 시절의 감정을 벗어 버리게 되는 특정한 때가 있다는 생각으로 이어지곤 했다. 당신이 책임감이 강하고 성숙한 사람이 되기 위해 진지하게 노력할 수는 있겠지만, 내재과거아의 감정이나 행동을 내버린다고 해서 그것을 마음대로 어찌할 수는 없다. 그 감정과 행동은 당신의 일부이므로, 성숙이라는 목표에 관심을 쏟기에 앞서 그것들을 받아들여야 한다.

어른들은 자신이 철없는 짓을 하고 있다고 여기면, 그것 때문에 자기 체면이 깎인다고 생각한다. 그러나 우리가 한때 거쳐 온 어린 시절은 어른이 되어서도 계속 유지되며, 그 시절의 감정에서 헤어나는 것은 도저히 불가능하다. 그런데도 우리는 비벌리 박사가 지적한 대로 어른들의 수많은 행동 사례를 무시한다. 그리고 내재과거아의 감정이나 생각이 부모, 손위 친척, 교사와 다른 어른들의 역할을 대신하게 함으로써 '뭇 신들의 노여움'을 불러일으켜 자신을 처벌하려 할 것이다. 부모가 전에 우리에게 행하던 그대로, 그것이 비난이었든 상처를 주는 말이었든 체벌이었든, 이제는 우리가 스스로에게 그대로 적용하려 할 것이다.

어른들도 자기 자신에게 부모 노릇을 한다는 점을 깨우치지 못한다면, 우리는 고작 철부지 같은 짓을 떨쳐 버리기 위해 무모하고 희망 없는 노력이나 계속하는 수밖에 없을 것이다.

• 새로운 전망과 지속적인 노력

당신이 만약 내재과거아를 관대하게 대함으로써 자신에게 친절하면서도 단호한 부모 역할을 할 수 있다면, 흔히 겪는 불안이나 긴장, 짜증나는 초조함에서 벗어날 수 있을 것이다. 뿐만 아니라 그 어느 때보다도 진정으로 당신다워질 수 있을 것이다. 당신이 겪는 긴장과 불안은 대부분 어린 시절 당신의 감정이 모습을 드러내지 않을까 하는 두려움에서, 그리고 그러한 감정을 억누르고 숨기거나 부인하려는 노력에서 기인하는 것에 지나지 않는다.

내재과거아의 감정을 깨우치는 법을 터득하고, 마치 자상한 부모가 자녀의 감정을 받아들이듯 이 감정을 존중하고 받아들이는 법을 터득하기란 쉽지 않다. 습관이란 쉽게 바뀌지 않을 것이며, 부모의 태도를 답습하여 자신을 대하는 습관적인 태도 또한 그렇게 빨리 사라지지는 않을 것이다.

그러나 계속해서 노력한다면 일상에서 나타나는 내재과거아의 감정을 받아들일 수 있다. 이 감정은 지금 당신의 일부이듯이 전에도 늘 당신의 일부였다. 따라서 이 감정은 부끄러운 것이 아니다. 내재과거아의 감정을 이런 식으로 받아들인다면 그것을 억누르고자 하는 불안한 노력도 한결 나아질 것이며, 그 감정 나름의 독특함과 깊이에서 만족을 얻는 데에도 도움이 될 것이다.

이상이 당신이 한때 거쳐 온 어린 시절을 새로운 안목으로 바라볼 수 있는 기본적인 전망이다. 당신은 내재과거아가 직장 생활, 결혼 생활, 성적인 즐거움을 누리는 능력, 돈에 얽힌 걱정, 건강, 다른 이들과 맺는 관계에 어떤 영향을 끼치느냐 하는 문제를 이제까지와는 다르게 파악할 수 있는 중요한 국면을 맞이한 것이다.

• 자신에 대해 어떻게 느끼는가

자신에 대해서 어떻게 느끼는지 그리고 자신의 감정과 생각, 행동에 대해 어떻게 판단하고 평가하는지는 당신 나름의 삶을 살아가는 데 핵심이 되는 문제이다. 당신이 하는 일과 당신이 할 수 없다고 생각하는 일은 대개 자신에 대해 어떻게 생각하느냐에 따라서 결정된다.

자기 자신에 대한 감정은 엄청난 곡해를 불러일으키기 쉽다. 그러한 곡해는 어린 시절에 뿌리를 두고 있으며, 불필요한 고통을 많이 느끼게 만든다. 자기가 미련하고 허약하다고 생각하는 남자나 꼴사납고 못생겼다고 생각하는 여자가 실제로 그들이 생각하는 것처럼 미련하고 허약하거나 꼴사납고 못생긴 경우는 거의 없다. 대개의 경우, 오래전 자기 부모들의 태도에 의해 형성된 어린 시절의 감정이 계속해서 드러나는 것이다.

어린이는 부모가 자신에게 기울이는 관심의 정도에 따라서 가치 있고, 능력 있고, 중요하며, 개성 있는 존재라는 의식을 발전시켜 나간다. 어린이는 자기 요구에 대해 부모가 보여 주는 사랑과 인정認定, 관심에 비추어 자신을 이해하거나 의식한다. 또한 어린이는 일찍부터 어떻게 하면 부모에게 인정받고 무엇을 하면 부모에게 비난받는지를 터득한다.

- **정신의학과 정서적 성장**

오래전부터 정신의학에서는 자신에 대해 어떻게 느끼느냐 하는 것이 그 사람의 인격을 형성하는 기본적이고 결정적인 요인이라고 인식해 왔다. 그리고 어린이의 어떤 체험이 자신에 대해 느끼는 감정에 영향을 끼치는지 알아내기 위해 계속 노력을 기울여 왔다. 그 결과, 자녀를 대하는 부모의 태도가 무엇보다 중요하다는 점을 충분히 밝혀냈고, 어린이들이 건전한 자긍심을 발달시켜 나가도록 돕는 일을 어린이 정신의학의 일차 목표로 삼았다.

프로이트는 어른들을 대상으로 한 임상 연구를 통해서 '구순기口脣期와 항문기肛門期의 성욕性慾 고착固着'이라는 이론을 내놓았다. 한 세대 전만 하더라도 이 이론은 사람들에게 크나큰 충격과 혼란을 불러일으켰다. 그러나 오늘에 이르러서는 정서적 태도와 부모와 자녀 사이에서 끊임없이 이루어지는 상호 작용의 중요성이 인식됨으로써 프로이트의 이론에 수정이 가해졌다. 프로이트가 연구를 하던 당시에는 어린이 정신의학과 같은 세분화된 학문 체계가 있지도 않았으며, 거의 어른에게만 국한된 몇 안 되는 관찰 결과에 바탕을 두고 주로 자신의 통찰력에 입각해서 막연하게 추측할 수밖에 없었던 것이다. 프로이트는 유아의 성적 욕구에 대해 저술하고 3년이 지나서도 어린이 환자를 받지 않았다.

필자가 정신과 진료를 시작한 첫 해에 다음과 같은 사실이 점차 명백해졌다. 곧, 널리 알려져 있던 유아의 성적 욕구라는 프로이트의 개념 중에서 어떤 부분은 필자를 찾아온 환자들의 문제와 꼭 맞아떨어지지는 않았던 것이다.

예를 들어, 정신분석학 이론에 따르면 2~3세에 항문에 지나친 관심을 보이게 된 사람의 성격이 항문기에 고착되며, 나중에 충동적이거나 야비하거나 가학피학애적(加虐被虐愛的, sado-masochistic)인 변태 행위에서 즐거움을 찾게 된다고 한다. 그런데 필자를 찾아온 환자 중에 몇 달간 결장을 외과적으로 청결하게 해 주어야 하는 선천성先天性 거대巨大 결장結腸 증세가 있는 사람이 있었다. 그래서 그는 태어나면서부터 계속 관장을 해 왔다. 어머니가 그 지겨운 일을 해내면서 여태껏 보살펴 온 것이다. 그렇다면 이 환자의 성격이 항문기에 고착되어 있었는가? 그렇지 않았다. 그는 온화하며 사랑스럽고 명랑한 소년이었다. 그가 어머니와 건전한 관계를 유지하고 있었기 때문이다. 소위 말하는 고착증이란 부모와 자녀 사이의 불행하고 비정상적인 관계에서나 볼 수 있는 것이다.

- **'한 아이가 성장하였다네'**

부모의 태도가 어떠한 것이든, 그 태도는 어린 시절에 점차 자기의 지침으로 흡수되거나 사용된다. 그러므로 내재과거아의 감정이 인격의 특정한 면모와 연관되지는 않더라도, 사실상 당신이 어린 시절에 접했던 모든 국면을 내포한다.

월트 휘트먼Walt Whitman은 불후의 명시 〈한 아이가 성장하였다네〉에서 한 어린이가 환경의 지배를 받으며 성장하는 과정을 정확하고 아름다운 필치로 묘사하였다.

한 아이가 날마다 성장하였다네.
아이가 바라던 최초의 대상, 아이는 그 대상이 되었다네.
그리고 그 대상은 아이의 한 부분이 되었다네.
종일토록 아니면 하루에도 틈틈이,
여러 해 동안 아니면 더 오랜 세월 동안.

갓 피어난 라일락이 아이의 한 부분이 되었다네.
풀잎과 희고 붉은 나팔꽃 하며

희고 붉은 자운영과 딱새의 노래도…….

아이의 양친은 그가 아버지라 불렀던 남자와
그를 태중에 배었다가 낳아 준 여자.
그들은 이 아이에게 출산보다도 더 값진 그들 자신을 주었다네.
그들은 이후에도 날마다 주었으며, 아이의 한 부분이 되었다네.

집 안에서 조용히 저녁 밥상을 차리던 어머니,
그 어머니의 부드러운 말씨, 산뜻한 모자와 드레스 차림,
발걸음을 옮길 때마다 그 인품과 옷차림에서 뿜어 나오던 향기.
굳세고, 자신감 넘치고, 남자다우며,
야비하고, 화를 내며, 부당하기도 했던 아버지,
그 아버지의 호된 매, 목청 크고 빠른 말씨, 빈틈없는 흥정,
능란한 꼬드김, 가정의 관습, 언어, 친구, 가구, 열망으로 부풀던 가슴,
거절당하지 않을 사랑, 진실에 대한 감각,
결국에는 꿈 같은 이야기로 밝혀질 착상,
낮에 일어나던 의문과 밤에 일어나던 의문들,
이리할까 저리할까 어떻게 할까 일렁이던 호기심,
그것은 드러나 보이는 그대로의 것인가,
아니면 한낱 찰나적이고 보잘것없는 것에 지나지 않았던가? ……

여기에 인용된 시는 어린 시절의 체험, 상상력, 갖가지 장면과 경이로움 등이 어떻게 해서 말 그대로 우리의 일부분이 되어 오래도록 지속되는지 묘사하고 있다.

어린이는 부모에게 온정과 사랑을 받고 눈길을 끌기 위해서 부모가 자기와 세상을 대하는 방식뿐 아니라 몸짓과 찌푸린 표정까지도 그대로 받아들이고 모방하려 한다. 물론 이 같은 태도 중에 가장 중요한 것은 부모가 자녀에 대해서 어떻게 느끼느냐 하는 점이다. 그리고 이 태도에 따라서 어린이가 자신을 어떻게 생각하느냐 하는 것도 결정된다. 어린이에게는 자신이 어떤 유형의 사람이며 사랑을 받을 만한 가치가 있는 사람인지 아닌지를 비추어 볼 지침이나 거울이 달리 없다.

어린이가 성장하고 연륜을 쌓아 감에 따라 부모의 태도를 자신의 태도인 양 여기는 착각이 깊어진다. 그러나 그것은 스스로 형성한 태도가 아니며, 어디까지나 부모의 태도이다. 그런데도 어린이는 끊임없이 그러한 태도로 자신을 대하며, 육체적으로 장성한 후에도 그런 태도를 올바르다고 여긴다.

그리하여 내재과거아는 어른이 되어서도 부모가 일상적으로 음식, 가정생활, 종교, 교육, 성, 금전 등을 대하던 문화적인 태도뿐만 아니라, 특별히 자기를 대하던 태도까지도 그대로 답습한다. 우리는 설령 그것이 해악을 가져온다 해도, 지난날 가정의 분위기와 부모의 태도를 우리 안에 그대로 재현하려는 경향이 있다. 많은 환자들이 부모의 태도가 그릇되었음을 깨달은 후에도 여전히 "그것이 옳다고 느껴진다."라고 필자에게 말한 바 있다. 이와 같이 해악을 끼치는 오래된 부모의 태도에서 어린 시절에 맛보았던 안정감이 느껴지는 것이다. 당신이 그러한 태도를 바꿔 보려 시도하는 경우, 내재과거아는 반기를 들고 나설 것이며, 때로는 그 저항이 극심한 나머지 어른이 되어 추구하는 목표와 만족을 방해할 것이다.

우리는 각자의 가정에서만 특이하게 볼 수 있는 면모와 감정적인 분위기뿐 아니라, 휘트먼이 말한 '가정의 관습과 언어'에도 익숙해져 왔다. 우리는 아버지를 미소 짓게 하던 일, 역정을 내게 하던 일, 어머니에게 충격을 주던 일, 부모가 다른 사람들이나 금전 문제, 애정이나 음식 등에 이르는 온갖 일에 대처하는 방법, 부모가 다른 이들과 거리를 유지하는 방식 따위를 고스란히 받아들였다. 이렇게 해서 우리는 감자 튀김, 고깃국, 초콜릿을 입힌 과자 등을 좋아하거나 싫어하게 되었다. 어른이 되어서도 이 같은 기호가 우리에게서 계속해서 나타나고 있다. 왜냐하면 그런 음식들이 구면인 친구들처럼 친숙하기 때문이다. 이것 역시 현재 지속되고 있는 내재과거아의 일면이다.

당신이 이해하고 실제로 살고 있는 삶이란 이러한 과거의 환경을 통해서 터득된 것이다. 그 특징이 무엇이든 간에 당신은 가정에서 편안한 감정을 느끼곤 했다. 당신의 내재과거아가 끊임없이 찾는 것도 바로 이와 같은 감정이다.

· **부모를 탓하지 말라**

어린 시절의 가정생활이 때때로 불행했다 하더라도, 우리는 가정에서 친숙함을 느끼곤 했다. 우리는 모두 어린 시절의 쓰라린 체험을 회상해 낼 수 있다. 먹기 싫은 음식을 억지로 먹어야만 했던 경험이 있을 것이며, 그래서 어른이 되어서는 그런 음식을 기피하는 경우도 있을 것이다. 그런가 하면 어렸을 때 아주 이른 시간에 잠자리에 들어야 했고, 그 때문에 분통을 터뜨리던 것이 원인이 되어, 어른이 된 지금은 아주 늦은 시각까지도 잠들지 못하는 이들도 있다. 부모와 형제자매들의 태도가 우리에게 상처를 주었지만, 당시에 우리는 있는 힘을 다해 그 태도에 대처했다. 꾸짖고 엉덩이를 때리고 거절하고 박탈하는 태도로 인해 우리는 인정받을 수 없고 무기력하며 소외당하고 있다는 느낌을 받기도 했을 것이다.

어쨌든 이제 우리는 성장했으며, 어렸을 때처럼 부모를 전지전능한 존재로 생각하는 것이 아니라 있는 모습 그대로 파악할 수 있게 되었다. 부모를 여느 사람들과 다를 바 없이 나름의 문제를 지니고 사는 평범한 인간으로 보게 된 것이다. 물론 그들은 우리를 키우면서 어느 면에서는 실수도 했지만, 그들의 입장에서는 자기들이 이해한 바에 따라서 최선을 다한 것이다. 휘트먼이 지적한 대로, 부모는 "이 아이에게 출산보다도 더 값진 그들 자신을 주었다." 곧, "그들은 이후로도 날마다 주었으며, 아이의 한 부분이 되었다."

당신은 자신의 내재과거아를 알아보는 법을 터득하는 과정에서 자신이 어렸을 때 겪은, 해악을 끼치는 태도를 조심스럽게 살펴볼 필요가 있다. 그런 태도는 쉽게 발견되는데, 아마 아직까지도 당신에게 해를 끼치고 있을 것이다. 그러나 이것을 밝혀내려는 목적은 당신의 부모에게 책임을 돌리고자 하는 것이 아니다. 그보다는 오히려 당신 자신에게 부모 역할을 하면서 계속해서 해악을 끼치는 태도로 스스로를 괴롭히지 않게 하려는 데 있다.

제5장

내재과거아가 몸에 배면

• 안네트의 이야기

　어른이 되어서도, 어렸을 때 자기 부모가 하던 것처럼 스스로를 가혹하게 비난하고 경멸하거나 얕잡아 보는 사람이 있다는 사실이 믿기지 않을지도 모르겠다. 그러나 이것은 틀림없는 사실이다. 이 사실이 성인에게 어떤 영향을 끼치는지 확실하게 알아보기 위해 안네트의 경우를 이야기하고자 한다. 그는 상처를 받아서 화가 머리끝까지 나 있었다. 필자는 여러 달 동안 이 젊은 여인과 면담을 하며, 그가 반복해서 퍼부어대는 신랄한 독백을 들어 주었다.

　그는 이렇게 소리치곤 했다. "선생님은 저를 미워하시죠? 제가 죽었으면 좋겠다고 생각하시죠? 저는 선생님께 아무것도 기대하지 않아요. 아닌 척하지 마세요. 선생님은 저에 대해 아는 것도 없잖아요."

"선생님은 제가 정말로 못생겼다고 생각하면서 거기 앉아 계시는 거죠? 저에게 거짓말을 하실 필요는 없어요. 이번 면담도 어서 끝났으면 하는 마음으로 앉아 계시는 거죠? 왜 집에 가지 않으세요? 더 중요한 일이 없나 보죠? 제가 나가기를 원하시나요? 딱하시군요. 훌륭한 의사 선생님은 위대한 순교자와도 같으시네요! 그래도 선생님이 제게 순교자가 되실 수는 없어요. 선생님은 그저 사기꾼, 그것도 뛰어난 사기꾼일 뿐이에요. 선생님은 사람들을 아무 감정 없이 대하시잖아요. 선생님은 그저 사기꾼일 뿐이고, 저는 그런 사기꾼을 참아 낼 수가 없다고요."

"오 하느님 맙소사, 제가 이런 말을 지껄이다니, 도대체 무엇 때문인지 모르겠네요."

필자는 그 앞에서 무엇을 하고 있었는가? 그저 앉아 있었을 뿐이다. 필자가 그에게 겁을 주거나 면박이라도 했단 말인가? 그러지 않았다. 필자는 다만 그가 이제까지 어떻게 느껴 왔는지 물어봤을 뿐인데, 그의 대답이 위의 장광설이었다. 필자가 사기꾼인지 아닌지 그가 알 길이나 있었겠는가? 그는 필자를 전혀 알지 못했다. 게다가 필자가 그토록 비난받아 마땅한 사람이라면, 그는 왜 계속해서 필자를 찾아왔을까? 그는 왜 자기가 필자를 화나게 만드는지에 대해 그렇게도 신경을 써야 했을까?

이것은 합리적이지 못한 행동이다. 그러나 안네트는 이 같은 행동이 일어나는 영역을 아주 잘 알고 있다. 안네트는 세 자녀를 둔 가정주부다. 친구들은 안네트가 사리 분별이 있긴 하지만 보통 사람들보다 말수가 적다는 것을 알고 있다. 남편은 안네트가 자기를 화나게 한다는 사실을 알고 있으며, 아내의 단점에 대해 자주 이야기한다. 안네트도 자신이 윗사람들과 자녀들 역시 화나게 만든다는 사실을 알고 있으며, 남편의 잔소리를 침묵으로 견뎌 낸다. 그리고 길을 걷거나 상점에 들를 때면 한바탕 퍼부어대고 싶다는 열망에 사로잡힌다. 또 실제로는 전혀 그렇지 않은데도 자기가 못생기고 어리석다고 생각한다. 이러한 열망에 사로잡히지 않을 때, 안네트는 안주할 곳이라곤 없이 황량하고 외로운 세상에 살고 있는 셈이다.

그러나 이러한 사실 중 어느 하나도, 심지어 남편의 화를 잘 내는 성격까지도, 안네트가 자신에 대해 왜 그토록 비판적이며 친절한 담당 의사와 주위 사람들을 왜 곡해하게 되었는지 설명해 주지는 못한다.

다만 안네트의 지난날은 그런 식으로 행동할 수밖에 없는 이유를 이해하는 실마리를 제공한다. 안네트의 아버지는 어려서부터 응분의 대접을 받지 못하고 성장한 사람이었다. 그는 몹시 가난한 가정에서 여러 형제자매 속에 묻혀서 자랐다. 그는 뛰어놀아야 할 나이에 일터로 나섰으며, 그때부터 열심히 일만 했다. 그는 사랑을 주고받지 못하는 환경에서 성장했으며, 가족 중 그 누구와도 가깝게 지내기가 어렵다는 사실을 깨닫게 되었다. 그러니 오로지 일에만 매달릴 수밖에 없었다. 아내가 바가지를 긁어대도 대꾸하지 않고 고스란히 받아들였으며, 오직 일하는 데에만 전념했다. 그러다 보니 자녀들도 그를 무시하게 되었다.

- **안네트의 어머니**

안네트의 어머니는 성격이 난폭하여 걸핏하면 감정을 격렬하게 터뜨리곤 했다. 그는 안네트에게는 외할머니가 되는 자기 어머니와 말다툼을 벌이고, 어머니에게 막무가내로 강요하고, 어머니를 마구 혹사해 가면서 자랐다. 결혼한 후에는 남편과 끊임없이 다투었으며, 치밀어 오르는 분노를 딸 안네트에게 퍼붓곤 했다. "넌 어쩜 그리도 꼴사납게 생겼니? 넌 절대로 사람들의 눈길을 끌 만큼 예뻐질 수 없을 거다. 미련하고 못생긴 년 같으니라고. 반반한 자식 하나 낳지 못하는 내 팔자도 불쌍하지." 자나 깨나 늘어놓는 험담이 이런 식이었다.

그는 화가 나면 안네트에게 "이 못생긴 돼지 같은 년아, 내 앞에서 썩 꺼져 버려." 하고 소리 지르곤 했다. 언젠가 안네트를 바닷가에 데리고 갔을 때는 이렇게 말했다. "저기 바다가 보이지? 곧장 걸어서 바닷속으로 들어가 버려. 그럼 다시는 네 꼬락서니를 보지 않아도 될 거야!"

당신은 자기 자녀에게 그렇게까지 말하는 사람이 있겠느냐고 생각할 것이다. 그러나 그것은 틀린 생각이다. 만약 믿기지 않거든 오후 한나절만 혼잡한 슈퍼마켓에 가서 자녀를 닦달해대는 어머니들의 말에 귀를 기울여 보라.

어린이가 계속해서 이런 소리를 듣다 보면, 결국에는 자신에게 똑같은 방식으로 말하기 시작한다. "너는 못생긴 아이야."라는 말은 "나는 못생긴 사람이다."로 바뀐다. 또한 "너는 어리석고 도무지 쓸 만한 구석이라곤 없는 아이야."라는 말은 "나는 어리석고 도무지 쓸 만한 구석이라곤 없는 사람이다."로 바뀐다. 이러한 부모의 말은 흔히 넌더리가 난다는 듯한 표정이나 몸짓으로 뒷받침된다.

어린이는 청소년으로 성장하면서 점차 자기 자신에게 부모 노릇을 하게 된다. 비록 자기 부모가 취하곤 했던 태도가 가혹하고, 자신을 고통스럽게 하며, 끊임없이 자기를 깎아내리고, 해를 입히는 것이라 하더라도 같은 태도로 자신을 대하게 되는 것이다.

필자는 항상 비난을 퍼붓던 안네트에게 그의 내재과거아가 내부에서 어떻게 작용하고 있으며 현재의 생활에 어떤 영향을 끼치고 있는지 글로 상세하게 써 보라고 권했다. 다음 글은 안네트가 쓴 것이다.

"나의 유별난 내재과거아는 애써 쓴 열다섯 가지 글을 결국 찢어 버리게 만들었다. 왜냐하면 내가 말한 내용과 그것을 표현한 방식이 부끄럽다고 생각되기 때문이고, 그러한 방식이 쓸모없다고 여겨지기 때문이다. 말하자면, 앞질러서 나를 변명하는 것이며, 나 자신을 보호하려고 하는 것이다. 나는 왜 이래야만 하는 걸까?"

"나의 모든 생각과 행위를 무력하게 만드는 비난은 내 안에 있다. 나는 여기 앉아서 내가 하는 모든 말마디를 판단하는데, 지금도 나쁘다고 판단하고 있다. 나의 행실에 대한 이러한 반응은, 내가 글을 쓰든 요리를 하든 운전을 하든 길을 걷든 언제나 내 안에 있다. 나로서는 어쩔 수 없는 노릇이다."

"나에 대해 써 보겠다. 이것으로 나의 내재과거아를 표현할 수 있다고 믿는다. 오늘은 일요일이다. 일요일이면 나는 거의 완벽하게 지난날의 삶으로 되돌아간다. 어디에서고 이런 처지에서 벗어날 수가 없다. 어떻게 해 볼 도리가 없는 무서운 세상에서 나는 완전히 외톨이라고 느낀다. 모두 내게 화를 내고 있으며, 나는 칭찬받을 행동을 할 줄 모르는 나쁜 아이가 되는 것이다. 나는 오늘도 여덟 번이나 체온을 재 보았다. 몹시 불안한 마음으로 체온계의 빨간 눈금을 지켜보다가 눈금이 정상을 가리키면 잠시나마 안도감을 맛보았다. 그러나 얼마 지나지 않아 똑같은 일을 되풀이하곤 하였다. 또 나는 키 160cm에 몸무게가 46kg인데 뚱뚱하다고 생각한다. 나는 꼭 맞는 옷을 입으려고 애를 썼으며, 여느 때처럼 옷이 잘 맞아도 뚱보처럼 보이지는 않을까 하는 불안감을 떨쳐 버리지 못하였다."

"어느 저녁 식사 모임에 나갔는데, 손이 떨리고 가슴이 두근거렸다. 내 눈에는 식사가 형편없었고, 거기 모인 사람들이 나를 그 자리에 전혀 어울리지 않는 사람으로 생각하는 것처럼 느꼈기 때문이다. 그리고 가장 견디기 어려웠던 것은 그 사람들이 나를 참으로 추하고 혐오감이 드는 여자라고 생각하는 것 같다는 점이었다. 나로서는 내 외모에 대해 어떻게 말할 방법이 없다. 내 생각에는 세상의 모든 여자가 다 아름다운데, 나 혼자만 꼴사나운 것 같다. 나는 매력적이라는 소리를 듣기도 한다. 몇몇 남자들이 나에게 그런 면을 발견하는 것 같기도 하다. 그러나 그들의 말은 나에게, 그리고 나 자신에 대한 내 생각에 아무 감동도 주지 못한다."

"어린 시절 나를 향해 수없이 쏟아지던 말들, 그리고 이제는 내가 기대에 부응하지 못할 때 스스로에게 퍼붓곤 하는 비난을 지금도 기억해 낼 수 있다. 그것은 '못생긴 돼지 같은 년'이라는 말이다. 지금 이 말을 글로 쓰면서도, 어린 시절 이 말을 들었을 때처럼 움츠러들고 있다. 그러나 내가 이렇게 위축된다는 사실이, 바로 오늘 고기를 너무 바싹 구웠을 때나 약국에 들어갔다가 창피를 당하고 나왔을 때 스스로에게 비난을 퍼부었다는 사실을 바꿔 주지는 못한다. 부끄러움, 불안, 자기비판이 내가 일요일이면 맛보는 감정 세계의 전부이다."

"과거의 일요일은 어떠했던가? 일요일이면 무엇이 달랐던가? 일요일이면 어머니는 화를 내곤 했다. 아침에 일어나서 거실로 나가면 높은 등받이가 달린 안락의자에 앉아 있는 어머니가 눈에 들어오곤 했다. 그때마다 나는 어머니의 얼굴을 보고 나에게 말을 건네지 않으리란 것을 한눈에 알아차릴 수 있었다. 어머니의 얼굴은 증오의 화신이었다. 그래서 나는 으레 가슴이 죄어 오고 배가 아팠으며, 걷잡을 수 없는 불안감에 휩싸이곤 했다. 또 암에 걸리거나 피를 흘리다가 죽지나 않을까 하는 무지근한 두려움에 사로잡히곤 했다. 그러면서 이 부끄러운 사정을 누구에게도 말하지 않겠다고 결심하곤 했다. 나는 어머니에게 말을 걸려고 애를 써 봤지만, 어머니는 여전히 나를 미워하고 있어서 말을 건넬 수가 없었다. 나는 부엌으로 들어가서 아버지와 형제들의 아침 식사를 준비하곤 했다. 나는 두려움 속에서 어머니가 부엌으로 들어서는 소리에 귀를 기울였는데, 어머니는 이내 부엌으로 들어와 식탁에 앉아서 아름다운 눈썹 아래로 나에게 증오의 눈길을 보내곤 했다. 나는 눈을 내리깔고 어머니의 표정을 흘깃 훔쳐보면서 참으로 아름다운 여자라고, 언제나 어머니가 참으로 아름다워 보인다고 생각하곤 했다."

"어머니가 늘씬하고 검은 머리에 눈이 푸른 귀여운 딸아이가 있으면 얼마나 좋겠느냐고 하면, 내가 못생겨서 어머니에게 미움을 받는 것이라고 생각하곤 했다. 어머니가 말하는 '귀여운 딸'이란 바로 내 사촌 같은 소녀였다. 나는 통통한 팔과 배로 쏟아지는 어머니의 눈길을 느낄 수 있었다. 그래서 어디론가 숨고 싶었지만 그럴 만한 장소가 없었다. 나를 향한 어머니의 증오가 부엌에 가득 차 있는 듯한 느낌을 받았으며, 그럴 때 오빠가 나타나면 목이 메어 오곤 했다. 어머니는 오빠에게 먹을 것을 주고 이것저것 챙겨 주면서 수선을 떨었다. 어머니가 어린 동생도 오빠처럼 대해 주고, 퉁명스럽게나마 아버지에게 음식을 차려 줄 때면, 나는 쏟아지는 눈물을 억제할 길이 없었다. 어머니는 내게 먹을 것을 주지 않았다는 사실에 대해서는 조금도 신경 쓰지 않았다. 물론 나는 체중이 엄청나게 많이 나갔으며, 어머니에게 부끄럽고 창피한 존재였다. 나는 굳이 어머니를 탓하려 하지 않았고, 지금도 어머니를 탓하지는 않는다. 내가 부엌을 가로질러 접시를 가지러 가거나 아주 어색한 자세로 지나가려고 하면, 어머니는 즐겨 입에 담는 '못생긴 돼지 같은 년'이라는 말을 중얼거리곤 했다. 나는 풍선이 팽팽해지듯 목이 가득 메어 왔으며, 그럴 때마다 어머니는 목소리와 얼굴에 노골적인 증오를 드러내며 '계집애가 또 울기는…….' 하고 중얼거리곤 했다."

"그러고 나면 나는 종일 화장실에 틀어박혀 두려움과 부끄러움을 달래곤 했다. 저녁 식사 때와 밤에도 상황은 바뀌지 않았다. 물론 아버지가 있었지만, 지난날의 경험으로 볼 때 아버지가 무슨 말을 할 것인지는 뻔했다. 기껏해야 '마음에 담아 두지 마라.'고 하거나 '자, 돈을 줄 테니 영화나 보고 잊어버려라.'고 할 뿐이었다. 나는 하소연할 사람이 아무도 없는 외톨이였다. 지금 내가 외톨이듯이 그때도 외톨이였다. 나는 밤 아홉 시나 열 시에 잠자리에 들곤 했다. 나는 침대에 누워서 아무도 듣지 못하게 베개로 얼굴을 가리고 흐느껴 울곤 했다. 내가 기억하는 것이라고는 잠을 이루지 못하면서 소리 없이 흘리던 눈물뿐이다. 잠을 이루지 못하는 만큼 불안감은 점점 깊어만 갔다."

"한편으로는 잠들고 싶은 마음이 없기도 했다. 잠이 들면 아침이 빨리 올 것이기 때문이었다. 나는 '하느님, 제발 어서 어른이 되게 해 주십시오.'라고 속으로 중얼거리곤 했다. 그러나 나는 그때 겨우 열 살이었으며, 어른이 되려면 많은 세월이 흘러야 했다. 잠은 여전히 오지 않았다. 한 시쯤 되어서 부모님의 목소리가 들려오기라도 하면, 그들의 침실 문 밖에 앉아서 새어 나오는 소리에 귀를 기울이곤 했다. …… 그런 식으로 두 사람이 나에 대해 나누는 이야기를 많이 듣게 되었는데, 하나같이 내 마음을 아프게 하는 이야기뿐이었다. 마치 오늘날 내가 자신을 부끄럽게 여기는 것처럼, 어머니는 나를 부끄럽게 여기고 있었다. 나에게는 열정이나 활기가 없었다. 나는 불행했으며, 오늘날 내가 나를 골칫거리로 여기듯 부모님은 나를 골칫거리로 여겼다."

"부모님의 말을 엿듣는 것은 내 자존심을 상하게 만들 뿐이었다. 두세 시가 되면 결국 잠이 들곤 했지만, 나는 잠들고 싶지 않았다. 지금도 그렇지만, 아침이면 눈을 뜨기가 무섭게 눈물이 앞을 가리곤 했으며, 하루에 대한 두려움이 나를 짓누르곤 했다. 어른이 되어서도 잠을 편히 자는 것은 여전히 힘든 일이다. 지금 이 글을 쓰면서 나는 하느님께 감사드린다. 한 시간 전에 복용한 수면제가 오늘 잠들 수 있게 해 줄 것이며, 숙명의 시간이 지나갔음에 감사하는 일요일로 오늘을 기록하게 해 줄 것이기 때문이다. 또한 수면제가 나의 모든 행위에 대한 잠재적 억압 의식을 잠재움으로써 감정을 더욱 편안하게 해 주고, 참담한 기분을 글로 옮길 수 있게 해 주는 것에 대해서도 감사드린다. 내가 과연 과거와 현재 사이의 유사점을 명백하게 기술했는지는 의문이다. 나는 어린 시절이 지금도 기승을 부리고 있음을 밝히려고 애를 썼다. 나는 이제 어린아이가 아니다. 그런데도 나에게는 어린 시절의 상처와 자기 비하, 끔찍한 공포가 그대로 남아 있다. '한 어린아이가 어둠의 세월을 보내며 누워서 울고 있는 것이다.'"

"나는 언젠가 새롭게 시작하기를 고대한다. 지난날의 흔적이 말끔히 지워져서 거울에도 전혀 나타나지 않기를 바란다. 이제 더는 내 어머니의 눈길로, 나 자신의 눈길로 나를 지켜보지 않겠다. 그러다 보면 차츰 내 본연의 모습일 수도 있는 나를 보게 될 것이다. 나를 보는 어머니의 시선이 그릇된 것이었다면 실제로 나는 존재하지 않았던 셈인 만큼, 이제는 다시 태어나야겠다. 이것은 나의 분명한 소망이다. 다시 시작할 기회이다. 내 생애의 첫 시기를 살아갈 기회가 온 것이다."

• 편안함을 느끼는 감정

물론 안네트의 이야기는, 한 어른이 어떻게 부모의 태도를 자신에게 계속 적용하는지 보여 주는 극단적인 예가 될 것이다. 그러나

이 이야기가 근거 없는 것은 아니다. 그는 비웃고 괴롭히는 태도로 자신을 대하는 가운데, 어린 시절에 겪은 것처럼 주위 사람들이 자신을 깔보고 미워하고 있다고 생각할 수밖에 없었던 것이다. 안네트의 내재과거아는 가혹하게 학대하는 태도에서 더욱 편안함을 느꼈다. 안네트가 만나는 어른들이 모질게 대해 주지 않으면, 오히려 생소하고 낯설게 느껴진 나머지 의심하고 불안해했다. 안네트는 적개심을 불러일으킬 수 있을 때 더욱 '편안한' 기분을 맛보았다.

만약 우리가 어린 시절에 겪은 정서적 분위기를 발견하거나 재연하거나 흉내 낼 수 없다면, 낯설고 허탈하며 불편한 기분을 느낄 것이다. 그러나 그러한 분위기에 젖어 들면, 옛날부터 우리에게 친숙했던 편안한 기분을 느끼게 된다. 어린 시절과 같은 분위기는 확실하게 안도감을 가져다주지만 그 속에는 우리가 겪었던 온갖 제약과 쓰라림이 도사리고 있다.

• **렉스의 이야기**

총명한 대학교 4학년 학생인 렉스가 필자를 찾아온 것은 발끈하는 성질과 여자들과 어울리지 못하는 문제 때문이었다. 렉스는 미남이었지만 다소 거칠고 흐트러진 모습이었다. 머리는 언제나 헝클어져 있었고, 넥타이는 비뚤어져 있었다. 그는 비틀거리며 들어와서는 넘어질 듯이 의자에 털썩 앉더니 필자의 책상에 발을 올려놓고는(필자는 발을 내려놓으라고 단호하게 말했다) "여어, 의사 선생!" 하고 부르곤 했다.

 렉스는 여자 친구를 한 명 사귀었는데, 그 친구가 자기를 사랑하지 않는 것 같다는 말을 했다. 그 여자가 자기 말에 귀를 기울여 주지 않는다는 것이었다. 말을 듣는다는 것은 복종을 의미했으며, 이것이야말로 렉스가 알고 있는 최선이었다.

 렉스는 여자 친구의 생활 전반에 대해 꼬치꼬치 캐묻기를 좋아했다. 그리고 물건을 사려면 어떤 상점에 가야 하고, 스타킹은 어떤 색깔을 신어야 하며, 어떤 종류의 치약을 얼마나 자주 써야 한다는 식으로 모든 면에서 여자 친구에게 해야 할 일을 일러 주기를 좋아했다. 여자 친구가 반발하자, 화가 난 렉스는 마음 아파하며 "너는 나를 사랑하지 않는 거야. 나를 사랑한다면 내가 말하는 대로 하겠지." 하고 투덜거렸다.

 여자 친구가 자선 활동에 시간을 투자하는 것을 시기한 렉스는 그 일을 그만두라고 명령했다. 여자 친구는 렉스의 명령과 분노를 한동안 받아들이다가 끝내 관계를 끊어 버렸다. 렉스는 잠시 외롭게 지내다가 머지않아 다른 여자를 사귀었는데, 명령하고 발끈하는 성질 때문에 이내 불행한 사태가 되풀이되었다. 이 과정은, 반듯하지만 너저분한 렉스의 외모에 모성애적인 관심을 보여 준 여자들과의 관계에서 이미 여러 차례 반복되어 온 터였다. 그가 대장이라도 되는 듯 명령하는 것이 처음에는 아주 남성다운 모습으로 비치기도 했다. 그러나 일방적으로 요구하고 명령하며, 꼬치꼬치 캐묻고, 어지간히 애간장을 태우는 그의 버릇은 어쩔 수 없이 여자들과의 관계를 파경으로 몰고 갔다. 그때마다 그는 크게 상처를 받고 낙담하였다. 그는 왜 똑같은 행동을 끝없이 반복하게 되었을까? 왜 다른 사람들의 감정을 전혀 안중에 두지 않게 되었을까?

렉스가 어렸을 때, 그의 어머니는 렉스를 아이 돌보는 사람에게 절대로 맡기지 않는 것을 자랑으로 여겼다. 렉스는 그야말로 어머니의 생명이었으며, 어머니는 렉스에게 말 그대로 '헌신적인 노예'였다. 실제로 렉스는 말을 배우면서부터 어머니에게 모든 것을 명령하곤 했다. 어머니는 아들을 떠받들어 주었고, 아들의 민감하고 총명한 정신을 자랑스러워했으며, 언제나 아들에게 복종했고, 아들의 지능과 미각 발달에 감탄했다. 어머니는 렉스가 자신을 중요하게 생각하기를 바랐기에, 아들의 사소한 변덕도 일일이 다 받아 주었다. 그러다 보니 렉스는 자기 어머니에게 명령하듯이 여자 친구에게도 명령하게 되었던 것이다.

렉스의 내재과거아는 다른 사람의 감정과 권리를 존중해야 한다는 것에 대해서는 교육을 받은 적이 전혀 없었다. 그는 끊임없이 자기 여자 친구의 사생활과 권리를 침해했으며, 이에 대한 그들의 거부를 애정이 부족하기 때문이라고 곡해했다. 렉스가 어렸을 때 어머니가 아들에게 자기 권리를 박탈당해도 저항한 적이 한 번도 없었기 때문에, 렉스는 여자 친구의 감정에 대해서는 전혀 개의치 않게 된 것이다. 오히려 여자들이 자기를 진정으로 받아들이지 않는다고 생각했으며, 그렇지 않다면 자기 말을 따라야 한다고 생각했다. 렉스는 자신에게 복종하기를 거부하고 자신의 말을 법으로 여기지 않으며 자신의 총명함에 감탄하지 않는 사람은 분명 자신을 사랑하지 않는 것이라고 생각했다. 그의 내재과거아는 "만약 그대가 나를 사랑한다면, 나의 어머니가 그러했듯이 그대도 나의 변덕에 맞춰 주어야 하지 않겠는가." 하고 부추기곤 했다. 이것이 바로 그가 이해하고 있는 사랑이었다.

이 젊은이의 상처받은 감정은 순수한 것이었다. 그는 사랑받기를 무척이나 갈망했고, 그에게는 그런 사랑이 필요했다. 그러나 렉스가 여자 친구에게 사랑받기 위해서는 자기 자신에게 다른 유형의 부모 역할을 함으로써 충동적인 내재과거아에게 제약을 가하는 법을 배워야 했다. 그런데 렉스는 이렇게 제약을 가하고 다른 사람의 권리를 존중하는 법을 어린 시절에 배우지 못했다.

• **자기 자신에 대한 부모 역할**

렉스와 안네트는 겉으로 보면 유사점이 없는 것 같지만, 둘 다 그들의 내재과거아가 어른으로서의 삶을 지배하며 통제하고 있었다. 다행히 두 사람 다 결국에는 자신의 내재과거아를 인식하게 되었다. 그들은 자기 관리의 실패를 줄여 나가면서 한때 지나 온 과정인 내재과거아에게 더욱 친절하고 든든한 부모 역할을 함으로써 만족을 증대시킬 수 있게 되었다.

여기서 다시 한번 밝혀 둔다. 당신이 어렸을 때나 지금 겪고 있는 문제와는 관계없이, 당신은 이미 자신에게 부모 노릇을 하고 있다. 누구나 어쩔 수 없이 그렇게 한다. 우리는 과거에 부모가 하던 것과 똑같은 방식으로 자신을 격려하거나 처벌하려는 경향이 있다.

자신을 대하는 태도는 당신이 얼마나 안도감을 느끼고자 하느냐에 따라 좌우된다. 만약 부모와 똑같은 방식으로 자신을 대한다면, 확실하게 안도감을 느낄 수 있을 것이다. 그러나 그것은 오래되고 이제는 필요 없는, 어렸을 때 당신에게 상처를 입혔던 태도를 그대로 답습하는 셈이다. 이처럼 구태의연한 태도가 이제는 당신이 어른이 되어서 맞이하는 기회나 만족을 제한하고 있다.

자신의 부모 역할을 할 때, 이렇게 상처를 주는 태도를 고집할 필요는 없다. 당신의 부모가 취했던 것보다 바람직한 태도로 자신에게 부모 노릇을 할 수 있다는 말이다. 성숙의 과정이란, 어린 시절의 감정을 하나의 중요한 분신으로 여겨 받아들이는 것이다. 당신은 어린 시절의 감정과 더불어 자신의 방식대로 살아가는 법을 배울 수 있다.

만일 당신이 내재과거아에게 훌륭한 부모 노릇을 한다면, 내재과거아는 값진 존재가 될 수 있다. 내재과거아는 당신의 노력을 충분히 이해할 수 있으며, 당신의 세계가 젊고 활기차며 경이로움이 넘치는 세계가 되도록 도울 수 있다.

제6장

당신에게 내분이 일어나고 있는가?

　정서적으로 우리는 양파의 속처럼 성장한다. 휘트먼의 말처럼 '하루하루가 우리의 일부가 된다.' 우리가 아동기와 청년기에 겪은 갈등과 갈망은 언제나 우리 마음속 깊은 곳에 남아 있을 것이다. 이 해묵은 감정과 갈등이 아직 끝나거나 정리되지 않았으며, 어린 시절의 응어리가 여전히 영향력을 발휘하면서 살아 있다는 생각에 익숙해지기까지는 시간이 걸린다.

　우리 대부분은 이 사실을 정서적으로 전혀 받아들이지 못한다. 우리는 이 부분을 억누르거나 뿌리 뽑으려고 애쓴다. 필자는 나름의 체험을 통해서, 몇몇 사람들이 자기 안에 생생하고 끈질긴 어린 시절이 있다는 사실에 매우 분개한다는 것을 알았다. 이들은 흔히 성숙해지려고 자신을 가혹하게 처벌하고 부정했던 사람들이다. 그러면서 어린아이 같은 짓을 제거하려고 모질고 고통스럽게 투쟁해 왔다.

어느 누구도 언제든 완전한 어른이 되리라고 기대해서는 안 될 것이다. 만약 우리가 자신을 심하게 부정한다면, 우리는 분열되고 무력해지며 기능을 다할 수 없게 된다. 안네트의 경우가 바로 그러했다. 그와 같은 신랄함도 내재과거아를 파괴하지는 못한다. 그 대신에 소위 '어린아이 같은 감정'이 더욱 심하게 자극을 받아 그 모습을 드러내게 된다. 과거에 당신이 부모의 꾸지람을 어떻게 받아들였느냐에 따라 내재과거아는 당신이 부모 노릇을 하면서 보이는 태도에 두려움과 반항, 상심과 침통함 등으로 반응한다. 우리 안에 있는 이 부분을 배제하려고 노력하면 할수록, 우리는 더욱더 버림받았다거나 외롭다고 느끼게 된다.

• 내재과거아와 무의식

이따금 의과 대학생들이 필자에게 이런 질문을 한다. "내재과거아란 프로이트가 말하는 '무의식'과 같은 것입니까?"

이 물음에 대한 대답은 "아니요."이다. 여기에는 큰 차이점이 있다. 많은 책과 논문, 영화에서 '무의식'을 우리 안에 있지만 우리의 제어 능력을 벗어나 있는 감정들을 담고 있는 만능 저장고로 그려 낸다. 여기서 사람들은 그저 무력한 존재로 여겨진다. '무의식'이란 사람들이 알지도 못하고 제어할 수도 없는 요구를 충족시키기 위해 나타나는 것이라고 보기 때문이다. 그리하여 무의식은 사람들로 하여금 자신과 다른 사람들을 다치게 만드는, 놀랍지만 눈에 보이지 않으며 신비스럽고 압도적인 힘으로 이루어져 있는 것처럼 보인다.

정신과 의사이자 정신의학 교수로서 적지 않은 경험을 쌓은 필자는 감정이 어떻게, 그리고 왜 고통을 당하는지 설명하는 데 무의식이라는 개념이 과연 효과적인지 진지하게 이의를 제기하게 되었다. 무의식은 사람들을 놀라게 하고, 자기로서는 어찌해 볼 도리가 없는 '요귀妖鬼들이 사는 음침한 웅덩이'가 자기 안에 있다고 느끼게 만든다.

필자는 학생들에게 우리가 자신의 손등에 대해 잘 알고 있는 것처럼 자신의 현재와 과거의 삶도 익히 알고 있다는 점을 이야기해 준다. 그리고 우리가 삶의 모든 순간을 통해서 살아왔다는 점 또한 이야기해 준다. 우리는 어렸을 때 부모가 우리에게 보여 주었던 태도를 기억한다. 그것은 본질적인 태도이며, 우리는 이 태도에 익숙해 있다. 왜냐하면 이것이 현재 우리가 자신에게 적용하는 태도이기 때문이다.

우리는 어렸을 때 부모의 태도에 대해 보였던 반응을 잊고 지낼 수도 있을 것이다. 당시에 그런 반응을 드러냈더라면, 우리가 한 가족으로 받아들여지는 것이 위태로웠을지도 모르기 때문이다. 흔히 우리는 안도감을 맛보기 위해 이와 같은 반응을 숨겨야 했다. 그러나 우리는 마음을 아프게 했던 부모의 태도를 거의 잊지 못한다.

이렇게 이해할 때 무의식을 가리키는 데 널리 사용되어 온 '요귀'라든가 '신기한 악마' 같은 것들을 제거할 수 있다. 그러면 우리는 정서적으로 겪는 문제를 제대로 보게 된다. 곧, 의식 있는 어른은 익히 알고 있는 자신의 내재과거아에 대해 포용력 있고 단호하며 분별 있는 부모 노릇을 할 수 있다는 것을 알게 되는 것이다. 이는 내재과거아의 감정을 존중하는 가운데, 내재과거아가 어른으로서의 목표와 만족을 성취하지 못하도록 방해하는 것을 내버려 두지 않는다는 것을 의미한다.

우리는 신비스럽고 눈에 보이지 않으며 막연하게 느껴지는 무엇에 대해 말하고 있는 것이 아니다. 이미 익히 알고 있는, 어른인 당신이 한때 거쳐 왔으며 지금도 계속해서 당신 안에 존재하는 내재과거아의 욕구와 감정에 대해 이야기하고 있는 것이다.

• 자신과 조화를 이루는 삶

상호 존중은 자기 자신과 조화를 이루며 살도록 도와주는 원리이다. 이 말은 자신의 어린 시절, 곧 내재과거아의 감정을 존중함으로써 당신 자신에 대해 훌륭한 부모 노릇을 함을 의미한다. 또한 당신의 내재과거아에게 어른으로서의 삶과 다른 사람들의 권리를 침해하지 못하게 하는 한계를 받아들이도록 요청함을 의미한다.

당신의 모든 감정은 신중하게 고려되어야 한다. 당신이 가지고 있는 어떠한 감정이라도 감추거나 부인하고 비하하는 것은 자신에 대한 불경스러운 행위이다. 또한 이것은 자동으로 당신의 내재과거아와, 자신에 대해 부모 노릇을 하는 당신 사이에 갈등을 불러일으키면서 당신을 분열시킨다. 필자는 이것을 '갈등을 다시금 새롭게 상기시키면서'라고 말하고 싶다. 그러므로 당신의 내재과거아를 받아들이는 방법은 곧 당신의 모든 감정을 진지하고 조심스럽게 존중하는 것이다. 만약 당신의 소망이 어른인 당신의 목표나 다른 사람들의 권리를 방해하지 않는다면, 당신은 그 소망을 충족시키도록 노력해야 할 것이다.

어쨌거나 어린 시절의 감정을 자유로이 표현하도록 허용한다면, 이 감정은 어른이 된 당신의 삶과 다른 사람들의 권리를 방해하려 할 것이다. 의견이 분명하고 때로는 어리석기까지 한, 당신의 내재과거아가 아침에 일어나서 일하러 나가기를 원치 않는 경우를 예로 들어 보자. 당신이 이 감정을 그대로 받아들인다면, 내재과거아의 감정이 어른이 된 당신의 삶을 방해하도록 방조하는 셈이다. 그러면 당신은 직장을 잃게 될지도 모르며, 진정으로 원하는 일을 할 수 없게 될지도 모른다.

이와 비슷하게, 어렸을 때 발끈하는 성질이 부모에게 그대로 받아들여지곤 했기 때문에 현재 당신은 분노를 억제하는 데 어려움을 느낄 수도 있다. 어렸을 때 누군가가 당신의 변덕을 받아 주곤 했기 때문에, 과식을 하거나 원하는 때에 원하는 것만을 고집하려

할지도 모른다.

　그러므로 당신은 이러한 감정이 표현되는 것에 단호히 제재를 가해야 한다. 이러한 감정을 제어하다 보면 당신의 내재과거아는 자주 상처를 입을 것이다. 어린이들은 누구나 필요한 제재가 가해지면 울부짖기 마련이며, 당신의 내재과거아도 예외는 아니다. 당신은 제재를 가할 때 감정을 비난하거나 비하해서는 안 된다. 그렇다고 이러한 감정을 표출함으로써 어른으로서의 삶을 방해하도록 허용해서도 안 된다. 제재를 가할 때 맛보는 고통은 해로운 것이 아니며, 계속해서 제재를 가하다 보면 고통은 줄어들 것이다.

　자신을 대하는 태도의 변화는 더욱 생산적인 결과를 위해 의식적으로 노력할 것을 요청한다. 당신이 자신의 내재과거아와 그의 감정을 얼마나 비하하고 있는지 알면 놀랄 것이다. 당신은 이러한 감정을 자기 본연의 일부로 받아들일 때까지 어려움을 겪을지도 모른다. 그리고 당신의 내재과거아가 새로운 정서적 분위기 즉, 더욱 존중받고 제약당하지만 마침내 더욱 만족하게 되는 분위기에 익숙해질 때까지 어느 정도 불안감을 감수해야 한다.

　이러한 방법을 통해 당신은 어른으로서 활동하는 데 필요한 능력을 더욱더 개발해 나가게 될 것이다. 그런데 내재과거아의 감정을 달리 대할 때, 부모 노릇을 하는 당신의 새로운 태도에 다소 불편하고 어색한 기분을 느낄 수 있다. 예컨대 당신이 내재과거아의 감정을 사정없이 업신여기고 무시하는 데 익숙하다면, 이 감정을 묵인하고 존중하며 내재과거아를 친절과 이해로 받아들이는 것이 어렵다는 점을 알게 될 것이다.

• **자신을 대하는 태도의 변화**

당신이 부모 역할을 하면서 보이는 태도가 무엇이든, 이 태도를 변화시키기 위해서는 시간을 두고 기꺼운 마음으로 괴로움을 참고 견디는 인내심이 필요하다. 어떤 사람들은 다른 사람들보다 어린 시절의 익숙한 환경을 벗어나서 사는 능력이 뛰어나다. 그러나 대부분의 사람들은 과거의 생활 방식으로 상처를 받을지언정, 그것이 더 친숙하다는 이유 때문에 좀처럼 떨쳐 버리지 못한다. 해묵은 자기평가에 따라 살지 않고 현재의 방식에 따라 사는 데는 진정한 노력이 필요하다. 만약 해묵은 생활을 어느 정도 변화시키려고 애쓰지 않는다면, 당신은 오랫동안 쓸데없이 불안하고 고독하게 지내게 될 것이다. 자신을 비난하고 미워하는 태도로 대할 때만큼 외로워지는 순간은 없기 때문이다.

자녀들에게 정서적으로 해악을 끼친다고 판명된 부모의 특정한 태도, 곧 완벽주의나 강압적인 태도 같은 것들이 앞으로 이 책에서 길게 거론될 것이다. 당신은 이제, 어렸을 때 당신을 지배했고 지금도 자신에게 적용하고 있으며 어른인 당신의 능력을 제한하고 있는 부모의 특정한 태도를 가려낼 수 있게 될 것이다.

제7장
결혼 생활에는 네 사람이 필요하다

　우리는 각자 내재과거아를 지니고 있기 때문에 결혼 생활은 두 사람이 아닌 네 사람이 서로에게 순응해야 하는 것이다. 이 네 사람 중 하나가 두드러지면 반드시 말썽이 생긴다. 결혼이 근본적으로 네 사람을 포함하는 것임을 이해하지 못하는 데서 결혼 생활의 불행이 시작된다. 그러다가 끝내 이혼 법정에 서는 괴로움을 맛보게 되는 것이다. 흔히 사랑이나 결혼에 대한 낭만적인 태도가 결혼을 '단 두 사람만의 관계'로 잘못 생각하게 만든다. 우리는 행복한 결혼 생활을 기대하지만, 이내 실망하고 좌절하며 마침내 분개하거나 포기하게 된다. 왜냐하면 '단 두 사람만의 결혼'은 어딘가 매우 복잡하며, 우리가 상상하고 꿈꿔 왔던 만큼 조화를 이루고 이해하며 사랑하고 공감하는 관계가 결코 아니기 때문이다.

결혼에는 네 명의 별개의 사람들이 포함된다는 말에 어떤 사람들은 놀라거나 충격을 받을 것이다. 또 어떤 사람들은 이 말을 재미있어하며 대뜸 네 사람이 잠자리에서 시시덕거리는 모습을 그려 볼 것이다. 이 네 사람은 시시덕거리는 대신 매우 불행한 처지에 놓여 있기는 하겠지만, 어느 면에서는 이 말이 사실이다. 필자는 앞으로 어떻게 이런 일이 일어나는지 설명하려고 시도할 것이다. 이 일에 대해 재미있어할 것은 하나도 없다. 성性, 돈, 질투, 잔소리 등이 문젯거리냐 아니냐 하는 논란과는 관계없이, 현 시점에 끼어드는 내재과거아의 방해가 결혼 생활에서 부딪히는 난관의 근본 원인이 되기 때문이다. 이것은 슬프고도 안타까운 일이다.

- **결혼은 본래 복잡한 것**

결혼에는 네 사람이 포함되어 있기 때문에, 어떤 결혼이든 본래 복잡한 것이다. 만약 우리가 젊었을 때 이 점을 알게 된다면, 현실적으로 더욱 행복한 결혼 생활을 이어 갈 가능성이 높아진다. 그리고 불가피하게 나타나는 어려움에 크게 방해받지 않을 것이다. 아내는 남편에게 한 번도 스스로 옷을 챙겨 입은 적이 없고, 정해진 시간에 저녁 식사를 하러 온 적이 없던 소년 시절이 아직 남아 있음을 이해할 수 있을 것이다. 남편은 자기 아내에게 매력적이고 능력 있는 여성임을 거듭 확인받고 싶어 하고, 생쥐를 무서워하며, 소심해서 큰 소리도 내지 못하던 소녀 시절이 여전히 남아 있음을 이해할 수 있을 것이다.

• 당신이 결혼하면 어떤 일이 일어나는가

당신이 한때 거쳐 온 어린 시절은 나름의 필요, 욕구, 태도, 행동 방식, 소망을 다른 어떤 생활보다도 결혼 생활을 통해 더욱 노골적으로 드러낸다. 당신의 내재과거아는 좌절하거나 어떤 일이 생길 때마다 소리 지르거나 망설이고, 사납게 날뛰거나 발끈 화를 내고, 말없이 냉정하게 뒷전으로 물러나든지 할 것이다. 그러기에 흔히 자신의 배우자에 대해 "이 여자는 너무 유치해요."라거나 "이 남자는 어린애처럼 행동한단 말이에요."라고 불평하는 것이다.

왜 이 같은 일이 일어나는가? 그것은 결혼해서 가정을 이루는 것이 어린 시절의 안락하고 친숙한 감정을 다시금 느끼게 해 줄 것처럼 보이기 때문이며, 남편과 아내 모두에게서 내재과거아가 두드러지게 드러나기 때문이다. 그래서 흔히 결혼 생활에서는 사소한 듯이 보이는 일을 두고 심각한 갈등이 빚어지기도 한다.

한 젊은 부부가 필자를 찾아온 적이 있었는데, 그 이유는 남편이 집에 오면 다짜고짜 신발을 벗어던지고 양말만 신은 채 집안을 돌아다니기 때문이었다. 이 점이 아내의 마음을 상하게 만들었다. 아내는 그것이 가정을 철저히 무시하는 마음을 보여 주는 태도라고 생각했다. 아내는 "이 사람은 직장에서는 신발을 벗지 않는다고요. 집에서만 그런다니까요. 이 사람에게는 기준이 없어요. 양말만 신고 거실에서 빈둥거린다면 내가 거실을 아름답게 꾸밀 이유가 없지 않겠어요?" 하고 불평했다. 그러나 남편은 "맙소사, 내 집에서 편하게 지내겠다는 것이 무슨 잘못입니까?" 하고 대꾸했다.

물론 이러한 갈등은 그들 사이에 존재하는 모든 갈등에 비하면 빙산의 일각일 뿐이었다. 과거의 가정, 즉 그들이 어린 시절에 속했던 가정에 대해 검토한 결과, 그들은 각자 지난날에 살던 가정과 같은 환경을 되살리려고 애쓰고 있었음이 드러났다. 남편은 아버지가 온종일 힘들게 일하고 집에 들어와 신발을 벗어 놓고 아내의 시중을 받아 가며 피로를 풀던 가정에서 성장했다. 그리고 아내는 살림살이의 기준이 엄격해서 공식적인 때가 아니면 어느 누구도 거실에 들어가지 못하고, 어머니의 뜻이 아버지에게 그대로 받아들여지던 가정에서 자랐다. 그래서 각자의 내재과거아는 어린 시절에 가정에서 경험한 것을 결혼을 통해서 그대로 발견할 수 있으리라고 기대했던 것이다. 그들이 상대방의 내재과거아에 대해 어느 정도 통찰하게 되면서, 갈등과 불만의 빙산은 차츰 녹아내렸다.

• 새로운 전망

당신이 만약 자신에게 내재과거아가 지속되고 있다는 점과 당신의 것과는 전혀 다르지만 배우자에게도 역시 활동 중인 내재과거아가 있다는 점을 이해한다면, 결혼 생활에 관해 새로운 전망을 얻을 것이다. 결혼 생활에는 감정이나 태도 면에서 저마다 아주 정서적인 영역, 이를테면 성적인 만족, 금전과 경제, 음식과 식사 습관, 오락, 명예, 이웃의 가치관, 가정의 의미 등에 적응해야 하는 네 사람이 실제로 포함되어 있기 때문에 어려움과 오해가 생겨난다.

필자가 오하이오 주립 대학교 의과 대학에서 하는 정신의학 강의에서 이 대목에 이르면, 결혼한 의대생들이 자주 찾아와서 이렇게 요청하곤 한다. "다음 시간에 제 아내를 데리고 와도 괜찮을까요? 저는 아내의 내재과거아를 볼 수 있지만, 아내는 제 내재과거아를 볼 수 없을 테니까요." 이 유능하고 젊은 대학생들이 보여 주는 바와 같이, 우리 가운데 어느 누구도 이 문제를 벗어날 수 없다. 왜냐하면 가정과 결혼 생활이 애정과 친밀감, 온정과 안도감을 누릴 기회를 제공하고, 음식과 성, 금전 문제와도 관련되며, 어린 시절에 익힌 감정이 결혼 생활을 통해서 아주 강하게 표현되기 때문이다. 어쩔 수 없이 우리 모두는 어린 시절의 감정 곧, 우리가 편안함을 느끼는 감정을 결혼 생활에 곁들이려는 경향이 있다.

우리는 대체로 결혼 생활에서 편안한 감정을 맛보기 위해 부모가 우리를 대하던 그대로 우리 자신을 대한다. 어려서 편안하게 느끼던 해묵은 정서적 환경, 즉 지난날 당신 가정의 특징이기도 했던 가슴 아픈 태도까지 모두 가능한 한 정밀하게 되풀이되는 것이다. 우리는 자주 배우자들에게 부모가 우리를 대하던 방식 그대로 우리를 대하게 한다. 그러면서 자신도 모르는 사이에 부모에게 인정받고 사랑받으려고 애썼던 것처럼 배우자에게 인정받으려 애쓰고 그들의 평가에 매달린다. 이런 상황은 당신의 배우자가 책임을 떠맡기를 거부하거나 기피하려 할 때, 아니면 '어린아이처럼 행동할 때' 생긴다.

• 계획을 세우는 네 사람

자신이 왜 결혼하게 되었는지를 제대로 설명할 수 있는 사람은 많지 않다. 그들을 결혼하도록 이끈 감정은 흔히 그들이 어린 시절에 겪은 고독감과 아주 밀접하게 연결되어 있다.

이 고독감은 어린 시절에 우리가 이따금 무시당하거나 따돌림받거나 반대받거나 소외당한다고 느꼈을 때 생겨났다. 초등학생 시절, 반 아이들이 우리를 따돌리고 모략을 꾸몄을 때 얼마나 외롭고 가슴 아팠는지 기억할 것이다. 더욱 고통스러웠던 것은 우리의 어수룩하고 어색한 감정이나 주위 사람들의 깔보는 태도 때문에 가족들에게 자주 따돌림을 받았던 경우이다.

우리가 접하는 세계가 넓어짐에 따라 학교 또는 직장에서 무시당하거나 소외당하지 않으려면 자신의 위치를 확보하기 위해 노력해야 한다는 점을 알게 되었다. 어렸을 때 우리는 '패거리에 소속되기' 위해 또는 어떤 아이와 우정을 나누기 위해 다른 아이들에게서 받는 약간의 피해를 감수한 적도 있을 것이다. 청년기에 이르러서는 우리가 한 번도 만나 본 적 없는 환상 속의 사람과 친밀하고 사랑 넘치는 관계가 되기를 꿈꾸었을 것이다. 그리고 성장하면서 그 꿈은 이상적인 사람과 가정을 이루는 것으로 살짝 바뀌었을 것이다. 그리고 그 가정에서 어렸을 때 체험했던 사랑 넘치는 관계가 다시금 구현되는 가운데 어른으로서 성적인 만족과 독립이라는 즐거움을 누리기를 꿈꿨을 것이다. 우리 내면의 감정은 "나를 사랑해 주고, 내 인생을 완전히 나눠 가질 수 있는 사람과 함께라면 내가 어찌 다시 외로움을 느끼겠는가?"라고 말하곤 했다. 결혼이 이에 대한 대답이 될 것이다!

우리는 결혼을 하면 여러 이점이 있다고 생각한다. 그리고 마침내 요구를 충족시켜 줄 것처럼 보이는 사람을 만나 결혼을 한다. 그러면 당분간은 결코 고독을 느끼거나 따돌림받고 싶지 않다는 희망이 실현된 것처럼 보이겠지만, 곧 오해가 생겨나게 된다. 다른 한 사람과 아주 가깝게 살 수 있을 것처럼 생각하고 떨어져 있기를 절대 원치 않지만, 그럼에도 서로 떨어져 있음을 알게 되는 것이다. 결국 우리는 '이 여자가 내 기분을 알아 줄 수만 있다면…….' 이라든가 '이 사람은 원한다면 마음을 바꿀 수도 있을 것이다. 이것이 나에게는 매우 중요하다.'라고 불평하는 자신의 모습을 발견하게 된다.

• **사랑에 빠진 네 사람**

두 사람이 결혼할 때, 그들은 사랑에 빠져 있다. 이 말은 대개 두 어른이 정신적으로 통하고 육체적으로 서로 매력을 느끼며, 두 내재과거아가 어른인 상대방에게서 과거에 품었던 갈망이 성취되리라고 기대한다는 의미이다. 그런데 일단 결혼하고 나면 점진적으로든 갑작스럽게든 각자 상대방의 내재과거아, 즉 배우자의 '어린아이 같은' 일면을 직접 마주하게 된다.

만약 결혼하려는 남녀가 상대방의 가정에 수시로 방문해서 약혼자와 그의 부모 사이를 눈여겨본다면, 결혼 생활에서 야기될 수많은 난관과 부조화를 피할 수 있거나 적어도 예견할 수 있을 것이다. 약혼자가 자기 부모를 대하는 태도가 장차 자기 배우자를 대하는 태도가 될 것이기 때문이다. 우리는 "나는 그가 부모를 대하는 식으로 그에게 대우받기를 원하는가?"라고 물어야 한다. 그리고 약혼자의 부모가 약혼자를 대하는 태도에서 약혼자가 자기 배우자를 어떻게 대할 것이며 신혼여행을 다녀온 다음부터 배우자에게 어떤 대우를 받길 기대할 것인지 예상할 수 있다.

결혼 생활의 만족과 성공은 네 사람, 즉 어른 두 사람과 그 두 어른의 내재과거아가 저마다 나머지 세 사람을 존중하는 가운데 잘 적응할 수 있느냐에 달려 있다.

결혼에는 네 사람이 관련되어 있기 때문에 서로 존중하는 조화로운 상태가 쉽사리 성취되지는 않는다. 우리는 전통적으로 그리고 습관적으로 결혼이 오직 두 사람만을 포함하는 것이라고 생각한다. 그래서 네 사람 사이의 다툼은 일반적인 문젯거리나 불화에 의해 자주 뒷전에 감춰진다. 이에 관해 간단한 실례를 들어 보겠다.

가정에는 다른 식구들을 즐겁게 해 주고자 끊임없이 안달하고 걱정하는 사람이 있기 마련이다. 엘레아너의 내재과거아는 가족이나 오랜 친구들을 저녁 식사에 초대할 때에만 비로소 편안함을 느낀다. 엘레아너가 어렸을 때 그의 집에는 낯선 사람들, 즉 가족 관계가 아닌 사람들이 초대된 적이 한 번도 없었다. 어린 엘레아너는 이따금 자기 부모가 다른 아이들의 부모를 저녁 식사에 초대하기를 원했지만, 부모는 늘 거절했다. '가족만의 식탁'은 엘레아너 가정의 배타적인 특징이었다. 언젠가 엘레아너의 언니가 말한 것처럼, 낯선 사람이 초대받을 수 있는 유일한 방법은 자기들 가운데 한 사람과 결혼하는 것뿐이었다.

대학을 졸업하고 직장에 다니게 된 엘레아너는 파티에서 만난 어니스트라는 남자에게 마음이 끌렸다. 어니스트는 사랑이 넘치고 사교적이며 친절하고 마음이 트인 사람이었다. 어니스트는 그 자리에서 엘레아너를 저녁 식사에 초대했다. 식사 때 어니스트가 음식을 준비해 준 가정부를 손님들과 함께 앉아서 식사하도록 부르는 것을 보고 엘레아너는 놀라기도 했고 기쁘기도 했다. 엘레아너는 자기 가족에게, 특히 아버지에게 바라곤 했던 모든 일을 어니스트가 해 준 것처럼 여겼다.

어니스트의 내재과거아는 누구나 환영받았고, 낯선 사람들이 끊임없이 저녁 식사 자리에 나타났으며, '언제든지 한 사람 몫의 여분의 음식이 마련되어 있는' 태평하고 행복하며 틀에 매이지 않은 가정에 익숙해 있었다. '모든 사람이 즐거워하는 것'이 어니스트 아버지의 신조였으며, 그것이 또한 어니스트의 신조가 되기에 이르렀다. 엘레아너의 수줍음은 어니스트의 온정과 배려에 의해서 이내 극복되었다.

그러나 막상 그들이 결혼하자, 자신의 가정에서 남을 즐겁게 해 주는 것을 무척이나 좋아했던 엘레아너는 실제로 누군가를 즐겁게 해 준다는 것이 몹시 어렵고 힘든 일이라는 사실을 깨달았다. 엘레아너는 며칠 전부터 온갖 것을 걱정했으며, 정작 손님이 오면 말도 건네지 못했다. 처음에는 어니스트의 사교성이 이 점을 메워 주었다. 그러나 차츰 어니스트는, 한때 노여운 나머지 내뱉은 말 그대로, 엘레아너가 '말도 안 하는 차디찬 사람'임을 알아차렸다. 실제로 엘레아너는 부모나 친척이 방문할 때에만 기분이 편안해졌다. 그가 남편의 사업상 친구들을 즐겁게 해 주기 위해서는 굳은 각오가 필요했다.

어느 날 밤, 어니스트는 길에서 먹을 것을 살 돈을 구걸한, 아무 관계도 없는 실직자를 집에 데리고 왔다. 어니스트는 별 생각 없이 그 사람을 집에 데려온 것이다. 충격을 받은 엘레아너는 난처해하는 낯선 사람에게 아무런 동정심도 느끼지 못했으며, 남편에게 몹시 화를 냈다. 어니스트가 그 사람에게 차비를 주어 내보낸 후에 두 사람은 격렬하게 말다툼을 했다. '가족만의 식탁에 끼어든 이방인'에 대한 엘레아너의 내재과거아의 감정이 쏟아져 나온 것이다. 이에 놀란 어니스트는 엘레아너를 '속좁고 어리석은 여자'라고 비난하였다. 엘레아너는 "나는 그이의 친구들을 위한 하녀로 이용되고 있을 뿐이라니까요. 전혀 모르는 사람에게까지도 말입니다."라고 하소연했다.

이 경우, 사실은 그들 각자의 내재과거아들이 철저히 불화하고 있는 것이다. 그러나 그들의 서로 다른 성장 배경 중에서 이러한 측면은 전혀 거론된 적이 없었으며, 어쩌다 관심의 대상이 되어도 그저 '옛날에' 있었던 일로 치부하곤 했다. 이것이 오늘날 그들의 삶에 어떤 영향을 미치는지 두 사람 모두 보지 못하고 있다.

마리온이라는 여자의 이야기를 들어 보자. 그는 질병에 관해 생각하는 바를 털어놓았다.

"저는 지금 거의 열 달째 앓고 있어요. 의사가 저에게 비타민제를 줬는데, 별 소용이 없었어요. 열 달 전쯤에 감기 기운이 있었는데, 몸이 아프니까 기운이 쭉 빠져 버리는 것 있죠. 저는 일어날 수도 없을 정도로 약해졌고 이제는 신경이 곤두서서 아무것도 할 수 없게 되었어요. 의사 두 사람이 저를 진찰했지만 잘못된 것은 하나도 없다고 하더군요. 하지만 저는 몸이 몹시 아파지기라도 하면 집에 돌아오지 못하게 될까 봐 외출하기가 겁날 정도였어요."

"저는 아프기 전까지 속기사로 일했어요. 살림을 하면서도 직장을 놓치지 않으려고 열심히 일했어요."

"저는 어렸을 때 자주 아팠어요. 폐렴, 탈장뿐 아니라 아이들이 잘 걸리는 병이란 병은 다 앓았으니까요. 제 상태가 좋지 않으면 온 집안 식구들이 저를 특별하게 대해 주곤 했죠. 어머니가 제 건강을 많이 걱정하셨어요. 어머니는 언제나 우리의 건강을 보호하기 위한 일을 하셨죠. 아버지는 자주 편찮으셨는데도 제 건강을 많이 염려해 주셨어요."

마리온은 고달픈 생활에 짓눌려 있는 것이다. 직장에서의 책임 그리고 아내로서의 책임에서 압박감을 느끼다 보니 그의 내재과거아가 차츰 어린 시절 아팠을 때 받곤 했던 특별 대우를 생각해 내서 추구하기에 이른 것이다. 마리온은 자기를 걱정해 주는 부모의 태도를 떠올렸고, 이것이 그로 하여금 여러 달 동안 병상에 누워 있게 만들었다. 그는 내면의 상당한 갈등을 겪은 후에야 비로소 자기 부모와 같은 태도로 자신을 대하지 않아도 된다는 사실을 깨달았다. 또한 자신의 건강에 대한 비현실적인 걱정이 사실은 동정받고 싶고 책임으로부터 해방되고 싶어 안달하던 어린 시절의 노력에 불과한 것임을 깨닫게 되었다. 그는 이제 더는 '병든 가여운 아이'로 지내지 않겠다고 결심했다. '병든 가여운 아이'란 부모가 늘 불안하고 걱정스러운 말투로 그를 불러 주던 말일 뿐이었다.

어린 시절에 받던 대우를 포기한다는 것은 어려운 결단이었다. 애처롭게 울먹이고 반항하면서 통증과 고통을 호소하고, 휴식의 필요성을 끊임없이 외쳐대는 내재과거아의 응석을 거부하는 데는 용기와 지속적인 결단이 필요했다. 그러나 수많은 사람들이 참을

성 있는 끈기로 중대한 문제와 고통에 대처하듯이, 마리온 역시 자기 안에 자리 잡고 있는 부모의 태도를 극복했고, 성숙한 여인으로서 진정한 삶을 얻을 수 있었다.

마리온은 이제 '기분이 좋지 않다'는 이유로 남편의 포옹이나 사교적인 활동을 거부하지 않는다. 그 대신에 마침내 그런 상황을 즐길 수 있게 되었다. 그는 이제 "저도 제 자신이 놀라워요. 제가 이러한 일들을 하리라고는 생각지도 못했거든요."라고 말한다.

대부분의 기혼자들은 결혼 생활에서 일어나는 난관 중에 자신의 내재과거아에 의해 빚어지는 부분을 인식함으로써 그 난관을 어느 정도 파악할 수 있다. 또 어느 면에서는 당신과 배우자가 서로 다를 수밖에 없다는 점을 분명히 깨달을 수 있다. 그 차이점이 어느 정도까지는 자연스러운 것이지만, 스스로 다음과 같이 물어볼 필요가 있다. "이러한 차이점과 내가 바라는 것, 그리고 내가 바람직하다고 생각하는 것 앞에서 나의 내재과거아는 어떤 역할을 하는가?"

제8장

갈등의 영역: 돈, 성, 오락

　어린 시절이 다른 어느 시기보다도 더욱 분명하게 우리를 지배하는 몇 가지 영역이 있다. 예를 들면, 가정이 바로 그러한 영역이라고 할 수 있다. 필자는 일단 가정을 벗어나면 재미있고 사교적인 존재로 바뀌는 사람들을 많이 알고 있다. 당신이 그들을 직장이나 파티 또는 여행 중에 만나면, 그들의 온화하고 사교적인 면모를 볼 수 있을 것이다. 그러나 그들은 하나같이 자기 집 문턱을 들어서기만 하면 기관총으로 중무장한 탱크와 같은 자세를 취한다. 가족과는 무관해 보이는 신랄한 사람으로 돌변하는 것이다. 그런 사람들의 아내는 이렇게 불평한다. "그이를 도무지 이해할 수 없어요. 그이의 껍질을 뚫고 들어갈 수가 없거든요. 그이는 내 말에 귀를 기울이려 하지 않을 뿐 아니라 아주 잔인하고 천박한 말까지 입에 올린다니까요."

 이러한 사람들은 어렸을 때 독설이 오가는 전쟁터 같은 가정 분위기에 대처하기 위해 방어적이고 투쟁적인 무장을 갖추어야 했을 것이다. 그리고 어린 시절에 겪은 전쟁터가 이미 오래전에 사라졌는데도 여전히 자기를 보호해 주는 껍데기에서 빠져나오면 이내 다치고 말 것이라고 생각한다. 그들의 아내는 외로움 때문에 남편과 자주 다툰다. 이것은 남편의 마음을 움직이려는 필사적인 노력이다. 그리고 이 다툼은 다시금 전쟁터 같은 지난날의 분위기를 만들어 내며, 이들을 무장한 탱크 안으로 더욱 확고하게 몰아넣는다.

• 돈

 남편과 아내 사이의 숱한 불화가 돈과 관련해 일어난다. 많은 사람들이 단지 어린 시절에 돈 때문에 안달하던 사람들 틈에서 지냈다는 이유만으로 어른답지 않게 돈에 대한 분별력이 부족한 모습을 보인다. 돈은 내재과거아에게 안전, 개성을 표현하는 수단, 불쾌한 환경으로부터 멀어지는 방법, 좋은 일에 대한 약속을 의미할 수 있다. 바꿔 말하면, 돈은 사랑이나 지위에 대한 통제와 박탈, 철회를 의미할 수도 있는 것이다. 이와 같은 어린 시절의 강력한 반응은 어른으로서 지녀야 할 목표들을 쉽사리 모호하게 만들어 버릴 수 있다.

 필자가 아는 사람 중에 연수입이 억대가 넘는 전문직 남성이 있다. 그런데 그의 아내는 남편에게 돈을 달라고 하지 않는 한 세제를 사는 것도 여의치 않을 정도로 어렵게 지냈다. 자녀들에게 입힐 옷이라도 사고 싶으면 남편에게 할 말을 준비해야 할 정도였다. 그렇게 해서 돈을 타 낼 때도 있었고 타 내지 못할 때도 있었다.

아내는 남편에게 손을 내밀지 않고도 가사를 꾸려 나가기 위해 비서로 취직했다. 그는 자기 남편이 돈이 아주 귀하고 가난과 굶주림이 코앞에 도사리고 있다고 배운 어린 시절을 그대로 답습하고 있음을 알게 되었다. 그는 남편이 돈과 관련해서 깊이 상처받아 왔다는 것을 알았고, 그런 사정에 나름대로 적응하며 살게 되었다. 이제 그는 남편이 독단적이며 비열하고 인색한 사람이라고 생각하지 않게 되었으며, 남편의 상처받은 내재과거아를 진심으로 동정할 수 있게 되었다.

또 다른 예로, 어렸을 때 가난이 무엇인지 뼈저리게 겪은 남자가 유년기를 풍요롭게 지낸 여자와 결혼해서 아들 하나를 두었다. 그 아들은 어떤 응석이든 다 받아 주는 어머니에게 편승해서 제멋대로 행동하며 자랐다. 이를 보다 못한 남자는 많은 시간을 할애해서 아들에게 노고와 검약의 덕목을 가르쳤다. 그럼에도 아들은 사탕이나 탄산음료 같은 군것질에 빠져 있었고, 커서는 도박과 자동차, 술에 탐닉하게 되었다. 그리고 아버지에게 반항했으며, 어머니를 함부로 대했다. 남자는 자기 아들의 안이한 자세에 몹시 분개했고, 잔소리를 더 많이 늘어놓게 되었다. 하지만 아들은 잔소리에 계속 반항하며 더욱 지나친 방종을 일삼았다. 이 사람은 자기 아들이 나쁜 사람은 아니라는 점과 자신의 궁핍했던 삶이 자신과 아들 사이에 벽을 쌓았다는 점을 알아야 했다. 이 분노의 벽이 부모로서 아들을 충분히 받아들이고 합리적인 제약을 가하는 일을 가로막은 것이다.

• 애정 표현

대학교수인 아버지와 작가인 어머니 사이에서 태어난 한 여자가 애정 표현이라곤 거의 없는 이지적인 가정에서 자랐다. 부모는 그에게 물질적으로 많은 것을 주었고, 남들은 쉽게 가지 못하는 이색적이고 교육적인 여행도 많이 시켜 주었다. 그러나 애정 표현은 딸이 바라는 만큼 해 주지 못했다. 그런 그가 어머니와 할머니에게 애정을 듬뿍 받으며 자라서 여자들의 관심이라면 숨이 막힐 정도로 부담스러워하게 된 남자와 결혼했다. 짧지만 뜨거웠던 신혼여행이 끝난 후, 남자는 열정적이고 노골적인 아내를 멀리하기 시작했다. 그 뒤로 악순환이 시작되었다. 여자의 내재과거아는 끊임없이 더 많은 애정과 배려를 원한 반면, 남자의 내재과거아는 자신을 향한 아내의 애정과 관심에 계속 부담을 느낀 것이다.

필자가 아는 또 다른 사람 중에 계속된 말다툼 때문에 이혼할 지경에 이르렀던 부부가 있다. 아내 에드나는 가족의 권리 남용과 침해에 대해 끊임없이 서로 투덜대거나 항의하던 가정에서 자랐다.

실제로 그의 가정은 티격태격하는 소리로 늘 소란스러웠다. 한편, 남편은 어머니와 아버지가 자주 격렬하게 말다툼을 벌이던 가정에서 자랐다. 그는 어렸을 때 어머니와 아버지가 다투기 시작하면 언제나 주변 세계가 온통 무너져 버릴 것만 같은 느낌을 받곤 했다.

당연히 에드나는 말다툼이 가정의 자연스러운 부분이라는 생각을 갖고 결혼했다. 반면 남편은 말다툼이 벌어질까 불안해하고 말다툼이 생기면 곧 파국이 임박한 것이라는 생각을 갖고 결혼했다. 에드나는 자신을 화나게 하거나 마음속에 폭발할 것 같은 일이 있으면 발산해 버려야 한다고 생각했다. 하지만 남편의 내재과거아는 여전히 분노로 격앙된 목소리를 두려워했기 때문에 그 어떤 분노의 발산도 지나친 처사라고 생각했다.

다른 가정에서는 다툼이 이러한 결과를 가져오지 않는다. 예컨대 캐시와 버트는 결혼한 지 여섯 해나 되었음에도 상당히 많이 싸우며, 최소한 말다툼이라도 하는 편이다. 만약 부부 싸움 중에 그들의 집 근처를 지나간다면, 당신은 누군가 금방이라도 죽을지 모른다고 생각할 것이다. 서로 욕설을 퍼부어대고 모욕하며 격렬하게 비난해대는 것이다. 적어도 일주일에 한 번은 그렇게 싸우는데, 때로는 그보다 더 자주 싸우기도 한다. 두 사람은 모두 격렬한 말다툼이 다반사로 일어나던 가정에서 자랐다. 그들은 각자 자기 부모의 격렬하고 사나웠던 부부 싸움을 기억하고 있는 것이다.

그러나 캐시와 버트는 그들이 벌이는 싸움이나 말다툼에서 지레짐작할 수 있는 상황보다는 아주 행복하게 산다. 이러한 분노의 발산을 통해서 말다툼하고 싸우고 욕설을 퍼부어대던 자기 부모의 모습, 즉 편안하게 느껴지는 부모상을 재창출하는 것이다. 그들 자신도 말다툼이 애정 표현의 한 형태임을 인식하고 있다. 그들은 앙심을 품지 않는다. 이웃 사람들은 심하게 싸우는 소리를 들은 지 불과 몇 분 뒤에 그들이 팔짱을 끼고 웃으면서 나오는 모습을 보고 깜짝 놀라곤 한다.

• **오락**

수많은 부부들이 심각하게 갈등을 느끼는 또 하나의 영역은 오락이다. 여가 시간이나 휴가 때 무엇을 할 것인가 하는 문제는 내재과거아가 자기 권리를 주장하고 나설 경우에 불행한 영역이 될 수 있다. 수많은 아내들이 자기가 싫어하는 낚시나 사냥 여행에 마지못해서 끌려간다. 또 수많은 남편들이 유원지나 해변에 단지 아내를 즐겁게 해 주기 위해 왔다며 못마땅해한다.

게다가 헤아릴 수 없을 정도로 많은 테니스, 볼링, 골프 시합이 휴양이나 가족의 오락과는 상관없이 해마다 열리고 있다. 이것은 운동을 좀 잘하는 부부가 '동참'이라는 명분 하에 마지못해 참여한 부부에게서 시간을 빼앗는 시합에 지나지 않는다. 운동을 잘하는 사람들의 내재과거아가 그러한 경기를 통해 교양을 갖춘 어른으로서는 묵과할 수 없는 방법으로 상대방에 대한 분노와 승리를 표현하는 것이다.

내재과거아는 특히 오락과 관련된 부문에서 자신의 권리를 주장하려는 경향이 있다. 왜냐하면 이것이 어느 면에서는 어린 시절의 즐거웠던 때와 비슷한 영역이기 때문이다. 예컨대, 칼은 어른들을 위한 파티와 게임, 여행을 자주 즐기던 가정 출신이다. 그는 유년기에 가정에서 겪은 광란적인 분위기와는 다르게 조용하고 안정된 가정을 바라면서 성장했다.

아내 베라는 그와는 전혀 다른 가정에서 성장했다. 베라의 가정은 가족들을 아주 엄하게 다그치고 살림을 빠듯하게 꾸려 나가는 할머니의 손아귀에 쥐여 지냈다. 베라의 가족들은 어쩌다 한 번 할머니의 그늘에서 빠져나와 아주 홀가분하게 짧은 여행을 즐길 때가 있었다. 그런 때가 아니면 가족들은 줄곧 집에서 지냈다. 할머니는 가족의 친구들이 집으로 찾아오는 것도 좋아하지 않았기 때문에 집에서 손님을 맞는 것도 여의치가 못했다.

베라와 칼이 결혼한 후로, 칼은 긴장을 풀고 편하게 쉴 수 있는 곳은 역시 집이라고 주장하면서 여름휴가를 집에서 보내고 싶어 했다. 칼이 이런 식으로 자신의 내재과거아의 욕구에 반응했다면, 베라는 정반대의 방식으로 내재과거아의 욕구에 반응했다. 베라는 집에서 옥죄는 듯한 해묵은 감정, 곧 어렸을 때 그의 인생을 비참하게 만들곤 하던 기분을 느꼈다. 베라는 여행 계획을 세우고 칼은 그 계획을 취소시킬 구실을 찾는 가운데, 두 사람의 내재과거아의 욕구는 숱한 불만과 다툼을 불러일으켰다. 여러 해 동안 둘 중 누구도 자신의 유년기 가정생활이 이러한 갈등 구조에 어떻게 작용하고 있는지를 이해하지 못했다.

• 한 침대의 네 사람

　부부의 침대는 자주 초만원이 되곤 한다. 그것은 침대에 두 사람이 아닌 네 사람이 함께 있기 때문이다. 네 사람은 저마다 그 침대에 자리 잡고 있는 것에 대해서 개별적이고 독특한 감정을 지닌다. 이렇게 해서 두 사람의 내재과거아가 남편과 아내의 성적인 관계에서 중요한 역할을 떠맡는다. 부부 관계에서 당혹감, 수치심, 굴욕감, 분노, 죄책감, 성적 착취와 같은 문제가 생기는 영역에는 으레 부부 사이의 성적인 면을 지배하는 내재과거아가 도사리고 있다.

　인간의 성적 행동에 관한 킨지 보고서가 발표된 이래로, 인류의 역사를 통틀어서 그 어느 때보다도 성에 관련된 문제며 성적 만족과 성적 부적응에 관한 내용이 더 많이 저술되거나 언급되고 있다. 이렇게 양산되는 문헌들이 성적 행동의 아주 개인적이고 세밀한 면이나 사랑의 기교를 거론하려고 시도하고 있는데, 대부분의 자료는 불안감을 더욱 증대시킬 뿐, 성적인 난관으로 고통을 당하는 남자들과 여자들에게 도움이 되지 못한다.

　흔히 사람들은 현재의 자신과 자기가 한때 거쳐 온 어린 시절을 모두 성적인 상황에 개입시킨다는 점을 이해하지 못한다. 사랑의 관계에는 가깝고 친밀한 감정이 관련되는 법인데, 내재과거아의 강하고 깊은 감정이 배우자 한 사람 또는 두 사람 모두에게서 표출되기 때문에 어른으로서 성적 만족을 누리지 못하는 것 같다.

예컨대 어렸을 적 가정의 지배적인 분위기가 성적인 감정에 대해 불안해하고 죄스러워하는 태도를 보이게 만든다면, 당신은 배우자와의 잠자리에 불안해하고 죄스러워하는 내재과거아를 데리고 들어가는 셈이다. 이와 같은 어린 시절의 감정과 불안감이 남편과 아내 모두에게서 나오면 어른으로서 성적인 기능을 발휘하기 어렵게 된다. 심지어 불가능하게 될 수도 있다.

한 남자가 사랑 넘치는 보살핌을 필요로 하는 어느 이지적인 여자에게 매료되었다. 여자는 잠자리에서 어린아이처럼 취급받기를, 남편이 꼭 안아 주고 귀여워해 주고 부드럽게 쓰다듬어 주기를, 그러나 육체적으로 결정적인 사랑의 행위는 없기를 원했다. 그 여자는 자기 어머니의 태도를 고스란히 물려받아, 성적인 사랑은 하찮은 짐승들이나 하는 역겨운 짓이라고 말했다. 그는 남편이 성관계를 원하기 때문에 응하기는 하지만 자신은 그것을 즐기지 않는다는 점을 분명하게 밝혔다.

여자의 내재과거아는 부부 사이의 성관계를 거의 용납할 수 없을 정도로 그의 인생에서 성적인 측면을 지배하고 있었다. 그녀가 자신의 내재과거아에 제재를 가하는 요령을 터득하기 전까지는 사실상 자신이 어른으로서 성적인 즐거움을 누릴 수 있는 능력을 가지고 있음을 알지 못했다. 여자는 마침내 그러한 감정과 태도가 자신의 것이 아니라 단지 편협하고 가혹한 어머니의 견해를 지속하는 것에 불과함을 깨달았다. 그리하여 엄청나게 내적인 노력을 기울인 끝에 자신의 내재과거아에게 제재를 가할 수 있게 되었고, 어른으로서 자기 나름의 성적인 만족과 쾌감을 발견할 수 있게 되었다.

내재과거아는 이와 똑같은 식으로 성적인 면에서 적절히 기능을 발휘할 수 있는 사람들의 능력을 곧잘 손상시키곤 한다. 불과 얼마 전에도 힘이 넘치고 체격이 좋은 한 젊은이가 필자를 찾아와 이렇게 말했다. "아내와 저는 성생활에 어려움을 겪고 있습니다. 저는 아내와 성관계를 제대로 할 수가 없습니다. 집 밖에서 다른 여자들 생각을 하면 자극을 받습니다. 그런데 집에 있을 때는 아내에게 그런 느낌을 받지 못합니다. 제 아내는 매력적이고 애정이 넘치는 여자입니다. 그러니까 문제는 저에게 있는 셈입니다. 이 점만 제외하면 우리 부부는 행복한 사이라고 할 수 있습니다. 아내가 저에게 실망하고 있으리라는 생각이 듭니다."

"제 가족들은 교회에 나가는 좋은 사람들이었습니다. 제가 아버지에 대해서 아는 바는 별로 없습니다만, 아버지는 조용한 분이셨습니다. 어머니는 매우 노심초사하시며 제가 착한 아이가 되기만을 원하셨습니다. 저희 집에서는 모든 것이 '착한 것' 아니면 '나쁜 것'으로 구별되었습니다. 그 누구도 성에 대해서는 말하지 않았습니다. 그러니까 성은 우리 생활의 일부가 아니었던 셈입니다. 저는 부모님이 성에 대해 말씀하시는 것을 한 번도 들어 본 적이 없습니다. 언젠가 사촌이 점잖지 못한 말을 했는데, 그때 어머니는 눈살을 찌푸리시며 저를 방에서 데리고 나가셨습니다. 그리고 몹시 화를 내시면서 사촌이 아주 나쁜 아이라고 말씀하셨습니다. '나쁜 아이'란 말은 어머니가 사촌을 평가하시는 기준이었습니다. 저는 사춘기에 이르러서도 성적인 감정을 숨겼습니다. 심지어 그 감정이 나와는 상관없는 것이라며 부인하려고 했습니다. 다른 친구들이 자기 경험을 말하면, 저는 그 아이들을 아주 '나쁜 아이'라고 생각했습니다. 저는 제 감정이 부모님에게 용납되지 않을 것이며, 제가 그런 감정을 갖고 있다는 것을 그분들이 알면 실망하시리란 사실을 알고 있었습니다.

"이제 저는 결혼하였고, 아내가 말을 하지는 않지만 제가 아내를 실망시키고 있다고 생각합니다. 저는 제 자신이 남자가 아니라는 생각을 합니다. 이 문제에 대해 생각할 때면 제 기분은 한없이 처지고, 누군가와 함께 지내는 것이 고통스러워집니다."

이 사람은 성적 감정이 자극을 받으면 불안해지고 죄책감을 느끼며 비난받는다고 여기는, 말하자면 지나치게 '착해지려고' 애쓰는 내재과거아로 인해 어른으로서 사랑을 하지 못하도록 잠시 방해받은 것이다. 이러한 어린 시절의 감정이 너무 강해서 그와 아내 사이에 넘을 수 없는 장벽을 세운 것이다. 그는 차츰 자신의 내재과거아를 인식하게 되었고, 자신이 느끼는 성적인 감정이 나쁜 것이 아니라 자연스러운 것임을 인식하게 되었다. 그러자 아내와의 성적인 관계를 훼방 놓는 내재과거아의 방해도 줄어들었다. 그의 아내는 그의 어머니와는 달리 성을 '나쁜 것'이라고 여기지 않을 뿐 아니라 자기도 그것을 원한다는 점을 꾸준히 보여 줌으로써 그를 도왔다.

필자는 우리가 자신의 내재과거아뿐 아니라 상대방의 내재과거아도 배려해야 한다는 점을 강조하고 싶다. 성적인 친밀함을 통해서 결혼이라는 관계에 관련된 네 사람 모두 깊은 존경심을 보여야 한다. 만약 어떤 사람의 내재과거아가 여자란 하찮고 이로울 것 없는 존재라고 생각한다면, 그 사람은 자기 아내를 사랑하는 데 어려움을 느낄 것이다. 만약 어떤 남편이 공격적인 충동을 억제하지 못하고 자기 아내가 어려서부터 두려워하던 것들을 다독거려 주지 못한다면, 그는 아내와 가까워질 수 없을 것이다. 예컨대 어떤 여자가 어려서부터 남자란 어둠 속에서 연약한 여자들을 덮쳐 상처나 입히는 힘세고 거칠고 구레나룻이 텁수룩한 존재라고 이해하는 남성관을 갖고 있었다면, 그의 남편은 이러한 두려움을 염두에 두고 더욱 부드럽게 대해 주어야 할 것이다. 그렇지 않으면 이 여자가 지난날에 느끼던 두려움은 더욱 커질 것이다.

어른들은 대체로 쉽게 자신의 성적인 반응을 서로에게 적응시킬 수 있다. 배우자의 과거 상황이 독립적인 실재로 인지되고 존중된다면, 성의 심리학적인 측면이 원만하게 기능을 발휘할 것이다. 결혼에 관련된 네 사람 중에서 어느 한 사람만이 성적인 관계를 지배해서는 안 되며, 저마다 존중 어린 배려를 받아야 한다.

이것은 필자의 환자들이 자주 털어놓았던 바와 같이, 말하기는 쉬워도 실행하기는 어려운 일이다. 이를테면 성적인 상황에 처해 있는 자신에 대한 당신의 견해가 매우 중요하다. 이것은 쾌락과 고통의 차이 그리고 기능을 발휘하는 것과 발휘하지 못하는 것의 차이를 의미할 수도 있다.

만약 당신의 내재과거아가 모든 것을 경시하던 부모의 태도를 이어받아서 당신의 성적인 타당성과 매력을 경시한다면, 성적인 즐거움을 맛볼 수 있는 능력은 그만큼 제한될 것이다. 그리고 당신이 배우자와 갖는 성적인 관계는 불안한 가운데 어정쩡하게 치러야 하는 행사가 되고 말 것이다. 자칫하면 어린 시절에 보였던 성에 대한 자신의 원의와 태도뿐 아니라 어려서 성적 감정을 표현했을 때 부모가 보인 반응까지도 지금 자신이 처한 성적 상황에 결부시키기 쉽다. 우리는 어렸을 때 자연스럽게 자신과 다른 사람들의 육체에 관심을 보이게 되었다. 부모들은 이러한 관심과 시도를 알아차리기가 무섭게 두려워하거나 걱정하거나 죄악시하거나 혐오하는 반응을 보였을 것이다.

만약 부모들이 우리가 어렸을 때 성에 보인 관심을 용납하지 않았다면, 이제는 우리 스스로를 성적인 상황을 받아들이지 못하는 존재로 간주하기 쉽다. 우리는 몰래 즐거움을 맛보기라도 하는 듯이 죄책감을 느낄 것이다. 당신이 굳이 시간을 내어 그런 자신을 꾸짖으려 한다면, 분명 성을 만족스럽게 체험하기가 어려울 것이다.

세상에는 성적 행위를 무엇인가 '성취해야' 하는 경쟁적인 일로 보는 사람들도 있다. 그런 사람들의 경우, 부모가 그들에게 '실행'을 강조하는 한편 그들이 결코 성취하지 못하리라는 뿌리 깊은 패배 의식을 심어 준 것이다. 이들은 성적인 문제에 대해서도 실행은 하지만 결국 실패할 것이라고 생각하는 부모의 태도로 자신을 대하기 때문에 결혼 생활에서 많은 어려움을 겪는다. 그리하여 진정으로 성관계를 즐길 수 없게 되며, 관계가 끝난 뒤에는 과연 더 잘할 수 없었는지, 더 많이 성취할 수 없었는지에 대해 걱정하게 된다.

똑같은 식으로 부모의 태도가 여자들을 괴롭힐 수도 있다. 비키니 수영복을 입는 시대에 살면서도 자기 어머니가 "절대로 벌거벗은 몸을 남자에게 내보여서는 안 된다."라고 단속했기 때문에 알몸이 되는 것을 거북하고 부끄럽고 음란한 짓으로 생각하는 여자들이 있다. 그리고 앞에서 말한 남자들과 마찬가지로 '성취주의자'이기 때문에 자기 딴에는 도달할 수 없는 오르가즘을 느끼려고 무진 애를 쓰고, 급기야 자신이 '불감증'이라고 선언하는 여자들도 있다. 또 성행위나 임신을 지나치게 두려워하는 나머지, 결혼을 하고서도 그런 것을 아예 무시하려고 애쓰는 여자들도 있다. 그리고 어렸을 때는 자녀라는 구실로 부모를 착취했듯이, 이제는 남편에게서 자기가 원하는 것을 얻어 내기 위한 흥정의 도구로 성을 이용하는 여자들도 있다. 이들이 성을 이런 식으로 이용하다 보면 남편을 무시하게 되고, 남편을 화나게 하며, 나아가 자신이 성적인 쾌락을 누릴 수 없게 된다. 이런 여자들의 경우, 지난날에 착취하던 내재과거아가 어른으로서 사랑의 교류를 즐길 기회를 빼앗는 것이다.

지금은 비록 미국 문화에서 청교도적인 특성이 줄어들기는 했지만, 수많은 사람들이 '나쁘다'는 말로 자신의 성적인 감정을 속박해 왔다. '나쁜' 여자들만이 성행위를 즐기고 '좋은' 여자들은 즐기지 않는다고 생각하는 것이 수많은 내재과거아의 특징이다. 수많은 남자들이 그런 '좋은' 아내들과 성적인 관계를 갖지 못해서 고통을 당하고 있으며, 아내와 함께라면 이른바 '나쁜' 충동을 표현할 수 없다고 생각한다. 그렇지만 그들도 상상 속에서나 함부로 대해도 된다고 생각하는 사람들, 곧 그들이 '나쁘다'고 여기는 사람들이나 모르는 사람들과 함께라면 이 같은 충동을 쉽사리 표현할 수 있다. 그런 식으로 내재과거아는 흔히 많은 사람이 갖는 성적 관계의 일상적인 특징 형성에 기여한다.

외설적인 것에 쏠리는 관심은 호기심 많고 엿보기 좋아하는 우리의 내재과거아에서 비롯된다. 우리는 어른으로서 자신의 성적인 감정을 다른 인간과 맺는 성숙하고 인격화된 정서적 관계로 승화시킬 필요가 있는데, 우리의 내재과거아는 여기에 관심을 보이지 않는다. 만약 내재과거아가 이와 같이 비인격적인 환상에 먼저 사로잡힌다면, 부부 사이의 성적 관계가 점점 더 무의미해질 것이다. 그리고 설사 이것이 그들을 실망시키지 않는다 하더라도, 그들은 풍성한 환상 가운데 살면서 실제로는 자신이 매우 외롭다는 사실을 알게 될 것이다.

내재과거아에게서 볼 수 있는 재미있는 측면 가운데 하나는, 어렸을 때 부모로부터 성에 대해 엄격하고 가혹한 제재를 받지 않은 사람은 어른이 되어서 성이 아닌 다른 영역에서는 무시당하고 모욕당한 내재과거아에게 지배될지언정 성적인 활동만큼은 자유롭게 즐길 수 있다는 점이다. 부모의 태도는 흔히 어린 시절과 마찬가지로 어른에게도 선택적으로 지속된다. 그러나 일반적으로 성적인 관계는 결혼 생활의 다른 국면에서 이루어지는 실질적인 상호 존중이나 상호 존중의 결여를 반영한다. 만약 결혼 생활에 관련되어 있는 네 사람이 결혼 생활 중 그다지 친밀하지 않아도 되는 면에서 갈등을 느낀다면, 잠자리에서 가까이 지낼 때는 훨씬 더 큰 갈등에 빠지기 쉽다.

성은 매우 강하고 친밀한 감정을 포함하기 때문에, 이 친밀한 관계에서는 상호 존중의 어떠한 일탈도 뚜렷하게 나타난다. 이 때문에 생기는 상처는 성적 관계에서 기대되고 추구되는 애정, 신뢰, 충족과 워낙 뚜렷하게 대조되기 때문에 더 크게 느껴진다.

결혼 생활을 해 나가는 데는 네 사람이 필요하다. 당신이 만약 네 사람을 모두 이해하고 존중하는 방향으로 노력한다면, 숱한 결혼을 파멸로 이끄는 불화와 오해를 줄일 수 있을 것이다. 이 노력은 자신에게서 그리고 당신의 결혼 생활에서 더 큰 조화를 발견하도록 도와줄 것이다.

제9장

당신은 어떤 부류의 어린아이였나?

　당신이 즐거움을 누리며 사는 능력은 내재과거아의 감정을 존중하는 데에 달려 있다. 그렇기 때문에 자신이 어떤 부류의 어린아이였는지 알아내기 위해 적극적으로 살펴볼 필요가 있다. 어렸을 때 당신을 사로잡았던 감정은 어떤 것이었는가? 예를 들어 당신은 언제 떼를 썼고, 언제 애처롭게 울거나 자신에 대해 유감스럽게 생각했으며, 언제 외로움을 느꼈고, 언제 어떻게 벌을 받았고, 언제 화를 냈으며, 부모에게 칭찬받으려고 어떻게 애썼는지 기억하는가? 그때 행복했는가? 당신은 남몰래 또는 대놓고 화를 내던 때를 돌이켜 볼 수 있는가? 공포심에 대해서는 어떤 기억을 가지고 있는가? 지금도 두려워하는가? 무엇을 두려워하는가?
　이러한 물음에 대한 대답은 어린 시절의 자신을 인식하도록 돕는다는 점에서 중요하다. 그러나 이 대답은 부모가 당신을 주로 어떤 식으로 대했는지를 회상하는 문제에 비하면 부차적인 것에 지나지 않는다. 우리는 외로웠거나 행복했거나 화를 냈거나 저주받았다고 느꼈던 때를 기억할 수 있다. 그러나 그러한 기억은, 당신을 대하던 부모의 태도가 무엇보다 중요한 문제가 된다는 점을 알아차리지 못하는 한, 오히려 당신을 혼란스럽게 하고 막다른 골목으로 몰아갈 것이다.

부모의 태도는 스스로를 대하는 나름의 기본적인 태도를 만들어 낸다는 점에서 중요하다. 이 장의 주요 목적은 우리가 찾는 바에 대해서 그리고 그것을 어떻게 찾을 것인가에 대해서 시간을 절약해 주는 몇 가지 지침을 제공하는 것이다. 이것을 이용하여, 당신은 가능한 한 정확하게 당신 부모가 일을 처리하는 방식이나 직업, 놀이, 청결, 성, 사랑, 좋아하고 싫어하는 것과 같은 특정한 활동과 삶을 대하는 태도 및 감정을 돌이켜볼 필요가 있다.

이를 위해서는 열심히 그리고 꾸준히 노력해야 한다. 당신의 부모가 원했던 것이 무엇인지 정확하게 알 수 있도록 해 주는 모든 일, 온갖 곡절과 변화, 감춰지거나 드러난 부모의 태도, 감정의 미묘한 변화를 당신이 즉시 기억해 낼 수는 없을 것이다. 이것들을 기억해 내기 위해 필요한 것은, 당신을 특정한 가정의 한 구성원으로 만들어 준, 그리고 분위기가 다른 이웃 가정에서는 철저히 이방인이 되도록 만들어 준 뚜렷한 태도이다.

· **기록해 두라**

노트 한 권을 준비해서 당신이 기억해 내는 것들을 기록해라. 당신 부모의 태도나 좋아하고 싫어하는 것에 대해서 기억나는 것이 무엇이든 편하게 쓸 수 있는 시간을 규칙적으로 갖도록 힘써라.

그러나 이 기록이 자신을 대하는 고유한 태도와 이 태도를 어디에서 체득했는지를 분명히 밝히는 일 외에 어떤 도움이 되리라고 기대해서는 안 된다. 이 기록이 당신의 문제를 해결해 주지는 않을 것이다. 그러나 차츰 분명해질 것은 당신이 특정한 정서적 환경에서 성장했으며, 그 환경에 의해 자연스럽게 형성되었다는 점이다. 나무의 형태가 뿌리내린 토양과 태양, 바람과 비에 의해 형성되는 것처럼, 부모의 태도에 의해 형성된 분위기가 당신의 정서적인 발달과 사고방식에 영향을 끼친다.

이따금 사람들은 스스로를 이해하려고 애쓰는 가운데 자신이 기억해 낸 것들 속에서 목적 없이 방황한다. 어떤 이들은 주로 고통스러웠던 기억을 떨쳐 버리지 못한 채 반복해서 그 기억 주변을 맴돌며, 자신이 억울하고 부당하게 취급받았음을 입증하고 끊임없이 고통스러워한다. 이 같은 회상은 대부분 부질없는 공상과 마찬가지로 무익하다. 자신이 찾는 바가 무엇인지 알게 될 때 당신은 비로소 많은 시간을 절약하고 진정으로 가치 있는 노력을 기울일 수 있을 것이다.

이러한 조사는 당신이 날마다 부딪히는 문제를 다루던 부모의 태도와 그 동향을 살피려는 것이다. 당신의 부모는 대체로 느긋한 편이었는가, 아니면 엄격한 편이었는가? 아버지가 어머니보다 엄격했는가? 또는 그 반대였는가? 어떤 면에 그러했는가? 그들은 무엇 때문에 당신에게 화를 냈는가? 그들은 무엇을 보고 웃었는가? 그들은 당신이 세상을 보는 방식에 대해 어떻게 말했는가? 그들은 당신에게 무엇을 경고했는가? 그들은 늘 당신의 건강을 염려했는가? 그들은 다투었는가? 무엇 때문에 다투었는가? 그들은 당신의 형제자매에게 어떤 태도를 보였는가? 그리고 그것은 당신을 대하는 태도와 어떻게 달랐는가?

당신이 기억해 낼 필요가 있는 것은 당신의 부모가 매일 보여 준 태도와 그에 대한 당신의 반응이다. 당신은 부모에게 인정받기 위해 무엇을 했는가? 당신이 어떤 일을 잘했을 때 부모는 어떤 태도를 보였는가? 그들은 반대 의사를 어떻게 표현했는가? 그들은 무엇을 반대했는가? 그들은 당신이 어떤 아이들과 함께 놀기를 원했는가? 그리고 왜 그 아이들과 놀기를 원했는가? 당신을 대하던 아버지의 태도는 어떠했는가? 아버지의 태도는 어머니의 태도와 어떻게 달랐는가? 처음으로 용돈을 받은 것은 언제였는가? 당신이 옷을 가장 잘 차려입었다고 느낀 것은 언제였는가? 어머니의 주된 걱정거리는 무엇이었는가? 무엇을 '나쁜 것'으로 간주했으며, 무엇을 '재미있는 것'으로 간주했는가? 어머니와 아버지는 자기들의 어린 시절에 대해 어떤 이야기를 들려주었는가? 당신은 학교를 빼먹은 적이 있는가? 그러고 나서 무슨 일이 있었는가? 당신의 가정은 경건했는가? 당신의 가족은 성에 대해 어떤 태도를 취했는가? 당신의 가정에서 금지된 사항, 즉 가족들이 입에 올려서는 안 되는 말은 무엇이었는가? 당신이 성장해서 결혼하는 데 대해 부모는 어떤 태도를 보였는가? 당신의 형제자매는 부모를 어떻게 대했는가? 부모에게 반항했던 일을 기억하는가?

이와 같은 물음이 부모가 당신의 삶을 지배하던 어린 시절의 환경을 회상하게 하는 출발점이 될 것이다. 어렸을 때 당신은 이러한 기분과 감정, 가치를 자동으로 받아들였다. 그것은 당신이 호흡하는 공기의 일부였으며 당신이 먹는 음식의 일부였다.

• 문제를 불러일으키는 병적인 태도

부모의 특정한 태도는 처음에는 어린이에게, 나중에는 어른에게 정서적인 장애를 가져다주는 중요한 요인이 된다. 이제부터 간략하게 살펴볼 부모의 태도는 그중 어떤 태도가 당신의 내재과거아에게 영향을 미쳤는지 신속하게 아는 데 도움을 주는 점검표가 될 것이다.

이어지는 장에서는 이러한 부모의 태도를 하나씩 자세하게 다룰 것이다. 자신의 내재과거아를 형성하는 데 중요한 역할을 한 부모의 태도를 확인하는 것은 어떤 국면이 오늘날 당신을 괴롭히는지 이해하는 데, 그리고 과거에 사로잡혀 있는 예속 상태에서 풀려나는 데 도움이 될 것이다.

 이쯤에서 한마디 귀띔해 두는 것도 좋을 것이다. 다음에 열거되는 태도들은 부모에게서 흔히 볼 수 있는 것이다. 다만 이러한 태도의 병적이거나 문제를 불러일으키는 특성은 이것이 지나치게 사용되는 데서 생겨난다. 부모의 특정한 태도에 의해 문제가 유발되었다면, 그 태도가 지나치게 사용되었거나, 필자의 환자였던 사람의 말처럼 '무리하게' 사용되었기 때문이다.

 다음 중에서 당신의 어린 시절에 중요하게 작용했으며, 고유한 내재과거아를 형성하는 데 중요한 역할을 한 태도들을 찾아낼 수 있는가?

완벽주의

 성공을 거두고도 더욱 성공하기 위해, 더욱 완전해지기 위해 끝없이 그리고 헛되이 노력하는 사람들에게서 흔히 볼 수 있는 병적인 태도이다. 완벽주의는 어떤 어린이가 평소 행동하는 것보다 더욱 성숙하게 행동할 때까지 인정을 유보하는 부모에 의해 생겨난다. 어린이는 끝없이 요구하는 태도에 대해서 신체적으로나 지적으로, 또는 사회적 성취를 향해 집요하고 지나칠 정도로 진지하게 몰두하고 자신이 성취하는 모든 것에 대해 끊임없이 비하하는 반응을 보인다.

강압

 강압은 부모의 병적인 태도 가운데 미국에서 가장 흔히 볼 수 있는 태도이다. 부모는 끝없이 경고하고 지시하며, 자녀를 통제하고 감독한다. 어린이는 스스로 발전해 나가며 나름의 관심사를 창출하고 추구해야 한다. 그런데 강압적인 태도에 의해 그 필요성이 무시되면 어린이가 외부의 지시에 지나치게 좌우되는 상황이 벌어진다. 그러면 그 어린이는 어떤 식으로든 한 개인으로서 자신의 독자성을 주장하기 위해, 끊임없이 이어지는 강압적인 태도에 빈둥거리거나 공상하거나 망각하거나 늑장을 부리거나 다른 형태로 반항하는 반응을 보인다.

유약

 부모의 태도 가운데 지나치게 강압적인 태도만큼 흔한 것이 지나치게 유약한 태도이다. 유약한 부모는 자신의 권리를 무시하거나 희생하면서까지 자녀의 성숙하지 못한 변덕과 요구를 들어준다. 이러한 태도는 자녀를 '상전'으로, 부모를 '종'으로 만든다. 어린이는 부모의 이러한 태도에 대해 더 많이 요구하거나 충동적으로 행동하며, 자신의 요구가 충족되지 않으면 버럭 화를 내는 식으로 반응한다. 이러한 내재과거아를 지닌 사람은 다른 사람의 권리를 존중하는 데 어려움을 느낀다.

방임

이 태도를 지닌 부모는 자녀에게 선물이나 옷을 끝없이 사 주거나 자녀를 위해 봉사한다. 대개는 자녀가 원하지 않는데도, 자녀가 자신의 환경을 즐기는 나름의 방법을 계발해야 할 필요성을 전혀 고려하지 않고 그렇게 하는 것이다. 지나치게 유약한 부모는 자녀가 요구하기를 기다리며 그 요구에 굴복하는 반면, 지나치게 방임하는 부모는 자녀의 요청이 없어도 선물 공세를 퍼붓는다. 어린이는 결국 그칠 줄 모르는 풍요에 지겨워하고 살 맛을 잃은 듯한 행동을 보인다. 이런 내재과거아를 지닌 사람은 어렸을 때나 어른이 되어서나 어떤 노력을 시작하는 데 어려움을 느끼며 끈기도 부족하다.

건강 염려증

건강 염려증은 건강할 때조차도 신체 기능에 병적으로 관심을 집중하는 태도이다. 이는 부모들에게서 흔히 볼 수 있는 태도로, 자녀를 무기력하게 만든다. 이 태도를 지닌 부모는 작은 통증이나 고통에도 과장해서 반응한다. 이와 같이 건강을 지나치게 걱정하는 환경에서 성장한 어린이는 부모의 지나친 걱정을 그대로 받아들인다. 아픔을 과장하는 것이 부모의 동정심을 불러일으키며, 활동을 면제받고 불참해도 되는 구실을 제공한다는 사실을 알기 때문이다.

응징

응징은 흔히 완벽주의나 강압적인 태도와 연결되기도 하는 보편적인 부모의 태도인데, 미국 문화권에서는 어린이의 교육과 단련을 위해 필요한 것으로 널리 받아들여지고 있다. 실제로 응징을 지향하는 부모는 징벌을 결정하는 데에 자녀의 잘못이 아니라 부모 자신의 주관적 감정, 곧 자녀에 대한 개인적인 적개심과 공격 성향을 드러낸다. 그러한 부모는 대체로 자신이 어렸을 때 이와 비슷한 대우를 받았기에, 흔히 응징은 '교육'에 지나지 않는다고 진지하게 믿는다. 실제로 응징은 복수를 향한 강한 열망을 불러일으킨다.

방치

방치를 명확히 정의하기는 어렵지만, 부모가 없거나 지나치게 바쁜 데서 기인하는 태도라고 할 수 있다. 이는 온 사회에 만연해 있는 태도이다. 흔히 저명인사나 경제적으로 성공을 거둔 사람의 자녀들이 방치로 인해 괴로움을 겪는다. 또한 과로, 알코올 의존, 빈곤, 그 밖의 여러 문제에 짓눌려 사는 어머니를 둔 어린이들도 흔히 방치 때문에 고통을 당한다. 그러한 부모들은 이와 같은 상황을 초래한 원인과는 상관없이 자녀를 위해 시간을 거의 할애하지 못한다. 그리고 부모가 죽거나 이혼하여 방치되는 경우도 있다. 방치당한 내재과거아를 지닌 사람은 대개 친밀하고 의미 있는 관계를 맺는 능력이 부족하다.

거부

이것은 어린이에게 가족 집단 안에 수용될 틈을 허용하지 않는 태도이다. 이러한 환경에서 어린이는 극심한 소외감과 무력감을 느끼고, 자신을 평가 절하하는 반응을 보인다. 어쨌거나 '거부당한 어린이'라는 개념의 대중화는 많은 혼란을 가져왔다. 단, 현실적으로 수용될 수 없는 행동을 제재해야 하는 필요성은 거부라고 볼 수 없다. 따라서 진정한 의미의 거부는 비교적 드문 편이다.

성적 자극

이것은 부모 입장에서 자신이 무엇을 하고 있는지를 알거나 아예 모르는 채로 자녀의 성적인 감정을 지나치게 자극하는 병적인 태도를 말한다. 이 태도는 어린이가 지나치게 이른 나이에 성에 몰두하도록 만들며 죄의식과 적대감 또한 불러일으킨다. 그러나 어른들이 안고 있는 성적인 문제의 전부 또는 대부분이 이 태도 때문에 나타난다고 볼 수는 없다. 성적인 활동이 다른 병적인 태도, 곧 완벽주의와 응징 같은 태도의 배출구 역할을 하는 경우도 흔하기 때문이다. 얌전한 체하며 쉬쉬하던 한 세대 전과는 달리 오늘날에는 광고와 여러 대중 매체에서 볼 수 있는 것처럼 노골적인 성적 자극뿐 아니라 숱한 성적 문제들도 발생하고 있다. 그러나 우리는 여느 사람들과 마찬가지로 자신의 성적 감정을 정당하게 대하지 못하고 있다.

• 부모들의 탓인가

어린이들은 자기 부모를 거의 신과 같이 전능한 존재로 여기기 때문에 부모에게 인정받는 것이 꼭 필요하다고 생각한다. 하지만 어린이들이 점점 나이를 먹고 자신에 대해 책임을 질 수 있게 되면서 신과 같던 부모의 면모는 점점 줄어든다. 때가 되면 차츰 아버지와 어머니를 온갖 욕구, 어려움, 약점, 괴벽을 지닌 평범한 인간으로 인식하게 되는 것이다. 당신이 부모의 인간적인 단점과 장점을 받아들이는 것은 성숙의 지표이다. 그러나 부모는 거의 예외 없이, 가혹한 제약에도 불구하고 '자신이 할 수 있는 최선을 다한' 사람들이다.

그럼에도 사람들은 어렸을 때 겪은 부모의 병적인 태도가 어떻게 어른으로 살아가는 자신의 능력을 제한했는지 알아차리면서 부모에 대해 분개하고 야속하게 생각한다. 어느 면에서 보면, 무엇보다도 정상적이고 건강하며 인간적인 반응이라고 하겠다. 특히 당신이 더 이상 해로운 태도로 자신을 대하지 않아도 된다는 사실을 인식하는 경우에는 더욱 그렇다.

그러나 어떤 사람들은 날이면 날마다 끊임없이 분통을 터뜨린다. 그들은 자기 부모를 어른으로서 살아가며 겪는 모든 불만족의 원인으로 여기며 비난받아야 할 일종의 속죄양으로 만든다. 실제로 이러한 태도는 흔히 인생이 왜 그토록 보람 없으며, 왜 매력적이고 재능 있는 사람이 평가 절하로써 자신을 응징하는지 설명해 준다.

그것이 부모들의 잘못인가? 언뜻 생각해보면, 이내 해결할 수 있는 물음인 것처럼 보인다. 부모가 자녀의 어린 시절의 정서적 환경을 만들어 내지 않았는가? 부모가 당신에게 해로운 태도를 고집하면서 그 그늘에서 당신이 성장하도록 하지 않았는가? 그렇다면 참으로 부모에게 책임이 있다는 확실한 논리가 서는 셈이다. 그러나 논리란 이런 식으로 우리 삶에 적용될 수 없다. 비록 당신의 태도 가운데 상당수는 부모에게 피해를 입은 것이지만, 일부 긍정적이고 유용한 태도 역시 부모에게서 온 것이라는 점을 인식하더라도 말이다.

이러한 사고방식에 따르는 진정한 어려움은 현재 당신이 겪는 난관, 곧 부모의 해묵은 태도를 그대로 이어받은 난관의 근원에 관해 어떤 조치를 취할 수 있느냐 하는 물음을 피하게 한다는 점이다. 대부분의 경우 당신이 부모를 탓하는 것은 어렸을 때는 위험이 커서 표현할 수 없었던 적개심과 공격 성향을 지속시키는 방편에 지나지 않는다. 한편, 당신은 이와 같은 식으로 자신의 어린 시절을 지속시키면서 여전히 부모를 당신에게 상처를 입히는 존재가 아니라 당신의 상처를 보호해 줄 전능한 존재로 떠받들 수도 있다.

이따금 사람들은 부모의 태도, 자신의 생활 방식, 자신의 태도, 부모와 함께 겪은 그들 나름의 체험 등에 대해 질문을 받고는 깜짝 놀란다. 그리고 이런 것들이 인생에 어떤 영향을 끼쳤느냐 하는 질문에 특히 놀란다. 때로는 그런 질문이 온당치 못하고, 평정을 깨뜨리는 것처럼 보이기도 한다. 많은 경우에 그들이 어렸을 때 받은 상처에 대한 분노를 감추어야만 했으며, 결코 그런 감정을 알아차리거나 표현한 적이 없었기 때문이다. 그들은 성인이 된 지금, 어렸을 때부터 가두어 왔던 분노가 나타나는 것에 놀라곤 한다. 그러나 그들이 할 수 있는 것은 고작 상처 입은 감정을 알아보고 표현하는 것뿐이다.

한편 초기 정신의학 이론이 보급된 이래로 성이 지나치게 강조된 가운데, 어느 가정에나 근친상간의 요소가 잠재해 있다는 점을 두려워하는 사람들이 있다. 오늘날에는 정신의학이 성뿐만 아니라 인간 생활의 모든 국면에 관심을 보인다는 것을 분명하게 알 수 있다. 그렇지만 근친상간에 대한 생각은 끊임없이 자기 부모를 사랑해 온 사람들을 두렵게 만든다. 이러한 온갖 요인 때문에 지난날 부모의 태도를 확인하고 살펴보는 이유를 분명히 해 두는 것이 중요하다. 우리의 목적은 부모에게 반항하는 사례를 만들려는 것이 아니다. 앞에서 살펴본 태도들이 끼칠 수 있는 모든 해로운 영향으로부터 우리 자신을 해방하기 위한 것이다.

• **부모들도 인간이다**

필자는 난폭한 부모에서부터 무책임한 부모, 알코올 의존증에 걸린 부모에 이르기까지 수천 명의 부모들을 대하면서, 드물기는 하지만 자녀에게 관심을 보이지 않는 부모도 있고 자녀를 사랑하지 않거나 자녀에게 잘해 주려고 능력을 다해 애쓰지 않는 부모도 있다는 사실을 알게 되었다. 이 경우에 문제가 된 것은 대체로 여러 면에서 어른으로서 권위를 충분히 갖춘 부모 자신의 내재과거아였다. 이러한 사례들을 통해서 문제를 일으키는 태도, 예컨대 강압적인 태도가 어떻게 조부모에게서 부모에게 전해졌고, 부모에게서 자녀에게 전해지는지 알 수 있을 것이다. 이것은 우리의 문화적 환경에 의해 보강되기 때문에 변화시키기 어려운 유형이 된다.

어느 가정에서는 그러한 태도가 자녀를 다루는 '올바른 방법'으로 간주될 수도 있다. 그런데 필자가 자주 인상 깊게 느낀 점은, 어려서 부모의 병적 태도로 고통을 받았고 이제는 그러한 태도로 자녀를 괴롭히고 있는 어머니나 아버지가 자기 태도에 무엇인가 잘못이 있음을 깨닫고 도움을 받기 위해 병원을 찾는다는 사실이었다. 최근에 한 어머니가 자기 딸을 어떻게 다루는지 말하면서 "저는 제 어머니가 하셨던 대로 딸아이를 때리고 고함을 치곤 합니다."라고 털어놓은 바 있다.

자신의 고유한 내재과거아에게 사려 깊은 부모 노릇을 하면서 어렸을 때부터 지녀 온 감정을 받아들이고 새로운 부모로서의 태도와 가치관을 정립할 때, 비로소 부모를 평범한 인간으로 볼 수 있게 될 것이다. 당신은 부모들이 무엇이 문제인지도 모르는 채로 자신의 내재과거아 때문에 어떻게 몸부림쳐야 했는지 알게 될 것이다. 이제 당신은 응징과 같은 부모의 지나친 태도가 우리 문화에 깊이 뿌리박고 있다는 사실('매를 아끼면 아이를 망친다')을 더욱 분명하게 볼 수 있을 것이다. 우리의 부모는 이와 같은 태도를 한 세대에서 다음 세대로 전해 주는 한낱 중개자일 따름이다.

만약 당신의 아버지가 완벽주의를 추구하는 사람이라면, 당신은 이제 아버지가 어린 시절에 이런 태도를 습득했다는 것을 알게 될 것이다. 만약 당신의 어머니가 지나치게 유약한 사람이라면, 어머니가 어렸을 때 가정에서 이와 같은 성품을 갖추었다는 것을 알게 될 것이다. 당신은 또한 건강에 대해 지나치게 걱정하고 사소한 통증이나 고통을 과장하는 태도 역시 어떻게 세세대대로 전달되는지도 깨닫게 될 것이다. 당신의 부모가 선택하는 오락의 종류를 통해서, 그들의 나약함을 통해서, 그들의 다툼을 통해서, 그들의 야망이며 그들이 좋다고 여기는 모든 것을 통해서, 당신은 그들이 제각기 지니고 있는 내재과거아의 일면을 보게 될 것이다.

부모의 지나친 태도 하나하나가 어떻게 확인될 수 있으며, 그 태도가 어린 자녀들에게 그리고 자라서 어른이 된 그들에게 어떻게 작용하며, 이 태도가 미치는 영향이 무엇이냐 하는 것은 앞으로 자세히 설명될 것이다. 이 점을 분명히 해 두기 위해서 우리는 각각의 태도를 실생활에는 존재하지 않는 '순수한' 형태로 기술해야 할 것이다. 예컨대 완벽주의는 그 하나만으로는 거의 나타나지 않으며, 대개는 강압과 응징으로 보강되거나 어쩌면 방임으로 보충되어 나타날 것이다. 하지만 이렇게 혼합된 태도를 기술한다고 해서 그 태도의 특징을 분명하게 구별할 수는 없을 것이다. 일단 이 태도 하나하나의 지나친 특징과 구조를 이해하고 나면, 여러 태도가 혼합되어 있거나 어우러져 있는 모습을 우리의 삶에서 나타나는 그대로 쉽게 인식할 수 있을 것이다.

제2부

부모의 지나친 태도

: 이 태도가 현재 당신에게 어떤 영향을 끼치고 있는가?

제10장

완벽주의

: 더 잘하기 위해 노력해야 한다고 생각한다면

어린 시절에 습득한 완벽주의로 인해 어른이 되어서도 고통을 겪는 사람들은 대체로 다른 사람들에 비해 명석하고, 교양 있으며, 경제적으로 여유가 있는 편이다. 이들은 자기가 성취한 일을 과소평가하면서 '더 잘해야 한다'는 지나친 요구로 자신을 몰아붙인다. 만약 이러한 성향이 있다면, 다음과 같은 가능성을 주의 깊게 생각해 보아야 한다. 당신은 지난날 부모에게 인정받기 위해 열심히 노력했지만, '더 잘해야 한다'는 부모의 압박으로 그 노력이 번번이 유보되었을 것이다. 그래서 어른이 된 지금까지도 인정받기 위해 부단히 애쓰는 내재과거아의 영향을 받고 있을 가능성을 고려해야 한다.

· **완벽주의에 대한 인식**

　만약 당신에게 완벽주의 성향이 있다면, 아마 진작부터 그 사실을 알고 있을 것이다. 당신은 자신이 완벽하기를 원하고, 어쩌면 다른 사람들 역시 완벽하기를 원하는 사람일 것이다. 그래서 완벽해지기 위해 끈질기게 노력하고 일을 완벽하게 해내야만 직성이 풀릴 것이다.

　또한 당신은 모든 것을 격식에 맞고 조화롭게 처리하려고 한다. 예컨대 창문의 블라인드를 정확한 각도로 열고 닫아야 하고, 식탁 위의 식기들을 정확히 제자리에 놓아야 하며, 때와 장소에 맞춰 정확한 단어를 올바르게 구사해야 하고, 제시간에 도착하고 떠나야 하며, 법도에 맞춰 단정하고 예의바르게 행동하려 한다. 그리고 자기 일을 세세한 데까지 꼼꼼하게, 때로는 기진맥진해질 때까지 신경을 써 가면서 체계적으로 끈질기게 해 나갈 것이다.

　그런가 하면 대개는 주어진 일을 하는 데 필요한 것보다 훨씬 더 많은 노력을 기울이게 된다. 다른 사람들보다 더 많은 노력을 기울이는 것이 완벽주의자에게는 자부심을 갖는 근거가 된다. 그러나 이처럼 끈질기게 노력하고 곧잘 성공을 거두면서도 그의 만족감은 오래가지 못한다. 완벽주의자는 성공을 거두었어도 불행한 사람이고, 자기가 성취한 일은 무엇이든 과소평가하면서 더 잘하려고 밤낮없이 노력해야 하는 사람이다.

　완벽주의 성향의 주부가 지칠 때까지 집안 청소에 매달리는 경우가 있는데, 이것이야말로 끊임없이 노력하는 일반적인 예라고 하겠다. 그들은 자기와 관계된다고 여기는 것에 대해서는, 어떠한 변칙도, 심지어는 그런 변칙에 대한 고려마저도 용납하지 못한다. 그것이 자녀의 행동이든, 한 점의 티끌이든, 자신의 일거리이든지 말이다. 하지만 만약 그들이 충분히 노력하지 못했다고 불만을 표시할 때 주변 사람들이 놀리거나 빈정거리는 반응을 보인다면, 그때 비로소 자신의 초인적인 노력이 완벽한 성취를 이루었음을 알게 된다.

완벽주의자의 친구들은 "이 사람아, 좀 쉬어!"라고 말한다. 그러나 완벽주의자에게 불가능한 것이 있다면, 바로 휴식이다. 그는 끊임없이 노력하고 또 노력해야 직성이 풀리며, 그러면서도 여전히 만족하지 못한다. 완벽주의자들은 일반적으로 매우 명석한 편이다. 그래서 자기에게 필요한 것 이상으로, 또는 인간이 감당할 수 있는 조건 이상으로 자신을 몰아붙인다는 사실을 잘 알고 있다. 하지만 그들은 일반적인 기준이 자신에게는 적용되지 않는다고 변명한다.

완벽주의자들은 다른 사람보다 자신이 뛰어나다고 생각하고, 별로 노력하지 않는 사람들을 업신여기기도 한다. 그리고 한편으로는 다른 사람들이 삶에서 참된 즐거움을 맛보고 자기 성취를 통해 자존심을 고양하는 것을 보며 자신도 인간적으로 만족하기를 갈망한다.

· **성공적인 실패**

　객관적으로 보면, 완벽주의자들은 자신을 철저하게 몰아붙임으로써 사회적·물질적 기준에서 상당히 성공한 것처럼 여겨지기도 한다. 그러나 그들은 아무리 높은 사회적 지위를 얻는다 해도 한편으로는 허탈함을 느끼며 만족하지 못한다. 그래서 자신을 '성공적인 실패작'이라고 일컬을지도 모른다.

　완벽주의를 추구하는 사람들은 때때로 그처럼 맹렬한 노력만이 큰 성공을 가져다준다는 점을 자신은 물론이고 다른 사람들에게도 애써 강조하려 한다. 또한 예술가나 과학자의 노력을 예로 들면서 스스로 더 노력해야 한다고 다짐한다.

　그러나 탁월한 사람이 되기 위해 노력하는 것을 모두 심리학적인 의미에서 문제를 일으키는 완벽주의라고 단정할 수는 없다. 음악, 과학, 예술 분야뿐만 아니라 요리, 구두 수선 등 노력이 뒤따라야 하는 모든 분야에는 저마다 숙련가가 있기 마련이다. 그들의 숙련도는 인내와 근면, 끊임없는 작업을 통해 얻어진 것이며, 그 결과로 발휘되는 탁월한 능력은 다른 이들에게 유용하고 이익이 된다. 하지만 완벽주의를 추구하는 이들의 노력은 그렇지 못할 때가 많고, 건전한 가족 관계에 해를 끼치는 경우도 있다.

　기술을 연마하는 숙련가들의 노력과 완벽주의자의 노력에서 가장 분명하게 구별되는 점은 숙련가들의 노력은 확실한 만족감을 준다는 점이다. 숙련가들은 결과를 보고 행복해한다. 또한 그들의 노력은 자부심을 높여 준다. 그런데 완벽주의자들의 경우에는 그렇지 못하다. 그들의 노력에는 '나는 아직도 충분하지 못하다. 나는 더 잘해야 한다.'라는 감정이 뒤따른다. 이 같은 감정은 그들이 훌륭한 성과를 냈을 때 느끼기 마련인 만족감마저 빼앗아 간다.

• **완벽주의가 드러나는 영역**

완벽주의는 특정한 분야나 활동에 한정되어 나타나기 때문에, 완벽주의 성향이 얼마나 많은 문제를 일으키는지 제대로 깨닫지 못할 때가 많다. 완벽주의자들도 대체로 삶의 다른 분야에서는 나름대로 즐거움을 누리거나 만족을 느낄 수 있다. 그러나 특정한 분야에서는 어김없이 완벽주의를 추구하며, 자신이 한 일이 다른 사람들의 실적을 능가하더라도 끊임없이 불만스러워한다.

완벽주의를 추구하는 조지라는 사람이 최근에 이런 말을 했다. "저는 평소에는 잘 지냅니다. 그런데 누군가에게 말을 하다가 어법상 실수를 하거나 단어를 틀리게 쓰면 죽고 싶은 기분이 듭니다. 저는 그런 실수를 용납할 수가 없습니다. 당혹스럽고 화가 나서 얼굴이 빨개지고 가슴이 두근거리며 잠이 오지 않을 정도입니다. 다른 사람이라면 몰라도 제가 어떻게 그처럼 어처구니없는 실수를 할 수 있는지 도대체 이해가 가지 않습니다. 아무도 제 실수를 신경 쓰지 않았다는 사실을 알게 되어도 저는 견딜 수가 없습니다. 언어에 있어서는, 제가 다른 사람들보다 훨씬 더 정확하게 구사해야 한다고 생각합니다. 어머니께서는 정확한 어법과 문법을 구사하도록 끊임없이 저를 훈련시키셨습니다. 그러니까 제가 실수를 해도 될 만한 이유는 없는 셈입니다. 저의 소양에 대해서는 하느님도 알고 계실 겁니다. 저는 처음 말을 하면서부터 그런 훈련을 받았습니다. 저는 첫인상이 모든 것을 좌우한다고 생각합니다. 그래서 낯선 사람과 대화하는 중에 실수를 하면, 돌이킬 수 없는 실수를 저질렀다는 느낌이 듭니다. 저는 실수를 특히 두려워합니다. 그래서 누군가를 만날 때를 대비해 스스로 훈련하고 준비합니다. 저는 어떤 말이라도 완벽하게 구사할 수 있는 편이며 대체로 사람들에게 좋은 인상을 심어 주었습니다."

"말주변도 없고 문법 실력도 시원찮은 저희 사장님은 중요한 고객을 만날 때 저를 데려가곤 합니다. 그럴 때면 저는 전날부터 잠을 이루지 못합니다. 더구나 고객이 훌륭한 식견을 갖췄다는 사실까지 알게 되면 상담에 나가 말문을 여는 데 큰 어려움을 느끼기도 합니다. 그러면 판매 상담이나 협상에서 제가 해야 할 일이 온통 엉망이 되고 맙니다. 그야말로 말문이 막히고 마는 것입니다. 저는 말하고자 하는 바를 정확하게 표현하기 위해 마음속으로 서너 번씩 연습을 해야 하는데, 사실 이 연습은 제가 말해야 하는 상담 내용과는 아무 관계도 없습니다. 이 준비 시간이 참으로 끔찍한 긴장감을 불러일으킵니다."

"저는 가끔 실수를 합니다. 그러면 저는 당황해서 다음 말을 잇지 못하고 더듬거리는데, 사장님이나 다른 사람들은 제가 더듬거리기 시작할 때까지 아무것도 눈치채지 못합니다. 그들은 제 목에 뭔가 걸렸겠거니 하고 생각합니다. 우리는 어떻게든 계약을 맺기는 하지만, 저는 그 뒤로 며칠 동안 밤잠을 이루지 못합니다."

이것은 완벽주의가 드러나는 영역 중 하나이다. 우리 중 대부분은 이런 완벽주의로 말미암아 어느 정도 고통을 겪는다. 그런데 조지의 경우, 문법 구사와 관련해서 자신에게 요구하는 완벽주의만을 감지했을 뿐, 첫 만남에서 자신에게 요구하는 완벽주의는 간과했다. 조지는 그의 사장이 요구하는 것보다 훨씬 더 많은 것을 스스로 요구하기 때문에, 꽤 성공적으로 일해 왔으면서도 자신의 형편없는 실력이 약점이라고 생각한다. 시간이 흐르면서 이런 요구가 더욱 가혹해지면 불안한 마음에 계속 노력하게 될 뿐 아니라 우발적으로 완벽한 문법이나 어법과는 거리가 먼 언어를 구사하는 경우도 생긴다.

어렸을 때 부모에게 완벽해지도록 강요받은 것에서 이러한 완벽주의 현상이 나타난다. 예를 들어, 어떤 부모는 자녀에게 청결 면에서 완벽을 강조하고, 또 어떤 부모는 학교 성적, 사회 예절, 식탁 예법 등에 철저할 것을 강조할 것이다. 그런가 하면 어떤 부모는 이러한 태도나 옷차림에는 전혀 관심이 없다. 그 대신 완벽한 운동 실력을 갖출 것을 강조하며 전국 규모의 대회에 출전하라고 요구할 것이다.

일반적으로 완벽주의가 눈에 띄게 드러나는 분야는 일이다. 완벽주의를 추구하는 사람은 자신과 주위 사람들을 다그쳐 가며 일한다. 그는 온갖 세세한 구석까지 꼼꼼하게 주의를 기울이며, 줄곧 애쓰다가 제풀에 지쳐 버린다. 그는 제법 큰일을 해내고도 만족할 줄 모르고, 자신을 과소평가하는 데서 안도감을 찾으며 늘 더 많이 노력하고자 한다.

어느 면에서 보면, 완벽주의 성향을 지닌 사람이 매우 경쟁적인 사람으로 보일 수도 있다. 그러나 그의 끈질긴 노력은 어떤 일 자체를 성취하려는 열망이 아니라 자신에 대한 과소평가를 나타내는 척도일 뿐이다. 좀처럼 자신을 인정하지 못하는 완벽주의자는 스스로에게 인정받기 위해서 더 잘하도록 끊임없이 자극을 받기 때문에 경쟁 자체에는 별 흥미를 보이지 않는다. 그리고 이렇게 끈질기게 노력하다 보면 사람들을 멀리하게 되기 때문에, 대부분 독립적으로 일하는 지적이거나 창의적인 분야로 몰리는 경향이 있다. 완벽주의자는 자신과 경쟁하고 자신을 다그치는 사람이다. 그들은 끊임없이 만족하지 못하는 상황을 만들어 자신에 대한 지나친 요구를 자신에게조차 숨기려 한다.

• 결혼 생활과 성 그리고 완벽주의

일반적으로 완벽주의를 추구하는 사람은 다른 사람들과 가깝게 지내는 것을 몹시 어려워한다. 그는 사업상 또는 사교적인 관계에서 세련된 태도를 보여 호감을 산다. 그는 우발적인 애정 행각 또한 쉽게 처리해 나갈 것이다. 그러나 사랑을 바탕으로 하는 친밀하고 따뜻한 관계에서는 그렇지 못하다. 그는 그런 관계를 매우 어려워하고 때로는 그것 때문에 불행해지기도 한다.

완벽주의자는 누군가와 가까워지고 싶은 인간적인 욕구에 따라 친구를 사귀고 자유롭게 감정을 나누는 일상적인 활동에 참여하는 데 어려움을 느낀다. 이와 같은 관계는 자기 자신과 다른 사람을 받아들이는 데서 출발한다. 그러나 완벽주의자는 끊임없는 자기 비하로 이러한 수용 자체를 어렵게 한다.

완벽주의자는 어렸을 때 제대로 받아들여진 적이 없기 때문에 일, 운동 경기, 사회적 지위와 같이 성취감을 가늠해 볼 수 있는 분야에 도전한다. 그는 언젠가 자신이 완전히 받아들여지리라는 허황된 약속을 좇아서 지난날에 친숙하게 느끼던 정서, 곧 끊임없이 노력을 기울이는 행위를 계속한다. 그는 인생을 달리기 시합과 같이 여기며, 친밀한 관계를 나누는 것은 전속력으로 달리는 데 방해가 된다고 생각하는 경향이 있다. 그는 배우자나 연인을 사랑으로 받아들이는 것을 '더욱 잘하여' 시합에서 이길 때 얻게 되는 것보다 하찮게 여긴다. 그는 단지 우정이나 사랑을 나누느라 노력을 멈춘다면 결국 시합에서 질 것만 같아 두려운 것이다.

완벽주의자가 추구하는 상급은 어려서부터 바라던 것, 곧 언젠가 충분히 받아들여 주리라던 부모의 약속이다. 이와 같은 과거의 목표는 인간적인 친교를 즐기지 못하게 한다. 그는 자기 비하를 계속하며 노력을 잠시도 멈추지 못한다. 또 우정을 다지는 데 시간과 힘을 들이는 것이 시합을 망치게 만들고, 완전히 받아들여지리라는 약속을 놓치게 만들까 봐 두려워한다.

완벽주의자와 함께 사는 생활은 상대방에게도 무거운 짐을 지운다. 그리하여 상대방은 완벽주의자의 요구를 채워 주기 위해 끊임없이 노력하게 된다. 완벽주의자는 대부분의 사람들이 느끼는 만족, 기쁨, 편안함을 '실패로 끝나고 말 일'에 쓸데없이 시간을 낭비하는 것으로 여길 것이다. 왜냐하면 그들은 아무것도 이루어지지 않았다고 생각하기 때문이다.

완벽주의자들은 자주 성적性的인 면에서 성공을 거두려고 노력한다. 그들은 끊임없는 자기 비하와 실패에 대한 두려움으로 일상적인 사교 활동에서 만족을 찾을 수 없기 때문에, 인간적인 감정이 작용하는 관계보다는 성적인 관계에 비중을 두고 성취감을 맛보려 노력한다. 하지만 그런 관계는 정서적 만족이나 사랑의 교류 없이 수행될 뿐이다. 따라서 완벽주의자는 항상 불만족하고 자신을 비난하는 가운데 더욱 더 성취감을 느끼려고 노력하게 된다.

완벽주의자는 성적인 잠재력이 조금이라도 부족한 것을 참지 못한다. 그래서 만일 여자 편에서 '완벽하게' 반응을 보이지 않으면, 그것을 자신의 실패로 간주하며 더 잘하려고 애쓴다. 마찬가지로 완벽주의를 추구하는 여자도 성취감을 맛보려고 애쓰며, 실패할 경우 자신을 비하한다. 그 결과, 불안감을 느끼고 자신이 가치 없는 존재라는 중압감을 느끼게 된다. 때로는 실패에 대한 두려움이 워낙 커서 성적인 행위가 아예 불가능해지기도 한다.

이 모든 것이 결혼 생활에서 심각한 문제를 불러일으킨다. 무엇보다 완벽주의를 추구하는 사람은 결혼 상대를 찾는 데 큰 어려움을 겪는다. 왜냐하면 그는 평범한 인간이 아니라 완벽한 반려자를 찾기 때문이다. 그러므로 흔히 여러 해씩 결혼을 미루면서까지 배우자가 될 가능성이 있는 사람을 거부하는 경향이 있다. 그는 결혼 생활을 함께할 수 있을 만큼 충분히 가까운 관계가 되는 데에 어려움을 느낀다. 더러는 친밀한 관계를 맺기 위한 노력을 아예 포기하기도 한다. 그러고는 스스로를 대하는 태도를 바꿀 수 있다는 사실을 깨닫지 못한 채 일에만 몰두한다. 주변의 성공한 남성 독신자들이나 열정적인 여성 직장인들이 그러한 예다.

완벽주의를 추구하는 사람들은 결혼을 또 다른 성공으로 간주하기도 한다. 그들은 일단 결혼을 하지만, 막상 결혼 생활을 어떻게 즐겨야 하는지는 모른다. 또 결혼을 하고서도 완벽한 질서를 요구하는 등 과거의 완벽주의적인 태도를 버리지 못한다. 달걀은 정확하게 3분 동안 조리되어야 하고, 빵은 알맞게 구워져야 하며, 셔츠는 반듯하게 다려져야 하고, 완벽한 아내에 의해 자녀들이 완벽하게 양육되어야 한다. 언제든지 집안이 이런 식으로 돌아가지 않으면 불안해한다. 그가 이런 것들을 요구하는 이유는 완전하다고 생각하는 수준에 미치지 못하는 것은 무엇이나 자신을 비하하던 어린 시절의 태도를 상기시키기 때문이다. 수많은 남편들이 '바닥을 깨끗하게 청소해 놓았으니 거실에서 신발을 신지 말라'는 완벽주의 성향인 아내의 요구를 말없이 받아들이고, 자신의 말투를 흠잡는 아내의 잔소리를 감수하지만, 실제로는 전혀 편안하지 않은 기분으로 지낸다.

- **윌라드와 케이의 이야기**

　대체로 '완벽한' 신랑이나 신부는 여느 사람들처럼 따뜻하고 친밀한 관계를 맺으며 살아가기가 어렵다. 화학자인 윌라드는 매력이 넘치고 명석한 남성이지만, 완벽주의적인 성향 때문에 아내와 별거나 다름없는 생활을 하고 있다. 그는 폴리에스테르 분자 구조를 연구하여 화학자로서 확고한 지위를 굳혔다. 지성과 열정을 겸비한 그는 주변 사람들에게 친절하며 그들을 정중하게 대한다. 그러나 가정에서는 아내인 케이조차도 그에게 가까이 다가갈 수 없다.

　윌라드는 연구실에서 돌아와서 저녁 식사를 하면 과학 잡지를 읽고 새로운 실험 계획을 모색하느라 꼼짝하지 않는다. 아내가 말을 붙이려 하면, "자, 말해 봐요."라고 정중하게 말하지만 '당신은 내가 바쁜 사람이라는 것도 모르나?'라는 투의 표정을 지어 보이면서 노골적으로 귀찮아한다.

　케이는 자신이 남편에게 그리 중요한 존재가 아닌 것 같다는 느낌에 자주 분통을 터뜨린다. 처음에는 그저 마음이 상했을 뿐이다. 그래서 다른 부인들처럼 폴리에스테르가 어떻다느니 하며 남편을 대화에 끌어들이거나 뭔가 함께하려고 노력해 보았다. 한때는 그런 방법으로 윌라드의 흥미를 유발할 수 있었다. 그러나 관심을 가져 달라는 케이의 요구와 '일상생활'에 참여하기를 바라는 기대, 비난의 소리가 늘어갈수록 윌라드는 점점 더 자기 연구에 빠져들어 갔다. 그는 아내가 뒷바라지해 주기는커녕 분별없이 자기주장만 한다고 생각하기에 이르렀다. 언젠가 케이가 밤에는 연구를 하지 말아 달라고 요구하자, 윌라드는 정색하며 "당신도 알다시피, 나는 이 일을 당신과 우리 모두를 위해서 하는 거라고!"라고 대답했다.

윌라드의 아버지는 집안일 따위는 안중에도 없이 자기 관심사에만 몰두하여 성공을 거둔 사업가였다. 그래서 그는 집에서 사업에 대한 이야기를 하거나 사업 구상을 할 때면 누구라도 방해하는 것을 용납하지 않았다. 윌라드의 어머니는 마을의 역사를 쓰는 작가이자 지역 발전을 위해 갖가지 사업을 추진하는 모임의 의장이었다. 윌라드는 어렸을 때 그저 학교 공부에만 열중하며 업적이 뛰어난 가문에 보조를 맞출 수 있었다. 이런 식으로 그는 자기 일에만 몰두하는 부모에게 어느 정도 인정을 받았다. 윌라드는 학급을 학구적인 분위기로 이끌며 반장이 되었다. 그리고 비록 신체적으로 타고난 운동선수는 아니었지만, 운동에도 뛰어난 소질을 보였다. 식구들은 각자 자기 일로 매우 바빠서 그가 고등학교 3학년이 될 때까지 가족 간에 정을 나누는 일에는 거의 시간을 할애하지 못했다.

월라드는 어른이 되어서도 성공을 지향하는 태도를 모든 면에서 그대로 이어 갔다. 그것이야말로 다른 사람들과 더불어 살아가는 유일한 방식이라고 믿었다. 월라드는 가족 관계를 어느 면에서는 시간 낭비와 같다고 여긴 반면, 케이의 내재과거아는 사소하지만 따뜻한 이야기로 풍요로운 가정을 이루고 싶은 강한 욕구를 지니고 있었다. 월라드는 그런 아내를 전혀 염두에 두지 않았다. 케이가 어려서부터 익혀 온 가정의 특징을 월라드가 몰랐듯이, 케이 역시 월라드의 몰두를 한동안 이해하지 못했다. 월라드는 끊임없이 노력하는 것이 결혼 생활을 제대로 유지하는 데에는 그다지 좋지 않다는 점을 깨달아야 했다.

- **무엇이 완벽주의자를 몰아세우는가?**

완벽주의자들의 성취하고자 하는 욕구를 경험한 정신의학 이론가들은 '완벽주의자의 집요한 노력은 타고난 환경을 극복하고 완숙의 경지에 이르러 다른 사람들에 대해 우월감을 맛보기 위한 시도'라고 생각한다. 이 견해에 따르면, 완벽주의자들은 철저히 자기 나름의 기준에 따라 처신하는 가운데, 자기가 훌륭하기 때문에 행운과 일상적인 성공이 보상으로 뒤따른다고 생각한다. 곧 성공이 자기 능력을 드러내는 증거라고 생각하는 것이다. 어느 정신의학 이론가의 분석에 따르면, 완벽주의자는 불행을 당하거나 실패를 맛볼 때 비로소 자기도 오류를 범할 수 있음을 깨닫는다고 한다. 그리하여 지금까지 성공적으로 자제해 온, 자기를 겉으로 드러내지 않으려는 경향과 자기 혐오가 눈에 띄게 드러난다는 것이다.

이 같은 분석은 노력과 능력에 대한 혼동처럼 심심찮게 볼 수 있는 완벽주의자들의 이차적인 특성을 설명해 준다. 그러나 소위 말하는 '기준이 너무 높다'는 점을 충분히 강조하지는 못한다. 더욱이 분명히 성공을 거두었으면서도 끊임없이 자신은 성공하지 못했다고 느낀다는 점을 간과한다. 그들은 '더 잘할 수 있었는데…….'라는 감정을 떨쳐 버리기 위해 계속 노력할 수밖에 없는 것이다.

어린이들을 대상으로 한 임상 연구에서도 분명히 밝혀진 것처럼, 환경을 극복하려는 열망보다는 계속되는 자기 비하야말로 완벽주의자가 끝없이 노력하도록 밀어붙이는 실질적인 힘이다. 자기 은폐와 자기 혐오라는 두 가지 성향은 불행이나 실패를 겪을 때에만 비로소 전면에 나타나는 것이 아니라 항상 전면에 나타나 자기 만족을 파괴한다. 실질적인 실패와 불행은 성취와 반대되는 면이기 때문에 심각한 정서적 위기를 불러올 수도 있다. 하지만 정작 완벽주의자를 '더 잘하도록' 밤낮없이 몰아세우는 것은 자기 비하와 격하이다. 자기 비하의 압박에 짓눌리는 한, 완벽주의자는 자신의 노력으로 만족을 얻지 못한다.

• **완벽주의의 기원**

　완벽주의를 추구하는 사람은 자신을 격하하고 다시 노력하는 과정을 주기적으로 이어 나간다. 이것은 그의 내재과거아가 부모에게서 삶의 방식으로 받아들여야만 했던 것이다. 완벽주의는 어린 자녀에게 기대하는 바를 말로 표현하면서 끊임없이 강요해대는 부모의 요구로 인해 형성된다. 완벽주의자는 어렸을 때 나이에 비해 더 많은 것을 성취해야 했고 더 성숙하게 행동하고 발전해야만 했다.

　어린이들은 부모를 기쁘게 하려고 노력하는 가운데 부모에게 사랑으로 받아들여질 필요가 있고, 실제로 그렇게 되기를 바란다. 그런데 완벽주의 성향의 부모들은 자녀들이 한층 더 높은 수준의 성취를 위해 노력할 때까지 받아들이기를 유보하는 경향이 있다. 심지어 대소변을 가리는 일에서부터 예의바르게 행동하고 좋은 성적을 내는 데 이르기까지, 어떤 일을 해냈을 때조차도 전폭적으로 인정하고 받아들이기를 슬그머니 미루고 더 잘하기만을 채근하는 부모도 있다. 이러한 환경이라면 어린이가 해낸 것은 무엇이나 과소평가되기 마련이다. 어린이가 얻는 것은 언젠가 더 잘 해냈을 때 인정해 주겠다는 약속뿐이다.

　만약 부모가 자녀를 충분히 인정하고 받아들여 준다면, 자녀들은 자신에 대해 더욱 만족스럽게 생각할 것이며 자기 능력에 대해서도 한층 자신감을 갖게 될 것이다. 그러나 완벽주의 성향을 가진 부모는 자녀들이 계속 자신의 능력에 대해 불안해하면서 더 열심히 노력하도록 몰아붙인다. 더욱 충격적인 사실은 그 자녀들이 많은 것을 이루고도 전혀 자신감을 갖지 못한다는 점이다.

이것은 부모가 인정하기를 유보하고 더욱 노력하도록 은근히 요구하는 데서 빚어진 결과이다. 그리하여 어린이는 자신의 노력을 과소평가하는 것을 배우게 된다. 어린이는 자기가 아무리 열심히 노력한다 해도 완전한 성공을 거두지는 못할 것이라고 믿게 된다. 그리고 자기가 충분히 노력하지 않았기 때문에 부모에게 전적으로 인정받을 만큼 해내지 못한 것이라고 믿게 된다. 어린이가 기준으로 삼는 유일한 권위자이자 자기를 받아들여 주는 원천으로 가장 중요하게 여기는 존재는 바로 부모이다. 따라서 어린이가 무언가 다른 것을 알 수 있는 방법이란 없는 셈이다. 노력과 자기 비하만이 아이에게 '익숙해진' 감정이다. 게다가 어려서부터 자신에 대해 충분히 만족한 적이 없기 때문에, 어른이 되어서도 자기 노력을 전적으로 인정하지 못한다. 그리고 자신에 대한 부모 역할을 하면서도 자기가 이룩한 업적을 과소평가하며 아직 더 잘해야 한다고 고집한다.

• 교묘하게 인정하지 않는 부모

어떤 부모들은 때에 따라서 강압이나 징벌로 완벽주의 성향의 요구를 뒷받침한다. 그런가 하면 어떤 부모들은 더 노력하면 얼마든지 인정하겠다는 약속을 암시하면서 최선의 결과를 내기를 바란다는 기대감을 교묘하게 드러내고, 자녀가 이루어 낸 결과가 안타깝게도 실망스럽다는 표정을 그럴듯하게 지어 보인다. 그러는 사이에 부모의 미소는 아쉬운 표정으로, 못마땅한 얼굴로, 실망이나 분노가 섞인 한숨으로 변한다. 그리고 더 노력하고 더 신중하고 더 관심을 기울이고 더 깊이 생각하고 더 살펴보기를 요구하는 은근한 암시로 바뀐다. 이와 같이 좀처럼 인정하지 않으면서 언젠가는 인정하리라고 약속하는 부모의 태도는 어린이가 끊임없이 노력하게 하고, 만족할 줄 모르게 하며, 자신의 능력에 대해 의구심을 갖게 만든다.

교묘하게 과소평가한다는 뜻을 드러내 압력을 가하고, 언젠가는 충분히 인정하겠다는 약속을 넌지시 흘리는 부모의 태도는 어른이 되어서 완벽주의로 고통을 겪는 사람이 즉시 깨달아야 하는 난관의 배경을 형성한다. 그들은 자신이 부족하다고 느끼는 사건을 겪은 후에야, 또는 가까운 관계를 맺는 데 어려움을 느끼는 문제를 알아차리고 나서야 비로소 불행의 원인을 밝히려 들 것이다.

자신을 비하하고 있음을 알아차린다는 것은 어려운 일이다. 당신은 부모가 하던 식으로 자신을 대하는 것을 완벽한 것처럼 여길 것이다. 당신은 왜 자신을 그렇게 몰아세워야만 했으며, 왜 그토록 불행했는지를 설명해 줄 어린 시절의 끔찍한 사건들을 찾아내지 못할 것이다. 부모에게 인정받지 못했던 사건을 하나하나 돌이켜 보면 기본적인 문제를 성립시키기에는 참으로 가볍고 하찮은 것처럼 보인다. 그러나 이렇듯 과소평가하는 부모의 태도가 날마다 교묘하게 되풀이되었다는 것과 공부에서 놀이에 이르기까지 생활 전반에 영향을 미쳤다는 사실을 깨닫게 되면 자신에 대한 기본적인 불만족이 어떻게 생겨났는지 이해할 수 있다. 만약 당신이 부모의 태도를 이어 받아서 하는 일마다 계속 과소평가하는 태도를 보인다면, 스스로를 해치고 있는 것이다.

• 레슬리의 이야기

일반적으로 완벽주의자들은 자신이 거둔 성공의 뒷전에 계속된 자기 비하로 피폐해진 마음을 숨긴다. 어느 면에서는 성공했다고 할 수 있는 삶의 허전한 뒤편에 마음의 파멸이 자리 잡고 있는 것이다. 이 점이 참으로 풀기 어려운 수많은 자살 사건의 배후를 설명해 준다. 미국 어린이 정신의학회 회장인 레오 캐너Leo Kanner 박사는 자신의 논문에서 부유한 가정에서 자란 총명하고 매력적인 소녀 레슬리의 사례를 보고한 바 있다. 이 어린 소녀는 자살을 시도했다. 레슬리의 부모는 딸의 행복만을 마음에 두고 있다고 늘 다짐했지만, 레슬리는 살아가면서 아무런 만족도 느끼지 못했다. 과소평가의 압박감에 짓눌려 자신이 부모의 요구에 맞출 수 없다고 느꼈을 뿐이다.

왜 이런 일이 일어났는가? 레슬리의 어머니는 지적이고 차분한 사람으로 언제나 흠잡을 데 없는 옷차림을 하고 세련되게 행동했다. 캐너 박사는 "만일 당신이 레슬리의 집에 초대를 받아 가 본다면, 어떤 아이도 그보다 나은 환경에서 자랄 수는 없다고 생각할 것이다."라고 말했다. 레슬리는 공부도 잘하고 외모도 예뻤지만, 실제로는 자신감이 없는 소녀였다. 레슬리는 자신이 어머니의 위신을 떨어뜨리고 있다고 믿었으며, "만일 내가 엄마가 되어서 나 같은 딸을 둔다면, 그건 정말로 끔찍한 일일 거예요."라고 말할 정도였다. 자신을 받아들일 수 없었던 레슬리는 다만 어머니가 자기에 대해 걱정하지 않기를 바랄 뿐이었다.

레슬리의 부모는 딸이 무엇이든 하고 싶은 대로 하도록 내버려 두지 않았다. 그들은 자녀를 완벽하게 키우기를 바라고 기대했기 때문이다. 레슬리의 부모는 집안 형편이나 수입이 꽤 높은 수준에 이를 때까지 아이를 낳지 않았다. 마침내 레슬리가 태어나자, 어머니는 레슬리를 완벽한 아이로 키우겠다고 결심했다. 그는 자신과 레슬리를 위해 엄격한 규칙을 세웠고, 목욕과 식사 등 모든 일에 꼼꼼하게 계획을 세워 그대로 해 나갔다. 레슬리는 태어난 지 겨우 석 달 만에 대소변을 가리는 훈련을 받기 시작했다.

레슬리가 좀 더 자라서는 말씨, 태도, 청결, 품행, 순종, 놀이, 친구 선택, 공부, 독서, 텔레비전 시청, 숙제, 사회 예절 등 모든 면에 걸쳐 세심한 주의가 집중되었다. 옷차림, 몸매, 외모도 끊임없이 고려해야 할 대상이었다.

캐너 박사는 레슬리의 어머니에 대해 이렇게 말했다. "그는 절대로 매질을 하거나 꾸짖지 않았다. 대신 자신이 불만스럽게 생각하는 점을 아주 교묘하게 표현하곤 했다. 이를테면, '애야, 조금 뚱뚱해진 것 같구나. 함께 병원에 가서 의사 선생님을 뵙고 체중을 줄이는 처방을 받아 와야 하지 않겠니?'라든가 '네 친구 도로시는 아주 참한 아이긴 한데 옷차림이 단정하지 않고 말씨도 엉망이구나. 그걸 눈치채지 못했니? 레슬리야, 앨리스를 초대하는 것은 어떻니? 앨리스는 아주 좋은 집안의 아이더구나' 또는 '엄마는 물론 네가 마음에 드는 옷을 입기를 바란단다. 하지만 지금 입은 옷은 오늘 같은 날 입기에는 좀 야한 것 같지 않니? 자, 착하기도 하지, 파란색 옷으로 갈아입지 않겠니?' 하는 식이었다."

레슬리는 어머니에게 인정받기 위해 열심히 노력했지만, 학교에서 항상 100점을 받을 수는 없었다. 그리고 몸무게가 또래들보다 불어나는 것을 마음대로 막을 수는 없었다. 게다가 죄스러워하면서도 감히 앨리스보다 도로시를 더 좋아했다. 레슬리는 색상이나 옷에 대한 자신의 취향이 조잡하다고 생각했다. 취미 삼아 그림을 그린 적이 있는 어머니가 언젠가 레슬리의 취향이 아주 형편없다고 넌지시 말한 적이 있기 때문이다.

캐너 박사는 이렇게 말했다. "레슬리는 어머니의 마음에 들기 위해 자기가 상상할 수 있는 가장 높은 기준을 정해 놓았다. 그러나 자기가 그 기준에 맞출 수 없음을 깨닫고는 죄의식과 회한에 깊이 빠져들곤 하였다. 레슬리는 이렇게 스스로 완벽주의자가 되어 갔으며, 모든 것을 뛰어나게 해내지 못하는 자신의 무능력에 항상 불만이었다."

캐너 박사는 이같이 교묘하게 책망하며 받아들이지 않는 태도는 알아차리기 어려울 뿐 아니라 대처하기도 어렵다며 이렇게 정리했다. "매질이나 가혹한 책망에 대해서는 화를 낼 수 있겠지만, '미와 지성의 조화'를 요구하며 인정하기를 유보하는 태도에 대해서는 절망스럽게도 무방비 상태로 당하기만 한다."

레슬리의 경우에서 보듯, 결국 절망적인 순간에 이르러 차라리 죽는 게 낫다고 생각할 정도로 자기 비하의 감정에 내몰린 것이다. 그러나 레슬리는 부모의 태도를 답습할 필요가 없다는 것과 자신이 해낸 일에서 참으로 만족감을 맛볼 수 있다는 사실을 깨달음으로써 자신을 대하는 생각을 바꿀 수 있었다.

• **완벽주의의 유전**

완벽주의는 곧잘 한 세대에서 다음 세대로 유전된다. 말 그대로 '가정에서 끊임없이 되풀이되는' 것이다. 완벽주의 성향을 지닌 부모는 전에 자신의 부모가 그랬던 것처럼, 자신을 비하하고 열심히 노력하는 주기를 거듭하는 함정에 빠져든다. 설령 오늘날 완벽주의 성향을 지닌 부모들이 과거에 자기 부모가 추구하던 완벽주의의 문제점을 깨닫는다 해도, 자신의 노력을 받아들이거나 완벽하지 못한 자녀들을 받아들이는 데는 어려움이 따른다. 만일 과거에 자기 부모가 세워 놓은 기준을 떨쳐 버리려고 애쓴다 해도, 자기 비하에서 오는 불안감이 더욱 현실적이고 인간적인 기준을 설정하고자 하는 노력을 방해할 것이다.

얼마 전에 유능하고 자신감이 넘쳐 보이는 한 여인이 이런 이야기를 들려주었다.

"제 인생에서, 그리고 제 자신에게 조금이라도 만족을 느껴 보고 싶습니다. 저는 결혼 전 여러 해 동안 영양사로 일했고, 가정학 석사 학위가 있으며, 박사 과정도 거의 마쳤습니다. 저는 딸아이 둘을 연년생으로 낳았는데, 집안 살림과 아이 기르는 일을 대학에서 배운 기준에 따라 해 나가려고 애씁니다. 그러나 도무지 그 기준에 맞출 수가 없어서 마음이 석연치 않습니다. 아무리 훌륭한 기준을 배워서 안다고 한들 그 기준에 따라 살지 못한다면 무슨 소용이 있겠습니까? 제 큰 아이는 이제 다섯 살인데, 요구하는 게 너무 많습니다. 제가 그 아이를 제대로 대하고 있는지 늘 의문입니다."

"저는 아이들의 지저분한 모습을 보고 있으면 화가 치밀어 오릅니다. 그래서 지저분하게 보여서는 안 된다고 다짐하면서 딸들을 씻깁니다. 또 아이들 옷이 흙투성이가 된 모습도 그대로 지켜볼 수가 없습니다. 그러면서도 제 마음은 개운치 않습니다. 늘 하찮은 일로 아이들에게 법석을 떨고 있기 때문입니다. 그게 옳지 못하다는 것쯤은 저도 압니다. 아이들에게 훌륭한 엄마가 되어야 하는데 그러지 못하고 있는 것입니다."

필자가 그의 성장 과정에 대해 묻자, 이렇게 말했다. "제 어머니는 제가 높은 기준에 맞춰 살기를 기대하셨습니다. 그래서 저는 최고의 성과를 이루기 위해 끊임없이 노력했습니다. 그것이 제가 학업을 계속한 이유 중 하나입니다. 아버지는 대학교수셨으며, 저는 언제나 사람들 눈에 교수의 딸로 비친다는 말을 들었습니다. 아버지는 제 성적에 특별히 관심을 보이셨고, 어머니는 저의 외모와 몸가짐에 관심을 보이셨습니다. 저는 열심히 공부했고, 제 성적은 언제나 우수했습니다. 지금 저는 딸아이들을 닦달할 때 제 어머니가 그랬던 것처럼 오만상을 찌푸립니다. 저는 그것이 나쁘다는 것을 책에서 읽어 잘 알고 있습니다. 어린 시절 부모님에게 지적받은 갖가지 사항을 고치고 더 잘하려고 했던 온갖 노력을 생각하면 참으로 지긋지긋합니다. 선생님은 아마 아이들의 지저분한 몰골을 가끔은 그냥 보아 넘기게 되실 겁니다. 저도 책에서 그런 이야기를 읽으면, '물론 그래야지' 하면서 고개를 끄덕입니다. 그러나 정작 제 아이들이 더러운 모습으로 있으면, 제 어머니가 그랬던 것처럼 아이들이 깨끗이 씻을 때까지 마음이 편치 않습니다."

 이 여성은 많은 교육을 받았는데도 부모의 태도를 그대로 이어받아 자신을 몰아세웠다. 그리고 이제는 자녀들을 그런 식으로 대하고 있는 것이다. 박사 학위와 같은 학문적 영예를 계속 추구한 것도 그 영향이다. 비록 학구적인 생애를 추구하려는 의향이 없었다 해도, 그는 여전히 '대학교수의 딸'이었던 것이다. 부모가 지나친 기준을 내세우고 억지로 따라가게 한 것이 잘못이었다는 사실을 깨달았다 해도, 여전히 그 기준에 매달리고 있다. 그러나 머지않아 그는 완벽주의를 부추기는 자기 비하를 억제할 수 있게 될 것이고, 마침내 끊임없이 노력하는 삶을 다독일 수 있게 될 것이다.

• 완벽주의를 떠받치는 문화적 요인

완벽주의가 우리를 곤혹스럽게 만드는 이유 중 하나는 완벽주의가 '바람직해 보인다'는 점이다. 미국에서는 실천하는 사람, 뜻을 이루는 사람, 열심히 노력하는 사람, 목적을 성취하는 사람을 높이 평가한다. 따라서 완벽주의자가 기울이는 필요 이상의 노력을 뒷받침해 주는 경향이 있다. 사실, 사람은 누구나 완벽주의자의 노력, 곧 성공의 이면에 감춰진 공허함과 비참함을 알아차리기 어렵게 만드는 지나친 노력을 어느 정도 인정하는 것 같다.

완벽주의는 또한 다른 문화적 요인으로도 뒷받침된다. 예를 들어, 완벽주의의 한 면모인 자기 비하는 '더 열심히 하라'고 다그치면서 어린이들의 노력에 등급을 매기는 교육 제도와 '더 착한 사람이 되라'고 다그치는 교회의 가르침에 의해 보강된다. 두 가지 모두 완벽주의 성향을 지닌 부모와 그의 내재과거아를 뒷받침하는 데 이바지한다.

한 어린이가 학교에서 우수한 성적을 내서 교사에게 인정을 받을 수 있지만, 교회의 가르침에서는 이것이 통하지 않는다. 교회는 보통 사람은 성취할 수 없고 오로지 성인聖人들만 성취할 수 있는 완전한 형태의 목표를 내세우기 때문이다. 이와 같은 문화적·종교적 요인은 행동과 생각, 감정까지 완벽하기를 바라는 부모의 요구를 상기시키고 또한 뒷받침해 준다. 그리고 더욱 중요한 것은, 다음과 같이 느끼게 된다는 사실이다. 우리는 완벽하게 착한 사람이 아니고, 조금이라도 즐거움을 찾고자 하는 데 죄의식을 느끼며, 이렇게 자신을 멸시하는 감정은 '더 잘하려고 노력하는 것으로만' 완화될 수 있다. 우리가 하느님을 실망시키고 있다는 감정은 자기 비하를 더욱 뒷받침할 뿐이다. 그러나 어느 교회도 모든 신도가 성인이 되기를 기대할 수는 없다.

당신에게서 드러나는 완벽주의 성향의 흔적을 살펴보는 가운데, 이러한 문화적 요인이 부모에게 받은 완벽주의를 뒷받침하는 데 어떤 역할을 했는지 정확하게 가늠해 볼 수 있어야 한다.

- **완벽주의 성향을 지닌 내재과거아에 어떻게 대처할 것인가?**

1. 당신의 삶에서 자신을 과소평가하고 끈질기게 노력하는 내재과거아가 드러나는 국면을 알아내고, 필요 이상의 노력을 줄여 나가도록 애써야 한다.

2. 당신 안에 부분적으로 배어 있는 부모의 태도를 이어 가지 않고, 당신 나름의 기준에 따라 자신의 방식대로 스스로를 대하겠다고 결심해야 한다.

3. 모든 방법을 동원해서 자신을 비하하는 태도에 맞서 싸워야 한다. 그렇게 하려면 지난날에 익숙해져 있는 감정을 포기해야 한다. 자신을 대하는 새로운 태도를 정립할 때까지는 불안해질 수밖에 없다. 그래도 싸워야 한다. 당신은 자기 비하를 줄여 감으로써 도달하지도 못할 '완벽함'을 목표로 삼아 노력하지 않아도 될 것이다. 당신이 이런 노력을 기울이도록 도와주는 방법은 제3부에서 논의될 것이다.

제11장

강압
: 꾸물거리는 태도를 버리지 못한다면

 만약 당신이 어떤 일에 곧바로 착수하지 못하거나, 해야 한다고 생각하는 일을 '오늘 해야 할 일' 목록에 빠짐없이 올리고 있다면, 지난날 자신의 내재과거아가 부모의 강압적인 지시에 반응하던 행동 방식을 지금까지 지속하고 있을 가능성을 생각해 보아야 한다. 자신이 좋아하는 일인데도 힘들어서 할 수 없다고 생각하고 결국 백일몽으로 끝내 버리는 경우에도 마찬가지다. 지나치게 강압적인 태도는 가장 흔히 볼 수 있는 부모의 병적인 태도 중 하나이다.

• **지난날 겪은 강압에 대한 인식**
 틀림없이 당신은 어렸을 때 강압으로 어느 정도 고통을 겪었을 것이다. 왜냐하면 우리는 모두 지나치게 강압적인 문화에서 살고 있기 때문이다.

강압적인 부모는 자녀들에게 나름의 관심사와 활동을 추구하고 펼쳐 나갈 기회를 거의 또는 전혀 주지 않는다. 그러면서 끊임없이 걱정하고 잔소리하고 밀어붙임으로써 자녀의 행동을 통제한다. 강압은 적극적으로 노력하고 행동하는 사람들에게서 가장 흔히 볼 수 있는 병적인 태도이다. 하지만 다른 병적인 태도와 달리 자녀의 품성을 무능력하게 만드는 지경에 이르지는 않는다는 점이 그나마 다행이라고 할 수 있다. 강압은 불행, 근심, 결혼 생활이나 성과 관련된 갈등, 좌절을 불러오고 잠재력을 마음껏 펼치지 못하게 하는 주된 원인이 된다.

일차적 조짐

만약 당신의 가장 큰 불만이 만성적인 피로와 하루하루의 목표를 달성하지 못하는 무능력에 대한 것이라면, 그리고 공상을 하는 데 시간을 낭비하며 뚜렷한 이유 없이 목표를 달성하지 못한다면, 지난날에 겪은 부모의 강압적인 태도로 고통을 받는 중이라고 할 수 있다. 시작한 일을 마무리하지 못하는 고질적인 무능력은 곧잘 불안감을 느끼게 하고 자신이 가치 없는 존재라는 의식을 갖게 한다. 이러한 감정을 없애기 위해 자신에게 더 화를 내고 호통을 치면서 '내일 반드시 해야 할 일'을 낱낱이 적어 보지만, 번번이 아무 일도 해내지 못한다. 그래서 결국 당신은 어쩌지 못하고 방향을 바꿔 목적으로 삼던 것과는 거리가 먼 다른 일에 손을 댄다. 일을 계속 밀고 나가지 못하기 때문에 '내일 반드시 해야 할 일'의 목록은 점점 길어져서 내일이 되어도 달성할 수 없는 일들만 적혀 있고 실현은 전혀 불가능한 계획표가 되고 만다.

이렇게 계속 공상의 나래만 펼친다면, 당신은 다른 사람들을 탓하려 들 것이다. 또는 아무 일도 해내지 못한 핑계를 찾아내 자신과 다른 사람들에게 해명하려 할 것이다.

괴로움을 겪는 사람들

주로 자신의 사고에만 의존해서 일하며 그 일로 자신을 평가하는 사람들이 어려서 강압에 시달린 내재과거아의 요구에 특히 약한 모습을 보인다. 외판원, 가정주부, 작곡가, 경영인, 과학자, 사업가, 행정가, 예술가, 작가 중에 그런 사람들이 많다. 이들에게는 자진해서 맡은 일에 착수하여 마무리하는 능력이 매우 중요하다. 하지만 여간해서 일을 시작하지 못하는 사람들은 처음에는 우유부단한 듯 보이고, 게으르고 방종한 듯이 보이다가 이내 무기력해지고 만다. 그들은 누군가 자신에게 명령을 내려 주기를, 해야 할 일을 낱낱이 일러 주기를, 자기를 조종해 주기를 기대한다. 그러니 결국 그들이 할 수 있는 것은 고작 다른 사람들에게 의존하는 것뿐이다. 그러나 성과를 내도록 가해지는 압력이 아주 위험한 수위에 이르고, 성과를 낼 수 있는 시간이 아주 촉박해지기 전까지는 마지막 고비에 이르는 경우가 거의 없다. 따라서 그들은 놀랄 만한 일이나 만족스러운 일을 해내지 못하고, 그럭저럭 살아갈 뿐이다. 강압적인 태도에 익숙해 있는 사람은 불행히도 자신을 꾸짖고 과소평가하고 위협하는 억압으로 고통을 겪는다. 그는 자신이 목적한 바를 좀처럼 이루지 못하며, 잠재력도 거의 발휘하지 못한다.

지난날 가정의 분위기

당신의 내재과거아가 보이는 반응에 대한 중요한 실마리는 언제나 어린 시절의 가정 환경을 돌이켜 보는 데서 풀리게 마련이다. 부모의 강압으로 인한 영향에서 벗어난 사람은 거의 없다. 실제로 우리 대부분은 끊임없이 불안해하고 짜증을 내거나, 위협적인 목소리로 지시하고, 또 다시 지시하고, 그것을 고쳐서 다시 명령하고 확인하던 가정에서 성장했다.

"늦었다. 당장 일어나라. 양치질을 잊지 마라. 서둘러라. 아침밥이 식겠다. …… 학교에 늦겠구나. 장갑을 끼고 가렴. 장화도 신고!"

"발을 씻기 전에는 들어올 생각을 하지 마라. 당장 옷을 갈아입어라. …… 밖에서 30분만 놀고 내가 부르거든 곧장 들어오너라. 듣고 있니? 그럼 '알았습니다.' 하고 대답해야지! 중얼거리지 마라."

"당장 손을 씻어라. 두 번이나 너를 부르지 않았니? …… 우유는 남기지 말고 다 마셔라. 숟가락을 쓰지 말고 젓가락을 써야지. 머리를 단정하게 빗고 깨끗하게 씻은 다음에 식탁에 앉으라고 몇 번이나 일렀어? 똑바로 서라!"

"공부를 해야지. 성적이 이 모양인데 너는 걱정도 안 되니? ……이제 잘 시간이다. 잠자리에 들 시간이 30분이나 지났잖아! 조용히 하고 곧장 자거라! 하던 일을 멈추고 자리에 누워라!"

우리는 대개 날마다 이러한 채근을 받아 왔다. 부모들은 이와 같은 식으로 자녀들을 걱정하고, 자신이 부모 노릇을 잘하고 있는지 걱정한 것이다. 그들은 흔히 '좋은 부모'가 되기 위해 의식적으로 애를 쓴다. 그리고 '자녀들의 심리 발달'이라는 정원에서 부모의 눈에 '나쁜 싹'으로 여겨지는 잡초를 솎아 내고 열심히 가지치기를 한다. 실제로 어린이들은 혼자 두고 자신의 생각과 감정, 관심을 존중하고 발달시킬 시간을 주면 스스로 많은 일을 해낼 수 있다. 하지만 많은 부모가 그런 태도를 자녀에게 무관심한 것으로 여기며 두려워한다. 어린이들에게는 '자기 편'이 되어서 밀어주고 도와줄 사람이 필요하다. 뿐만 아니라 자신의 환경에 혼자 맞서 싸울 시간이 필요하다. 이렇게 함으로써 고유한 개성, 힘과 능력, 운명을 개척해 나갈 수 있게 된다. 그런 태도야말로 어린이가 행동을 시작하고 만족감을 성취하는 능력, 곧 어른이 되어서 갖추어야 할 능력을 기르는 데 도움이 될 것이다.

명령-반항의 순환

앞에서 대강 이야기한 것처럼 어린 시절에 경험한 가정의 분위기가 끊임없이 지시가 이어지는 강압적인 형태였다면, 당신은 핑계를 대거나 미루고 꾸물대는 것으로 대처하곤 했을 것이다. 물론 이러한 태도에는 더욱 모질고 사정없는 지시와 채근이 뒤따랐을 것이다. 지시는 명령으로, 그리고 마침내 위협으로 바뀌었을 것이다.

당신은 부모의 강압에 적극적으로 반항하기도 했을 것이다. 그런데 적극적인 반항에는 처벌이 따르기 마련이므로, 결국 소극적으로 반항하는 편을 택했을 것이다. 당신은 소극적으로 반항함으로써 겉으로는 부모의 지시에 순종하는 체하고, 실제로는 관심을 갖고 있던 일을 계속해 나갈 수 있었을 것이다. 당신도 "예, 곧 갑니다."라고 대답하고서 여전히 자기 일을 했던 경험이 있지 않은가?

그러나 이처럼 핑계를 대는 것이 부모의 눈에는 아주 무모한 일인 것처럼 보인다. 많은 부모가 자녀의 '지연 작전'에 화를 내며 "만일 딸아이가 흥미롭고 가치 있는 일을 하고 있었더라면 그나마 이해를 했을 것입니다."라고 털어놓곤 했다.

그러나 자녀가 미루고 꾸물대는 데는 목적이 있다. 그것은 감히 부모를 거스르려는 것이 아니며, 자신의 개성을 살리고 주장하려는 시도이다. 그는 줄을 당기면 춤을 추는 꼭두각시 노릇을 하지 않으려고 애쓰는 것이다. 로버트 폴 스미스는 《"어디에 갔었느냐?" "밖에요." "무엇을 했느냐?" "아무것도요."》라는 뛰어난 저서에서 소극적인 반항을 긍정적으로 평가한 바 있다. 그는 어린이들이 통나무집 짓기나 칼 던지기 놀이와 같은 활동으로 창의력을 키우기 위해서는 혼자서 지낼 필요가 있다는 것을 보여 준다.

부모의 끊임없는 지시와 자녀의 유일한 저항 수단인 꾸물대는 행위를 통해서, 명령과 반항의 좋지 않은 순환이 되풀이된다. 흔히 이러한 순환은 학교, 직장을 비롯해 인생의 모든 분야에 파급된다. 이 명령-반항의 순환에서 성적 부진, 부주의, 교사의 말을 받아들이지 않는 행위 등의 주된 원인을 찾을 수 있다. 또한 과거와 현재에 겪는 어려움의 원인을 밝히는 실마리를 찾을 수도 있다.

만일 당신이 지나치게 강압적인 환경에서 자랐다면, 어른이 되어서도 지난날의 부모처럼 '이것을 해라, 저것을 해라' 하는 식으로 자신에게 지시를 내릴 것이다. 그러고는 핑계를 대고 꾸물대면서 자신이 내린 지시에 반항할 것이다. 그렇기 때문에 당신은 진보하지 못하는 것이다. 과거에 부모의 강압적인 명령에 반항하던 것과 같이 소극적인 반항과 주의 산만 등 교묘한 방법으로 자신의 지시에 저항함으로써 스스로를 무기력하게 만들고 있는 것이다.

- **당신이 부모로서 내리는 명령**

자신이 부모로서 내리는 지시와 명령이 어떤 형태인지 깨닫지 못할 수도 있다. 어떤 사람들은 강압에 대해 처음 듣고는 "나는 옛날에 어머니가 하셨던 것처럼 이리저리 돌아다니면서 큰 소리로 지시하지는 않습니다."라고 항변하기도 했다. 많은 사람이 어린 시절에 다져진 습관에 따라 자신의 처지에서는 달성할 수 없는 작업,

사회 활동, 청소, 돈벌이, 저축 등의 일일 목표를 세운다. 그 목표가 완벽주의 성향을 드러낼 수도 있다는 점은 별개로 하더라도, 목표를 달성하는 데 필요한 시간은 충분히 고려하지 않은 채 자신의 역량을 과대평가하고 휴식의 필요성이나 변수를 과소평가한다. 그들은 책을 읽거나 방 청소를 하거나 위원회를 구성하거나 약속 장소까지 가는 데 얼마나 많은 시간과 노력을 들여야 하는지에 대해 끊임없이 잘못 판단한다. 자신에게 기대하는 바를 현실적이고 객관적인 안목으로 냉철하게 살펴본다면, 그것을 능히 해낼 사람은 아무도 없으리라는 점을 즉시 깨달을 것이다.

이와 같이 현실을 망각한 기대와 일정, 계획이 자신에게 부모 역할을 하면서 취하는 강압의 형태일 수 있는데, 그 행태는 아주 여러 가지이다. 그러나 '반드시 해야 할' 그 일들은 성취되지 못할 것이다. 그 일들은 흔히 모순적이며 일관성이 없을 때가 많다. 그것은 성취될 수 없기에, 당신을 불안하게 하고 열심히 노력하게 하며 결국에는 반항하게 한다. 더 나아가 당신이 게으르고 가치 없는 존재라고 믿게 만들면서 교묘하게 당신의 노력을 무산시킨다.

어떤 목표를 성취하려면, 그 목표가 현실적이어야 하고 당신 능력의 범위 안에 드는 것이어야 한다. 만약 내재과거아가 당신을 사로잡아 '명령-반항'의 사슬로 묶어 놓는다면, 목표를 달성할 수 없을 것이다.

당신이 역량을 발휘해 그 속박에서 풀려날 때, 순리적으로 기대해 볼 만한 목표를 달성할 수 있을 것이다. 그리고 더는 자신을 낮게 평가하거나 호되게 몰아세우지 않아도 될 것이다.

• **강압을 조장하는 문화적 요인**

　우리는 지나치게 강압적인 문화에서 살고 있다. 강압적인 태도는 우리 가정에 스며들어 '자녀를 양육하는 올바른 방법'으로 한 세대에서 다음 세대로 전해지고 있으며, 학교, 직장, 기관에도 스며들고 있다. 대중 매체는 차 한 잔을 끓이는 일에서 성공을 거두는 비결에 이르기까지 모든 면에서 '이것을 해라, 저것은 하지 마라'는 식으로 '올바른 방법'과 '올바르지 못한 방법'을 주입한다. 우리는 강압적인 태도에 너무 익숙해진 나머지 강제적이고 고압적인 상업 광고와 열망을 불러일으키는 신문 기사를 당연하게 받아들인다.

　부모들은 자녀에게 끊임없이 지시하고 상기시키는 것이 사랑의 표현이요, 자녀의 행복에 대한 관심의 표명이라고 여긴다. 그들은 자신이 내리는 명령이 대개 지난날에 자기가 박탈당한 것을 보상받기 위한 것임을 미처 깨닫지 못한다. 자녀들은 부모와 전혀 다른 개체이므로 부모의 어렸을 적 감정을 체험할 수 없다. 그런데도 자신의 과거를 보상받고 싶은 어머니는 "어릴 적 나는 음악 레슨을 받고 싶었다. 하지만 어머니는 뒷바라지해 주실 돈이 없었다. 나는 내 딸이 연주자가 되어서 인기를 얻고 사람들을 즐겁게 해 주기를 바란다. 그래서 아이를 뒷바라지하는 것이다."라고 말할 것이다.

교사들은 교육을 위해, 순화를 위해, 단련을 위해 강압이 필요하다고 여긴다. 고용주와 기관의 대표들은 강압을 어떤 일을 이루는 유일한 방법으로 여긴다. 그러나 이 같은 억압은 오히려 일을 더 어렵게 만드는 '반항'을 곧잘 유발한다.

때로는 그 반항이 자신도 알아차리지 못할 정도로 잘 드러나지 않는다. 더구나 강압은 미국 문화권에서 폭넓은 지지를 받고 있기 때문에, 강압을 깨닫고 이에 대처하는 것이 힘들 때가 많다. 우리는 강압적인 태도에 아주 익숙해진 나머지 당연하고 올바르며 필요한 것이라고 느낀다.

당신은 '하지 않으면 안 된다'와 '해야만 한다'는 명령이 어떤 일을 망치지 않는 데 꼭 필요하다고 생각할지도 모른다. 그러나 실제로 그 명령은 당신의 부모가 보여 준 강압적인 태도가 반복되는 것에 지나지 않는다. 목표를 설정할 때 정작 필요한 것은 자신에게 더욱 온화하고 현실적인 부모가 되는 일이다.

이렇게 자신을 끊임없이 몰아붙이는 태도를 멀리하려고 하면, 한동안 불안에 빠질 것이다. 마치 도시 사람들이 조용한 들판이나 숲에서 처음에는 편안함을 느끼지 못하는 것과 마찬가지로, 당신은 내적으로 어느 정도 억압을 받지 않으면 낯설다고 느낄 것이다. 그러나 부모에게서 오는 것이든 문화에서 기인하는 것이든 당신의 노력을 무산시키는 강압적인 태도를 가려내게 된다면, 불안감이 차츰 잦아들고 있음을 깨달을 것이다. 사실 이러한 불안이야말로 자신을 새로운 자세로 대하고 있음을 말해 주는 첫 표징인 셈이다. 자기 일을 해내고 만족을 찾기 시작할 때, 자기 능력에 대해 새로운 자신감을 갖게 된다. 또한 지난날에 친숙해 있던 것에서 안도감을 맛보는 대신 자신의 능력에서 안도감을 느끼게 될 것이다.

• 당신은 어떻게 반항했는가?

내재과거아의 반항을 이해하고 이에 대처하려면 반항이 대개 세 가지 유형으로 구분된다는 점을 알아 두는 것이 좋다. 비록 이 세 가지 유형이 서로 뒤섞여 있으며, 사정에 따라 다르게 적용되겠지만 말이다. 일반적으로 이러한 반항은 어른이 되어서도 계속 이어지며, 자신에게 내리는 강압적인 지시를 대하는 나름의 기본적인 방법을 형성한다. 반항의 세 가지 유형이란 다음과 같다.

순응

부모가 자녀를 아주 어려서부터 강압적으로 대했고 그 자세를 계속 견지한다면, 자녀는 대체로 아무 반항 없이 순순히 부모의 지시에 따르게 된다. 또한 부모에게 사랑받지 못하게 될까 봐 이의를 제기하거나 반항하지 않고 순종한다. 그리고 자라면서 교사나 고용주의 지시, 통제도 이의 없이 따르게 된다. 실제로 그는 지시를 받지 않으면 허전함을 느끼고, 무엇을 하라고 일러 줄 사람을 필요로 한다. 또한 자기 나름대로 어떤 일을 하는 것을 불편해하고, 심지어 자신이 한 일에 대해 책임을 떠맡기를 두려워하기 때문에 자기만의 일을 시작하지 못한다. 따라서 그들에게는 조직적인 직업, 곧 그가 해야 할 일과 하지 말아야 할 일의 한계가 엄격하게 명시되어 있는 직업이 어울린다. 실제로 그러한 일거리가 주어지면 잘 해낸다. 그러나 언제든지 할 일을 지시받기를 바라기 때문에, 다른 방법으로는 마음 편하게 일하지 못한다. 누군가 그에게 어떤 일을 하라고 일러 주지 않으면 갈등을 겪게 된다.

적극적인 반항

만약 부모가 비교적 늦은 시기에, 곧 어린이가 자신의 능력과 힘에 대해 어느 정도 인식한 후에 강압적인 태도를 보이기 시작했다면, 어린이는 부모의 지시에 반항하고 도전하는 태도를 보일지도 모른다. 물론 자녀를 강제로 복종시키려 할 경우에 더욱 심하고 위협적인 강압을 유발할 것이다. 어른은 자신이 칼자루를 쥐고 있는 한 자기 뜻대로 하려고 하기 때문에, 부모와 자녀는 자주 갈등을 겪을 것이다. 부모들은 또 하나의 강력한 무기를 갖고 있는데, 그것은 자녀가 꼭 필요로 하는 애정과 인정을 베풀기를 미루는 것이다. 자녀는 분개하면서 자신의 관심사와 생각을 포기하겠지만, 실제로는 이렇게 다짐한다. "그래, 지금은 당신이 나보다 힘이 세니까 나를 굴복시킬 수 있겠지. 하지만 내가 더 강해질 때까지만 기다려 보시지." 이러한 감정은 어린 시절은 물론이고 어른이 되어서도 지속될 것이다.

이렇게 자라서 어른이 된 사람의 내재과거아는 어렸을 때 사무친 원한을 여전히 드러낸다. 그는 지시에 적극적으로 반항하고 나서며, 권위를 가진 사람에게는 곧잘 '시비조'로 나오기도 한다. 그는 거의 반사적으로 다른 사람의 조언이나 명령에 완강하게 반항한다. 그러나 그렇게 반항하고자 하는 생각도 어른스럽게 이해하는 마음에 의해 제법 누그러지며, '목구멍이 포도청'이라는 현실에 의해 억제된다. 그리하여 지시를 받아들이기는 하겠지만, 자주 어렸을 때와 같이 '그래, 지금은 당신이 나보다 힘이 세니까, 그리고 나에겐 이 직장이 필요하니까 나를 굴복시킬 수 있겠지. 하지만 내가 더 강해질 때까지만 기다려 보라고!'라는 식의 반응을 보인다. 그는 여전히 어린 시절의 사무친 원한을 잊지 못해서 정작 필요한 지시에 대해 공연히 시비를 걸고 화를 내곤 한다.

그러나 만약 최소한의 지시만 받으면서 나름대로 밀고 나가도록 허용된다면, 그는 일을 훌륭하게 해낼 것이며 참다운 만족을 찾게 될 것이다. 하지만 어렸을 때부터 적극적인 반항을 지속해 온 경우에는 사람들의 제안이나 충고를 자신이 반항해야 하는 강압적인 위협으로 하릴없이 곡해하기도 한다. 그러한 제안이나 충고가 자신에 대해, 그리고 어려서부터 익숙해 있던 분위기에 대해 긴장과 불안을 느끼게 하는 것이다.

소극적인 반항

이것은 가장 일반화된 형태의 반항이다. 자녀가 어느 정도 반항할 수 있는 힘을 가지고 있다고 생각하면서도 부모에게 적극적으로 도전하기 전에 강압적으로 지시하기 시작했다면, 자녀는 정도를 달리하며 소극적인 반항을 보일 것이다. 자녀는 부모의 지시에 꾸물거리고 늑장 부리며 대응한다. 무슨 일을 시키면, 그는 "곧 할게요!"라고 대답한다. 그리고 다시 지시하면, 그는 "지금 하고 있어요."라고 대답한다. 그러나 여전히 자신이 관심을 두고 있는 일에서 손을 떼지 못하고 꾸물거린다. 그러면서 한편으로는 부모에게 꾸중을 듣지 않을까 불안해한다. 그의 꾸물거리는 행동은 부모에게서 더 강한 명령과 노골적인 강압을 불러일으킨다. 그리하여 부모가 주기적으로 화를 내고 강제력을 발동하는 명령-반항의 순환이 되풀이된다.

각자 정도는 다르지만 대부분의 어른들이 명령-반항의 순환으로 여러 면에서 괴로움을 겪는다. 그들은 자신에게 부모 노릇을 하면서 스스로 내린 지시에 대해 꾸물대고, 공상하고, 망설이고, 주의를 산만하게 하는 식으로 계속 소극적으로 반항한다. 자신에게 강요하면 할수록 도리어 주의력을 흐트러뜨리는 것이 더 중요하고 신나는 일로 여겨지는 것이다. 그들은 부모에게 반항했던 것과 똑같은 방식으로 자신에게 변명을 늘어놓으며, 실제로 어느 정도 위협이 닥칠 때까지는 계속 주의를 흐트러뜨리고 꾸물댄다. 그러고 나서 화를 내며 그 지시에 따른다. 그들은 투덜거리며 반항하고, 독립적인 삶을 개척해야겠다고 스스로 다짐한다. 하지만 그 생각에 대한 반항이 이 같은 결단을 한낱 공상에 머물게 하고 만다. 이것은 늘 사장이 되겠다고 말하면서 여전히 월급쟁이 생활을 계속하는 사람들에게서 흔히 볼 수 있는 현상이다.

• 소극적인 반항의 예

소극적으로 반항하는 태도가 몸에 밴 사람은 자기 힘으로 할 수 있는 일조차 스스로 해내는 경우가 드물다. 이 같은 병적 태도로 고통을 겪은 재크라는 젊은 변호사가 있다. 그는 일을 진척시키기 위해 몹시 애쓰지만, 어찌된 일인지 아침이 되면 도무지 일을 시작하지 못한다. 재크는 문제를 반드시 해결하겠다고 다짐하면서 상쾌한 마음으로 일찌감치 출근한다. 그러나 막상 서류를 정리하고 필요한 법률 서적을 가져다 놓고 책상 앞에 앉으면 일에 손을 대지 못한다. 재크는 어디서부터 시작해야 좋을지 결정할 수 없어서 하고자 하는 일을 마음속으로 다시 검토하기 시작한다.

그리고 몇 분이 지나면 다시 자리에서 일어선다. 제대로 처리한 것이라곤 하나도 없다. 그는 연필을 깎고, 담배를 피우고, 서류를 뒤적이면서 마음을 편하게 하려 애쓴다. 그러다 보면 주의가 너무 산만해져서 그때까지 하고 있던 일을 포기하고 만다. 그러고는 다른 일을 시작해 보려고 애를 쓴다. 그는 사람을 시켜 서고에서 더 많은 책을 가져오게 하고 다시 연필을 깎는다. 그는 과거의 판례집에서 몇 가지 판례를 찾아내 기록하고 그것을 다시 읽는다. 그는 법률을 훌륭하게 적용한 사례들을 보며 그런 판례를 남긴 사람들에게 찬사를 보낸다. 하지만 자신은 어느 누구라도 정리할 수 있는 뻔한 사건들을 살펴보는 것으로 하루를 보낸다. 기분이 울적해진 그는 자신에게 화를 내고 수석 변호사에게 불만을 품은 채로 귀가한다. 퇴근 직전에 수석 변호사가 재크를 호출해서 일을 다 했는지 확인했기 때문이다.

재크는 집에 돌아와서도 시무룩하게 있다가 아내의 위로를 받고 나서야 비로소 상처받은 자존심을 추스른다. 그리고 내일은 정말 일에 열중해 보겠다고 다짐한다. 그는 사건의 개요를 어떻게 쓸 것인지 생각하다가 이내 공상에 빠져든다. 수석 변호사가 축하의 악수를 건네러 달려오고, 판사가 감탄하고, 의뢰인이 감사를 표하고, 상대편 변호사가 존경을 표하는 광경을 상상하는 것이다. 그는 "가엾은 당신, 케케묵은 사건들과 씨름하느라 고생이 많으시네요."라는 아내의 위로에 고무되어 내일은 잘하겠노라고 다짐한다.

그러나 다음날도, 그 다음날도 사정은 마찬가지다. 이제 문제가 되는 것은 재크의 말처럼, "내가 능력을 발휘하지 못하면 해고당할지도 모르는데, 가정을 꾸리면서 어린 자녀들까지 돌봐야 하는 아내가 언제까지 나를 믿어 줄 것인가?" 하는 걱정이다. 전혀 터무니없지만은 않은 두려움이 재크를 몰아세우고 열심히 일하지 않으면 안 된다는 강박을 느끼게 했다.

　재크는 자신이 쌓아 가리라고 기대하던 빛나는 업적은 고사하고, 불평과 변명, 핑계만 늘어놓으면서 불안하고 불행한 삶을 그럭저럭 이어 가고 있을 뿐이다. 재크는 아내나 수석 변호사가 자신에게 기대하는 일이면 무엇이든 반항함으로써 어린 시절의 행동 양식을 단순히 되풀이하고 있는 것이다. 그는 능력과 지성을 갖추었지만, 강력한 위협을 받게 될 때까지는 일단 반항하고 본다. 어렸을 때에도 부모의 지시에 이처럼 소극적인 방법으로 반항하곤 했다. 그는 어른이 되어서도 여전히 고용주에게 해고를 당하거나 아내의 사랑을 잃게 될 위험을 무릅쓰고 그런 태도를 유지하고 있다.

　많은 사람이 이런 식으로 살아간다. 하고자 하는 일을 해낼 능력을 갖추고도 그 일을 해내지 못하는 데 쓸데없이 비참한 기분에 빠지기도 하고, 불안해하고 두려워하며 화를 내고, 자신에 대해서나 자신의 노력에 대해 만족하지 못한다. 그들은 흔히 무엇인가 잘못되었다고 생각하다가도, 어떤 계기가 주어지면 그 생각을 지나쳐 버린다. 그저 막연하게 '나 자신을 주체할 수가 없다. 이것이 나에겐 쉬운 일일 테지만 지금 워낙 지쳤기 때문에 어떻게 해 볼 도리가 없다.'고 생각할 뿐이다.

- **건강상의 이유로 피로한 것이 아닐 때**

　생산성이 저하되는 것과 피로감이 드는 것은 내재과거아의 반항을 보여 주는 중요한 징표이다. 예를 들어, 자신의 내적 상태에 따라 일하는 자세가 달라지는 주부들의 불평은 대개 '피로하다'는 것이다. 피로로 고통을 겪는 사람은 빈혈이나 갑상선 이상, 그 밖에 몸을 쇠약하게 만드는 질병이 있는지 정밀 검사를 해 볼 필요가 있다. 그러나 건강상의 이유가 아니라면, 내면적인 명령-반항의 순환에 우선적으로 혐의를 둘 수 있을 것이다.

만성적인 피로 때문에 필자를 찾아온 부인이 있다. 담당 의사는 건강상 아무 이상이 발견되지 않았다며 그를 필자에게 보냈다. 필자가 그의 어린 시절 이야기를 들어 본 결과, 만성 피로 때문에 집안일을 해낼 수 없게 된 주요 원인은 지나친 강압에 대한 반작용이라는 것이 밝혀졌다.

그는 '손가락 하나 까딱할 수 없을 정도로 피곤해서' 빨래와 청소, 다림질을 포함한 온갖 집안일을 내팽개쳐 둔다고 했다. 그러다 남편이 갈아입을 옷이 없거나 교회 단체 모임을 자신의 집에서 하기로 결정되면, 그제서야 밤늦도록 빨래를 하고 청소를 한다. 그러고 나면 정말로 지쳐 버린다. 이러한 유형의 반항과 피로는 자신을 지배하는 명령-반항의 순환을 극복할 때까지 계속될 것이다.

- **마음속의 '학생 주임'**

반항은 질병의 징후를 보이기도 하고, 알코올 의존과 같은 문제에 감춰지거나 더욱 복잡해지기도 한다. 예를 들어 보자. 술을 마시지 않고서는 집안일을 할 수 없게 된 부인이 있다. 그는 술을 마시지 않으면 울화가 치밀어 독설을 쏟아 내며 집안 청소에 매달린다. 그러고는 오래지 않아 피로와 분통을 느끼며 일을 중단하고 만다. 그러나 술 한 잔만 마시면, 날아갈 듯한 기분으로 일을 시작해 깔끔하게 매듭짓는다.

그러나 이내 자신의 은밀한 음주벽에 놀라게 되었고, 자책하기에 이르렀다. 그래서 마침내 필자를 찾게 된 것이다. 음주를 자책하면 할수록 더 큰 압박을 느꼈으며, 집안일을 해내기가 더욱 어려워졌다. 하지만 술을 마시면 일에 대한 반항을 극복할 수 있었다. 그를 노려보며 일하라고 큰소리치는 마음속의 '학생 주임'을 술로 마취시키고 나면 그제서야 자기 방식대로 행동할 수 있게 되고, 결국 일을 마칠 수 있는 것이다. 그러나 다음날이면 음주를 했다는 자책감과 압박감에 빠지게 되고, 알코올 의존자가 되어 가고 있다는 생각에 깜짝 놀란다고 한다.

그는 할아버지가 절대적인 권위를 지닌 집안에서 자랐다. 할아버지는 그의 부모를 포함한 가족 모두의 생활, 식사 습관, 품행 등을 하나하나 지켜보며 꾸짖고 명령했다. 어른이 된 부인은 오직 알코올이라는 수단으로 이 같은 권위적인 분위기와 그 분위기에 대한 자신의 반항을 없앨 수 있었던 것이다. 그리고 이튿날이면 할아버지의 태도로써 자신을 더욱 가혹하게 닦달한 것이다.

- **반항의 영역**

　이처럼 꾸물거리면서 시간을 낭비하고 곧바로 일을 시작하지 못하는 태도는 당신이 임무나 책임이라고 여기는 특정 분야나 활동에 한정되어 나타난다. 부모들은 대체로 특별히 중요하다고 여기는 분야에서만 자녀들에게 강압적인 요구를 한다. 아마도 그것이 자신들의 부모가 강조하던 분야였기 때문일 것이다. 이렇게 선별해서 강압적인 태도를 적용한 결과, 어떤 사람들은 특정 분야에서 능력을 썩 잘 발휘할 수 있다. 그러나 다른 분야에서는 여전히 시간을 허비하고 불행하게 지내며, 눈에 띌 정도로 명령-반항의 순환을 통제하지 못한다. 그런가 하면 강압적인 태도의 결과로 나타나는 반항이 다른 분야로 확산되기도 할 것이다.

　흔히 강압적인 태도가 적용되는 분야는 인생을 즐기고 잠재력을 충분히 계발하는 데 중요한 분야이다. 여기에 강압적인 태도가 계속 적용되면, 관절염과 같은 만성적인 질병으로 특정 부위에 장애가 오는 것과 다를 바 없는 신체장애가 나타나기도 한다. 집안일을 하기 위해서는 남몰래 술을 마실 수밖에 없었던 부인의 경우가 선택적으로 적용된 강압을 보여 주는 예이다. 어렸을 때 게으르다고 끊임없이 야단치고 하녀를 대하듯이 의무를 지웠던 할아버지가 부인에게 집안일에 관한 한 격렬하게 명령하고 반항하는 태도를 심어 준 것이다.

　그는 필자에게 쓸쓸한 표정을 지으며 말했다. "할아버지는 내가 놀거나 앉아서 책을 읽거나 아무 일도 하지 않는 것을 그냥 넘기지 않으셨어요. 나는 이미 두 번이나 먼지를 털어 낸 곳을 또 털면서 지냈어요. 할아버지는 때때로 나를 거짓말쟁이로 만드셨어요. 무슨 말이냐면, 내가 일하는 척만 했다는 거예요. 그러면 나는 걸레를 들고 책을 읽다가 할아버지가 보실 때만 걸레질을 하곤 했어요." 그러다 보니 결혼을 해서 정작 자기 집의 먼지를 털거나 청소를 하고 싶어도 그렇게 할 수가 없었던 것이다. 그가 할아버지의 지나친 꾸중에 대한 어린 시절의 반항을 지금도 계속하고 있다는 사실을 깨닫게 되기까지, 술을 마시지 않고서는 집안 청소를 할 수 없었다. 그의 부모 또한 어린 시절에 지나친 강압을 받았으므로 할아버지의 일방적인 명령에 그대로 순종했고, 결국 할아버지의 권위만 강화되었던 것이다.

일반적으로 강압적인 태도를 겪어 본 부모는 그 태도를 어른이나 부모로서 행동하는 데 적절한 방법으로 받아들이고 모방한다. 그런데 또 어떤 분야에서는 자신의 개성을 주장하기 위해 그러한 태도에 반항한다. 예를 들어, 어린 시절에 "밥상 위에 있는 것은 뭐든 남기지 말고 다 먹어라." 하고 강요받아 온 부모는 자녀들에게 그대로 강조하거나, 자녀가 먹성 좋게 먹어 치우는 것을 자랑스럽게 여긴다. 비록 그의 자녀가 좋은 식사 습관을 기르는 데 실패해서 고통을 받을지언정, 부모는 자녀를 통해 어린 시절에 겪은 강압적인 요구에 대한 승리를 맛보는 것이다.

• **강압이 드러나는 상황**

반항의 영역은 건강, 청결, 안전, 일, 시간 준수, 성, 종교, 학문, 사회적 지위, 오락에 이르기까지 삶의 모든 양상에서 찾아볼 수 있다. 이 사실은 저 사람이 왜 교회에 나가지 않는지, 왜 시간을 제대로 지키지 못하는지, 왜 한결같이 격식 없는 운동복 차림을 하는지, 왜 10대와 대학생들은 낡은 스웨터와 청바지를 자신들의 특징적인 옷차림으로 생각하는지 이해하는 데 도움이 된다. 또한 왜 장기 결근을 해서 생산성을 떨어뜨리고, 연간 수백만 달러의 손실을 가져오는지 설명하는 데에도 도움이 된다. 대량 생산 체제를 갖춘 공장의 경우, 감독관들의 끊임없는 지시로 노동자들이 개성을 박탈당하고 있다고 느낄 정도로 그 타격은 심각하다. 일을 중단하거나 게을리 하는 파업 전략은 심리학적으로 강압에 대한 내재과거아의 반항에 깊이 뿌리 내리고 있다.

그 밖에 일반적으로 내재과거아의 원망 섞인 반항이 곧잘 드러나는 영역은 다음과 같다.

사회 예절

일반적인 사회 예절에 적응하지 못하거나, 당황한 나머지 누군가를 제대로 소개하지 못하는 사람은 다음과 같은 식으로 강압하는 부모에게 반항하는 것이다. "얘야, 이제 네 친구를 방 안에 있는 사람들에게 소개해야지. 잘 소개해 보렴. 더도 덜도 말고 숙녀에게 어떤 사람을 소개한다고 생각하고서 잘해 보거라."

독서

많은 사람이 독서로 즐거움을 찾거나 지식이 풍부해지는 기쁨을 누리지 못하고 있다. 이것은 처음 책 읽기를 배울 때 교사가 부모에게 어린이를 훈련시키도록 조언하여, 학부모가 불안해진 나머지 매우 강압적으로 훈련시킨 데서 기인한다.

음주

맥주나 위스키, 커피 등을 많이 마시는 것은 그러한 행위에 강압적인 태도를 보이던 부모에게 반항하고 무시하는 행위이다. 또는 몹시 강압적이던 어린 시절의 분위기에 대한 반작용일 수도 있다.

문란한 행위

이 행위도 지나치게 강압적인 부모의 엄포 섞인 경고와 금지에서 비롯되는 경우가 많다. 문란한 행실로 사람들의 입에 오르내리던 여학생이 있었는데, 그의 뒤에는 입을 맞추고 끌어안고 애무하는 것이 나쁜 짓이라며 끊임없이 경고하고 들볶던 부모가 있었다. 부모는 "너는 절대로 저런 짓을 해서는 안 된다."라고 금지시켰고, 여학생은 "저는 제 방식대로 살아갈 수 있어요. 저는 그렇게 살 거예요."라고 반항의 목소리를 높이곤 했다. 성이나 결혼 생활과 관련해서 문제를 일으키는 그 밖의 강압에 대해서는 뒤에서 살펴보기로 하겠다.

음식

명령-반항의 순환은 대부분 특정 음식을 싫어하는 데서, 그리고 다이어트를 하는 여성에게서 특히 두드러지게 나타난다. "이러면 정말 안 되는데……."라고 말하고는 먹음직스러운 케이크를 잽싸게 먹어 치움으로써 부모의 판에 박힌 명령을 지키지 않은 사람은 대체 누구인가?

돈

어린 시절에 동전 하나까지 낱낱이 셈해서 바쳐야 하는 등 돈 문제로 시달림을 받은 사람이 어른이 되어서 돈에 대해 무절제한 경우가 많다. 자신의 처지로는 감당하기 어려울 정도로 많은 것을 충동적으로 사들이는 행위는 돈과 관련된 어린 시절의 강압적인 태도가 지속되는 데 대한 반항이다. '그럴 만한 여유가 없다'는 사정도 값을 따지지 않는 충동구매 앞에서는 속수무책이 되고 만다.

오락

밤늦게까지 파티에 참석하고, 손님을 접대하고, 카드놀이를 하고, 텔레비전 쇼를 시청하는 사람들이 있다. 그중 대부분이 어린 시절에 정해진 시간이 되면 어김없이 잠자리에 들어야 했거나, 오락과 관련해서 지나치게 강압적으로 제재를 받았거나, 그런 기회를 박탈당한 데 대한 반항에서 비롯되었다고 할 수 있다.

그러나 강압적인 태도가 일상적으로 드러난다고 해서 당신의 배후에 지나치게 강압적인 부모가 있었다고 단정 지을 수는 없다. 모든 반항이 명령-반항의 순환에서 나오는 것은 아니며, 당신 자신을 보더라도 그런 식으로 자신을 대하지는 않음을 알 수 있을 것이다.
하지만 부모가 강압적인 태도를 보이던 특정 분야나 활동을 회상해 보면, 현재 겪고 있는 문제를 해결해 줄 가장 큰 실마리를 잡아낼 수 있을 것이다. 자신의 노력에 대해 슬며시 반항하고 있는 분야는 대개 어린 시절에 지나치게 강요받은 분야이다.
당신은 인생 전체가 강압적이라고 생각할지도 모른다. 그래서 당신이 특별히 어떤 일을 행하도록 요청받는다면, 곧 음식을 만들고, 음식을 먹고, 시간을 지키고, 청소를 하고, 예의를 갖추고, 결혼을 하고, 어른으로서 당신 자신과 다른 사람들에 대한 책임을 지도록 요청받는다면, 화를 내고 반항할지도 모른다. 그런데 이런 행위는 당신이 어렸을 때 매우 강압적인 태도로 고통을 받았으며, 부모나 교사의 명령이 사라진 지 오래인 현재에 이르러서도 끈질기게 반항하고 있다는 사실을 말해 준다.
반항이란 소극적이든 적극적이든 명령이 있어야만 나타날 수 있는 것이다. 반항이 있으려면 반드시 명령이 먼저 있어야 한다. 어른에게 내려지는 명령이란 노동과 같이 명확한 분야를 제외하면 거의 언제나 스스로 부과하는 것이다. 이러한 명령-반항의 기본적인 구조가 당신에게 어떻게 작용하는지 이해하고 자신을 대하는 강압적인 태도를 누그러뜨린다면 그런 태도에 반항해야 할 필요성을 서서히 줄여 나갈 수 있을 것이다.

반항에 대해 우리가 알아야 할 것은 모든 반항이 반드시 자기 파멸을 가져오지는 않는다는 점과 모든 강압이 반드시 부모에게서 비롯되는 것은 아니라는 점이다. 때에 따라서는 반항이 개성을 드러내는 유일한 수단이 되기도 한다. 유명인들의 생애를 살펴보면, 이 점이 극적으로 드러나는 경우가 많다. 글렌 커닝엄Glenn Cunningham은 어렸을 때 심한 화상을 입었는데, 사람들은 그가 다시 걸을 수 없을 것이라고 했다. 그러나 그는 계속 노력해서 세계적으로 유명한 장거리 선수가 되었다. 이는 사람들의 속단에 대해 커닝엄이 반항한 결과였다.

어려서 심한 천식을 앓은 테오도르 루스벨트Theodore Roosevelt는 자신의 육체적 활동을 단념하게 하려는 온갖 노력에 반항했다. 자신을 병약자로 취급했던 어른들의 충고를 받아들이지 않고 신체를 단련하기 위해 서부로 갔으며, 마침내 대통령의 자리까지 오르게 되었다. 또 다른 예로, 프랭클린 루스벨트Franklin D. Roosevelt는 소아마비에 걸렸으나 영웅적으로 반항하여 대통령이 될 수 있었다. 제2차 세계 대전 때 나치에게 점령된 프랑스와 다른 나라의 국민들이 보여 준 저항 정신과 투혼은 강압적인 명령에 대한 반항이 국가 차원으로 드러난 것이다. 개인의 성장과 발전은 이와 같은 반항의 결과로 이루어지기도 한다.

그러나 당신이 부모의 해묵은 태도를 물려받아 자신에게 강압적인 명령을 내리고, 시간을 낭비하고 꾸물거리며 그 명령에 반항한다면, 결국 자신에게 상처를 입히는 셈이다.

• 강압은 성과 결혼 생활에 어떻게 영향을 미치는가?

지난날에 겪은 강압적인 태도는 현재의 결혼 생활에 심한 분노와 혼란을 가져올 수도 있다. 또한 계획대로 되는 것이라곤 하나도 없는 것처럼 보이기 때문에 불행하다고 생각하거나, 피로와 압박을 느낄 수도 있다. 결혼 생활에는 배우자에 대한 갖가지 기대가 존재하며, 남편이나 아내로서의 의무와 책임도 따른다. 그런데 대부분 결혼의 로맨틱한 측면만을 보며, 이러한 기대를 면밀하게 검토하는 경우는 거의 없다. 그렇기 때문에 결혼 생활은 강압적인 요구와 원한, 소극적이거나 적극적인 반항이 많이 생겨나는 데 알맞은 영역이 된다. 더욱이 미국 가정과 문화에는 지나치게 강압적인 태도가 배어 있기 때문에 이 같은 어려움에서 완전히 벗어나는 경우는 아주 드물다.

보통 자녀가 생기기 전까지는 명령-반항의 순환에서 나타나는 문제들이 때때로 무시되거나 간과된다. 그러나 자녀들이 태어나고, 그 자녀들이 부모가 자신의 배우자에게 드러내는 분노에 정면으로 맞서게 되면, 자녀를 키우는 문제로 인해 결혼 생활에 심각한 갈등과 위기가 빚어질 것이다.

대부분의 부모들은 필사적으로 '훌륭한 부모'가 되기를 바라지만, 부모로서의 자질에 대해 불안해하는 나머지 일찍이 훌륭한 부모가 되는 안전한 길이라고 듣고 본 강압적인 태도를 그대로 이어받는 경우가 많다. 대개는 강압적인 태도를 취하는 것 말고는 다른 방법을 모른다. 부모 자신도 여전히 반항하고 있는 태도에 자녀들을 복종시키려고 하는 것이다.

• 배우자를 강압적인 부모로 만드는 행위

결혼에 따르는 의무에 대해 일상적으로 반항하는 내재과거아를 지닌 사람은 게으름을 피우고 우물쭈물하는 행위를 하여 배우자를 강압적인 부모로 만들기 쉽다. 그러면 실제로 한 사람은 명령하고 요구하게 되며, 게으름을 피우는 배우자는 반항하게 된다. 이것은 배우자의 성별과는 아무 상관이 없다. 이런 식으로 책임을 피하려 드는 것이다. 더욱 심각한 것은, 명령-반항의 순환이라는 해묵은 태도를 그대로 이어 가려 한다는 사실이다.

이런 식으로 많은 남편들이 어쩔 수 없이 강압적인 배우자가 되어서는 집안 청소가 제대로 안 되어 있다느니, 식사 시간이 불규

칙하다느니, 자녀들의 옷차림이 단정치 못하다느니 타박하곤 한다. 그것은 아내가 강압적인 어머니에 대한 반항으로 집안일을 시작하고 제대로 꾸려 갈 수 있는 능력을 기르지 못했기 때문일 가능성이 있다. 그런 아내들은 반항하다가 강압적인 요구를 받고서야 어떤 일을 그럭저럭 해내게 된다. 마찬가지로, 많은 아내들이 게으름을 피우고 늑장을 부리는 남편 때문에 끊임없이 바가지를 긁는 사람으로 변한다. 그 남편은 아직까지도 "이것을 해라. 저것을 해라." 하는 부모의 요구에 반항하고 있는 것이다. 그들은 부서진 블라인드를 고쳐 달라거나 삐걱거리는 문에 기름칠을 해 달라는 요청을 받으면, 반항하며 며칠이고 미루곤 한다. 그래서 주로 남편이 해야 할 일거리를 아내가 떠맡아서 처리하는 경우가 많다.

강압적인 태도와 그 결과로 초래되는 반항이 결혼 생활에서 중요한 구실을 하는 상황은 끝없이 계속된다. 책임지기를 거부하는 남편은 종종 아내에게 책임을 지라고 강요하며, 그런 다음에는 자기 말대로 하는 아내에게 화를 낸다. 많은 주부들이 자신이 해야 할 일에 대해 지시받기를 바라고, 지시를 받을 때까지 움직이지 않으면서도 그 사실에 대해 화를 낸다. 어떤 여성이 남편이 좋아하지 않을 것을 빤히 알면서도 모자를 산 다음 남편의 의견을 묻는 경우를 생각해 보자. 남편이 솔직하게 자기 의견을 말하면 부인은 마음이 상해서 토라지고 말 것이다.

기대는 의무가 된다

　대부분의 결혼 생활에는 남편이나 아내로서 해야 할 것들에 대한 기대가 뒤따르기 마련이다. 이 기대는 언제나 비현실적인 희망과 부모에 대한 반발로 인해 왜곡된다. 그런데 기대는 곧잘 의무가 되고, 특히 소극적이거나 적극적인 반항을 불러오기 쉽다. 더 나아가서, 아내의 역할이 바뀌면 어쩔 수 없이 남편의 역할이 바뀌기도 하는데, 실제로 많은 가정에서 부부의 역할과 관련된 혼란과 갈등, 원망이 생겨난다.

　많은 아내가 "만일 남편이 나에게 모든 일을 미루기만 할 줄을 짐작했더라면, 절대 그이와 결혼하지 않았을 거예요. 그이는 모든 일을 나에게 미룬답니다!"라고 불평한다. 설거지와 청소를 하느라 바쁜 남자들도 같은 생각을 한다. 그들의 배우자들은 대부분 어렸을 때부터 소극적으로 반항하거나 공상하거나 꾸물거리던 사람들이다. 그러나 결혼한 뒤에 온갖 의무와 자기 역할을 수행해야 할 필요성이 현실로 나타나면, 만족스러운 결혼 생활을 꾸려 갈 수 없으며 대개 괴롭고 불행한 나날을 보내게 된다.

　한 부인이 이렇게 불평했다. "때때로 나는 남편이 일을 싫어하는 특이 체질이 아닌가 하고 생각합니다. 언제나 남편에게는 어떤 일을 하지 못하는 이유가 있습니다. 남편은 부서진 창문 앞까지는 걸어가지만, 그 앞에 서서 나에게 창문이 부서졌다고 말하고 고치려 하지는 않습니다. 그래서 나는 골치가 아픕니다. 그이는 창문이 부서졌다고 말하는 것으로 자기 책임을 다했다고 생각하니까요. 내가 어떤 일을 해 달라고 부탁하면, 그이는 해 주겠다고 수락은 합니다. 그러나 어쩌다 그 일을 아직도 안 했냐고 재촉이라도 하면, 그이는 화를 냅니다."

누가 먼저 시작하는가

개인에게 나타나는 명령-반항의 순환은 그 어느 분야보다도 결혼 생활의 성적인 측면에 뚜렷한 영향을 끼친다. 부모의 강압적인 태도로 고통을 겪고 있는 사람은 어떤 행동도 자기 뜻대로 시작하지 못하는 결함이 두드러진다. 그렇기 때문에 누가 먼저 성적 행위를 시작하느냐 하는 문제가 결혼 생활의 초점이 되는 경우가 많다.

예를 들어, 그런 사람은 자신이 먼저 성관계를 시작하는 경우에만 성적인 기능을 발휘할 수 있다. 만약 그의 아내 편에서 먼저 성관계를 시작하려 하거나 남편이 이끌어 주기를 바란다는 뜻을 넌지시 보인다면, 그의 내재과거아가 반항하고 그는 뒷전으로 물러설 것이다. 그 밖에도 남편의 반항으로 인해 아내가 어쩔 수 없이 떠맡게 된 여러 활동을 통해 아내의 강압적인 역할이 드러나는데, 남편의 감춰진 분노 또한 성교 불능의 원인이 될 수 있다.

마찬가지로 피임에 대한 책임도 부부의 성적인 감응과 만족도를 떨어뜨리는 수가 있다. 흔히 기대와 반항, 실망이 커지다 보면 심각한 좌절과 분노로 결혼 생활의 성적인 측면이 시들해지기도 한다.

훌륭한 아내

여성이 성적인 측면에서 겪는 가장 흔한 어려움은 아마도 성관계를 남편에 대한 '의무'요, 좋은 아내라면 누구나 해야 하는 어떤 일로 생각하도록 교육받은 데서 비롯될 것이다. 만약 어떤 부인이 성을 이런 식으로 생각한다면, 남편의 성적인 요구에 응하기는 하겠지만 아무런 쾌감도 느끼지 못할 뿐 아니라 몹시 화가 날 때도 있을 것이다. 화를 내는 것은 좋은 아내가 되고자 하는 소망을 이루는 데 지장을 주기 때문에, 거의 내색하지 않을 것이다. 하지만 분노는 심한 두통이나 등허리의 통증, 그 밖의 여러 질병을 유발하기도 하며, 성관계 자체를 기피하게 만들기도 한다. 또 성관계의 기회를 미리 차단하기 위해 잠자리에 드는 시간을 애써 조절하는 사람도 있다. 이렇게 사랑을 나눌 수 있는 기회는 분노하는 내재과거아의 희생양이 되고 만다.

성적인 만족과 애정 어린 관계의 가능성을 파괴하는 내재과거아를 지닌 배우자는 흔히 자신에게 어떤 일이 일어나고 있는지 알고 있다. 그러나 자신이 강압적으로 받은 교육과 자신의 소망, 곧 훌륭한 아내가 되어야겠다는 생각 때문에 갈팡질팡한다. 이 같은 일이 실제로 일어난 사례를 하나 들어 보겠다.

어린 시절을 강압적인 어머니 밑에서 보낸 매력 있고 유능한 여자가 있다. 그는 20대 중반에 사려 깊고 정중한 태도로 따뜻하게 감싸 주는 한 남자를 만났다. 여자는 남자와 깊은 사랑에 빠졌고,

남자의 청혼을 기꺼이 받아들였다. 그는 기쁜 마음으로 안락한 가정을 꾸려 나갔으며, 남편이 좋아하는 음식을 만들기 위해 요리법을 연구하는가 하면, 일에 대한 남편의 하소연을 동정하며 들어 주었다. 이 모든 것은 '훌륭한 아내'가 되고자 하는 그의 결심과 소망의 일부였다. 그런데 남편이 성관계를 조금이라도 진척시켜 나가려고 하면, 무섭게 화를 내며 남편을 옆으로 밀쳐 내곤 했다. 훌륭한 아내란 남편을 성적으로 만족시켜 주어야 한다고 생각하면서도 말이다.

그는 때때로 남편의 요구에 응하지만 자신은 '아무런 느낌도 없다'고 말했다. 그리고 남편의 요구를 들어주어야 한다는 생각을 하면 마치 어렸을 때 어머니의 명령에서 느꼈던 것과 같이 자신의 인격이 짓뭉개지는 듯한 기분을 느낀다고 했다.

그러나 이것은 인내심 많고 사리 분별 있는 그의 남편이 강압적으로 명령하던 어머니의 역할을 대신해서 반항적인 불감증을 불러일으킨 상황은 아니었다. 그는 남편이 성관계를 가지려 하거나 지나가는 말로 그런 뜻을 비치기만 해도 한사코 반발하였다. 자신의 부모 역할을 맡아서 스스로에게 "좋은 아내가 되어라. 남편의 요구를 들어주어라. 너는 착한 아내가 되어야 한다!"라고 말한 것이다. 또한 "훌륭한 아내가 되라." 하고 자신을 타이르는 데 성적인 측면을 사용함으로써 반발하는 행동을 유발한 것이다.

결국 거부당한 남편은 자기 아내가 더 이상 매력적이거나 사랑스럽다고 여기지 않게 되었다. 그는 실망하고 좌절했으며, 아내의 반항을 괴팍하고 이해할 수 없는 행동이라고 생각하게 되었다.

이 여성은 훌륭한 아내가 되어야 한다는 명령이나 강요가 남녀의 사랑에서 차지할 자리는 없다는 점을 깨달아야 한다. 성적인 만족을 얻으려면 명령-반항의 순환이라는 굴레를 벗어나야 한다.

• **강압의 기원**

명령-반항의 순환을 알아차리고 해소하기 위해 어린 시절로 돌아가서 과거사를 들춰낼 필요는 없다. 하지만 왜 이처럼 무의미한 줄다리기가 시작되었는지 이해할 수 있다면 큰 도움이 될 것이다.

유아기에는 생존과 성장을 위해 부모의 도움을 필요로 한다. 또한 어린이는 부모에게 수용되고 인정받을 필요가 있으며, 대개는 예외 없이 수용되고 인정받는다. 그리고 점차 성장해 가면서 감독과 지도, 지시를 필요로 한다. 이것은 모든 어린이의 안전과 건강 그리고 앞으로의 발전을 위해서 매우 중요하다.

그런데 많은 경우에, 어린이들에게 지나치게 강압적인 지시와 지도가 가해진다. 그 이유는 부모가 자녀의 발달에 대해 걱정하는 한편, 자신이 부모 역할을 충실히 해낼 수 있을지 의심하기 때문이다. 또한 강압적인 지시와 지도야말로 부모 자신이 지나치게 강압적이던 부모에게 배워서 알고 있는 단 하나의 행동 방식이기 때문에 그런 경우가 많다. 게다가 지시를 하면서 강압적으로 밀어붙이는 행동은 흔히 부모가 의무와 책임에 불안을 느끼고 있기 때문에 생겨나기도 한다. 그래서 부모들이 종종 무의식적으로 분노에 찬 한숨을 내쉬면서 야단을 치고, 다시 지시하고, 지시한 것을 상기시키고, 또 새로운 지시를 내리는 것이다.

이 과정에서 자신의 노력으로 일을 시작하고 성취할 수 있는 자녀의 능력이 희생된다. 이 경우에 어린이는 자신의 관심 분야로 나아갈 수 있다는 생각을 펼치지 못하게 된다. 그에게는 자신이 성취한 것을 통해 자부심을 키워 나갈 기회가 없는 셈이다. 강압적인 지시에 대해 개성을 주장하는 방법으로 어쩔 수 없이 늑장을 부리거나 공상을 하거나 우물쭈물하는 반응을 보이는 것이다.

언제 이처럼 늑장 부리는 대응이 시작되는가? 아직 어느 경우에나 적용할 수 있는 확실한 근거는 없다. 그러나 일반적으로 어린이가 부모의 끊임없는 지시에 저항할 수 있다는 사실을 처음 알게 되는 것은 식사 예절과 특별히 대소변 가리기 훈련을 받을 때라는 점이 밝혀졌다. 대소변 가리기 훈련이 중요한 것은 프로이트가 주장하는 '항문고착(肛門固着, anal-fixation)' 개념이 아니라 명령-반항의 순환 개념 때문이다. 이 훈련에서 장차 일어날 일을 통제하는 사람은 부모가 아닌 자녀이다. 만약 자녀가 대변을 보라는 부모의 지시에 따르지 않는다면, 부모는 점점 화를 내고 짜증을 부리며, 요구하고 비난하는 강압적인 태도로 나오게 된다.

그렇게 어린이는 자신이 실제로 부모의 명령에 거역할 수 있음을 조금씩 알아차리게 된다. 그러면 부모의 지시에 저항하고 자기 개성을 주장하는 방법으로 대소변 가리기 훈련을 거부할 뿐만 아니라 늑장 부리는 태도까지 널리 이용하게 된다.

아이가 학교에 들어갈 나이가 되면 이미 늑장 부리는 태도를 여러 상황에 응용하게 되고, 공상하는 법까지 터득한다. 이렇게 터득한 요령은 부모의 지나친 압력에서 순간적으로나마 그를 보호해 준다. 만약 어린이가 적극적으로 거부한다면, 부모에게 인정받지 못할 것이다. 어린이는 그렇게 될까 두려워 늑장을 부리는 것으로 반항하고, 직접적인 충돌은 피하려 한다. 만일 부모가 강압성을 누그러뜨린다면 어린이가 반항할 필요가 없어질 것이며, 부모에게 비난을 받지 않고도 자신의 관심사를 드러낼 수 있을 것이다.

이렇게 보면 명령-반항의 순환은 비교적 어린 나이에 이루어진다고 할 수 있다. 이러한 행동 양식은 어른이 되어서도 자기 자신의 부모가 되어 스스로 지시하고, 자신이 그 지시에 반항하는 식으로 계속된다. 그가 살아오면서 배운 것은 반항하는 것이다. 그는 반항하는 가운데 친숙한 안도감을 맛본다.

• 동기에 대한 의문

어떤 사람의 효과 없는 노력을 생각할 때면, 그 동기가 무엇일까 하는 궁금증이 생긴다. 사람은 누구나 자신의 목표를 달성하기를 진심으로 바란다. 그러나 야단치는 부모의 말투를 흉내 내서 자신이 게으르고 진실하지 않으며 쓸모없는 사람이라고 매도함으로써 스스로를 좌절시키는 반항을 시작한다. 이것은 이로울 게 없으며, 비생산적인 성향을 해결하는 데에도 아무 보탬이 되지 못한다.

생산성은 사람이 타고난 자질이다. 사람은 천성적으로 생산적인 존재이며, 무위도식은 자부심과 자신감의 바탕이 되는 의식, 곧 우리가 가치 있고 쓸모 있는 존재라는 의식을 형성하는 데 해를 끼친다. 또한 어머니와 아버지의 잔소리는 적절한 동기가 될 수 없다. 그것은 어디까지나 비난이요, 지시일 뿐이다. 마찬가지로, 우리 자신에게 내려지는 명령이나 잔소리도 어른으로서의 활동을 자극하는 알맞은 동기가 될 수는 없다. 명령이나 잔소리는 한낱 과거의 반항일 뿐이다.

명령은 어쩔 수 없이 명령-반항이라는 순환을 일으키고, 그 순환을 어떻게든 줄여야 한다는 점을 기억한다면, 자연스럽게 반항해야 할 필요성을 줄여 나갈 수 있을 것이다. 그렇지만 자신에게 명령하려는 성향에 이미 익숙해졌기 때문에 명령 없이 살려고 노력하는 것이 처음에는 매우 어색할 것이다. 그러나 '반드시 해야 하는 일'의 목록이나 만들곤 하던 습관을 버릴 때, 그리고 자신이 진정 원하는 일을 해낼 수 있을 때, 비로소 목표를 향해 첫걸음을 내딛게 될 것이다. 자신에게 강압적인 위협을 가하지 않고서도 행위할 수 있는 능력에서 만족감을 맛보기 시작하면 반항은 차츰 사라질 것이고, 할 수 있다는 자신감과 능력은 더욱 커질 것이다.

제12장

유약
: 요구가 많고 충동적인 사람이라면

　만약 당신에게 발끈 화를 내는 성향이 있다면, 자동차를 빨리 몰거나 어떤 일을 앞뒤 가리지 않고 충동적으로 한다면, 별 가치가 없는 일에 계속 노력을 쏟는다면, 아마 당신은 아직까지 부모의 지나치게 유순한 태도에 반응하고 있는 것이라고 할 수 있다. 사람들이 당신의 뜻을 따라 주지 않는 것이 당신을 사랑하지 않는 증거라고 생각하는 경우도 마찬가지다.
　미국의 경우, 부모의 병적인 태도 가운데 강압적인 태도 다음으로 흔한 것이 지나치게 유순한 태도이다. 강압과 유약은 서로 반대되는 태도인데도 그 결과는 종종 한 사람에게서 동시에 발견된다. 이러한 이중성은 부모 중 어느 한쪽은 자녀를 지나치게 강압적으로 대하는 반면 다른 한쪽은 지나치게 유순하게 대하는 경우에 나타날 수 있다. 당신도 스스로에게 부모 노릇을 하는 가운데 어느 면에서는 자신을 강압적으로 대하고 때로는 유순하게 대하면서 이중적인 자세를 이어 왔을 것이다.

• 지나치게 유순한 태도에 대한 인식

자녀를 지나치게 유순하게 대하던 부모 밑에서 어린 시절을 보낸 사람은 대개 매력적이고 명랑하며 따뜻하고 친절한 편이지만 순간순간 충동적으로 살아간다.

만약 당신이 충동적인 편이고, 어떤 것이 좋다고 해서 앞뒤 가리지 않고 행동하는 편이라면, 철없던 당신의 변덕과 요구를 다 들어주던 부모의 유순한 태도를 답습하고 있는 것인지도 모른다. 그것이 한치 앞을 내다보지 못하는 행동임을 당신이 알고 있다고 해도 말이다. 어쩌다 자신의 충동적인 행위가 불행의 원천임을 깨닫는다 해도 "하지만 그건 아주 당연하고 자연스러운 것 같아요. 당신이라면 달리 행동할 수 있겠어요?"라고 투덜거린다.

어린이에게는 충동적인 행위가 자연스러운 것이다. 아직 철이 들지 않았고 아는 것도 많지 않은 어린이가 다른 방식으로 행동하기란 불가능하다. 하지만 충동적인 행위는 자신을 망치는 행위이며, 눈앞의 만족보다 장기적인 목표를 위해 살아가야 할 어른의 삶에 해를 끼친다. 충동적인 사람들은 스스로에게 부모 노릇을 하면서, 철없는 변덕과 요구에 자기 부모와 똑같은 방식으로 굴복하고 만다. 모름지기 어른이라면 바람직한 목표를 위해 충동을 억제해야 한다는 것을 배울 기회조차 가져 보지 못한 것이다. 언젠가 충동적인 사람 하나가 "나는 어른으로 살면서도 어린 시절에 사로잡혀 있는 듯한 느낌이 들어요."라고 말한 적이 있다. 이 말처럼 어릴 적 감정에서 헤어나지 못하고 있는 것이다.

유약한 태도 때문에 고통을 겪는 사람들은 변덕스럽고, 늘 '더 좋은 것'을 찾아 헤맨다. 그들은 지나치게 많이 먹고 마시며, 지나치게 빨리 자동차를 몰고, 이성에게 집적거리고, 돈을 낭비하고, 참으로 중요한 문제를 무시하는 경향이 있다. 그들은 충동적인 요구가 채워지지 않으면 발끈 화를 낸다. 만약 인내와 노력이 필요한 일이 주어지면, 그 일이 자신을 지치게 하고 성가시게 한다고 생각한다. 그들은 자신의 노력으로 어떤 일을 성취하는 데서 만족을 얻을 줄 모르며, 다른 사람이 자신에게 만족을 가져다주기를 기대한다. 또한 누군가 자신에게 스스로 만족을 찾거나 마음을 바꾸지 말라고 하면 화를 내거나 원망한다.

이러한 유형의 사람들은 정신병 치료 분야에서 치료를 그만두려는 성향 때문에 한동안 특별 대상으로 인식되어 왔다. 이들을 치료하기 위해서는 정신과 의사의 도움을 받아야 한다. 다른 사람의 처지를 헤아릴 줄 모르는 단점을 똑바로 보게 하고, 충동적인 성격에 한계를 정해 주어야 한다. 그렇게 해서 그때그때 만족을 얻고자 하는 성품을 누그러뜨려야 한다. 하지만 그들은 이 방법을 낯설게 느끼고, 불편해하고, 박탈당했다고 생각할 것이다. 그래서 많은 사람이 치료를 중단하게 된다.

문제의 유형

대체로 두 가지 문제가 충동적인 사람들을 괴롭힌다. 당신의 어린 시절에 부모의 지나치게 유순한 태도가 중요한 원인으로 작용했는지 판가름하는 실마리가 될 만한 것을 다음과 같이 정리할 수 있다.

1. 충동적으로 행동하는 사람들은 다른 이의 감정이나 권리를 예사로 침해한다. 충동에 따라 행동하는 데 익숙한 그들은 자신의 발끈하는 성질이나 불성실, 경솔한 생각에 다른 사람들이 상처받는다는 것을 알고 깜짝 놀란다. 그들은 충동적으로 생활하기 때문에, 실제로 다른 사람의 감정 따위는 전혀 모른 채 지나치기 쉽다.

사랑을 나눌 때에도 그들은 명령을 내리는 사람이 되어야 하고, 상대방은 그저 노예가 되어야 한다. 서로 영향을 주고받는 관계를 바람직한 것으로 인식하지 않으며, 흔히 드러내 놓고 사람들을 이용해 먹는다. 그들의 과식, 과음, 무분별한 애정 편력, 발끈하는 성질, 무모한 투자, 소비 등은 다른 사람의 권리를 침해한다.

2. 그들은 충동적이기 때문에 흔히 목표를 향해 끈기 있게 나아가지 못하며, 쉽게 집중력을 잃고 목표를 바꾼다. 충동적인 성품은

끊임없이 그들을 엉뚱한 길로 빠져들게 만든다. 왜냐하면 그들은 자신의 산만한 태도가 목표를 달성하는 데 방해가 된다는 사실을 인식하지 못하기 때문이다. 가장 두드러진 예는 결혼 생활을 위태롭게 만드는 애정 편력이다. 그 외에는 대체로 명확하게 드러나지 않는다. 이를테면, 친구에게 충동적으로 전화를 한다든지 간식을 먹기 위해 하던 일을 중단한다든지, 더 중요한 물품을 구입하기보다는 색다른 것을 충동적으로 사들이고 보는 행위 등이다. 여기에는 언제나 충동적인 사람들을 정당화하는 핑계가 따르기 마련이지만, 그 모든 핑계를 감안하더라도 충동적인 사람이 장기적인 목표를 성취하는 일은 거의 없다.

충동적인 사람들은 어른으로서 세운 목표를 향해 때로는 더디게, 때로는 힘들게 나아가는 가운데 얻을 수 있는 만족을 쉽게 포기한다. 그리고 즉시 채워지는 충동적인 만족을 끊임없이 찾아 헤맨다. 남들은 이런 행동을 '어린애 같은 짓'이라고 하겠지만, 그들에게는 충동적으로 살아가는 것이 자신이 살아 있음을 느끼는 유일한 방법인 것이다. 그들은 끈기와 일관성을 쓸쓸하고 시시한 것으로 여긴다.

두드러진 특성

어린 시절에 자기 뜻이 다 받아들여지던 환경에서 자란 사람들에게는 그들을 특히 매력적으로 보이게 하는 몇 가지 특성이 있다. 첫째, 그들은 흔히 육체적인 매력을 지니고 있으며, 그들의 충동성 또한 뛰어난 매력으로 여겨진다. 공동체를 이루고 살아가는 시대에는, 개인의 자발성과 충동성이 종종 그를 튀어 보이게 만든다. 하지만 사람들은 그런 그에게 매료된다. 그는 해서는 안 될 말을 입에 올리고 사람들이 하고 싶어도 선뜻 하지 못하는 행동을 한다. 어떤 모임에서든 충동적으로 행동하는 사람은 비록 어리석어 보이는 말과 행동을 할지라도 주변의 관심을 끌고 찬사를 받는다.

둘째, 그들은 흔히 매우 창의적이며 자신만만하다. 자신의 감정에 의혹을 품지 않는 태도는 분야에 따라 자신감을 갖거나 성공을 거두는 데에 도움이 된다.

셋째, 충동적인 사람들은 사람들과 쉽고 빠르게 친근한 관계를 맺는 능력이 있다. 그들은 사랑받거나 인정받기를 원하면, 그때그때 어울리는 말투로 말하고 그에 맞는 행동을 해서 놀라울 정도로 애교 있고 매력적인 사람이 될 수 있다. 친밀한 관계를 맺는 데에 어려움을 겪기 때문에 사교성을 유달리 높이 평가하는 사람들은 충동적인 사람에게 반하곤 한다. 충동적인 사람들은 자신이 별다른 노력을 하지 않아도 사람들과 쉽게 가까워질 수 있다는 사실을 알고 즐거워한다. 그러나 누군가 다른 사람이 나타나면 생각해 보지도 않고 가깝게 지내던 사람을 저버리며, 변덕을 부려 자신과 친했던 사람들에게 상처를 입히기도 한다. 충동적인 사람은 사람들과 쉽게 가까워지기 때문에, 그러한 관계를 대수롭지 않게 생각한다. 그러나 어렵사리 친밀한 관계를 맺으며 충동적인 사람에게 매달리는 사람들은 결국 그에게 절망을 느끼고 만다.

공인된 무기

충동적인 사람은 발끈하는 성질 외에도, 사람들이 자신의 철부지 같은 요청을 들어주게 만드는 '공인된 무기'를 가지고 있다. 이를테면 "당신은 나를 사랑하지 않는 거야. 만약 나를 사랑한다면 내가 말하는 것을 들어줘야 하잖아."라고 울부짖는 것이다. 이것은 충동적인 사람들이 아주 오래전부터 사용해 왔고, 어렸을 때는 좋은 결과를 가져다주었던 무기이다. 이 무기에 맞서는 것은 어렵다. 수많은 배우자들이 뒤늦게 깨닫듯이, 요구를 다 들어주는 것 외에는 그 무엇도 이 무기를 사용하는 사람을 만족시킬 수 없기 때문이다.

요구를 들어주는 것이 곧 사랑이라고 여기는 것은 어리석은 생각이라고 이해하고 넘어갈 수 있다. 하지만 요구가 채워지지 않으면, 자신이 사랑받지 못하는 쓸모없는 존재라고 여긴다는 점은 좀처럼 이해할 수 없다. 이것은 고통스럽고 가혹한 문제를 불러일으키는데, 이 문제는 다른 사람이 해결해 줄 수 있는 것이 아니다. 이것은 오직 충동적인 사람이 자신을 대하는 태도를 변화시키고 자신의 충동적인 성품에 제약을 가해야만 해결될 수 있다.

위에서 살펴본 특성은 관중 앞에 서는 직업을 가진 사람들에게서 흔히 발견된다. 무대에서 발휘되는 즉흥적인 행동과 즉석에서 거리낌 없이 가까운 관계를 맺을 수 있는 능력, 그리고 시의적절하게 발휘되는 예리하고 충동적인 감각이 위대한 배우나 코미디언을 만들어 내는 것이다. 그들 가운데 대다수는 어머니와 친밀한 관계를 이어 간다. 그들의 어머니는 흔히 자녀에게 자신을 특별하고 뛰어난 인물로 생각하도록 가르쳤고, 여러모로 그런 생각을 심어 주었으며, 남다른 생애를 개척하도록 인도했다. 그러나 어머니들은 스스로 자녀의 충동적인 요구에 사로잡힌 '노예'가 된 경우가 많다. 어머니들이 자녀의 일생에 특별한 기초가 되는 것이다. 이런 분위기에서 자라 충동적인 성품을 갖게 된 사람들이 무대나 영화에서는 화려한 성공을 거두는 반면, 인생이라는 무대에서는 처절한 실패를 겪는 경우도 종종 있다.

- **프레드의 이야기**

충동적인 사람들은 대체로 자신의 첫인상을 그대로 유지하지 못한다. 프레드의 주위 사람들은 그가 지적이고 재치 있으며 모나지 않은 편이라는 사실을 모두 알고 있으며, 그의 뛰어난 말솜씨에 이내 호감을 갖는다. 그래서 사람들이 프레드에게 받는 첫인상은 한결같이 '저렇게 똑똑하고 매력적인 것으로 보아 크게 성공할 사람'이라는 것이다. 그러나 그렇게 좋은 인상은 종종 하루가 지나기도 전에 바뀌고 만다. 왜냐하면 그는 직설적으로 말하고 싶은 충동을 이겨 내지 못하기 때문이다. 그는 자신에게 매료된 사람들에게 날카롭게 빈정거려서 심한 상처를 입히기도 한다. 그렇게 사람들은 프레드에게서 어떤 한계를 발견하게 된다.

프레드의 문제는 이것으로 끝나지 않는다. 그는 돌아가신 아버지의 사업을 물려받았는데, 연간 매출액이 계속 떨어지고 있다. 프레드가 충동적인 광기에 사로잡혀 사업에 필요한 세세한 일에 끈기 있게 전념하지 못하기 때문이다. 또한 자기 회사의 직원이나 고객들 앞에서도 신랄하게 헐뜯고 싶은 충동을 참아 내지 못했으며, 결국 직원과 고객을 모두 경쟁 업체에 빼앗기고 말았다. 그의 비서는 늘 불안해한다. 그가 끊임없이 책상을 두드려대며 자신이 바라는 것이 바라는 때에 이루어지기를 요구하기 때문이다.

그는 지나치게 많이 먹고 마셔대느라 사업상 결정을 내려야 할 때에도 종종 자리를 비운다. 행여 일이 만족스럽지 않게 진행되기라도 하면, 애꿎은 직원들에게 호통을 치고, 충동적으로 술을 마시면서 자신을 위로한다. 때로는 집에 돌아와 아내에게 악담을 퍼붓기도 한다.

그는 어린 시절의 태도를 그대로 따르고 있을 뿐이다. 그의 어머니는 프레드가 위대하게 될 운명을 타고났으며, 그런 그가 나쁜 일을 할 리가 없다고 생각했다. 어머니에게 프레드는 특별한 존재였기 때문에, 프레드가 욕설을 퍼부을 때조차도 기꺼이 받아 주곤 했다. 물론 어머니도 마음이 상했지만, 프레드에게 제재를 가하거나 그를 바로잡으려 하지는 않았다. 오히려 아들의 행실을 용서하고, 아들의 변덕을 계속 받아 주었다.

아내는 프레드의 태도에 치밀어 오르는 화를 참다못해 그를 떠나겠다고 협박하기에 이르렀다. 그런데 프레드를 더욱 놀라게 한 것은 사업의 심각한 몰락이었다. 그는 사업상 세세한 데까지 더 많은 관심을 기울여야 한다는 것과 새로운 사업을 적극적으로 개척해야 한다는 사실을 알고 있다. 그러나 이를 위해 지속적으로 노력하지는 못한다. 그는 점심시간에 사람들과 대화를 하다가 마음이 해이해지면 오후 늦게까지 빈둥거린다. 자신 있는 종목인 골프나 테니스 시합 제의가 들어오면, 기어코 그 시합을 해야 직성이 풀린다. 그는 회사를 정상 궤도로 돌려놓아야 한다고 말하면서도, 어쩌면 골프장이나 테니스장에서 몇 가지 사업을 구상하게 될지도 모르니 시합에 응해야 한다고 생각한다.

그러나 그는 한 번도 그런 성과를 올린 적이 없다. 오히려 사업에 대한 불안감과 걱정이 커지면서 아내와 직원들을 더욱 난폭하게 대한다. 그는 사람들의 기대나 자신의 기대에 걸맞게 살아오지 못했다는 점을 어렴풋이 알고 있다. 하지만 자신이 성공을 거두는 데 필요한 일은 무엇이든 다른 사람들이 해 주기를 바라며, 사람들이 어떤 식으로든 도와주지 않으면 비난한다. 그리고 "내가 왜 모든 일을 다 해야 하는 거지?"라고 투덜거린다.

• 코니의 이야기

지나치게 유순한 부모 아래서 자란 어린이가 어른이 되면, 왕처럼 행세하는 태도에 비위를 맞춰 주는 사람이 하나도 없기 때문에 어려움을 겪는다. 그렇게 자란 여성은 남편의 삶까지도 비참하게 만들 가능성이 있다. 코니의 경우가 그렇다.

코니는 집에 가정부를 고용해야 하고, 성대한 파티를 열어야 한다고 고집하면서 분수에 넘치는 생활을 원한다. 그리고 자녀들이 자신을 기쁘게 해 주기보다는 오히려 성가시게 군다고 생각하며, 자녀들이 누리는 특권을 질투하기도 한다. 또 남편이 자기에게만 관심을 쏟아 주기를 기대한다. 그리고 자신이 가는 곳이면 어디든지 문이 열려야 하고, 앉으려고 하면 의자가 마련되어 있어야 하는데, 그때마다 어떤 이의도 있어서는 안 된다고 믿는다.

코니는 재미있는 일이라면 가족까지도 등한시할 정도로 물불을 가리지 않으며, 기름진 음식을 마구 먹으면서 체중이 불어난다고 불평한다. 파티에 가서는 활기차게 이야기하면서 쉽게 친구를 사귀지만, 가령 카드놀이를 하다가 사람들이 그와 의견을 같이하지 않으면 토라지고 만다. 그의 성격은 격정적이며, 자기 방식대로 할 수 없게 되면 그대로 울음을 터뜨린다. 그리고 자신의 철부지 같은 변덕에 남편을 굴복시키기 위해 종종 남편의 성관계 제의를 거부하기도 한다. 어느 모임에서는 마음대로 설치려고 하다가 그의 콧대 높은 말투에 비위가 상한 여자들에게 노골적으로 무시당하며 따돌림을 받기도 했다.

코니는 많은 시간을 고독하고 불만스럽게 지낸다. 그는 남편이 왜 더 많은 수입을 올리지 못하는지, 왜 이 지긋지긋한 사람들을 떠나서 더 근사한 이웃이 있는 곳으로 이사할 수 없는지 이해하지 못한다. 그는 집안일을 전혀 할 줄 모른다. 어린 시절에는 손댈 필요도 없던 일이기 때문이다. 코니가 어머니에게 귀가 닳도록 들었고, 코니 자신도 남편에게 새겨들으라고 늘 입에 담는 말은 "코니야, 너는 돈 많은 청년과 결혼해서 귀부인처럼 살아갈 팔자란다."이다. 이 말끝에 코니는 "그런데 내 꼴은 이게 뭐람. 무릎을 꿇고 마루나 닦고 있다니!"라고 덧붙인다. 이것은 코니가 즐겨 하는 이야기다. 그는 파티에서 다른 사람들을 즐겁게 해 주려고, 때로는 남편을 난처하게 만들려고, 때로는 자기가 혹사당하고 있다고 생각해서 이런 이야기를 꺼내곤 한다. 어떤 의미에서 그는 매사에 충동적이던 어린 시절의 분위기를 찾는 것이다. 그렇기 때문에 자신이 쉽게 사귄 친구들이 왜 곧 떠나 버리는지 이해하지 못하는 것이다.

보통 사람들은 두 가지 이유에서 자신을 지나치게 유순하게 대하는 사람들을 받아들이는 데 어려움을 겪는다. 첫째, 그들은 상대방의 감정은 아랑곳하지 않고 짓밟아대는 충동적인 성향의 사람들에게 상처를 받는다. 둘째, 그들은 충동적인 사람의 기분을 끝까지 맞춰 줘야 한다는 사실을 견디다 못해 화를 내게 된다. 누구라도 자신의 요구만 들어달라는 사람에게 화를 내지 않고 끝까지

고분고분할 수는 없을 것이다. 그 결과, 충동적으로 행동하는 사람들은 계속 새로운 관계를 찾아 나서야 하거나, 분노를 속으로 삭이면서 요구를 다 들어주는 사람과 함께 살아갈 수밖에 없다. 이것은 불행한 연애나 결혼 생활에서 다반사로 볼 수 있는 일이다.

• 특히 유약에 빠지기 쉬운 사람들

부모의 태도 중에 문제가 되는 것이 무엇이든, 우리는 불가피하게 그 태도에서 영향을 받았다. 그리고 자기 자신에게 부모 노릇을 하는 가운데 그 태도를 그대로 적용한다. 여러 사례를 보면, 몇몇 지나친 태도가 굳어지는 데 출생 환경이 특히 중요한 역할을 했음을 알 수 있다.

예를 들어, 맏이는 다음에 태어나는 자녀에 비해 부모의 강압에 훨씬 더 고통을 받기 쉽다. 갓 부모가 된 사람들은 훌륭한 부모가 되어야 한다는 불안감에 맏이를 몰아세우는 경향이 있기 때문이다. 그러나 나중에 태어나는 자녀에 대해서는 다소 느긋하게 부모로서 자신감을 갖게 되고, 자녀의 행동이 발달하는 여러 단계를 겪으면서 걱정을 덜 하게 된다. 반면 맏이는 모든 면에서 처음이기 때문에 태어나면서부터 청년기를 거쳐 어른이 되기까지 부모의 지나치게 강압적인 태도에 자주 부딪히게 된다.

출생 환경은 자녀를 지나치게 유순하게 대하는 부모의 태도에도 특별한 영향을 끼친다. 이를테면 맏이는 불안해하는 부모에게 모든 것을 용인받으며 자라서 응석받이가 될 수도 있다. 이와 비슷하게, 한 자녀만 두었거나 자녀가 장애를 가진 경우에는 흔히 자녀의 요구를 거부하는 데 곤혹을 치르기 일쑤이다. 한 가정의 막내이거나 한 자녀가 죽은 다음에 태어난 자녀, 또는 비범한 재능이 있는 자녀 등 특별한 사연이 있는 경우에도 상황은 같다고 할 수 있다.

- **유약의 기원**

매력적이고 재능 있는 사람들을 자주 파멸에 이르게 하는 충동적인 행위 유형은 어린 시절에 시작된다. 그 시기에 많은 부모가 자녀의 충동적인 성향에 제재를 가하는 대신 철없는 요구에 굴복하고 만다. 자녀가 성장하는 과정의 중요한 고비에서 누구도 그의 요구에 "안 된다."라고 거절하거나 충동적인 성품에 성공적으로 제동을 걸지 못한 것이다. 어렸을 때 제재를 겪어 보지 못한 자녀들은 어른이 되어서 제약이 가해지면 곤혹스러워한다. 만약 그러한 제재를 받아들이려고 노력한다면, 어려서부터 익숙해 있던 분위기에서 느끼는 안정감과, 충동적인 성품에 자신을 내어 맡김으로써 얻는 순간적인 만족을 모두 포기해야 할 것이다.

부모들은 왜 자녀의 변덕을 그대로 받아들이는가? 왜 철부지 자녀가 부모에게 상전 노릇을 하도록 내버려 두는가? 부모들은 사랑하기 때문에 그렇게 한다고 대답한다. 그들의 사랑에는 대개 두 가지 요인이 포함되는데, 때로는 그중 하나만 작용하기도 하고 때로는 두 가지가 복합적으로 작용하기도 한다.

첫째 요인은, 자녀가 부모의 삶에서, 특히 어머니의 삶에서 특별한 자리를 차지한다는 점이다. 앞에서 이야기한 것처럼, 그 자녀는 아마도 맏이나 외동, 아니면 결혼하고 오랜 기간이 흐른 뒤에 얻은 아이거나 한 자녀가 죽은 다음에 태어난 아이일 것이다. 흔히 그런 경우에 부모는 간절히 원하던 끝에 힘들게 얻은 자녀의 응석을 사랑으로 받아 주기 마련이다.

그런 부모들은 자녀의 행복을 위해 '눈에 넣어도 아프지 않을 내 귀여운 아이가 바라는 것은 무엇이든' 다 해 주려고 노력한다. 그들은 행여 자녀들이 토라져서 자기를 싫어할까 봐 몹시 불안해한다. 그러한 불안이 깔려 있기 때문에 자녀의 찡그린 얼굴, 노여움이나 분노가 서린 표정을 차마 보지 못하는 것이다. 그런 표정이 부모에게는 자녀에게 사랑받지 못한다는 위협이 되기 때문이다. 그러다 보면 자녀의 응석에 굴복하는 것이 결국 자녀를 대하는 부모의 태도로 굳어지고 만다.

한편, 자녀는 한바탕 소란을 피우고 화를 내면 자기 마음대로 할 수 있다는 것을 잽싸게 알아차린다. 나중에 가서는 부모가 보기에 단호한 제재를 가할 필요가 있는데도, 자녀가 오히려 성을 내서 부모를 굴복시키고 마는 사태로 이어진다. 그것이 부모로서는 커다란 희생을 치러야 하고 부모 나름의 삶과 권리를 포기해야 하는 지경에 이르더라도 말이다. 자녀는 이제 유순하기 짝이 없는 부모를 향해 "만약 저를 사랑하신다면, 제가 말씀드리는 바를 꼭 들어주실 거라고 믿어요."라는 확인 사살용 무기를 사용하는 요령을 터득한다. 이것은 부모에게 사랑을 증명해 보이라고 가하는 일종의 압력이다. 이쯤 되면 결국 부모는 자녀의 철없는 요구에 완전히 굴복하는 수밖에 없다.

두 번째 요인도 부모를 유순하게 만드는 아주 중요한 원인이 될 수 있다. 어떤 경우에는 부모가 자녀에게 굴복하는 역할을 하도록 미리 조건이 주어지기도 한다. 그 한 예로, 지나치게 유약한 어머니가 강한 모성을 발휘하여 아무에게나 '어머니 노릇'을 하려는 경우를 들 수 있다. 그들은 자신의 가정을 벗어나서도 남에게 봉사하기를 좋아하고, 끊임없이 남을 위해 할 수 있는 일거리를 찾는다. 이를테면 이웃들을 위해 음식을 만들고, 교회에서 주최하는 바자회에 내놓기 위해 밤새워 과자를 굽기도 하고, 아픈 친구를 위해 집안일이나 청소를 해 준다. 그리고 다른 사람들이 행복해하는 모습을 보면서 흐뭇해하고, 의견 충돌을 피하기 위해서라면 어떤 희생이라도 치르려고 한다.

그들은 한 가정의 어머니로서 기꺼이 자녀들의 종이 되고자 하며, 자녀들이 요구하는 것은 무엇이든 거절하지 않으려 한다. 그러면 자녀들은 이 점을 이용하게 된다. 그들은 어머니로서 자녀의 충동적인 성품에 제재를 가하지 못한다. 그들이 살면서 느끼는 만족은, 자녀가 어머니를 받아들이고 어머니의 사랑을 받아들이느냐 아니면 거절하느냐에 달려 있기 때문이다.

지나치게 유순한 모성에는 두 가지 유형이 있다. 하나는 지나치게 요구만 하던 부모, 곧 자녀의 개인적인 권리는 전혀 인정하지 않고 오직 자신의 요구를 자녀에게 강요하는 부모 밑에서 자란 사람들의 경우이다. 그렇게 자란 여성들이 어머니가 되면 자신의 생각과는 관계없이 자동으로 자녀에게 봉사한다. 자녀의 철없는 투정에 굴복하는 것, 이것이 요구만 해대는 가족을 대하는 그들의 유일한 방법이다.

다른 한 가지 유형은 자신의 감정을 계속 무시하면서 자기는 아무 권리도 없다고 믿는 경우이다. 그들은 자신에게 필요한 것보다 자녀들의 변덕스러운 요구를 먼저 생각한다. 그들은 자녀의 충동적인 성품에 제재를 가해야 한다고 생각하면서도, 자녀의 요구에 단호하게 대처할 수 있는 자신의 권리는 충분히 존중하지 못한다.

이런 부모들은 자녀에게 굴복하는 것과 자녀를 사랑하고 보호하는 것을 혼동한다. 자녀를 사랑하고 존중한다는 것이 곧 자녀의 모든 요구에 굴복하는 것을 뜻하지는 않는다. 부모가 자녀의 요구에 굴복함으로써 자녀의 충동적인 성품은 고무되지만, 자녀의 안전은 오히려 위태로워진다. 왜냐하면 충동적인 감정을 자녀 자신도 두려워하게 되기 때문이다. 자녀는 부모가 자신에게 제재를 가하기를 기대하고 바란다.

· **충동-굴복의 순환**

　부모가 자녀의 투정에 굴복하는 것과 자녀에게 안전을 제공하는 것을 혼동할 때, 자녀의 충동적인 행위가 지속될 수 있는 기반이 다져진다. 어린이는 자라면서 더욱 충동적으로 행동하거나 요구함으로써 자신이 바라는 것을 얻을 수 있다는 사실을 터득한다.

　이 경우에 부모는 자신의 감정과 권리를 침해받기 때문에 자녀의 충동적인 요구에 화를 내기도 한다. 그러나 분노 끝에 자녀의 충동적인 성품에 제재를 가하는 대신 오히려 죄책감을 느낀다. 부모가 자신은 참으로 좋은 부모가 아니며, 이 '특별한 아이'를 진정으로 사랑하지도 않는다는 죄책감을 가지고 행동하다 보면, 자녀를 사랑하고 보호하려는 노력을 배가하게 된다. 그리하여 마침내 자녀에게 굴복하고 마는 것이다. 한편 자녀 입장에서는 화가 난 부모가 자신을 받아들이기를 유보할 것이라는 생각을 하게 된다. 그래서 자신이 알고 있는 유일한 방법, 곧 자신의 요구를 더욱 주장하는 것으로 부모에게 인정받으려는 노력을 배가하게 된다.

　이러한 순환은 몇몇 사소한 문제 때문에 쌓였던 분노를 마침내 터뜨릴 때까지, 곧 문제의 심각성에 비해 지나치게 감정을 폭발할 때까지 되풀이된다. 이 지경에 이르면, 부모와 자녀 모두 그러한 감정 폭발이 온당치 못함을 깨닫는다. 그러면 부모는 다시 죄책감을 느끼게 되고, 자녀에게서 비열하고 정당하지 못하다는 비난을 받기도 할 것이며, 죄책감 때문에 자녀의 요구에 굴복함으로써 사랑과 보호를 제공하려는 노력을 배가하게 된다. 그리하여 결국 모든 것이 처음부터 다시 반복된다.

만약 당신이 충동적인 성품을 지녔다는 것을 깨닫고 그 뿌리 깊은 근원에 대해 이해한다면, 이러한 성품을 억제하기 위해 오랜 기간 끈질기게 노력할 각오를 해야 한다는 사실을 알 것이다. 자신에게 더욱 쓸모 있고 도움이 되는 부모 노릇을 하기 위해서는 자신의 충동적인 성품에 굴복하지 말아야 한다. 당신이 해야 할 일은 충동성을 모조리 없애거나 부정하는 것이 아니라, 선별해서 제어하는 것이다.

• 유약에 빠지게 만드는 문화적 요인

어른들의 충동적인 성품을 억제하기가 좀처럼 쉽지 않고, 미국의 부모들 사이에서 지나치게 유순한 태도가 자주 문제를 일으키는 주요 원인은 문화적인 요인에 철저히 뒷받침되고 있기 때문이다. 평소에는 자녀를 지나치게 강압적으로 대하다가 간혹 지나치게 유순하게 대함으로써 자신의 끊임없는 잔소리와 강압에 대해 보상하려고 하는 부모들을 흔히 볼 수 있는 이유이기도 하다.

같은 맥락에서, 많은 사람이 자기 삶의 대부분을 강압적인 태도로 통제하면서도 먹고 마시는 일이나 성생활에 관한 한 충동에 내어 맡기며, 충동적으로 자동차를 운전한다. 2톤에 가까운 쇳덩이들이 시속 100km가 넘는 속도로 질주하는 고속도로에서, 충동적인 성품은 인명 사고의 주요 원인이 되기도 한다.

어머니들이 자녀의 요구와 관련해서 겪는 혼란은 흔히 문화적인 영향으로 인해 나타난다. 오래전부터 수많은 잡지 기사와 라디오, 텔레비전 프로그램에서 자녀 양육과 부부 문제, 범죄 증가 현상에 이르는 온갖 문제를 다뤘다. 여기서 모든 난관의 원인을 어머니들이 자녀에게 사랑과 보호를 제공하는 데 실패한 탓으로 돌렸다. 하지만 사랑과 보호를 제공하는 것이 곧 자녀의 투정에 굴복하는 것을 의미하지는 않는다는 점을 명백하게 밝히지는 못했다.

그 결과, 어머니들은 자녀에게 사랑과 보호를 제공하는 데 노심초사한 나머지 자녀의 행복을 위해서라면 어떤 희생이라도 치르려는 데에 이르렀다. 달리 말하면, 자녀의 충동적인 성품에 제재를 가하기를 회피하게 된 것이다. 어머니들은 제재를 가하는 것이 자녀들에게 안도감을 느끼게 해 주는 필수적인 요소라는 사실을 이해하지 못한다. 또한 자녀들이 제재가 가해지기를 원하며, 부모가 정해 놓은 제약 안에서 허용되는 범위가 어디까지인지 알아보기 위해 끊임없이 애쓰고 있다는 사실도 알지 못한다. 자녀에게 제약을 정해 주는 일은 단호하되, 모질거나 잔인하지 않고 정중하게 할 수 있다.

많은 어머니가 자녀에게 사랑과 보호를 충분하게 베풀지 못할 경우 자녀가 장차 문제를 일으키지는 않을까 걱정한다. 그렇게 자녀의 투정에 굴복하면서 끝없이 충동적으로 행동하는 태도를 키워 주는 셈이 된다. 결국 그러한 태도가 어른이나 청소년이 나쁜 일을 저지르게 하는 강력한 요인이라는 사실은 미처 인식하지 못한다. 부모가 정하는 한계는 어른답게 행동하고 자신의 힘을 완전하게 발휘하기 위해 필요한 자기 제어의 기초가 된다. 그러한 제약이 없으면 사람들은 쉽게 상처를 받고, 언제까지나 충동에 이끌려 행동하게 되며, 어른이 되어서 마주하는 상황에 적응해 나갈 수 없게 된다.

미국 문화에서 자신의 충동적인 성품에 제동을 걸기 위해 노력하는 사람은 누구나 시련을 겪게 되어 있다. 미국의 갖가지 사회 관습과 그 밖의 요소들이 통제를 무너뜨리고 충동적인 성품을 부추기는 쪽을 지향하기 때문이다.

예를 들어, 우리가 접하는 상품 광고 중 대다수가 제품의 특별한 장점을 제시하는 것이 아니라, '당신 자신에게 기회를 주십시오. 인생을 즐기십시오.'라는 구호에 바탕을 두고 있다. 제조업체는 '충동구매'를 노리고 제품을 생산하며, 상점은 고객이 충동에 이끌려 상품을 사도록 진열한다. 상품 자체부터 포장과 진열에 이르기까지 모든 것이, 보면 갖고 싶다는 충동을 느끼도록 계획되어 있다. 흔히 상품 자체는 뒷전으로 밀려나는 것이다. 상품에 대한 소개보다는 그 상품을 갖고 싶다는 갈망과 꿈을 부추기려고 충동에 호소하는 것이다. 그러면서도 만약 이 물건을 산다면 당신은 안전해지고 안락해지고 건강해질 것이며, 자신에 대해 긍지를 가질 수 있고 사랑받을 수 있고 유명인이 될 수 있으리라고 넌지시 암시한다.

옷과 자동차, 휴가에 이르기까지 무엇이든 큰 부담 없이 할부로 살 수 있다고 유혹하는 신용 판매 제도는 소비하고 싶다는, '자신에게 기회를 주고 싶다'는 충동을 부추긴다. 〈포춘Fortune〉지의 보고에 따르면, 많은 가정이 이러한 충동구매의 결과로 다음 해의 수입까지 당겨 쓰고 있다고 한다.

대중 매체는 한결같이 낭만적이고 성적인 충동을 부채질한다. 잡지와 신문 판매대에서는 온갖 충동을 부추기며 특별히 성적인 측면을 강조한다. 대중가요는 충동적인 성품이 가치 있고 매력적인 것이라고 부추긴다. 문학은 물론이고, 연극, 영화, 텔레비전 드라마 등은 한결같이 '기회를 포착하는' 충동적인 성품을 지닌 주인공에게 갈채를 보낸다.

당신의 충동적인 성품이 이 같은 문화적 요인으로 말미암아 어떻게 자극받고 착취당하는지 깨닫는다면, 자신에게 제재를 가하기 위해 노력하는 데 도움이 될 것이다. 이 말은 당신이 불가피하게 즉각적인 만족이나 기쁨을 얻는 것을 억제해야 한다는 뜻이며, 그렇게 하다 보면 안절부절못하고 불안하게 되리라는 뜻이다. 당신이 이처럼 하찮은 박탈감을 가치 있는 것으로 받아들이려면 장기적인 목표를 세워야 한다. 그러한 목표 설정 없이는 어떤 노력도 무의미하다고 느껴질 것이고, 다시 예전의 태도로 뒷걸음치게 될 것이다.

• 충동적인 성품이 드러나는 영역

일반적으로 충동적인 성품을 지닌 사람들은 거의 모든 활동에 충동적인 면모를 보인다. 그렇게 해서 자신이 살아 있음을 느끼는 것이다. 많은 사람이 부모의 노력이나 자신의 체험에 힘입어 몇몇 분야에서는 통제나 제약을 받지만, 그 밖의 분야에서는 아무런 통제나 제약을 받지 않고 지낸다. 그리고 흔히 자신의 충동적인 성격을 깨닫지 못한다. 왜냐하면 충동적인 행위가 사회적으로 용인되고 있기 때문이다. 그리고 더 중요한 것은, 순간적으로 얻는 충동적인 만족이 썩 좋은 것으로 받아들여지기 때문이다.

충동적인 성품에 지나치게 유순하게 대하는 태도는 흔히 아래와 같은 영역에서 일어난다.

발끈하는 성질

어쩌다 방해를 받거나 좌절당했을 때, 지나치게 거친 욕설을 퍼부으면서 충동적으로 짜증을 부리고 화를 내는 경우가 있다. 이것은 자기가 충동적인 사람이 아니라고 생각하는 이들에게서 흔히 볼 수 있다. 그들이 잔인하고 뼈아픈 말을 자주 하고 나중에는 후회하지만, 그렇다고 쉽게 무마되기는 어려운 노릇이다.

발끈하는 성질은 충동적인 성품을 지닌 사람이 자기 방식대로 해 나갈 수 없을 때 드러난다. 그는 주변 여건을 고려하지 않고, 그저 그 여건의 원인이 되는 사람에게 마구 화를 내기만 한다. 이것은 그의 비위를 맞추려고 애써 보지만 결국 맞추지 못하는 사람의 감정을 아랑곳하지 않는 태도이다. 이는 흔히 큰 불행과 고통을 몰고 온다.

그래서 쉽게 발끈하는 성품을 억제하기 위해 마음속으로 숫자를 세거나 밖에 나가서 걷는 등 갖가지 방법을 활용하기도 한다. 하지만 우선, 발끈하는 성질의 정체가 무엇인지 파악해야 한다. 그것은 반복되는 잘못이나 권리 침해에 대한 뿌리 깊은 분노가 아니라 순간적으로 사납게 터뜨리는 성깔이다. 이 사실을 알면, 우발적인 사고나 좌절을 겪었을 때 분노와 짜증을 억제하는 데 도움이 될 것이다.

어떤 사람들은 억압이라는 정신 의학 개념을 이용해서 발끈하는 성깔을 변명한다. "그렇게 터뜨릴 수밖에 없었어요.", "나는 폭발할 수밖에 없었어요. 너무나 억압받고 있었거든요.", "나는 그런 감정을 억누르고 싶지 않아서 그대로 표현했을 뿐입니다."라고 말이다. 그러나 인간이라면, 열이 가해진다고 보일러처럼 끓어오를 필요는 없다. 특히 다른 사람들의 권리와 관계되는 경우라면 건전한 억압은 훌륭한 대응이라고 할 수 있다.

식탐

비만으로 극심한 고통을 받는 사람들은 자신의 식탐에 제재를 가하지 못한다. 아마 그들에게는 어렸을 때 음식을 먹이기 위해 애를 쓰며 음식 투정을 다 받아 주던 어머니가 있을 것이다. 또 다른 경우로는, 외로움이나 가난, 낮은 지위 등 현실적인 박탈감이 과식을 불러오기도 한다. 어떤 이들은 그런 박탈감은 없지만 한턱내고자 하는 충동을 억제하지 못해서 과식하기도 한다.

비만을 치료하는 병원의 임상 기록에서 보듯, 당사자가 체중을 줄이겠다는 강력한 동기를 갖지 않는 한, 음식물 섭취를 억제하려는 노력은 종종 과식과 마찬가지로 충동적인 일이 되고 만다. 그렇게 결국 다이어트는 실패로 끝난다.

이처럼 다이어트를 하다가 다시 과식하게 되는 현상은 주변에서 흔히 볼 수 있다. 조사 결과에 따르면, 살을 빼고자 하는 가장 강한 동기는 여성의 경우 더 매력적으로 보이고 싶은 욕망인 반면, 남성의 경우에는 심혈관 질병에 대한 두려움인 것으로 나타났다.

음식 섭취에 제재를 가하려는 노력은 사회 풍습이나 명절 때문에 곧잘 무너지곤 한다. "성탄절이잖아요. 체중 조절 따위는 잊어버리세요.", "오늘은 친구 생일이니까 너도 케이크 한 조각은 먹어야지."와 같은 말이 충동적인 사람들의 의지와 노력을 슬그머니 파고든다. 또한 초대한 사람의 마음이 상하지는 않을까 두려운 마음이 들어 노력이 무색해지고 만다.

만약 당신이 체중 때문에 고통을 겪고, 체중을 조절하기 위해 끊임없이 애쓰고 있다면, 부모에게 물려받은 유약한 태도를 바꾸려고 노력하기보다는 자신에게 유약한 부모 노릇을 한 결과일지도 모른다. 어떤 다이어트 방법이 가장 빨리 체중을 줄일 수 있는지 묻기보다는 자신에게 어떤 부모 노릇을 하고 있는지 스스로 물어보아야 할 것이다.

과음

알코올 의존자들에게서 흔히 볼 수 있는 충동적인 주벽은 어렸을 때 음주에 대해 제재를 받지 않은 데서 기인한다고 볼 수 있다. '알코올 의존'에 가까운 사교상의 음주 관행에서 이처럼 충동적인 특성이 발견되는데, 이 경우 거의 모든 것이 술을 마시는 핑계가 될 수 있다. 자신의 충동을 거절하지 못하는 데서 빚어지는 비참한 삶은 구태여 말로 하지 않아도 알 수 있을 것이다.

충동적인 성품에 대해 아무런 제재를 받지 않은 어린 시절을 거쳐, 어른이 되어서 술을 지나치게 많이 마시게 된 사람은 자신의 문제를 이해받지 못한 채 몸부림치고 있다. 그가 아는 문제의 실상은 술을 너무 많이 마신다는 사실이 아니라 제재할 길이 없다는 현실이다. 술을 절제하려고 노력해 보지만, 첫 잔을 기울이는 순간의 화학 작용에 이내 무너지고 만다.

주벽이 있는 사람들은 스스로를 질책하거나, 다른 사람들에게 자기를 꾸짖어 달라고 부탁하기도 한다. 하지만 그런 몸부림을 인정하고 존중하는 분위기에서만 제재가 가해질 수 있다는 사실은 인식하지 못한다. 만약 당신이 한때 거쳐 온 충동적인 내재과거아에게 스스로 제재를 가하고 있음을 깨닫는다면, 존중받는 사람이 될 수 있을 것이다. 그리고 절제하는 분위기를 조성하는 데 도움이 될 것이다.

알코올 의존자를 위한 모임에 가입하여 충동적인 음주에 대한 내적 통제를 강화하는 데 도움을 받을 수도 있다. 그런데 이 도움도 존중받는 분위기에서나 가능하다. 그래야 내적 절제를 강화해 나갈 수 있다. 실제로 이러한 모임은 존중하는 분위기에서 내적 제재를 강화하는 발판을 단계적으로 제공하여 많은 사람을 도왔다.

낭비벽

여가 시간이 늘어나고 노후 복지가 어느 정도 보장됨에 따라 충동적인 낭비가 더욱 심해지고 있다. 때에 따라서는 낭비하는 것이 건설적일 수도 있고 만족감을 가져다줄 때도 있다. 그러나 낭비벽 때문에 더 중요한 의무를 다하지 못하게 된다면, 틀림없이 많은 문제를 일으키게 될 것이다.

상점에서 자녀의 충동적인 요구에 굴복하는 부모의 태도가 곧잘 자녀를 낭비벽에 빠지게 만든다. 결혼 문제 상담가들에 따르면, 낭비는 결혼 생활 중에 일어나는 불만과 다툼의 주요 원인이 된다. 다툼이 심해지면 끝내 이혼에 이르는 경우도 많다.

어렸을 때는 부모가 우리의 돈을 통제했다. 만약 부모가 새로운 것을 사달라는 당신의 요구에 굴복하곤 했다면, 이제 당신은 똑같은 방식으로 자신에게 굴복하며 지낼 것이다. 지금 자신의 부모 역할을 하면서 어렸을 때의 씀씀이대로 낭비하고 있지는 않은지 살펴보길 바란다.

당신은 필요하기 때문에 물건을 사는가? 필요하다는 것은 무엇인가? 진정으로 필요한 것인가? 아니면 진정 필요한 것을 찾는 능력을 가로막는 충동인가? 충동적인 낭비는 꼭 필요한 것에 쓸 돈을 헛되이 써 버리는 것일 수도 있다.

관용

충동적인 사람들에게서 볼 수 있는 매력적인 특성 가운데 하나는 그들이 대체로 너그럽다는 점이다. 그들은 다른 사람들에게 지나치게 많이 받았기 때문에 심리적으로 인심을 쓸 만한 것들을 많이 갖고 있다고 생각하며, 그것을 예사로 주곤 한다.

그러나 그들은 관용을 베풀 때에도 변덕을 보인다. 그들에게서 한결같은 관용을 기대하기란 어렵다. 그들은 다른 사람들에게 신세지고 있다는 것을 헤아릴 줄 모르기 때문에 관용을 베풀다가 갑자기 차갑게 외면하기도 한다. 그리고 흔히 즉흥적으로 약속을 하는데, 다른 사람들이 그 약속이 지켜지기를 기대한다는 사실을 알고는 깜짝 놀란다. 그런 식으로 친밀한 관계를 맺었다가 느닷없이 관계를 깨뜨리기도 한다.

흥청망청하는 파티

즉흥적인 사교 행위는 미국 사회의 가장 충동적인 관습 가운데 하나이다. 이를 통해 지나친 낭비벽과 주벽, 식탐, 오지랖 넓은 관용, 육체관계에 대한 집착 등 온갖 충동적 행위가 그저 용서되는 정도가 아니라 폭넓게 인정받고 칭송되기까지 한다. 사람들은 분별없는 충동성으로 상대방을 능가하려고 애쓰며, 이는 사교 모임에서 선망과 자부심의 대상이 되는 대화 주제로 등장한다.

역사적으로 보면 떠들썩한 술자리가 흥청망청하는 파티로 발전했으며, 우리는 이전 세대들이 깜짝 놀랄 정도로 사회적인 충동성을 인정해 왔다. 이러한 충동성은 집단적인 충동성을 내포하며, 여러 영역에서 통용된다. 그리고 사회적으로 인정을 받아 왔기 때문에 우발적인 충동성 때문에 치러야 하는 진정한 대가는 감춰지고 있다. 이러한 파티의 유행은 우리가 점점 더 충동적인 행위를 내버려 두고 있음을 심각하게 시사한다.

- **유약이 결혼 생활과 성에 미치는 영향**

충동적인 사람이 충동적인 사람과 결혼하는 경우는 드물다. 충동적인 사람은 상대방에게 요구하기만 하고 상대방의 요구를 들어주려고 하지는 않는다. 어느 면에서 보면, 충동적인 사람은 다른 사람에게 봉사하거나 그를 도와줌으로써 얻는 만족감을 모르는 사람이다. 이를테면 충동적인 사람에게 '다른 사람'이란 자기 부모가 그러했듯이 자신에게 봉사하기 위해 존재할 뿐이다. 충동적인 사람들은 처음에는 자기들끼리 매력을 느끼다가도 상대방이 자신의 봉사를 기대한다는 점을 알아차리면 이내 관계를 깨뜨려 버린다. 그들은 관계를 유지할 수 있을 정도로 상대방을 충분히 받아들이거나 배려할 줄 모른다.

충동적인 사람이 결혼을 통해 맺는 관계의 특성을 보면, 갖가지 어려운 문제를 해결하는 실마리를 찾을 수 있다. 충동적인 사람은 마음이 내키면 쉽게 친밀한 관계를 맺을 수 있는 만큼, 친밀한 관계를 맺기 위해서라면 그의 요구에 기꺼이 따르고자 하는 내성적인 사람과 결혼하는 경우가 많다. 내성적인 사람은 언젠가 자신이 배우자의 따뜻하고 충동적인 사랑에 익숙해지겠거니 하는 희망에서 그 관계를 유지해 나간다. 하지만 그 희망은 좀처럼 이루어지지 않는다. 결국 내성적인 사람은 자신이 충동적인 배우자의 기분에 따라 흔들리고 있음을 알게 되고, 배우자에게 이용당하고 있다는 생각을 하게 된다. 전에 한 여성이 "남편과 사는 것은 감정의 롤러코스터를 타고 있는 것 같아요. 남편은 내 기분 따위는 어찌 되든 상관하지 않죠. 오로지 자기가 어떻게 느끼는지가 중요할 뿐이에요. 나는 그 열차를 타고 즐거워하기를 강요받을 뿐이고요."라고 말한 적이 있다.

흔히 내성적인 사람을 그 관계 안에 머물도록 잡아 두는 것은 친밀한 유대를 필요로 하는 마음이다. 그러나 충동적인 사람은 언제라도 자기 부모에게서 고분고분한 사랑을 받을 수 있었기 때문에 그와 같은 필요성을 느끼지 않는다. 그가 부모에게서 받던 사랑이야말로 관계를 쉽게 맺을 수 있도록 해 주기 때문이다. 이처럼 내성적인 사람에게는 삶을 지탱할 정도로 중요한 것이 충동적인 사람에게는 대수롭지 않은 경우가 자주 있다. 그리하여 내성적인 사람은 남의 입장을 헤아릴 줄 모르는 충동적인 배우자 때문에 당황하고 상처받은 나머지 따지려 들 것이다. 그러면 충동적인 배우자는 몹시 화를 내거나 자기에게 고분고분하지 않은 반려자를 버리고 새 반려자를 찾아 변덕스럽게 돌아설 것이다. 이러한 무기에 내성적인 배우자는 이내 굴복하게 된다. 그러나 고분고분한 태도 이면에 강한 원한을 쌓아 가게 되고, 심한 말다툼과 싸움으로 발전하게 될 것이다. "나는 이용당하고 있어요."라는 그들의 하소연에 충동적인 사람은 "그 사람은 내 말을 들으려 하지 않는다니까요."라고 불평한다.

충동적인 사람에게 가장 어려운 일은 다른 사람을 위해 봉사하고 만족감을 얻는 일이다. 그가 아무리 애쓴다고 해도 말이다. 그것은 그가 어렸을 때 겪었던 모든 체험과 반대되는 일이다. 만약 그 사람이 어떤 일을 한다면, 그 일에 대한 거창한 보상으로 고분고분함이 따르기를 기대할 것이다. 그들에게는 남을 돕는 데서 만족감을 얻을 수 있다는 사실을 깨닫는 것이 아주 놀라운 일이다.

언젠가 충동적인 사람 하나가 필자에게 이렇게 말한 적이 있다.

"나는 오늘 전혀 본 적도 없는 사람을 위해 어떤 일을 했는데, 그 일에 대해 아무 보상도 받지 못했습니다. 그래서 참으로 곤혹스러웠습니다. 그런데 놀랍게도 그 일을 했다는 데에 기분이 좋아지는 것이었습니다. 내가 정말로 내가 아닌 남을 도운 것입니다."

'이용당하고 있다'는 불평은 성적인 영역에서 가장 흔하게 일어난다. 그래서 충동적인 남자와 결혼한 여성들은 이렇게 불평하곤 한다. "남편은 내 기분 따위는 생각해 주지 않아요. 그는 나를 거칠게 대하고, 사람 취급도 안 한다고요. 그이는 오로지 자기의 만족만을 생각해요." "남편은 낮에는 이것저것 요구해대며 나를 쓰레기 보듯 하고, 밤이 되면 자기와 즐거운 마음으로 잠자리에 들기를 기대해요. 나는 남편을 사랑하지만, 기분이 좋지 않아서 그이를 위해 아무것도 하고 싶지 않아요."

이와 마찬가지로 충동적인 여성도 남편의 기분 따위는 아랑곳하지 않으며 성을 무기로 사용한다. 그들은 남편이 다른 면에서 자기 요구를 들어주지 않으면 남편의 성적인 접근을 무시하고 거절한다. 한 남성이 자기 아내에 대해 이렇게 말했다. "아내는 눈에 보이는 것은 모두 살 수 있을 만큼 돈을 넉넉히 벌어다 주지 않는다고 화를 냅니다. 그리고 내가 만약 자기 말대로 해 주지 않으면 성적인 제의를 거부합니다. 그러니 가끔 아내와 사랑을 나누려면 다이아몬드 팔찌라도 사 주어야 한다는 생각이 듭니다."

이러한 결혼 생활에는 사나운 비바람이 자주 몰아칠 것이다. 노여워하면서, 눈물을 흘리면서, 분통을 터뜨리면서, 슬픔에 젖어서, 불행을 한탄하면서 "만약 당신이 나를 사랑한다면……"이라는 말이 여기저기 난무할 것이다.

충동적인 사람에게 성이란 자신이 마땅히 누려야 할 즐거움이며, 배우자란 즐거움을 얻기 위해 이용하는 도구에 지나지 않는다. 어쨌거나 충동적인 사람들은 자발적으로 아낌없이 베푸는 데다 자신도 성관계를 즐긴다는 것을 보여 주기 때문에, 상대에게 봉사하고자 하는 배우자에게는 충동적인 사람과의 경험이 만족스러울 수도 있다. 그러나 배우자가 변덕스럽고 충동적이기 때문에 이러한 관계나 친분은 오래가지 못하며, 참고 살던 배우자는 이내 자신이 이용당하고 있다는 생각을 하게 된다. 설사 배우자의 불만이 충동적인 사람의 귀에 들어간다 해도, 그들은 그저 잠시 당황할 뿐이다. 충동적인 사람들은 순간순간의 즐거움을 좇아서 살며, 다른 사람들도 자기처럼 살기를 바란다.

제13장

방임

: 지루해하고 진득하게 견뎌 내지 못한다면

 만약 당신이 대체로 지루해하고 귀찮아하며, 참여하는 활동에 충분히 관심을 기울이지 못한다면, 그리고 다른 사람들이 만족감을 얻는 일을 당신은 하고 싶지 않다면, 자신의 삶이 지나치게 방임되던 내재과거아에게 지배되고 있을 가능성을 고려해야 한다. 늘 불평하거나, 진정한 목표를 세우고 그 목표를 향해 나아가지 못하거나, 목적의식 없이 헤매면서 다른 사람의 도움에만 의존하려고 하는 경우도 마찬가지다.

 방임은 유약과는 전혀 다른 것으로, 어른의 삶에 또 다른 유형의 문제를 일으킨다. 유약이 적극적으로 요구만 하는 어린아이 같은 어른을 길러 내는 반면, 방임은 지루해하고 소극적이며 불만에 찬 어린아이 같은 어른을 길러 낸다. 우리 가운데 많은 이가 어느 면에서는 지나치게 방임된 가운데 성장했다.

• 당신은 방임되지 않았는가

만약 부모가 당신을 지나치게 방임적인 태도로 키웠다면, 부모의 태도가 당신에게 끼친 영향을 깨닫는 데 그리 오랜 시간이 걸리지 않을 것이다. 방임에 시달린 사람들은 다음의 두 가지 특징을 지니고 있다.

1. 싫증을 내고 따분해하며, 살맛을 잃고 넌더리난 듯한 태도를 보인다. 또한 외로워하고 불만스러워하며 안절부절못한다. 이러한 권태는 궤변적인 지식이나 체험에서 오는 것이 아니라 그의 어린 시절에서 오는 것이다. 그는 주변의 온갖 활동에 흥미를 느끼지 못하기 때문에 다른 사람이 열의를 보이는 것에 대해서도 종종 마땅치 않게 생각한다.

2. 자신은 손가락 하나 까딱하지 않으면서 다른 사람들이 자기를 위해 모든 것을 해 주기를 바란다. 또한 누군가가 나서서 내적 권태와 욕구 불만에 빠진 자신을 구해 주기를 고대한다. 그래서 자주 푸념을 늘어놓는다.

더 나아가, 부모의 방임적인 태도에 시달린 사람들은 어떤 일을 위해 노력하거나 그 일을 꾸준히 지속하지 못한다. 비록 사소한 것이고 자신을 위한 것이라 하더라도 이내 지치고 만다. 흔히 그런 사람에게는 그럴싸하게 달성할 만한 목표가 없다. 그 역시 무엇인가 바라고, 자신에 대해서나 삶에 대해 불만스러워하지만, 자신이 진정으로 바라는 것이 무엇인지 알지 못한다.

그들은 흔히 이지적이고 매력적인 경우가 많지만, 소극적인 데다가 삶에서 흥미를 찾지 못하고 지루해하기 때문에 다른 사람들에게 소외당하기 쉽다. 그들은 대학이나 새 직장, 낯선 도시와 같은 색다른 환경에 놓이면, 여느 사람들과 마찬가지로 자신이 새로운 공간에 있음을 깨닫고 자극받을 것이다. 그러나 적극적인 사람들이 새로운 공간에 쉽게 뛰어드는 것과 달리, 소극적인 사람들은 순간적인 흥미가 줄어들다 끝내 사라져 주변에서 망설이거나 꾸물거리게 된다. 그리고 이내 권태에 빠지고 만다. 진작부터 보고 느껴 오던 터라 '아무 일도 일어나지 않을 것'을 직감적으로 확신하기 때문이다.

그들은 "그게 그거야."라며 살아갈 의욕을 잃어버린 듯한 태도를 보인다. 그리고 흔히 다른 사람들이 친근하고 따뜻한 관계를 쉽게 맺는 것을 시샘하고 불만스럽게 바라본다. 그러나 정작 자신이 먼저 말을 건네고 미소를 지어 보일 수는 없다고 생각한다. 그들은 변명을 늘어놓고 자신을 감싸면서, 예의범절, 성적 역할, 경제적 형편 등 모든 면에서 소극적인 핑계를 찾는다.

정처 없는 표류

그들은 때때로 자신이 삶에서 동떨어져 있는 것처럼 느끼고 자신을 변화시켜 보기로 결심한다. 곧 사람들을 찾아 나서고, 웃음을 지어 보이고, 친절하고 적극적인 사람이 되기 위해 '한번 뛰어들어 보기로' 마음먹는 것이다. 그러나 그들에게는 그러한 태도를 받아들이는 것이 워낙 힘든 일이어서 노력 자체가 어울리지 않아 보일 때가 많다. 사람들은 늘 지치고 따분해 보이는 그들의 태도를 보고 발길을 돌리기 쉽다. 하지만 그렇다고 그들이 다른 사람들에게 먼저 다가갈 수 있는 것도 아니다. 시간이 흘러도 그들은 여전히 외롭게 동떨어지고 못마땅해하면서 기다리고 방관한다. 그리고 그 무엇에도, 어느 누구에게도 닻을 내리지 못한 채 끊임없이 표류한다. 정처 없는 표류는 어린 시절에 지나치게 방임되었음을 보여 주는 중요한 실마리가 된다.

지나치게 방임적인 부모 아래서 자란 사람들은 직장을 바꾸고, 연애 상대나 배우자를 갈아치우며, 이 집에서 저 집으로, 이 마을에서 저 마을로 이사하는 등 자꾸 옮겨 다니는 경향이 있다. 이 과정에서 때로는 인생을 살아가는 나름의 방법을 찾으려는 희망을 가질 수도 있고, 관계를 만족스럽게 진전시키거나 성취하지 못하는 무능력을 자신과 다른 사람들에게 숨길 수도 있다. 그러나 나이가 들어 감에 따라 다른 사람에게 의존하는 소극적인 의타심을 비통해하고 불만스럽게 생각하며, 위선적인 태도를 보이기 쉽다.

어떤 의미에서, 어렸을 때 지나치게 방임되며 자란 사람들이 추구하는 것은 평범한 목표가 아니라 '인생을 재미있게 살아갈 수 있도록 자신을 이끌어 줄 사람'이다. 이들은 자신에 대한 책임을 다른 사람에게 떠넘기고 다른 사람에게 책임감을 느끼게 하려는 경향이 있다. 그들은 흔히 자기 스스로 만족감을 얻을 수 있다는 사실을 믿지 못한다. 그들은 관계를 계속 이어갈 만한 명분을 거의 제공하지 못하는데, 다른 사람들도 그 사실을 알지만 그들 곁을 떠나고 싶어 한다는 데에 죄책감을 느낀다. 그러면 그들은 외로워하며 소극적으로 매달린다.

친구에서 부모로

어렸을 때 방임적으로 자란 사람들은 자기 친구가 된 사람들에게 자신을 방임하던 부모 역할을 하게 만들기도 한다. 곧 자신은 마땅히 보답해야 한다고 생각하지 않으면서, 그들은 자신이 필요로 하고 원하는 것을 모두 제공하게 하려고 애쓰는 것이다. 그리고 아무 진전을 이루지 못하는 자신의 무능을 객관적인 어려움으로 합리화하려고 골머리를 앓는다. 그래서 자기 자신은 물론, 자신을 도우려고 애쓰는 사람들을 곧잘 혼란스럽게 한다.

이 문제가 더 심각해지는 경우도 있다. 그들은 결국 어린 시절의 특징이었던 무기력한 소극성과 의타심이라는 수렁에 빠지게 된다. 그들이 자신을 대하는 태도로 유일하게 알고 있는 것은 끝없이 방임하는 것이다. 또 자기가 바라는 것을 요구하지 않아도 다른 사람들이 해 주리라고 기대할 수 있었던 어린 시절을 노골적으로 원한다. 정신요법에서 치료를 중단하게 만드는 것은 이 같은 특징 때문이다. 의사가 그들에게 다른 사람에게 의존하려는 버릇을 고치도록 노력하라고 요구하기 때문이다. 만약 자신의 잠재력을 깨우치지 못하거나 노력하지 않는다면, 이러한 요법은 어린 시절에 무조건 응석을 받아 주던 부모에게서 느끼던 안도감을 위협하는 것이 된다.

다음의 몇 가지 사례를 통해, 지나치게 방임적이던 부모의 태도가 드러나는 여러 가지 형태를 알게 될 것이다. 또한 그 태도가 자신의 삶에 어느 정도 영향을 끼쳐 왔는지 알 수 있을 것이다.

• 아빠의 귀여운 딸

28세 여성인 린다는 총명하고, 마치 겁을 먹은 것처럼 보이는 차분한 아가씨다. 오빠가 아홉 살 되던 해에 태어나 거의 무남독녀나 다름없었던 린다는 미국 중서부 가정의 우아한 어머니와 변호사 아버지 사이에서 지나치게 응석받이로 자랐다. 린다는 '재주 부리는 법', 곧 부모에게 더 큰 보상을 받을 만한 행동을 열심히 배웠다고 하면서 "어렸을 때는 더할 나위 없이 행복했어요."라고 덧붙였다.

대학에 들어갈 나이가 되었을 때, 린다는 지적이고 세련된 학생이었으나 다소 뚱뚱한 편이었다. 대학에 들어가서 처음 2년 동안은 뛰어난 성적을 유지했지만, 아쉽게도 친한 친구를 전혀 사귀지 못했다. 어려서는 집이 교외에 있었던 데다 나이 든 부모가 린다를 또래 아이들에게서 떼어 놓으려 했기 때문에 친구를 사귀지 못했다. 대학에 진학해서는 용돈이 부족하다며 아르바이트를 하는 동기 여학생들을 전혀 이해하지 못했기 때문에 친구를 사귈 수 없었다. 3학년 말 시험을 치르기 전날 밤, 린다는 시험이라는 것이 가치가 없는 일이라고 생각하며 치르지 않았다.

집에 돌아온 린다는 어머니에게 동료 학생들과 교수들, 학교가 모두 싫다며 울부짖었다. 공부에 넌덜머리가 난 것은 물론이고, 공부를 해야 할 이유를 찾지 못한 것이다. 그 뒤 3년 동안 린다는 줄곧 고향에 머물면서 부모의 활발한 사교 생활을 즐겼고, 여름이면 가까운 바닷가에서 지내곤 했다. 그러나 린다는 해변에서 만나는 남자들에게 관심을 보이지 않았고, 남자들의 눈길을 끌지도 못했기 때문에 데이트를 거의 해 보지 못했다. 그저 젊은이들이 흥겨워하는 모습을 지켜보고, 어머니가 해 주는 맛있는 저녁 식사를 즐길 뿐이었다. 종종 아버지가 젊은 변호사를 집으로 데려와 데이트 기회를 마련해 주면, 누구나 흥미로워할 만한 일들에 대해 이야기하곤 했다. 그 밖의 시간은 대부분 따분하게 지냈다.

어느 날 저녁, 아버지가 귀가하여 비서가 사직서를 낸 것을 불만스럽게 이야기하자, 린다는 그 일을 자원했다. 린다는 타자를 배운

다음, 아침마다 아버지와 함께 출근했다. 사무실에서 영리하고 발랄하게 일했으며, 아버지를 위한 비서 역할을 잘 해냈다. 그는 '아빠의 귀여운 딸'이었기 때문에 출퇴근 시간을 기록할 필요도 없었으며, 사무실 비품을 사는 일로 외출할 수도 있었고, 아버지의 편지를 부치거나 타자를 치는 일 말고는 달리 할 일도 없었다.

그는 여직원들과 무난하게 지내기는 했지만 친밀한 우정을 쌓지는 못했다. 그보다 아버지와 점심을 먹으러 나가서 젊은 법조인들을 많이 만났다. 그들이 하는 이야기를 들으며 제때에 소리 내어 웃거나 조용히 미소를 지을 수 있을 정도로 법률 지식도 해박해졌다. 그렇게 데이트도 몇 차례 했다. 그러나 린다는 금방 지루해했고, 잘 감동하지 않았기 때문에 어쩌다 극장에나 가고 저녁을 먹는 관계 이상으로 발전하지는 못했다. 그 사이 6년이 흘렀다.

그동안 린다의 몇 안 되는 친구들이 결혼을 했는데, 그중 한 친구가 둘째 아기를 낳자 린다는 신경질적인 반응을 보였다. 린다는 제대로 되는 일이 하나도 없다고 생각했다. 그러고는 '오빠에게는 돈을 물 쓰듯 하고 치과 의사가 될 수 있게 뒷바라지도 해 줬으면서 자기는 더 좋은 대학에 보내 주지 않았다'며 부모에게 비난을 퍼부었다. 결국 린다는 충동적으로 집을 나와 중서부의 대도시로 갔다.

린다는 직장을 구하고 자기 힘으로 살아가겠다고, 그리하여 전문직의 멋진 남자를 만나 결혼하겠다고 결심했다. 린다는 즉시 비서직을 구했으며, 아파트를 함께 쓸 사람도 구했다. 그러나 직장을 구했다는 우쭐한 기분이 가라앉으면서 이내 자기 일에 싫증을 냈다. 그는 출근 시간을 기록해야 하고 점심 식사를 한 시간 안에 마쳐야 하며, 일과 중에는 물건을 사러 갈 수 없는 것이 싫어졌다. 게다가 업무에 대한 부담이 컸으며, 급여는 꼭 필요한 지출을 감당하기에도 급급한 정도였다. 린다는 군중 속의 외톨이가 되었으며, 밤이 되면 외로움이 더 깊어졌다. 룸메이트는 약혼자와 저녁을 먹고 데이트를 하느라 자주 집을 비웠다. 린다는 책을 읽거나 편지를 쓰는 일로 저녁 시간을 보냈는데, 대개 돈을 부쳐 달라고 요청하는 편지였다. 가끔 쇼핑하러 나가기도 했는데, 갖고 싶다는 욕망만 부채질했을 뿐이다.

린다는 자기 손으로 이불을 정돈하고 청소하는 것을 특히 싫어했다. 어느 날 룸메이트가 약혼자를 집에 초대했는데, 자기가 구질구질하게 보이면 안 된다며 린다를 채근했다. 린다는 빨리 해야 하는 일을 싫어했다. 자기 집에서는 하나같이 가정부나 어머니가 하는 일이었기 때문이다.

린다는 좋아하는 음악을 들으며 룸메이트가 돌아오기를 기다렸다. 마침내 룸메이트가 돌아오면 자기 어머니가 그랬던 것처럼 데이트 중에 있었던 일들을 미주알고주알 듣고 싶어했다. 룸메이트는 처음 한두 번은 순순히 응했으나, 나중에는 린다의 질문을 아예 무시했고, 왜 아침에 먹은 그릇이 그대로 있는지 물으며 린다를 몰아세웠다. 어쩌다 그 아가씨가 행복에 겨워서 결혼 계획을 상의하는 때도 있었다. 어떤 경우든 간에 린다는 자신의 처지를 안타까워하며, 울다 잠들거나 뜬눈으로 밤을 지새우곤 했다.

그런 다음날이면 린다는 으레 직장에 지각하곤 했다. 마침내 인사 담당자가 린다를 호되게 꾸짖었으며, 사장도 그 문제를 알게 되었다. 사장도 처음에는 그의 처지를 안타깝게 생각해 주었다. 그래서 교회나 사회 단체 등 젊은이들이 갈 만한 곳에 가서 사람들을 만나 보라고 권했다. 린다는 회사의 여직원들 중에서 친구를 사귀어 보려 했으나, 그들은 자기 나름의 삶을 사느라 바빴다. 린다는 동료 여직원들이 관심을 보이는 문제들을 시답지 않게 여겼다. 또한 그들이 자기를 집에 초대해야 한다고 생각했지만 그들은 한 번도 초대하지 않았다. 그래서 친구를 사귀려던 생각을 아예 포기해 버렸다. 린다의 말에 따르면, 그들이 나누는 대화가 린다의 집에서 나누던 대화처럼 재미있지 않기 때문에 지겹다는 것이다.

룸메이트가 결혼을 앞두고 집을 나가겠다고 한 후에 린다는 더 자주 지각하게 되었다. 그 말은 곧, 방 청소를 하라느니 그릇을 씻으라느니 하면서 귀찮게 굴 사람이 없어진다는 뜻이어서 처음에는 기뻐했다. 그러나 곧 새 룸메이트를 구해야 한다는 사실을 깨달았다. 그것이 골치 아픈 일이라는 사실을 알게 되자, '저 멍청한 여자애 같은 룸메이트 없이도' 지낼 수 있는 돈을 장만하기 위해 부모에게 돌아가기로 했다.

린다는 방을 다시 꾸미고 젊은 남자들을 저녁 식사에 초대해 대화를 나눌 생각에 즐거웠다. 하지만 그런 상상을 하느라고 새벽이 되도록 잠을 이루지 못했으며, 결국 다시 지각하게 되었다. 알람 소리도 듣지 못했던 린다는 직장에서 해고당할까 봐 두려웠다. 그래서 어머니에게 아침마다 전화를 걸어 달라고 부탁했다. 전화 요금이 꽤 많이 들었지만, 어머니의 목소리를 들으면서 어린 시절의 기분을 다시 느낄 수 있었고 한동안 시간에 맞춰 출근할 수 있었다. 하지만 남자를 만나려던 그의 노력은 물거품이 되고 말았다. 전문직의 지적인 남자만을 원했기 때문이다. 결국 지쳐 버린 린다는 어머니의 전화를 받고서도 다시 잠자리에 들게 되었다.

린다는 직장에서 해고당했다는 사실을 덤덤하게 받아들였다. 그야말로 한심한 직장이었다는 말을 남기고 고향으로 돌아온 그는 밤마다 두려움과 외로움을 느끼며 또 한 번의 여름을 해변에서 따분하게 지냈다. 그는 부모와 바닷가에 온 사람들을 싸잡아서 비난했다. 그리고 자신의 처지를 안쓰럽게 여기는 몇몇 친구들에게 매달려 지내는 신세가 되었다. 린다는 "친구들과 그들의 미련퉁이 아이들을 보면 넌덜머리가 나지만, 그렇다고 달리 아는 사람들도 없으니까요. 그 친구들만이 나를 받아 주거든요. 나는 어떻게 하면 좋죠?"라고 말했다.

- **수우의 이야기**

평소 비싼 옷을 즐겨 입는 예쁘고 총명한 아가씨 수우가 자신에 대해서 이렇게 털어놓았다.

"나는 2년 전에 간호사 일을 그만뒀어요. 나는 사람들을 보살피는 일을 좋아했고, 특히 아픈 사람들에게 도움이 되고 싶다고 생각했어요. 하지만 내 생각대로 할 수가 없었어요. 무슨 뜻이냐면, 간호사의 일은 한도 끝도 없다는 거예요. 나는 간호사 일을 그만두고 인문 과학을 공부하기로 결심했어요."

"그 무렵 대학에서 랠프를 만났어요. 나는 랠프를 고등학교 때부터 알고 있었고, 몇 차례 함께 어울리기도 했었죠. 그러다 그가 나를 찾아왔고, 우리는 함께 나다니기 시작했어요. 나도 그를 좋아했어요. 선생님도 아시다시피, 랄프는 우리가 알고 있는 사람들에 대해 이야기할 수 있는 유일한 상대였거든요. 그는 나와 결혼하기를 원했고, 나도 처음에는 그와 결혼하면 좋을 거라고 생각했어요. 그래서 여름 내내 곰곰이 생각해 보았어요. 그런데 내가 그를 그만큼 사랑하지 않는다는 생각이 들었어요. 결혼을 하면 그의 친구들과 가족들을 접대해야 하고 그에 따르는 온갖 일을 해야 한다는 것은 미처 고려하지도 못한 상태였어요. 그래서 나는 결혼하려던 생각을 포기했고 학교도 그만두기로 했답니다. 그 후 집에 머물며 지냈는데, 부모님이 항상 걱정하시며 나를 위해 뭔가 하려고 애쓰시는 것을 보면서 점점 더 답답해지기만 했어요. 마침 성탄절을 맞아 고향에 내려온 랠프는 나를 만나러 왔고, 우리는 함께 이야기를 나눴어요. 그는 내가 학교를 그만둔 것에 대해 자신을 탓하면서 나를 걱정해 주었어요. 그는 내가 다시 학교로 돌아가 음악 공부를 하도록 도와주었어요."

"나는 지금도 랠프를 만나고 있지만, 우리의 만남은 일상적인 만남일 뿐이에요. 이 말은 그와의 만남이 전혀 낭만적이지 않다는 뜻이에요. 랠프는 여전히 나를 아주 좋아하며, 내가 왜 결혼을 취소했는지 이해하지 못하고 있어요. 그는 나를 아주 잘 대해 주며, 내가 바라는 대로 다 해 주려고 애를 쓴답니다. 하지만 사실 나는 그와 함께 앉아 있는 것이 몹시 따분해요. 나는 때때로 그가 재미있는 말이나 행동을 해 주기를 바라죠. 그런데 그는 그저 다른 사람들에게 들은 말을 그대로 전해 줄 뿐이에요. 아니면 고작해야 그는 어떤 말을 들은 후에 자기 생각을 말해 주고, 나는 어떻게 생각하는지 물어보는 정도예요. 그래서 나는 대개 그의 말을 건성으로 흘려듣고 '응, 그래' 하는 식으로 대답하게 돼요. 만약 그가 내 곁을 떠난다면 몹시 외로울 거라는 걸 잘 알아요. 하지만 그는 여전히 나를 몹시 지루하게 만들어요."

"내가 알게 된 사실이 하나 있어요. 다른 사람들은 어떤 것으로, 어느 팀으로, 누군가 말한 것으로, 무엇인가 새로운 것으로 상대방이 몹시 흥분하기를 바란다는 사실이에요. 이것이 랠프와 다른 사람들이 원하는 것이에요. 그러나 나는 그런 것들에 전혀 흥미가 없어요. 나는 음악 공부를 하느냐 마느냐, 대학을 마치느냐 마치지 못하느냐 하는 문제에도 관심이 없어요. 내가 대학에 다니는 것은 집이 아닌 다른 곳에서 시간을 보내기 위한 방편일 뿐이에요. 나는 결혼을 하고 안달복달하며 집안 살림과 아이들에게 얽매여 살고 싶지도 않답니다."

"몇 년 전만 해도 나는 아주 행복한 편이었지만, 나이가 들수록 더 쉽게 피곤해지고 흥미도 점점 식어 가는 것 같아요. 내가 아침에 일어나는 것은 단지 그날이 또 다른 하루이기 때문이에요. 그러나 나는 전혀 개의치 않아요. 음악 연습도 하지 않아요. 그것은 워낙 벅찬 일인 데다가, 연습을 해 봤자 교수님이 혹평하실 거에요. 내가 유일하게 좋아하는 일은 음악 감상실 한 켠에서 이어폰을 꽂고 음악을 듣는 일이에요. 눈을 감고 음악을 듣고 있으면 마음이 차분해지고, 선율이 각기 다르게 들려와요. 그러면 사실상 선율 하나하나를 따로따로 듣는 셈이 되는 거에요. 하지만 선생님도 같은 교향곡을 여섯 번이나 듣고 나면 지루해지실 거에요."

• 빈센트의 이야기

빈센트는 한때 육체적인 매력이 넘치던 사람이었다. 지금은 과식과 음주로 배가 좀 나온 편이지만 말이다. 회사 야유회를 간 어느 날, 계열사에서 괜찮은 자리를 맡고 있던 여자가 눈에 띄게 외로워 보이는 그에게 관심을 갖게 되었다. 명랑한 그 아가씨는 빈센트의 옆에 잠시 앉아 있다가 밝은 표정으로 함께 춤을 추자고 제안했다. 빈센트는 춤에는 관심이 없었지만 춤을 추자는 제안은 너그럽게 받아들인다는 듯한 태도를 보이며 '문명이 춤을 타락시켰다'는 말을 이해할 수 없다고 했다. 이어서 인류학자와 철학자의 말을 인용했다. '에디'라는 이름의 그 아가씨는 빈센트의 말에 감명을 받았으며, 그런 빈센트가 아주 하찮은 업무를 맡고 있다는 사실을 알고 몹시 놀란 눈치였다.

빈센트가 대학까지 나왔다는 사실을 알게 된 에디는 어째서 더 나은 일자리를 얻지 못했냐고 물었다. 빈센트는 에디 역시 이 회사에서 더 나은 자리를 차지할 수는 없을 것이라고 대답했다. 그 이유는 이 분야가 빈센트 자신은 신경도 쓰지 않는 사람들에 의해 지배되기 때문이라는 것이었다. 그 사람들은 대장 놀이를 하는 어린아이처럼 지도자가 하는 대로 따라서 하는, 아주 온순하기 짝이 없는 사람들이라고 덧붙였다.

에디는 자리를 떠나지 않고 빈센트의 이야기를 귀담아들었다. 그는 빈센트의 초연한 듯한 답변에 강한 인상을 받았으나, 자신을 무심하게 대하는 태도에 약이 오르기도 했다. 다른 남자들은 에디에게 그렇게 무관심하지 않았던 것이다. 야유회가 끝날 무렵, 에디는 빈센트에게 흠뻑 빠졌을 뿐 아니라, '다듬어지지 않은 다이아몬드'와도 같은 빈센트를 갈고닦아 보기로 작정하였다.

에디는 빈센트를 자기 집에 초대해 저녁 식사를 대접했다. 그리고 빈센트가 홀어머니의 외아들로 외롭게 보낸 어린 시절에서 벗어나게 해 준 것에 자부심을 느꼈다. 에디는 더 나은 일자리를 구해 보라고 제안했지만 빈센트는 막무가내로 반대했다. 하지만 에디에게는 대책이 있었다. 자기가 나서서 문제를 해결하겠다는 것이었다. 에디는 빈센트에게 더 나은 일자리를 구해 주었고, 빈센트가 자동차가 없다는 이유로 새 일자리를 마다했을 때는 차도 한 대 마련해 주었다. 에디의 친구는 잘 알지도 못하는 빈센트를 집까지 데려오는 것을 다시 생각해 보라고 귀띔했다. 에디는 "빈센트는 완벽한 신사란 말이야."라고 말하며 코웃음 쳤고, 빈센트는 에디를 조금도 귀찮게 하지 않았다.

에디가 나서서 문제를 해결하는 과정은 에디와 빈센트가 결혼할 때까지 계속되었다. 에디는 빈센트가 생계를 위한 직업을 갖도록 준비시키기까지 했다. 빈센트는 발 치료 전문의가 되기로 결심했다. 그가 발 치료 전문 병원에 취업하고 업무에 차츰 숙달되어 가자, 에디는 다니던 직장을 그만두었다. 마침내 빈센트는 발 치료 전문의 과정을 마쳤으나 그 후로 실력이 더 이상 발전하지는 않았다. 그는 "환자들은 내가 의학 박사가 아니라며 내 진료를 거부한단 말이야."라고 불평을 늘어놓았다. 그는 환자들을 기다리면서 비행기 조종사가 되겠다는 생각을 굳혔다. 그는 에디에게 "조종사는 전보다 더 전망 있는 직업이 될 거야. 비행사들은 보통 화물 편으로 운송되던 모든 것을 비행기로 실어 나르게 될 거야." 하고 말했다.

빈센트가 조종사가 되기 위한 훈련을 받는 동안 에디는 다시 직장에 나갔다. 비행기를 조종하는 일은 에디에게도 아주 신나는 일이었다. 그러나 평소 규율이나 규제를 탐탁해하지 않던 빈센트는 막상 자격증을 취득하고 나니 "그들이 이제 내 나이를 문제 삼는다."라고 불평을 늘어놓았다. 그래서 이번에는 냉난방 기술자가 되기로 결심했다. 하지만 그는 결국 그 분야로도 진출하지 않았다. 그는 "자본이 있어야 해. 그렇게 큰 회사들이 나 같은 조무래기에게 일을 맡기겠어?"라고 말했다.

여러 해 동안 열심히 일하며 빈센트를 뒷바라지해 온 에디는 남편이 자신의 계획조차 진득하게 밀고 나가지 못한다는 사실을 깨달았다. 에디는 자신이 빈센트에게 이용만 당했다는 사실을 뼈저리게 느꼈다. 에디는 빈센트와 헤어지려 했지만, 빈센트가 에디 없이 살아간다는 것은 상상할 수도 없는 노릇이었다. 빈센트는 방에 처박혀서 먹고 마시다가 저녁이면 선술집에 가서 친구들과 어울리곤 했다. 그는 어떤 일에 대해서나 무관심으로 일관했으며, 그저 변명만 늘어놓았다. 빈센트가 밤에 외출하는 것을 보고 에디가 불평이라도 하면, "당신은 몇 년째 시시콜콜 잔소리하면서 나를 못살게 굴었어. 그걸 누가 좋아하겠어? 당신이 하는 말은 한마디도 중요하지 않아."라고 쏘아붙이곤 했다. 그러나 그는 속으로 몹시 외롭고 불안했다. 빈센트는 때때로 에디가 사라져 버리기를 원했지만 에디의 뒷바라지와 동정을 필요로 했고, 그것 없이는 살아갈 길이 없었다.

• 방임의 형태

 어른이 되어서도 여전히 소극적이고 의타적이며, 응석받이였던 내재과거아의 지배를 받는 사람들의 문제를 살펴보았다. 이것으로, 자신이 겪고 있는 상황이 부모의 병적인 태도와 이를 이어받은 당신의 태도에서 비롯된 것인지를 판단하는 실마리를 찾을 수 있을 것이다. 앞에서 살펴본 사람들처럼 정도가 심하지는 않더라도, 많은 이들이 어느 면에서는 지나치게 방임된 어린 시절을 보냈다.

 지나친 방임을 겪으며 응석받이로 자란 사람들은 인생에 대해서나 자신이 하게 된 어떤 일에 대해 칭얼거리며 불평하는 태도를 보인다. 제2차 세계 대전 중에 미국의 젊은 군인 가운데 상당수가 '어머니 중심주의(Momism, 어머니의 지나친 보호 때문에 자녀의 독립심이 없어지는 현상)'에 빠졌다는 비난을 받았다. 그들이 어린 시절에 지나치게 응석받이로 자라며 과잉보호를 받은 결과, 군인으로서 마땅히 해야 할 일에 직면했을 때 심한 불평을 늘어놓곤 했기 때문이다.

 지나치게 응석받이로 자란 사람은 모든 것이 자신을 위해 이루어지기를 기대하기 때문에 '완전 불능'이라는 자멸적인 상태로 자신을 몰아간다. 또한 노력이 필요한 일은 무엇이든 불가능하거나 자기 능력을 넘어서는 것으로 여기는 경향이 있다.

 얼마 전 지나치게 응석받이로 자란 청년이 자신과 인생에 대해, 그리고 자신이 직면한 문제에 대해 느끼는 바를 아래와 같이 썼다.

 "나는 생명을 지닌 하나의 유기체이다. 나는 미국 사회가 만들어 낸 산물이다. 나는 특정한 생활 규범에 순응해야만 한다. 그 규범은 필요한 것이며 이 사회가 명하는 것이기 때문이다. 이를테면, 이 사회가 의복이 필요하다고 생각하기 때문에, 나는 옷을 걸치지 않고 거리를 돌아다닐 수 없는 것이다."

"인생의 목표는 행복이다. 그러나 어떻게 행복을 누리고 어떻게 행복에 다가가느냐 하는 문제는 사람마다 다르다. 개개인의 삶의 목표는 개개인의 행복이다. 그러므로 사람은 누구나 자신에게 행복을 가져다주는 것이 무엇인지 찾아야 한다. 그런데 내 생각에, 금세기에는 행복을 누리는 것이 불가능하다. 완전한 행복은 누릴 수 없고, 부분적으로 만족을 얻을 수 있을 뿐이다."

"나는 왜 무능한가? 나의 목표를 달성하는 것이 불가능하다는 사실을 알고 있기 때문에 그럴 수밖에 없다. 만약 최종 목표가 바뀐다면 무력감은 줄어들 것이다. 내 목표가 어떻게 바뀌든지 간에 목표를 달성하는 데는 교육이 중요하다. 내 경우에 독학은 불가능하고, 공공 교육 기관의 제도적 장치 또한 독학을 불가능하게 한다고 생각한다."

"이 시점에서, 최종 목표를 달성하기 위해서는 직업을 가져야 한다. 그러나 나는 직업을 가질 수 없다. 또 다른 대안으로는 국립 병원에 입원하는 방법이 있다. 이것은 어렵기는 하지만 불가능하지는 않다. 나는 고작해야 두어 달 정도 병원에서 지낼 수 있을 것이다. '나는 아무 생각도 없다. 내 인생은 텅 빈 공허와 같다. 더는 쓰고 싶지 않으므로 여기서 그치겠다. 사실 내가 더 써야 할 아무런 이유도 없다.'"

이 글은 지나치게 방임되며 자란 사람이 인생을 바라보는 전형적인 시각을 적은 것이라고 할 수 있다. 그는 자기가 노력해야 하는 일이라면 무엇이든 불가능하다고 생각했다. 하지만 노력을 해야 허무함을 만족감으로 바꿀 수 있고, 목표를 달성할 수 있을 것이다.

• 방임의 기원

문제를 일으키는 다른 태도와 마찬가지로, 방임 역시 부모들에게 자녀에 대한 '깊은 사랑'을 드러내는 유일한 방법으로 여겨진다. 그런 부모들은 대체로 자녀들이 필요로 하거나 관심을 보이기도 전에 각종 물건과 도움을 아낌없이 제공한다.

지나치게 응석을 받아 주는 방임은 자녀를 유순하게 대하는 유약과는 확실히 다르다. 유약한 부모는 자녀의 요구나 투정에 굴복하고 만다. 반면 지나치게 방임적인 부모는 자녀가 요구할 때까지 기다리지 않으며, 자녀가 요청하기도 전에 그것을 가져다 바친다. 그 결과로, 지나치게 유약한 부모 밑에서 자란 어린이는 충동적이고, 끊임없이 요구해대며, 원하는 바를 충족하는 데 적극성을 보인다. 반면 지나치게 방임적인 부모 밑에서 자란 어린이는 소극적이고, 필요로 하는 것은 무엇이든 제공되기를 기다린다. 그리고 워낙 많은 것을 제공받기 때문에 지루해하고 심드렁하는 경향이 있다.

방임적인 부모는 자녀에게 항상 넘치도록 제공하기 때문에 자칫하면 자녀가 노력해야 할 필요성까지 없애 버리기 쉽다. 심지어 요구해야 할 필요성까지도 말이다. 또 자녀가 자신의 노력으로 만족하는 법을 배울 기회를 빼앗기 쉽다. 그런 부모 밑에서 자란 어린이는 자기가 나서서 노력하거나 꾸준히 노력할 줄 모르고, 의타적이고 소극적인 상태에 머물게 될 것이다. 그리고 너무 많은 것을 받았기 때문에 자신에게 제공된 것에 싫증을 내고, 흥미나 노력을 오래 이어 가지 못한다. 그는 다른 사람들이 모든 것을 제공해 주기를 기대하며, 자기 비위를 맞춰 주지 않는 어린이들과는 잘 어울리지 못한다. 무슨 일이든 관심을 지속하지 못하기 때문에 즐거움을 맛볼 수 없으며, 다른 사람들이 즐거움을 가져다주기를 기대한다.

이처럼 자신이 필요로 하는 모든 것을 다른 사람들이 제공하기를 기대하는, 의타적이고 권태롭고 소극적인 태도는 어른이 되어서도 그대로 이어진다. 그는 스스로 헤쳐 나가야 하는 낯선 환경에 놓이면 불안해하고 두려워한다. 그리고 친구들이 자기를 도와주지 않은 것에 곧잘 당황하고 실망한다. 그러면서 그들은 진정한 친구가 아니라고 매도하는 경향이 있다.

다음과 같은 유형이 지나치게 방임적인 부모가 되기 쉽다.

1. 자신이 넉넉하지 못한 환경에서 성장한 탓에 '내 자식들만큼은 내가 겪은 고통을 겪게 하지 않겠다'거나 '내가 당한 일을 당하

게 하지 않겠다'고 다짐하는 사람들이 있다. 그런 부모들은 자녀들의 투정을 그대로 다 받아 줌으로써 어렸을 때 느꼈던 갈망을 채우려고 애쓴다. 이러한 유형은 대개 물질적인 성공을 거둔 지 오래되지 않은 사람들로, 자녀들에게 고급 장난감과 비싼 옷, 해외여행에 이르는 모든 것을 아낌없이 제공한다. 그 결과, 자녀들은 지루해하고 시큰둥해하며 부모에게 끌려다니게 된다. 그러다 보면 자녀들은 자기 부모처럼 고생하지 않고도 안락함을 누리는 데 죄책감을 느낄 수도 있다. 또한 통증이나 고통을 이용해 다른 사람들이 자신의 요구에 응하게 만드는 건강 염려증 환자가 될 수도 있다.

2. 아무 노력을 하지 않고도 자녀에게 모든 것을 제공할 수 있는 부유한 부모들이 있다. 여기서, 그들이 부리는 사람들의 노고는 예외로 한다. 이러한 부유층 사회에서는 지나치게 방임하며 응석을 받아 주는 태도가 쉽게 굳어진다. 왜냐하면 자신의 노력으로 만족감을 찾아야 할 필요성이 적어지기 때문이다.

3. 세 번째 유형의 부모들은 이유 없이 자신의 과거나 결혼 생활, 자녀에 대해 죄책감을 느끼고, 그 죄책감을 덜기 위한 방편으로 자녀들의 투정을 다 받아 준다. 이들의 죄책감은 흔히 어렸을 때 느꼈던 감정의 일부, 특히 성적인 면이나 결혼, 임신과 같은 특정한 상황에 대한 감정에서 비롯된다.

4. 다른 유형의 부모들이나 조부모들도 필요 이상으로 자녀, 손주를 돌보고 사랑을 주려는 욕구를 가지고 있다. 그래서 자녀의 응

석을 지나치게 받아주고, 물질적인 것과 애정을 자녀가 물릴 정도로 제공한다. 자녀를 지나치게 감싸고도는 맹목적인 사랑은 자녀가 바라고 필요로 하는 모든 것을 앞질러 챙기게 만들고, 어린 시절에 흔히 겪기 마련인 고비에서 자녀를 과잉보호하게 만든다. 부모 사이의 불화와 성적인 문제는 종종 어머니가 자녀에게 더욱 관심을 기울이도록 하며, 결과적으로 지나치게 응석을 받아 주고 필요 이상으로 사랑을 쏟아붓게 한다.

이렇듯 지나치게 응석을 받아 주는 방임적인 태도는 부모의 온갖 욕구를 채워 주는 방법이다. 그러나 이러한 태도는 자녀가 주도적으로 활동하고 자신의 노력으로 만족감을 찾는 적극적인 인간으로 성장하는 것을 가로막는다.

• 방임은 어른의 삶에서 어떻게 순환하는가

지나치게 방임적인 태도는 각기 다른 원인과 환경으로 생겨난다고 할 수 있는데, 대개 같은 방식으로 반복되는 경향이 있다.

어린이가 바라지 않았던 장난감, 선물 등을 앞질러 제공받게 되면, 노력하지 않고 기다리는 소극적인 사람이 된다. 만약 그런 것을 갖고 싶어 하거나 얻기 위해 애쓴다면, 그것을 갖게 된 후에 만족감을 얻을 수 있을 것이다. 하지만 실제로는 그런 만족감이 '자녀에게 모든 것을 제공하며 자녀에 대한 깊은 사랑을 표현한다'는 부모의 생각에 희생되고 만다. 또한 어린이가 스스로 행동할 수 있도록 배워야 할 필요성도 희생된다. 대신 누군가에 의해 모든 것이 제공되리라는 사실을 배우게 된다.

그런 어린이는 새 장난감이나 선물, 옷가지에 일시적으로 관심을 보이겠지만, 이내 모호하고 기분 나쁘다는 듯한 태도로 안절부절 못하고 따분해하며 불만스러워한다. 자녀가 흥미를 느끼지 못하고 안절부절못하는 것을 알아차린 부모는 자녀의 불만을 풀어 주려고 애쓰면서 자녀를 더 방임적으로 대하게 된다. 그러다 보면 어린이의 소극성과 무관심은 더욱 심해진다. 어린이는 어떤 일을 하려고 적극적으로 애쓰거나 꾸준히 노력해야 할 필요성을 느끼지 못한다. 여전히 투정 부리고 불평하는 가운데 못마땅해하고 따분해하는 것이다. 이런 식으로 방임적인 태도와 심드렁하게 대응하는 태도는 계속 반복된다. 이 경우 어린이가 어떤 일을 시작하거나 꾸준히 노력한다는 것은 아주 어려워진다.

지나치게 방임적인 부모 밑에서 자란 사람은 어른이 되어서도 그런 식으로 살아간다. 응석받이로 자랐다는 사실이 식사 자리와 같은 특정한 상황에서 노골적으로 드러날 수도 있다. 하지만 그보다 더 두드러진 특징은 소극성, 다른 사람들이 모든 것을 마련해 주기를 바라는 의타심, 작업이나 학습 계획을 실행하지 못하는 점 등이다. 그들은 어떤 일을 주도적으로 시작할 능력이 부족하거나 전혀 없다. 그래서 직장을 구하지 못하고 불평을 하며 다른 사람들에게 일자리를 찾아 달라고 매달린다. 직장에 나간다 해도 업무에 거의 만족하지 못하며, 자신에게 배정된 일은 무엇이든 불평하는 등 직장 생활을 제대로 하지 못한다. 그들은 종종 어떤 일을 혼자 힘으로 해 나가는 데서 만족감을 얻을 수 있다는 사실을 믿지 못한다. 권태, 외로움, 불만족이 그를 따라다니며 괴롭히는 가운데, 다른 사람들이 자신에게 모든 것을 제공하지 않는다고, 곧 자기를 구해 주지 않는다고 비난한다. 그는 모든 사람이 자신을 보살펴 주기를 기대한다.

• 마음을 알아달라는 불평

지나치게 방임된 가운데 응석받이로 성장한 어른들에게서 나타나는 내재과거아의 두드러진 특성 하나는, 다른 사람들이 '자기 마음을 알아주기를, 자기가 원하는 바가 무엇인지 알아주기를, 그것을 제공하기를' 기대한다는 점이다. 그들은 자신의 소망과 욕구가 고려되지 않으면 심한 불평을 해댄다. 처음에는 대개 자신에게 불평을 한다. 왜냐하면 누군가에게 불평을 하거나 무엇을 요구하는 방법조차 배우지 못했기 때문이다. 상대방은 정작 자기가 무엇을 요청받고 있는지 낌새조차 알아채지 못하는데도, 지나치게 방임된 내재과거아는 자신의 소망이 자동으로 파악되어서 충족되기를 기대한다. 그들의 불평은 대개 '마음을 알아달라'는 것이다.

"아내는 내가 아침마다 색다른 식사를 하고 싶어 한다는 것을 알아야 해요. 아침 식사는 예상 밖의 기쁨을 주어야 하니까요······."

"남편은 나를 2주 정도 해변에 보내 줘야 해요. 많은 남편들이 그렇게 하고 있으니까요."

"아내는 내가 두통이 있을 때 머리를 마사지해 주는 것을 좋아한다는 사실을 알아야 해요. 제 어머니는 늘 그렇게 해 주셨어요. 나는 아내에게 어머니가 어떻게 해 주셨는지 이야기해 두었어요."

"남편은 사람들 앞에서 나에게 키스를 해 주고, 나를 얼마나 사랑하는지 말해 줘야 해요."

"남편은 내가 친구들과 영화를 보러 갈 수 있도록 설거지를 해 줘야 해요. 그이는 내가 요리를 하고 나면 지친다는 것과 설거지를 몹시 싫어한다는 것을 알거든요."

지나치게 응석받이로 자란 사람은 이렇게 '마음을 알아달라'고 불평할 뿐 아니라, 자신이 사랑받고 있지 않다고 생각한다. 왜냐하면 어렸을 때 그가 원하는 바를 부모가 다 들어주었으며, 그것이 부모에게는 자녀에 대한 사랑을 보여 주는 방법이었기 때문이다. 그래서 어른이 되어서도 그런 식으로 대우받지 않으면 사랑받지 못하는 것이라고 느끼는 것이다.

그러나 그들의 기대가 채워지는 경우는 드물기 때문에 대개 불만스러운 마음으로 살아간다. 또한 스스로 행동하지 못하고, 소극적인 관심조차 이어 가지 못하기 때문에 오랫동안 행복을 누리지 못한다. 그들은 스스로의 노력으로 의미 있는 만족감을 맛보지 못한다. 노력을 기울이는 것은 어딘가 불편하고 불안하기 때문이다.

그들은 불만스러워하고 지루해하고 불평할지언정 소극성을 버리지는 않는다. 그리고 어떤 행동을 취할 수밖에 없는 상황에 놓이면 으레 우는 소리를 한다. 그저 자기 말에 귀를 기울이는 것만으로도, 이를테면 절박한 순간에 쓰던 말이나 말투를 돌이켜 보는 것만으로도 당신의 내재과거아가 지나치게 방임되며 자랐는지 아닌지를 판단할 수 있을 것이다. 응석받이로 자란 내재과거아의 목소리는 틀림없이 푸념조차 조급하기 때문이다.

응석받이로 자란 어린이가 어른이 되면 현실의 요청에 대처하는 데 어려움을 겪는다. 그는 어렸을 때 누렸던 풍요를 빼앗겼다는 이유로 자칫하면 다른 사람을 비난하려 들 것이다. 그는 어렸을 때 유별난 관계에서 살았기 때문에 어른이 되어서도 매력이 넘치고 멋있는 사람으로 보이며, 빠르고 쉽게 친밀한 관계를 맺기도 한다. 또 그는 어려서 무한대로 누리던 물질적·정신적 혜택을 당연한 권리인 양 기대한다. 하지만 다른 사람들과의 관계에서 자신이 무언가 기여하도록 요청받으면, 잘 대응하지 못하고 실망해서 상대에게 등을 돌리는 경우가 많다. 지나치게 방임되어 자란 사람들은 가장 절친한 사람들에게 자주 상처를 입힌다.

• 방임이 드러나는 영역

대부분의 사람들은 어느 면에서 자신을 대할 때 지나치게 방임적인 태도를 취한다. 하지만 이러한 태도가 반드시 어렸을 때 지나치게 응석받이로 자란 결과라고 단정할 수는 없다. 예를 들어 '박탈'의 경우, 그것을 어렸을 때 겪었는지 현재 겪고 있는지에 따라 방임적인 태도를 불러오기도 한다. 부모가 어렸을 때 겪은 박탈감을 보상하기 위해 자녀의 투정을 다 받아 주는 것은 또 다른 예이다.

당신은 자신의 지나치게 방임적인 태도가 과거에 겪은 박탈감에 뿌리를 두는지, 아니면 어렸을 때 당신의 투정을 다 받아 주던 부모의 태도에서 기인하는지 판별할 수 있을 것이다. 왜냐하면 박탈은 뚜렷하게 알아볼 수 있는 태도이며 현실적인 태도이기 때문이다. 예를 들어 보자. 농촌 출신의 한 여성이 싸구려 신발 대신 멋진 구두를 신어 보기를 꿈꾸며 어린 시절을 보냈다. 어른이 되면 예쁜 구두를 아주 많이 사겠다고 결심했다. 그래서 취직한 후에 일주일에 한 켤레씩 새 구두를 사들여 마침내 스무 켤레가 넘게 되었다. 이것은 현실적인 박탈감이 원인이 되어 방임에 빠진 경우이다.

반대로, 지나치게 방임된 내재과거아를 지닌 어른은 자신이 줄곧 박탈당해 왔다고 생각하지만 실제로 어떤 박탈을 당했는지 꼬집어 말하지 못한다. 예쁜 구두를 신어 보는 것이 꿈이던 소녀처럼 자신이 느끼는 박탈감을 채우기 위해 애쓰지도 않는다. 그저 다른 사람들이 무엇이든 제공해 주기를 바랄 뿐이다.

지나치게 방임적인 태도가 흔히 드러나는 영역에는 다음과 같은 것들이 있다.

식사

비만증과 까다로운 식성은 다른 원인으로 나타나기도 하지만, 흔히 어려서 지나치게 응석을 받아 주던 부모로 인해 생긴다. 다른 면에서는 여간해서 방임하지 않는 부모들도 흔히 자녀들이 밥이나 군것질, 후식을 마음껏 먹도록 내버려 두는 것을 사랑을 베푸는 방법이라고 생각한다. 그들은 자녀들이 음식을 가려 먹거나 영양가 있는 음식을 멀리해도 그냥 보아 넘긴다.

음식을 가려 먹는 버릇이나 식사 태도는 대개 어린 나이에 형성되기 때문에 바꾸기가 힘들다. 여러 사례를 보면, 지나치게 방임적인 환경에서 자란 사람들은 자신이 노력을 강요당하고 있다고 느낀다. 그래서 책임을 다하기 위해 노력한 것을 보상하려는 마음에서 걸핏하면 '먹자판'을 벌인다. 노력하는 것은 박탈당했다는 느낌을 갖게 하며, 이는 자연스럽게 방임적 태도로 흐른다.

실제로는 자신의 책임이 다른 사람들이 기꺼이 맡는 책임에 비해 다를 것도 없고 무겁지도 않다는 점을 깨닫지 못하는 한, 방임적인 태도는 끝없이 이어질 것이다. 그들은 군대와 같은 조직 사회에서 '박탈당했다는' 당찮은 감정을 제대로 살펴볼 기회를 얻는 경우가 많다. 그들은 자신이 다른 사람보다 더 많이 박탈당하고 있는 것은 아니며, 자존심을 걸고 자기 몫의 일을 수행해야 한다는 것을 깨달을 수 있다.

음주

알코올에 의존하는 것은 자신의 투정을 스스로 계속 받아 주는 태도라고 할 수 있다. 알코올 의존은 흔히 복합적인 요인에 의해 나타나지만, 음주는 지나치게 응석받이로 자란 사람이 권태와 외로움, 소극성을 극복하기 위해 시도하는 하나의 방법일 수 있다. 술을 계속 마시다 보면, 자신이 살아 있음을 느끼기 위해 결국 술에 의지하게 될 것이다. 그러나 그 효과는 아주 일시적일 뿐이며, 권태감을 일시적으로 잊게 해 주는 대가치고는 큰 희생을 요구한다.

낭비

응석받이로 자란 내재과거아를 지닌 사람은 흔히 씀씀이가 헤프고 분수에 맞게 돈을 관리하지 못한다. 새로 산 물건에 대한 관심은 이내 사라지고, 그 자리에 다시 권태와 불만이 밀려온다. 그러면 어려서 그의 부모가 그러했듯이, 물건을 계속 새로 사들이는 것으로 불만족을 누그러뜨리려고 애쓴다. 그러나 꾸준히 일하는 능력은 매우 제한되어 있으며, 그가 벌어들이는 수입도 턱없이 부족하다. 그래서 결국 돈을 마련하기 위해 다른 사람들에게 의존하게 된다. 만약 다른 사람들이 그의 지출을 제한하려고 한다면, 그는 사람들에게 몹시 화를 낼 것이다. 그들의 특징은 장기적인 안목에서 돈을 간수하기보다는, 늘 품고 있는 불만을 충족시키기 위해 새로운 것을 사는 데 돈을 낭비한다는 것이다.

옷

다른 면에서는 절제를 잘하는 여자들도 옷에 관한 한 그러지 못한다. 흔히 '여자는 옷이 아무리 많아도 충분치 못하다'고 생각하는 문화적 관행이 옷 욕심을 부리는 태도를 여성의 특성으로 받아들이도록 뒷받침해 준다. 이러한 인식에 발맞춰 보석이며 새로운 장신구가 무수히 만들어진다. 의류 업체에서는 상황에 맞춰 옷을 입어야 하는 필요성 이상으로, 유행에 뒤떨어지면 박탈당하는 것 같다는 느낌을 불러일으킨다. 그로써 여자들의 옷 욕심을 부추기는 데 크게 기여한다.

자동차

미국에서 자동차를 가진 사람이 1년 동안 운전하는 평균 거리는 겨우 1만 6천 킬로미터 정도라고 한다. 교통 전문가에 따르면, 이 정도의 거리를 달리기 위해서는 굳이 200마력 이상의 고급 자동차가 필요하지 않다고 한다. 자동차는 아마도 미국인의 생활에서 지나치게 방임적인 태도를 볼 수 있는 가장 대표적인 예일 것이다. 또한 미국산, 외국산 소형 자동차들이 등장하면서 대두된 문제 가운데 하나일 것이다. 그러나 여기에는 복합적인 요인이 얽혀 있기 때문에, 어렸을 때 몸에 익힌 부모의 방임적인 태도가 언제 심각한 구실을 하는지 판단하기 어려울 것이다.

- **방임은 성과 결혼 생활에 어떻게 영향을 끼치는가**

 지금까지 어린 시절에 몸에 익힌 방임적인 태도가 소극적인 의타심을 불러일으킨다는 사실을 살펴보았다. 만약 이러한 태도가 어른이 되어서도 이어진다면, 결혼 생활과 부부 사이의 성적인 관계에 엄청난 고통과 고독, 불행을 가져올 것이다.

 어렸을 때 지나치게 방임되며 자란 한 남자가 있었다. 그는 우연히 만난 여자에게 '하룻밤 사랑 이상의 어떤 것'을 요구받게 되면, 언제나 도망을 쳤다. 그는 사랑을 하고 싶었지만, 여자에게 데이트를 신청하는 정도 이상으로 관계가 진전되면, 더는 어쩌지 못했다. 결국 여자가 먼저 그를 불러내야 했고, 데이트 장소도 여자가 결정해야 했다. 성적인 면에서도 여자가 이끌었는데, 그는 그것을 즐기고 나서 도망쳤다. 그는 "여자들은 그것을 사랑이라고 말하고 싶어 하죠. 저는 그들을 이해할 수가 없어요."라고 불평했다. 그러면서 아무도 자기를 사랑하지 않았다고, 만약 자기를 사랑하는 사람이라면 자기에게서 아무것도 기대하지 말았어야 한다고 투덜거렸다.

 결혼 생활과 성적 관계의 감정적인 특징은 그들과 배우자 모두에게 매우 난처하고 고통스러운 상황을 안겨 준다. 지나치게 응석받이로 자란 내재과거아는 어른이 되어서도 부모에게 받은 것과 같은 애정과 물질, 봉사의 공세가 사랑의 관계 안에서 이어지기를 기대한다. 무엇보다 이런 관계를 통해 배우자가 '자기 마음을 알아주기'를, 식사와 그 밖의 즐거운 것들에서 성생활에 이르는 모든 것을 알아서 제공해 주기를 기대한다.

그러나 어렸을 때와 마찬가지로, 자신도 보답으로 무언가 제공해야 한다는 필요성을 전혀 느끼지 못한다. 어렸을 때 그럴 필요가 없었기 때문에 배우자 역시 양적·질적으로 배려와 사랑을 받아야 한다는 점을 생각하거나 인정하지 못하는 것이다. 만약 배우자가 그의 기대를 채워 주지 못한다면, 실망하고 화를 내며 불안해하고 좌절할 것이다. 아직도 응석받이로 자란 내재과거아에게 지배당하는 사람은 배우자가 자신에게 맛있는 음식, 돈과 온갖 안락함, 사랑과 성적 만족을 주지 못하는 것을 불평하며 지낸다.

또한 자신이 배우자를 실망시키고 있다는 사실을 자신과 상관없는 일이라고 일축하고, 어쩔 수 없는 일이라고 주장하기도 한다. 만약 배우자가 그에게, 두 사람의 관계에 정서적으로 기여할 것을 요구하고 그 관계에서 어느 정도 책임을 맡을 것을 요구한다고 치자. 그러면 그는 배우자를 성가시고 지겨운 사람이라 여기고, 그러한 부담에서 벗어날 방법을 찾아 나설 것이다.

배우자는 기만당하고 이용당했다는 생각에 그 관계를 끝내고 싶어 하겠지만, 차마 그렇게 하지는 못한다. 자신에게 필사적으로 매달리는 그를 보면서, 관계를 끝내겠다고 생각한 것에 큰 죄책감을 느끼기 때문이다. 안타깝게도 두 사람 모두 자신이 불행한 처지에 있음을 알게 된다. 이러한 관계는 만족이나 사랑 없이 고통스럽게 서로를 구속하는 일종의 예속으로, 같은 상황이 몇 해씩 계속되기도 한다.

  또는 그런 관계가 이내 끝나 버리는 수도 있다. 배우자가 나름대로 행동할 줄 아는 사람이어서 관계를 청산하기로 결심하는 경우다. 하지만 그보다는 지나치게 방임되며 자란 사람이 배우자의 시시한 희생에 실망하고 배우자의 기대에 압박감을 느낀 나머지, 자기를 진정으로 사랑해 줄(모든 것을 제공할) 상대를 찾아 떠나는 경우가 훨씬 흔하다. 그는 우발적이고 고독한 성적 관계나 천박한 사교 활동을 통해 환상적인 배우자를 찾으려고 애쓸 것이다. 그러나 이것은 처음부터 결과가 정해져 있는 소극적인 노력일 뿐이다. 그는 자기 힘으로 누군가를 찾아 나설 수 없기 때문이다.

  '달콤한 시기는 끝났다'는 말은 응석받이로 지낼 수 있는 시절을 떠나보내고 어른으로서 책임을 떠맡게 되었다는, 또는 그렇게 된 처지를 아쉬워하는 표현이다. 이런 표현이 널리 사용된다고 해서, 우리 모두가 어렸을 때 응석받이로 방임되며 자랐다는 뜻일까? 그 대답은 물론 '아니요'지만, 결혼 생활과 성적인 관계에는 대부분 응석받이로 지내고 싶어 하는 경향이 깔려 있다.

  어린 시절에 그러했듯이, 이러한 경향은 대체로 '사랑하는 마음'과 관련되어 있다. 다음 내용을 주의 깊게 살펴봄으로써, 응석받이로 자란 내재과거아의 태도와 한순간 응석받이로 굴고자 하는 태도를 확실히 구별할 수 있다.

솔선해서 행동하지 못하는 태도

어렸을 때 지나친 응석받이로 자랐다는 사실만으로 온갖 수동적인 태도를 다 설명할 수는 없다. 피로나 두려움, 선입견 등으로도 수동적인 성향이 나타나기 때문이다. 지나친 응석받이로 자랐다는 사실은 특히 애정 표현이나 성적 관계에서 주도적으로 행위하는 능력에 큰 영향을 미친다. 그 결과, 자신에게 충분한 관심을 보여 주고, 자신이 필요로 하는 것을 알아서 해결해 주고, 자신에게 사랑과 정을 베푸는 사람에게 의존하게 된다. 사랑과 정은 그가 절실하게 원하는 것이다.

그들은 대체로 소극적인 태도를 벗어 버리지 못한다. 그리고 사랑과 정을 기꺼이 베풀려는 사람들을 유혹할 수 있는 애교를 비롯해 간절히 호소하는 방법들을 개발해 낼 것이다. 그들은 동정심을 자아내고 자신의 딱한 처지가 다른 사람들 탓이라고 설명하는 데 일가견이 있다. 그러나 그는 소극적이고, 쉽게 따분해하며, 다른 사람들에게 관심이 없기 때문에 그가 좋아하는 사람들마저 그를 떠나게 된다. 응석받이로 자란 사람은 많은 것을 제공받으면 받을수록 더욱 소극적인 사람이 된다.

그는 다른 사람들이 언제나 자동으로, 아무 대가도 바라지 않고 솔선해서 사랑과 정을 베풀 것이라고 기대한다. 당신이 정서적인 면이나 성적인 면에서 주도적으로 행위하지 못하고, 솔선해서 행위하는 것은 언제나 배우자의 몫이라고 기대한다면, 자신의 내재과거아가 지나치게 방임되며 자랐는지 아닌지를 판단할 수 있다. 당신이 이런 식으로 배우자에게 의존하고, 관계 유지를 위해 어떤 책임을 맡거나 똑같이 기여하도록 기대되는 것을 귀찮게 느낀다면, 어렸을 때 지나치게 응석받이로 자랐을 가능성을 암시하는 것이다.

의타심

상호 의존은 대부분의 안정된 결혼 생활에서 찾아볼 수 있는 특징이다. 그런데 어려서 지나치게 방임되며 자란 사람은 결코 다른 사람에 대한 책임이나 다른 사람을 염두에 두어야 할 필요성을 깨닫지 못한다. 그래서 자신이 그런 식으로 처신하도록 기대되는 것을 싫어하는 동시에 아예 드러내 놓고 노골적으로 요구해대는 의타심을 보인다.

또한 번번이 배우자를 탓하고, 관계 유지를 위한 어떤 책임도 떠맡지 않는다. 누군가와 약속을 하더라도, 직장 동료들과의 식사 자리를 박차고 빠져나오지 못하기 때문에 그 약속을 지킬 수 없을 것이다. 워낙 정에 주려 있고 인정받기를 절실하게 원하는 나머지 그 기회를 하나라도 놓치면 안 되기 때문이다. 이러한 까닭에, 우연히 만난 사람이 보여 주는 온정과 배우자가 보여 주는 애정을 구별하지 못할 때도 있다. 그가 받은 만큼 사랑하고 책임지기를 배우자가 기대한다면, 차라리 우연히 알게 된 친구, 곧 그에게서 웃음 말고는 아무것도 기대하지 않는 친구를 선택할 것이다.

지나친 응석받이로 자란 사람은 배우자에게 매달려서 자신이 얼마나 의지하고 있는지 깊이 느끼게 함으로써 배우자를 이용하기도 한다. 배우자가 둘 사이의 관계를 어떻게 이용했는지를 곰곰이 생각해 보는 사람들도 결국에는 "그래도 그는 나를 몹시 필요로 하기 때문에, 내가 그 사람을 버린다면 그는 엉망이 되고 말 거예요."라고 결론을 내린다. 그들은 흔히 다른 사람이 자신에 대해 죄책감이나 미안한 감정을 느끼도록 자극하는 데 뛰어나다. 어느 술집에서나 쉽게 볼 수 있는 '공짜 술을 얻어 마시는 사람'이 바로 그 예에 속한다.

당신은 솔직하게 성찰함으로써 자신이 어느 정도 의타적인지, 자신에 대한 책임을 지고 배우자의 욕구와 만족을 헤아리고 있는지 판단할 수 있다. 그러나 의타심 자체가 반드시 응석을 받아 주는 부모의 태도로 인한 결과라고 할 수는 없다.

표류

지나치게 응석받이로 자란 결과 솔선해서 행위하지 못하는 사람들은 다른 사람들과 관계를 맺는 데 소극적인 경향이 있다. 인생의 방향이 걸린 일이어도 말이다. 그들은 사람들과의 관계에서 아무런 책임도 맡지 않고 관심을 보이지도 않는다. 그리고 불행과 불만족의 원인이 자신을 지나친 응석받이로 대하는 태도 때문임을 미처 깨닫지 못하고 여러 관계를 피상적으로 지나쳐 버린다.

그들은 종종 '그저 시간을 보내는 중'이라고 말한다. 지나치게 응석받이로 자란 남성이 자신이 남자라는 사실에 대해 심각하게 고민한 나머지 '타고난 독신자'라고 판단하는 경우도 종종 있다. 그들은 지속적이고 의미 있는 관계를 이어 가는 데 몹시 어려움을 느낀다.

그들은 성적인 관계를 우발적인 사건으로 깎아내리고, 친밀한 관계를 맺으려는 노력을 포기하게 될 것이다. 그래서 결국 다른 사람들이 살아가는 모습이나 지켜보는 고독하고 공허한 존재로 겉돌게 된다. 어떤 이들은 자신에게 아무런 의미도 가져다주지 못하는 사회 활동을 형편이 되는 대로 해 나가기도 한다. 하지만 지나치게 응석받이로 자란 내재과거아가 자신의 인생에 어떻게 작용하고 있는지는 전혀 깨닫지 못한다. 실비아의 경우가 그렇다.

실비아와 세 명의 남편

실비아는 체구가 작지만 매우 아름다운 여성이었다. 섬세하고 가냘픈 첫인상은 마치 인형을 보는 것 같았다. 검은 눈동자와 머리칼, 도톰한 입술, 새침한 표정에 학생들은 물론, 수많은 남성이 반하고 말았다. 그들은 값비싼 선물을 들고 실비아를 찾아오곤 했다.

실비아는 언제나 자기를 위해 모든 일이 이루어지리라고 기대했다. 그의 첫 번째 남편은 출세하기 위해 몸부림치던 사람이었는데,

실비아가 자신을 이해해 주고 뒷바라지해 주기를 기대했다. 하지만 실비아는 그렇게 해 주지 못했다. 실비아의 부모는 아직 자리도 잡지 못한 사업가가 부모의 '자존심이자 기쁨'인 딸을 빼앗아 갔다며 결혼을 반대했었다. 그래서 실비아의 결혼 생활을 교묘하게 파경으로 몰아갔다. 부모는 응석받이처럼 행세하려는 실비아를 두둔했다. 어머니는 자기 딸이 계속 부모에게 의존한다면 절대 행복할 수 없으리라는 사실을 뒤늦게 깨달았다.

그리하여 실비아의 두 번째 결혼 생활은 좀 더 오래 지속되었다. 그러나 두 번째 남편도 결국 두 손을 들고 말았다. 실비아가 끊임없이 칭찬을 받으며 모든 의무를 면제받길 원했고, 남편이 결혼 생활을 만족스럽게 꾸려 나가기를 바랐기 때문이다. 이것이야말로 실비아를 행복하게 해 주는 것이었다. 자신이 남편을 행복하게 해 준다는 것은 실비아에게 생각지도 못할 일이었다. 그는 사람들이 오직 자신을 행복하게 해 주기 위해 존재한다고 생각했다.

오직 '최고의 것'에만 익숙한 실비아는 씀씀이가 헤펐다. 두 차례의 결혼이 파경에 이른 것도 이 점 때문이었다. 늙은 부모는 실비아를 걱정하게 되었고, 실비아 역시 자기 처지가 걱정되었다. 실비아의 가족은 불행을 세 번이나 반복하지 않으려고 함께 궁리했다. 그것은 실비아의 남편을 아버지의 동업자로 만드는 것이었다. 이 방법은 실비아의 결혼 생활에 경제적으로 확실히 보탬이 되었지만, 실비아의 태도를 바꾸지는 못했다. 남편은 계속 투덜대며 권태로워하는 실비아에게 화를 냈다. 실비아는 가족의 사업에서 아무 권한도 갖고 있지 않았다.

실비아의 어린 시절은 현재와 크게 다르지 않았다. 사업가로 성공해 풍요롭게 살았던 부모는 실비아와 그의 여동생을 위해 할 수 있는 일은 뭐든 다 했다. 여동생은 실비아처럼 미모가 빼어나지 않았기에 남자들의 관심을 끌지 못했다. 실비아는 공부를 좋아하지 않았고 공부하는 방법도 몰랐다. 그는 초·중·고등학교부터 대학 시절까지 부모와 남학생들이 자기 책을 들고 다니며 숙제를 하도록 했다. 실비아는 자신에게 미쳐 있던 남학생들의 시험 답안지를 염치없이 베끼면서 겨우 대학을 마쳤다. 실비아의 말처럼 사교 활동이 없었다면 대학에 가지 않았을 것이다.

또 그는 작은 키를 이용해, 남자가 문을 열어 주어야 하는 것과 같은 전통적인 관습을 강조한다. 실비아는 실제보다 훨씬 더 연약한 체하면서 손가락 하나 까딱하는 일조차 하지 않는다. 그가 유일하게 좋아하는 활동은 춤을 추는 것이다. 키는 남자의 어깨에도 못 미치는 정도지만, 마치 꿈꾸는 듯한 표정을 지으며 남자에게 안기거나 매달리는 것은 아주 쉬운 일이다. 실비아는 무도회장 한 켠에 앉아 시중을 받고 칭송을 들으며 친절한 서비스와 음식을 제공받는 것을 즐긴다. 그러면서 자신의 미모에 대한 사람들의 반응을 확인하기를 좋아한다. 더할 나위 없이 아름다운 실비아의 얼굴에는 남자들이 실비아의 눈길을 끌기 위해 허둥대도록 만드는, 아슴

푸레한 불만의 기색이 서려 있다.

세 차례에 걸친 실비아의 결혼 생활은 모두 불행했다. 주된 원인은 남편들이 실비아가 제멋대로 하도록 내버려 두었기 때문이다. 지금의 남편은 자신이 이용당해 왔다는 생각에 점점 더 사로잡혀 가고 있다. 그는 실비아에게 다른 도시에 가서 둘만의 보금자리를 꾸미자고 말하지만, 실비아는 고려할 가치도 없는 어리석은 말이라고 뿌리친다. 왜냐하면 '여기는 내 모든 친구들이 있는 곳'이기 때문이라는 것이다. 실비아의 남편은 둘 사이에서 모든 짐을 도맡아야 한다는 데에도 지쳐 있다. 그도 처음에는 두 차례나 결혼에 실패한 실비아를 동정하면서 전 남편들을 비열한 짐승이라고 비난했지만, 지금은 "이제 나도 그들이 왜 그랬는지 이해할 수 있다."라고 말한다.

실비아는 "당신도 나처럼 마음대로 사세요."라고 말하며, 남편이 편하게 마음먹고 스스로 즐기게 하려고 애쓴다. 하지만 남편은 여전히 '자기만의 어떤 것을 이룩하기 위해' 노력한다. 그러나 자신의 역할이 '기둥서방'에 지나지 않는다는 모멸감이 계속 커진다면, 결국 실비아를 떠나고 말 것이다. 실비아도 이 점을 알고 있지만, "그이가 나를 권태롭게 만든다니까요. 그이는 한 번도 좋게 받아들인 적이 없어요."라고 말할 뿐이다. 실비아가 정작 걱정하는 것은 자신의 미모가 시들어 가고 있다는 사실이다. 그는 '내가 무조건 자기가 원하는 일을 하게 하고, 그 일을 하지 않으면 나를 혼내 줄' 남자를 원한다. 실비아는 어린 시절에도 누군가가 자신에게 이렇게 해 주기를 바랐다. 그러나 그때는 아무도 그렇게 해 주지 않았다. 물론 지금도 그렇게 해 주려는 사람은 없다. 실비아는 의미 없는 사교 활동을 이어 가며 자기도취에서 만족감을 맛보고 있지만, 누군가가 자신을 때려서라도 올바르게 살도록 해 주기를 바라고 있다. 아직도 스스로 노력하기보다는 다른 사람에게 매달리고 있는 것이다.

- **응석받이로 자란 내재과거아의 행동 방식 고치기**

지나치게 응석받이로 행세하려는 행동 방식이 어린 시절 부모에 의해 만들어졌다는 점을 알아차리지 못하는 한, 실비아에게 동정심을 느끼기는 어렵다. 그들은 다른 사람에게 수동적으로 매달리는 가운데 만족하지 못하며 소극적인 자신을 경멸하고 혐오한다.

자신의 응석을 지나치게 방임적으로 받아 주던 부모의 태도를 현재도 고스란히 이어 가고 있다는 사실을 깨닫는다면, 불안한 내적 갈등을 겪게 될 것이다. 이때 쓸모없는 자기비판과 자기 멸시에 굴복해서는 안 되며, 더욱 응석을 부리려는 내재과거아의 불만 섞인 요구를 정중히 받아들이는 법을 배워야 한다.

그런 다음, 상냥하면서도 단호하게 실제로 도움이 되는 부모 역할을 맡아야 한다. 노력하지 않고 응석받이로만 굴려고 하는 태도와 타인에게 의지하려는 성향을 단단히 다잡아야 한다. 또 지난날의 소극적인 태도에 빠져들기보다는 다른 사람들과 관계를 맺는 데 적극적으로 참여하기 위해 노력해야 한다. 마치 부모가 어린아이에게 걸음마를 가르치듯이 참을성 있게 꾸준히 노력함으로써, 다른 사람들에게 매달려 살던 지난날보다 훨씬 더 깊은 만족을 느끼게 될 것이다.

이처럼 새로운 태도를 받아들여 자신에게 부모 노릇을 하는 데에는 어쩔 수 없이 힘겨운 몸부림이 뒤따를 것이다. 그런 가운데 소극적이고 의타적으로 살면서 맛보던 친숙하고 편안한 감정을 포기해야 할 것이다. 그리고 이제부터는 지겨운 고통으로 여겼던 책임을 짊어지고 노력해야 한다. 또한 이러한 내적 갈등에 대한 보상이 빠른 시일 안에 주어지지는 않는다는 점을 깨달아야 한다. 오랜 시간이 흐른 뒤에야 비로소 만족감을 맛볼 것이다. 그러나 늘 부모 품에 안겨 다니던 어린아이가 걸음마를 배워 마침내 혼자 걷는 것과 같이, 언젠가는 이루어질 수 있다.

제14장

건강 염려증

: 건강에 대해 항상 걱정해야 한다면

만일 당신이 쉽게 피곤해지고, 기분이 언짢다는 이유로 어떤 활동을 하지 못한다면, 당신이 늘어놓는 불평의 근거를 의사가 찾지 못하는데도 끊임없이 자가 진단을 한다면, 당신의 내재과거아가 부모의 건강 염려증(아픔·통증·질병에 대한 걱정에 사로잡혀 아무것도 할 수 없는 증세)에 시달렸다는 점을 충분히 고려해 봄 직하다. 자기 몸의 상태와 기능을 질병의 가능성과 관련지어 생각하는 경우도 마찬가지다.

미국 사람들이 해마다 각종 약, 비타민제, 통증 완화제 등에 지출하는 엄청난 비용 가운데 상당 부분은 세균 침투나 질병의 가능성을 두려워하는 부모의 태도를 물려받은 내재과거아의 비위를 맞추는 데 쓰이고 있는 셈이다. 하지만 그러한 금전적인 측면은, 자신이 인생을 즐길 수 없을 정도로 쇠약하거나 병들어 있다고 생각하는 비참하고 불행한 처지에 비하면 별것 아니다.

자가 진단을 통한 선입견은 실제 질병으로 진전될 수도 있다. 1962년 덴마크에서는 진정제, 신경 안정제, 두통약 등이 대단히 많이 팔렸다고 한다. 그런데 한 의학 잡지의 보고에 따르면, 이러한 약물 복용이 심장병으로 입원하는 원인 중 2위였다고 한다(《뉴욕 타임스》 1962년 1월 27일자 참조).

• 당신에게 건강 염려증이 있는가

당신이 늘어놓는 불평이 현실적인 것인지 아니면 건강 염려증에서 비롯한 것인지 판단하려면, 먼저 당신의 독특한 불평에 관심이 있는 의사에게 철저하게 진찰을 받아야 한다. 이것은 당신의 불평을 객관적으로 살펴보는 기본 노선을 설정하는 일이다.

만일 당신에게 건강 염려증이라고 할 만한 경향이 조금이라도 있다면, 아마도 자신의 불평에 대한 체계적인 원인을 규명하지 않은 채 기본 노선을 이미 여러 번 설정했을지도 모른다. 그리고 의사의 검진이 철저하지 않았다고 생각했을 수도 있다. 그 결과, 많은 시간이 소요되는 검사나 약물 치료, 심지어 외과적인 조치를 요구하는 것은 이상한 일이 아니다. 메이요 진료소의 파우셋R. L. Faucett 박사도 지적했듯이, 불행하게도 "의사들은 흔히 환자의 소원이나 요청에 어쩌지 못하고 부응하는 방향으로 처신하고 있다."(Minnesota Medicine, 41:691, 1958) 이렇게 되면 훌륭한 의사가 되어야 한다는 초조함과, 미묘하고 모호한 증세의 원인을 찾아내지 못했다는 좌절감에 지고 들어가는 것이다.

당신 자신을 어떻게 대하는가

당신 자신을 어떻게 대하느냐, 곧 자신에게 어떤 유형의 부모 역할을 하고 있는지를 결정하는 데 기본이 되는 것은 '당신이 어떻게 느끼는가' 하는 점이다.

건강 염려증을 지닌 부모에 의해 만들어진 '병실 같은' 분위기, 불안과 두려움이 가득 찬 분위기에서 어린 시절을 보낸 사람은 하찮은 통증을 과장하는 습성에서 여간해서는 벗어나지 못한다. 그런 사람은 '머리가 아프다, 배에서 꼬르륵거리는 소리가 난다, 오늘 아침에는 용변을 보지 못했다, 손이 차다, 다리가 저리다, 등허리가 시큰거린다, 눈이 침침하다, 무릎이 뒤틀린다, 신경이 곤두서 있다, 압박감을 느낀다' 하는 식으로 온갖 증세를 호소한다. 거의 모든 경우에 아프거나 피로하다고 느끼는 것이다.

또한 자신이 병에 걸렸거나, 걸릴 것이라고 생각되는 조짐을 믿기 때문에 자신을 조심스럽고 부드럽게 대한다. 또한 몸이 조금만 이상해도 불안감에 휩싸이며 크게 과장한다. 그리고는 각종 약으로 자신이 걸렸다고 생각하는 병이나 상습적인 피로감을 막으면서 신체 기관이 정상으로 기능하는지 염려한다. 건강 염려증이 있는 사람은 장성해서도 한때 자신이 거쳐 온 시절의 어린아이로 머물러 있으며, 자기 부모와 똑같이 불안해하고 두려워하는 태도로 자신을 대한다. 그 결과, 자신이 많은 일을 해낼 수 없다고 생각하며, 다른 사람들이 인생 그 자체라고 생각하는 활동, 이를테면 노동, 성생활, 여가 등 많은 것을 맥없이 포기해 버린다.

건강 염려증을 드러내는 특징

누구나 기분이 좋지 않거나 정상이 아니라고 느낄 때가 있다. 감기, 두통, 근육통이나 피로감 때문에 괴로울 때도 있고 자기 자신마저 싫증나고 귀찮아질 때도 있다. 그럼에도 대개 그럭저럭 지탱해 나가려고 애쓴다. 그러나 어린 시절에 건강 염려증을 갖게 된 사람들은 고통을 과장하고 그것에 굴복한다. 그리고 막연한 증세에 사로잡혀, 인생에서 중요한 활동에 참여하는 대신 뒷전으로 물러서고 만다.

이와 같이 하찮은 고통을 과장해 아무것도 못하는 구실로 삼는 태도는 건강 염려증을 지닌 부모 밑에서 어린 시절을 보낸 사람들의 두드러진 특징이다. 건강에 대한 두려움은 고질적인 건강 염려증을 일으키는 중대한 요인이 된다. 왜냐하면 실제로 질병이 치유되더라도, 건강한 개인으로 기능할 수 있는 자신의 능력에 대해 또다시 걱정하게 되기 때문이다. 자기 자신에 대해 책임을 져야 하는 데 어려서 그럴 기회조차 가져 보지 못했기 때문에 자신이 병약하고 무능하다고 느낀다. 그리고 자신의 오랜 증세가 신체적으로 아무 근거가 없음이 밝혀지기가 무섭게, 새로운 증세를 꾸며 낸다. 그 이유는, 자신이 건강하고 씩씩하다고 여기기보다는 병치레를 하고 있다고 여기던 어린 시절의 정서적인 분위기에 배어 있기 때문이다. 그에게는 아프다고 생각하며 병석에 누워 있는 것이 정상적인 활동에 참여하는 것보다 훨씬 더 편안하다. 그에게는 건강이 오히려 위협이 되는 셈이다.

만약 당신이 병에 걸려서 사회 활동에 참여할 수 없거나 직업을 가질 수 없게 되기를 기대한다면, 당신의 내재과거아가 건강 염려증의 영향을 받았음을 강력하게 시사하는 것이다.

건강 염려증이 있는 사람도 때때로 자신이 아픔을 과장한다는 사실을 알고 있으며, 자기 직분을 다하지 못한다는 사실을 부끄럽게 여긴다. 우리는 만화, 영화, 텔레비전 쇼에서 끊임없이 약을 먹어대는 건강 염려증 환자들을 풍자하는 것을 자주 볼 수 있다. 하지만 그처럼 과장되는 아픔이 건강 염려증 환자들에게는 현실적으로 고통스러운 것이라는 점은 흔히 간과된다. 병세를 과장하는 태도가 자기 부모에게서 비롯된 것이며, 자신도 부모의 태도를 그대로 이어받아 되풀이하고 있다는 점을 깨닫지 못하는 한, 그런 태도를 버리거나 그에 대응할 기회조차 갖지 못한 채 마냥 시달릴 것이다. 그러다 보면 대개 그런 태도에 굴복하여 몸을 사리게 될 것이다.

많은 사람에게 통증은 현실적인 문제이기 때문에, 자신에게 건강 염려증 성향이 있다는 것과 자신이 이 성향을 어떻게 이용하는지를 제대로 알아차리지 못한다. 자신이 할 수 없는 일이 얼마나 많으며, 얼마나 자주 자신의 무능을 건강하지 못한 탓으로 돌리는지 눈여겨본다면, 부모에게 물려받은 태도가 자신의 인생에 끼치는 영향을 깨달을 수 있다.

한 부인은 자신이 깨달은 것을 이렇게 기록했다.

"어느 날, 나는 그저 나 자신에게 귀를 기울였다. 내가 아침에 일어나면서부터 나 자신에게, 남편과 이웃에게, 숙모와 아이들에게 늘어놓은 불평을 귀 기울여 들어 보았다. 그리고 그날 저녁 '오늘의 불평'이라는 제목 아래에 그 모든 불평을 적어 보았다. 내가 말을 건넨 사람들을 모두 적었고, 내가 그들에게 늘어놓은 불평을 모두 적었다. 적어 놓고 보니, 내가 과장하고 있다는 사실을 깨달았다. 글쎄, 우체부 아저씨에게 내가 눈병을 앓고 있다는 이야기까지 털어놓지 않았던가. 만약 그 모든 불평이 실제로 내 몸의 이상과 관련된 것이라면, 나는 입원해 있어야 할 것이라는 점을 깨달았다."

"하지만 만약 어떤 사람이 '제럴딘, 우리가 당신을 병원에 데려다 줄게요'라고 한다면, 나는 펄쩍 뛰면서 거부할 것이다. 나는 그 정도로 아프지는 않았으니까 말이다."

왜 그토록 많은 사람이 신체적으로 건강한데도 건강이 나쁘다느니, 막연히 어디가 아프다느니, 수술을 받아야겠다느니, 불행하다니니 투덜거리며 살아가는 것일까? 대부분의 경우, 이러한 투정은 자기를 다독거려 주던 어린 시절의 아늑한 분위기에 익숙해져 있는 해묵은 감정의 표현일 뿐이다. 병이란 실제로 흔히 있을 수 있는 것이고 병에 걸린 사람은 당연히 배려를 받기 마련이므로, 투정 부리는 사람 또한 다른 사람들의 동정과 관용을 얻을 수 있다. 그러나 이렇게 얻는 만족은 자신의 노력으로 얻는 자부심 넘치는 만족과 비교하면 그야말로 하찮은 것이다.

만약 당신이 아픔을 과장하고 있다는 생각이 들면, 자신의 생애에서 특별히 두 가지 면을 진단해 보아야 한다.

당신의 어린 시절

우선, 질병을 대하는 부모의 태도가 어떠했는지 생각해 보아야 한다. 그들은 건강한 편이었는가, 아니면 건강이 나쁘다고 하소연하는 편이었는가? 친구들과 비교했을 때, 당신의 부모는 날씨가 춥거나 비라도 내리면 조심하라며 유별나게 챙기는 편이었는가? 당신이 아픈 것 같으니 학교에 가지 말라고 하지는 않았는가? 세균에 대해서는 어떤 말을 했고, 세균에 감염되지 않기 위해 어떻게 했는지 기억하는가? 당신은 집안일이나 숙제, 그 밖의 사회적인 의무를 면제받기 위해 건강에 대한 부모의 걱정을 이용한 적이 있는가?

참고로, 의사는 당연히 질병 퇴치를 위해 노력하지만, 의사의 자녀들이 반드시 건강 염려증에 빠지는 것은 아니다. 이제 당신은 어른으로서, 당신의 부모가 건강에 대해 보이던 관심이 지나친 것이 었다고 규정할 수 있는가?

당신의 현재 생활

당신은 신체적으로 문제가 없는 것 같은데도 고통에 시달리는가? 자신의 건강에 대해 늘 걱정하는 편인가? 약속을 할 때 '만약 내 건강이 허락한다면'이라는 단서를 붙이는가? 대다수의 사람들보다 유별나게 건강에 관심을 기울이는가? 당신이 아는 사람이 어떤 병을 앓고 있다는 사실을 알게 되면, 당신 역시 그 병에 걸릴지 모른다고 걱정하는가? 건강이 좋지 않기 때문에 하고 싶은 일을 못한다고 생각하는가? 불평을 많이 하는가? 주기적으로 약물을 복용하는가? 약상자는 각종 질병 치료제로 가득 채워져 있는가? 어떤 질병에 대한 기사를 읽거나 어떤 의약품에 대한 방송을 보면, 그것이 당신이 직면한 문제를 가리킨다고 생각하는가? 민간요법에 의존해서 자신의 병을 치료하는가?

어린 시절에 관한 앞의 물음에서 당신의 부모가 건강에 지나친 관심을 쏟았으며 병에 대한 두려움에 사로잡혀 있었다는 사실을 깨닫는다면, 당신 또한 부모의 건강 염려증을 물려받았다는 것을 알게 될 것이다. 그 증거는 당신의 현재 생활에 대한 물음에 대부분 긍정의 대답을 하느냐 그렇지 않느냐에 따라 드러날 것이다.

• **유명한 가문의 건강 염려증**

높은 사회적 지위나 경제적인 안정도 건강 염려증을 막아 주거나 완화시키지는 못한다. 살아가면서 건강 염려증으로 불안을 겪지 않는다고 해도, 건강에 대한 두려움은 종종 과장되곤 한다. 인생에는 보통 여러 갈등과 문제가 따르기 마련이다. 하지만 경제적·사회적으로 안정되어 있을 경우, 갈등과 문제의 초점이 흔히 건강에 집중되고, 건강에 대한 관심이 상대적으로 증가하게 된다.

이러한 현상은 찰스 다윈Charles Darwin 가문의 역사에 명확하게 기록되어 있다. 찰스 다윈의 가문은 천재 혈통에 관한 각종 연구 대상에 으레 포함되곤 하는 가문이다. 이 가문의 사례는 명문 집안에서도 부모의 건강 염려증이 어떻게 대대로 전해질 수 있는지 보여 준다.

진화론으로 유명한 19세기의 뛰어난 과학자 찰스 다윈은 건강 염려증에 시달린 대표적인 사람이었다. 그는 건강할 때에도 항상 바람을 막기 위해 숄을 둘렀다. 찰스 부부는 열 명의 자녀를 두었는데, 그중 일곱이 성년기까지 살았다. 아들은 다섯이었는데 그중 셋이 매우 출중했으며, 특히 넷째 아들은 뛰어난 유전학자로서 영국 왕립 지질학회의 회장도 역임하였다. 그러나 일곱 남매 중에서 단 둘만이 건강 염려증에 시달리지 않았다. 나머지 다섯은 자기 가문의 좋지 못한 건강을 상징하는 숄을 어른이 되어서부터 죽을 때까지 두르고 지냈다.

건강 염려증의 유전성은 더글라스 허블Douglas Hubble 박사가 영국의 의학 잡지 〈란세트Lancet〉에 기고한 기사에 일목요연하게 정리되어 있다. 허블 박사는 다윈 가문의 일기, 편지, 자서전과 전기에서 자료를 모았다. 이 자료를 바탕으로 병적인 태도의 유전성에 대한 윤곽을 명확하게 밝혔다.

찰스 다윈은 과학 의술이 태동하던 무렵 부를 쌓은 슈루즈베리의 유명한 의사 로버트 다윈Robert Darwin의 아들로 태어났다. 로버트 다윈은 상냥한 사람이었지만 자기 견해에 반대하는 것을 용납하지 않았고, 다른 사람의 반응이나 대꾸는 일체 허용하지 않은 채 혼자 몇 시간씩 이야기하기를 좋아했다. 다섯째로 태어난 찰스가 아홉 살이 되었을 때 찰스 어머니가 세상을 떠났다. 그래서 찰스의 양육은 그의 누나 손에 맡겨졌는데, 훗날 찰스는 "이번에는 누나가 어떤 이유로 나를 꾸짖을까?" 하고 자문하면서 누나의 방문 밖에 서 있곤 했다고 술회했다.

로버트 다윈은 자애로우면서도 강압적인 태도로 아들 중 두 명을 의사로 만들기로 결심했다. 그래서 의사가 될 마음이 없었던 찰스와 에라스무스Erasmus를 에딘버러에 있는 의과 대학에 입학시켰다. 모든 상황으로 미루어 볼 때 그들은 질병에 대해 과학적으로 규명되지 않았던 시기에, 질병에 지나친 관심을 보이고 끊임없이 병의 징후를 점검하던 환경에서 자랐을 것이다. 다윈의 집에 방문한 적 있는 사촌은 그 가정의 억압적인 분위기에 대해 이렇게 썼다.

"우리는 오후 1시 반에 식사를 했고, 그다음엔 정돈하고 앉아서 날이 어두워질 때까지 세 시간가량 '밀물'이 오기를 기다렸다. 어색하고 지겨운 저녁이었다." 여기서 '밀물'이란 로버트 다윈이 생명, 죽음, 환자, 질병 등에 대해 두 시간 넘게 늘어놓는 장광설을 뜻했을 것이다.

어머니의 죽음으로 다윈 집안의 자녀들은 의지할 곳 없이 두려운 기분을 느꼈다. 찰스와 에라스무스는 의무감에서 의학 공부를 마치고 개업 자격을 취득했으나, 둘 다 의사가 되지는 않았다. 허블 박사의 말에 따르면, "로버트가 아들에게 가르치고자 했던 의학 지식이 도리어 그들을 꾸준히 노력할 수 없게 만들었다." 에라스무스는 의과 대학을 졸업한 뒤에 조용히 독신으로 살았다. 찰스는 자기 가문의 편견에 대해 쓴 글에서 에라스무스에 대해 "그는 소년 시절부터 건강이 좋지 않아서 활기가 없었다."라고 했다. 그러나 에라스무스가 72세까지 산 것을 보면 건강이 그리 나쁜 편은 아니었다.

찰스는 호구지책으로 돈을 벌어야 하는 곤란을 겪지는 않았다. 호기심 많고 사려 깊은 그는 지질학과 자연 연구에 빠져들었으며, 온갖 종種의 기원과 진화를 연구하게 되었다. 이러한 방향 전환이 마침내 오늘날까지 유명한 '비글호의 항해'에 나서게 만들었다. 찰스는 자서전에서 비글호의 항해가 시작되기를 기다리는 동안에 심계항진心悸亢進이 발병했다고 기록했다. 몹시 놀랍고 비참한 일이었으나, 찰스는 병세의 경고에 굴복하지 않았다. 찰스는 의사에게 여행을 하면 안 된다는 말을 듣지 않으려고 병세를 비밀로 했으며, 아예 의사를 찾아가지 않기로 작정했다. 그는 두려워하면서도 계획을 밀어붙였으며, 그 덕분에 종의 기원에 관한 업적의 기틀이 되는 관찰을 할 수 있었다.

성공적인 항해를 마치고 건강에 대해 어느 정도 자신을 얻은 그는 먼 친척인 엠마 웨지우드Emma Wedgwood와 결혼하였다. 웨지우드 가문은 가문의 이름을 상표로 한 품질 좋은 도자기를 생산해 영국 중상류층 사회에서 확고한 기반을 다진 집안이었다. 찰스는 행복해하며 항해에서 수집해 온 표본 연구에 전념하게 되었다.

그런데 아내가 임신을 하자, 찰스는 병을 앓게 되었다. 그는 불면증과 복통, 강박 증세를 호소했다. 결국 자리에 눕게 되었으며, 그 후 2년 동안 어떤 일도 하지 못했다. 그는 만사를 귀찮아했지만 엠마는 넓은 이해심으로 남편을 돌보았다. 찰스의 건강 때문에 사회 활동은 모두 뒷전으로 미뤘다. 허블 박사가 지적한 대로 "그들의 결혼 생활 초기에 이미 일생에 걸친 역할이 결정된 것이다. 찰스는 사회 활동이 불가능한 병약자였으며, 그의 아내는 완벽한 간호사였다."

의사인 아버지는 찰스가 몇 년 동안 조용한 시골에서 지내면 건강을 회복할 수 있을 것이라고 했다. 찰스 일가는 아버지의 권고를 받아들여 다운 하우스라는 시골 저택으로 이사했다. 찰스는 다윈 집안과 웨지우드 집안에서 경제적으로 도움을 받으면서, 친구들과 방문객들을 멀리한 채 조용히 연구와 건강 회복에만 전념하였다. 한적한 환경에서 아내의 보살핌을 받고, 사랑스러운 자녀들과 즐거운 나날을 보내며 찰스는 차츰 건강을 회복해 나갔다. 그는 날마다 두어 시간씩 조그마한 서재에 파묻혀서 독서와 연구, 분류와 사색에 몰두했다. 어쩌다 몸 상태가 아주 좋다고 생각되는 날에는 정원에서 산책을 즐길 수도 있게 되었다.

그러나 찰스는 솔을 벗어던지거나 집안의 주요 관심사가 된 자신의 건강 문제를 떨쳐 버리지 못했다. 그는 건강해 보였으나 줄곧 불면증과 위장 장애에 대해, 언짢고 피곤한 기분에 대해 호소했다. 그는 런던에서 열리는 과학자 모임에 참석하거나 누군가를 만나기 위해 여행할 엄두도 내지 못했다. 그의 건강한 모습을 본 친구들은 그가 날마다 고통스럽게 밤을 지새운다고는 생각하지 않았고 오히려 그의 건강이 좋아졌다고 믿었으며, 그가 겪는 고통을 건강 염려증으로 진단하였다. 찰스는 "모두들 내가 아주 건강해 보인다며, 내가 꾀병을 부리고 있다고 생각한다."라고 쓴 바 있다.

그러나 아내 엠마는 조금도 불평하지 않았다. 엠마는 자주 임신을 한 데다 점점 불어나는 집안일을 꾸려 나가야 하면서도, 건강 때문에 고통스러워하는 남편을 동정했다. 다윈 집안의 후손 중 한 사람과 결혼하여 〈짧았던 시절Period Piece〉이라는 다윈 가문의 전기를 쓴 미국인 레이버랫G. Raverat 부인이 이런 말을 한 적이 있다. "가족들의 건강이 여의치 않았으면 엠마는 틀림없이 가족들에게 매우 미안해했을 것이다." 허블 박사는 그들의 관계를 종합해서 이렇게 말했다. "가장 완벽한 간호사가 가장 완벽한 환자와 결혼했다."

찰스는 밤마다 잠 못 이루며 과학 연구에 몰두해 자신의 이론을 정립했으며, 아침에는 실험실에서 그 이론을 확인했다. 그는 책을 읽고 글을 쓰기는 했지만, 늘 피로하다고 느끼고 건강이 나쁘다는 생각에 젖어 있었기 때문에 열띤 토론을 벌이는 과학자들의 모임에는 참석하지 않았다.*

동료 과학자들이 그를 찾아왔을 뿐, 찰스는 다른 사람을 만나러 나갈 수 있을 정도로 자신이 건강하지는 않다고 생각했다. 한 친구는 비록 성공을 거두지 못하더라도 연구 내용을 공개해 보라고 진작부터 찰스를 재촉했다. 하지만 다른 과학자 하나가 비슷한 내용의 책을 출판하려 한다는 말을 듣고 나서야, 비로소 연구 결과를 정리하여 기념비적인 저서를 출판하기에 이르렀다. 다른 사람들과 고립되어 사는 삶은 찰스를 순수하면서도 무감각한 양면을 지닌 사람으로 만들었다. 찰스는 자신의 이론에 반론이 제기되리라는

---

* 제이 테퍼맨 박사는 이렇게 말했다. "…… 다윈은 자신의 병을 중요한 문제에 전념하기 위해 필요한 일종의 특권을 보장받는 수단으로 이용했다. 그는 위원회 모임에도 참석하지 않았고, 잔디를 깎거나 접시를 닦는 일도 하지 않았으며, 보이스카우트 유년대 부형 모임에도 참가하지 않았다. 여러 기록에 따르면, 그는 하루에 고작 두세 시간가량 연구에 몰두했다. 하지만 그가 깨어 있는 나머지 시간을 종의 기원에 관해 곰곰이 생각하면서 보내지 않았다고 믿기는 어렵다."(〈생물학과 의학에 관한 전망Perspectives in Biology and Medicine〉, 4:445, 1961).

것을 예상하지 못했다. 그리고 누군가 자기 견해를 공격해도 방어하려고 노력하지 않았으며, 토마스 헉슬리Thomas Huxley와 같은 동료 과학자들이 나서서 그의 정당성을 변론하도록 내맡겼다. 헉슬리는 찰스를 위해 신랄한 반대자들에 맞서 열성적으로 변론했다.

아버지로서 찰스는 애정이 깊고 지나치게 관대한 편이었다. 어쩌다 자녀에게 매몰찬 말이라도 하면, 마음이 편치 않아서 잠을 못 이룰 정도였다. 언젠가 큰아들에게 야단을 친 다음에 아들에게 용서를 청함으로써 주위 사람들을 놀라게 한 적도 있었다. 동정심은 깊었으나 말이 없고 현실적이던 아내와는 반대로, 사랑하고 사랑받기를 지나치게 원한 찰스는 모든 면에서 나약하고 감상적인 아버지였다.

건강과 바람, 세균에 대한 두려움을 끊임없이 하소연하던 찰스의 태도는 그의 자녀들에게 그대로 흡수되고 이어졌다. 자녀 중 하나가 아프기라도 하면 찰스가 워낙 불안해했기 때문에, 자녀가 아버지에게 병실에서 나가 달라고 애걸할 정도였다. 자녀는 불안하게 손을 비벼대며 애통해하는 아버지의 모습이 병 자체보다 참기 힘들었던 것이다.

찰스의 자녀 중 두 사람만이 심한 건강 염려증에서 벗어날 수 있었다. 장녀 애니가 열 살 때 죽은 후로 자녀들은 한결같이 아버지의 태도에 큰 영향을 받았다. 4년 뒤에는, 당시 열두 살이던 헨리에타가 원인 모를 열병을 앓았다. 헨리에타는 1년 동안 계속 열병을 앓았고, 회복하는 데 또 1년을 보냈으며, 남은 생애를 병약자로 살게 되었다. 의사는 그에게 아침 식사를 침대에서 들라고 권했다. 그는 86세로 세상을 떠날 때까지 의사의 충고를 따랐다.

건강 염려증에 시달리지 않은 것처럼 보이는 두 자녀는 엘리자벳과 윌리엄이었다. 엘리자벳은 정신적인 발육이 부진해 일생을 다른 사람에게 의존해서 살았다. 윌리엄은 열두 살 때 기숙사에 보내졌고, 그곳에서 건강에 대해 달리 받아들이는 태도를 익혔기 때문에 자기 가문의 병적인 편견에 물들지 않았다.

케임브리지 대학에서 천문학 교수를 역임한 조지 역시 자기 아버지의 건강 염려증과 건강에 대한 강박 때문에 매사에 피로를 느끼는 증세를 물려받았다. 레이버랫 부인의 말에 따르면, 조지는 미국 여성과 결혼했는데, "그 여성은 건강이 좋지 않은 것을 싫어하고 남편이 건강하기를 바랐다. 실제로 그의 건강은 상당히 좋아졌다."라고 한다. 또 다른 아들 레오너드는 울위치에 있는 육군 사관학교에서 아버지의 영향을 상당 부분 떨쳐 버렸다. 그런데도 그는 40세에 '건강이 매우 좋지 않아서' 퇴역을 했다. 하지만 그는 93세까지 살았다. 뛰어난 과학적 업적으로 작위를 받은 프란시스 다윈 경은 일생 동안 강박 관념 때문에 고통을 겪었는데, 허블 박사의 말에 따르면 그 강박 관념도 가문의 건강 염려증에서 비롯된 것이었다.

유명한 과학 기재 회사를 설립한 호레이스 경은 연약했으며, 지진아로 여겨질 만큼 발육이 부진했다. 레오너드는 나중에 우생학 협회의 회장이 된 호레이스에 대해 "나의 형제 가운데 적어도 호레이스는 인생에서 성공을 거둔 사람이라고 생각하고 싶다."라고 말했다. 가문의 건강 염려증은 38세의 호레이스가 병에서 회복되던 무렵 그의 어머니가 쓴 글에서도 나타난다. 그의 어머니는 "나는 너무 늙어 버린 아들을 보았다. 그의 연약한 손은 참으로 가냘퍼 보였다."라고 썼다. 일생을 병자로 산 헨리에타는 병상에서 참된 기쁨을 맛보았다. 그는 "사람이 병을 앓는다는 것은 샴페인 맛을 즐기는 것과도 같다."라고 술회한 적이 있다.

건강이 양호한 편이었고 건강 염려증으로 인한 무기력에서도 해방되었던 윌리엄 역시 바람을 두려워하는 집안의 내력을 이어받았다. 그는 웨스트민스터 사원에서 거행된 아버지의 장례식에 참석했을 때에도 바람을 피하기 위해 민둥민둥한 머리를 검은 장갑으로 내내 가리고 있어야 했다.

허블 박사는 이 특출한 가문에 대해 이렇게 평한다. "이 가문은 현대인의 관점으로 보아도 시기가 날 정도로 경제적인 안정을 갖추었으며, 하느님이 베푸는 풍부한 사랑 안에 있었다. 그런데 어린이의 성장에는 안정과 애정이 반드시 필요하다. 심리학자라면 이 사실에 모두 동의할 것이다. 이 두 가지가 결핍되었을 때는 어떤 선물로도 그 자리를 메울 수 없다. 다운 하우스 저택에 대한 기록은 어린이들이 좋은 것을 '지나치게' 많이 누릴 수도 있다는 점을 다시금 보여 준다. 애정이 지나치면 불안을 가져오고, 안정 속에서도 불안정에 대한 두려움이 생기는 법이다."

피상적으로 생각하면, 허블 박사가 일반화한 결론은 어느 면에서 사실인 것처럼 보일지 모른다. 하지만 실제로는 그 역시 부모의 지나친 태도를 '사랑'이라고 부르는 오류를 범하고 있는 셈이다. 실제로 다윈의 집안과 그 가문의 자녀들을 괴롭힌 문제는 질병에 대한 태도였다. 질병을 대하는 그들의 태도는 그 자체로 건강하지 못하고 병적인 것이다. 이는 두려움과 병세를 내세워 무기력해지도록 용인하는 관대함에 근거를 둔다. 게다가 그런 태도는 찰스와 에라스무스, 찰스의 자녀들을 보듯이 지나치게 방임적인 태도와도 연결된다. 찰스와 에라스무스가 원하지도 않던 의학 교육을 강요에 못 이겨 받아야 했던 것으로 보아, 강압과 관련된다고도 할 수 있겠다.

허블 박사의 말처럼, 사람들이 "좋은 것을 너무 많이 누리고 있다."라는 이야기를 예사로 할 때, 이것은 문제를 모호하게 만들고 부모의 병적 태도에 대한 각성을 방해하는 셈이다. 우리는 이와 같은 부모의 태도를 식별할 수 있어야 한다. 그래야 비로소 충만한 인생을 살아갈 수 있다. 또한 개인의 잠재력을 계발하기 위해 진지하게 노력할 때 잘못된 태도를 수정하고 제어하며 변화시킬 수 있다. 여기서 문제가 되는 것은, 자신에게 부모 역할을 할 때 부모의 병적인 태도를 그대로 이어받을 것이냐 그렇지 않을 것이냐 하는 점이다.

이것은 허블 박사의 말처럼 '지나친 사랑과 애정'의 문제가 아니다. 부모들은 대체로 지나치게 병적인 태도를 자녀에 대한 진정한 관심이자 '사랑와 애정'의 표현이라고 생각한다. 이것은 완벽주의, 강압, 유약, 방임, 그 밖의 태도가 흔히 내세우는 겉모습에 불과하다. 유별나게 병적인 태도를 제대로 깨닫지 못하면, 문제를 가볍게 만드는 것은 고사하고 오히려 문제를 가중시키는 혼란을 빚게 된다. 때로는 강력한 항의와 공격을 받게 되기도 한다.

'사랑과 애정'을 표현할 때 무엇이 옳지 않은지, 무엇이 실행되어야 하는지를 밝히지 않은 채, 이 두 가지가 인간에게 꼭 필요하다는 사실을 부정할 때가 있다. 미국에서는 제2차 세계 대전 때 젊은 군인들을 '어머니의 치마폭에서 자란 아이들'이라고 비난했다. 유약과 방임, 건강 염려증 등이 한데 어우러져 아들에 대한 어머니의 과보호를 뜻하는 '어머니 중심주의(Momism)'로 내몰리고 사회악으로 매도된 것이다. 그리하여 수많은 군인과 어머니들이 비난을 받고 상처를 입게 되었다. 그러나 이러한 공격은 진정한 문제를 규명하지 못했다. 또한 그러한 태도와 관련해서 군인으로서, 어머니로서 해낼 수 있는 일이 있다는 것을 이해하도록 돕지도 못했다. 그러나 '사랑과 애정'은 문제를 불러일으키는 태도를 숨기는 경우만 아니라면 흠잡을 데 없는 것이다.

• **건강 염려증의 영향을 받는 영역**

건강 염려증은 사람을 무기력하게 만드는 경향이 있다. 자신이 무기력해지는 것을 그대로 지켜볼 수밖에 없을 정도로 말이다. 그 결과 업무 수행 능력이 가장 심한 타격을 받겠지만, 대개 사회적으로나 성적으로 활동하는 능력도 타격을 받는다.

우리는 건강 염려증으로 어떤 대가를 치러야 하는지, 건강 염려증이 어디까지 영향을 미치는지 어렴풋하게 알 뿐이다. 대부분의 의사들이 실제로는 걸리지도 않은 심장 질환을 앓고 있다고 생각하는 환자들을 만나 봤을 것이다. 미국 심장 학회의 중요한 교육 내용 가운데 하나는 의사들에게 환자의 가슴에 청진기를 대고 의미 없이 "음음!" 하는 소리를 내지 말라고 가르치는 것이었다. 많은 환자들이 그 소리를 듣고 자신이 심장병을 앓고 있는데 다만 친절한 의사 선생이 자신에게 알려 주지 않았을 뿐이라고 단정한다. 가끔은 불안과 긴장 때문에 심장 박동이 빨라지기도 하는데, "음음!" 하는 소리에 충격을 받아서 활동을 자제하거나 일을 포기하고 절망 속에 살아가는 경우도 생긴다.

건강한 사람들이 이해하기 힘든 사실은 건강 염려증으로 고통을 겪는 이들의 태도가 꾀병이 아니라는 점이다. 그들이 호소하는 통증과 피로, 현기증은 그들에게 현실적인 것이며, 면박을 준다거나 격려를 한다고 해서 극복할 수 있는 것도 아니다.

우리 중에는 자신을 무기력하게 하는 건강 염려증에서 대체로 해방되어 있으면서도, 특정한 상황일 때는 건강 염려증으로 고통을 겪는 사람이 더러 있다. 이것 역시 부모들이 특정한 상황에서 표현하던 건강 염려증의 결과라고 할 수 있다.

예를 들어, 어떤 사람은 발이 젖는 것이 두려워서 비가 오는 날이면 장화를 신고 우의를 입고 우산을 들어야만 외출할 수 있다. 그러고도 폐렴에 걸리지는 않을까 걱정한다. 또 어떤 사람은 음식을 먹기 전에 손을 씻는 일에 대해, 해충에 대해, 모자를 쓰는 일에 대해, 땀이 나는 것에 대해 비슷한 두려움을 느낀다.

이러한 예방 조치는 건전한 편이지만, 때로는 불필요하게 활동을 제한하거나 즐거움을 누리지 못하게 가로막는다. 예를 들어, 음식을 먹기 전에 손을 씻는 것은 건강을 위해 필요한 일이다. 그러나 소풍을 갔을 때에는 손을 씻기가 쉽지 않고, 아예 불가능할 때도 있다. 그런데도 어떤 사람들은 식전에 손을 씻지 않으면 불편해한다. 먹지 않으면 배가 고플 게 뻔하지만, 먹자니 불편하고 기분이 개운치 않다. 실제로 위장 장애를 일으킬지도 모르는 노릇이다.

건강 염려증은 당신의 힘을 철저히 제한하기 때문에, 다음과 같은 분야에서는 그야말로 치명적인 타격을 입힌다.

일

건강 염려증으로 고통을 받는 사람은 일할 때 가장 큰 어려움을 겪는다. 그는 자신이 몹시 아프고 허약하며 피로하다고 느끼면서 아프다는 구실로 자주 결근을 하거나 맡은 업무를 충실히 해내지 못한다. 그가 자신만의 방법으로 어떤 일을 해내기란 몹시 어렵다. 물론, 건강 염려증을 충분히 배려 받으면서 탁월한 업적을 남길 수 있었던 다윈과 프로스트의 예에서 보듯이, 건강 염려증에 시달린 사람들이 과학과 문학 분야에서 금자탑을 쌓는 경우도 더러 있었다. 하지만 일반적으로 그들은 일상적이고 사소한 일마저 지속하지 못하는 편이다.

살기 위해서는 돈을 벌어야 한다. 그래서 건강 염려증으로 고통받는 많은 사람들은 일하기 위한 힘을 비축하려고 노력한다. 그런 다음 약을 조제 받아 복용하고, 직장 동료나 가족에게 동정받기를 바라며 몸부림친다. 그렇지만 업무 성과가 미진하고, 일이라는 것을 참기 힘든 짐이라고 여기기 때문에 아무 만족도 느끼지 못한다. 그리고 마치 병세나 고통을 과장하듯이 일의 난이도를 과장한다.

사회 활동

건강 염려증으로 고통받는 이들은 사회 활동에 만족스럽게 참여하지 못한다. 그런 활동에 참여하기를 바라지만, 자신의 건강을 믿지 못하는 것이다. 그래서 사회생활에 제약을 받기 마련이다.

간혹 다른 사람들이 먼저 찾아와서 그들의 하소연에 귀 기울이며 동정하면, 그들은 아주 흡족해한다. 또한 그들은 육체적으로 충분히 성장했음에도 부모 곁을 떠나지 못한다. 건강 염려증에 걸린 부모의 보호 아래 그대로 남아 있기를 원하기 때문이다. 그리고 그 이유로 흔히 자기들이 부모를 '모신다'는 점을 내세운다.

• 건강 염려증이 성과 결혼 생활에 끼치는 영향

많은 경우에 건강 염려증은 결혼 생활에 지장을 준다. 건강 염려증을 겪는 사람들을 동정하는 미래의 배우자들은 결혼 후에 동정심 많은 간호사 역할을 요구받으리라는 것을 막연하게나마 알게 될 것이다.

더 나아가서, 건강 염려증에 시달리는 사람은 건강이 좋지 않다는 하소연으로 자신의 소극성과 무기력을 변명할 것이다. 그리고 부부 관계에서 자신이 주도적으로 행동하거나 자기 역할을 제대로 수행하리라고 기대해서는 안 된다는 점을 배우자에게 분명히 밝히려 할 것이다.

이 모든 상황으로 인해 그들은 '불평은 적고 능력은 많은 사람'을 찾게 될 것이다. 처음에는 '간호사' 역할이 젊은 여성의 모성애와 젊은 남성의 의협심을 자극하는 경우도 흔히 있다. 하지만 실제로 건강 염려증을 지닌 배우자에게 괴로움을 당하고, 그것이 자신의 행복에 얼마나 큰 영향을 끼치는지 깨닫게 되면, 정상적인 결혼 생활에서 누릴 수 있는 만족감을 박탈당하고 착취당했다고 생각할 것이다.

따라서 부부 중 어느 한쪽이 건강 염려증을 가지고 있으면 대개 결혼 생활은 악화되기 마련이다. 여기에는 성적 관계를 아예 생략하는 경우도 포함된다. 사회 활동에 참여하기에는 자신의 건강이 좋지 않다느니, 두통과 요통이 있다느니, 피로하다느니 하며 끊임없이 하소연하는 여성은 성관계를 가질 때에도 고통을 느끼며 견뎌 내지 못할 것이다. 또는 성관계를 자신의 의무라고 생각해서 기쁨이나 만족을 느끼지 못하는 채로 응할 것이다. 순교자와 같은 마음으로 응하는 그의 태도에, 가해자 역할을 맡게 된 남편은 관계가 부자연스럽고 불행하다고 느끼며 실망하고 분개할 것이다. 남편은 아내의 건강이 회복되기를 바라겠지만, 아무리 치료해 봤자 별 도움이 되는 것 같지 않고 결혼 생활은 더욱 악화될 것이다.

건강 염려증에 시달리는 아내는 종종 자신이 맡은 집안일이나 요리, 장보기 등을 하지 못한다. 이것 역시 결혼 생활을 악화시키는 요인이 된다. 그런가 하면 남편이 가사를 혼자 떠맡을 수밖에 없는 경우도 있고, 건강 염려증이 있는 남편을 둔 아내가 생활비를 조달해야 하는 경우도 있다.

건강 염려증에 시달리는 사람은 흔히 둘러대고 변명하는 증세를 보인다. 이 상습적인 증세를 설명할 수는 없으나, 신체적인 질병이나 위독한 상태에서 야기되는 것과는 전혀 다른 상황을 불러온다. 수많은 경우에서 보듯, 실제 질병으로 인한 충격은 부부 관계에 심각한 위기를 초래하지 않고도 해소될 수 있다.

그런데 둘 중 한 사람이 건강 염려증에 시달리는 경우, 그 관계를 지속시키는 데 흔히 죄책감이 중요한 역할을 한다. 건강 염려증을 가진 사람은 자신이 배우자에게 무거운 짐을 지우고 만족감을 주지 못한다는 사실을 깨달으면 죄책감에 빠지고 중압감을 느끼며, 긴장까지 하게 된다. 마찬가지로, 정상인 배우자는 자신에게 부과된 불공평한 짐과 좌절감 때문에 관계를 포기하고 싶어 하지만, 아프다는 사람을 버리려 한다는 데 죄책감을 느끼기 때문에 차마 그렇게 하지 못한다. 이들의 결혼 생활은 좌절감과 비참함, 죄책감과 불행이 곪아터지는 온상이 될지언정 당분간 지속될 것이다.

만약 어떤 사람이 건강 염려증으로 고통받고 있다면, 그것은 가정을 안정시키고 아내를 돕는 것을 방해할 것이다. 또한 직장 생활에서 만족할 수 없어 승진하기는커녕 오히려 뒤쳐질 것이다. 건강 염려증에 시달리는 남성은 대체로 아내의 끝없는 동정심에 힘입어서, 또는 직장을 잃으면 아내의 후원마저 잃게 될 것이라는 두려움 때문에 직장 생활을 근근히 이어 간다. 그러면서 가정에서 특별히 배려받기를 기대하고, 요구한다.

어느 면에서 건강 염려증은 방임의 한 형태이며 방임과 유사한 증세이다. 건강 염려증이 있는 사람의 소극성과 다른 사람들에게 모든 것을 기대하는 의타심은 부모의 방임적인 태도를 통해 반복된다. 그러나 건강 염려증이 있는 사람은 방임된 사람들의 특징인 권태와 무관심 대신 질병 발생의 가능성을 소극성에 대한 구실로 삼는다. 그는 언제나 사람들의 죄책감을 자극해서 동정을 받고자 한다. 그는 '관심을 지속하지 못하는 무능함'으로 고통을 겪지는 않으며, 자신의 약점을 예리하게 감지한다.

• 레이 부인의 이야기

건강 염려증에서 쉽게 간과하는 사실은 고통과 통증, 피로감이 실제로 어떤 신체 기관이 고장난 것처럼 격심하게 느껴진다는 것이다. 25세의 섬세하고 예민한 레이 부인은 다음과 같은 이야기를 들려주었다.

"나는 11개월 동안 병석에 누워 있었어요. 각종 검사를 받고 X선 촬영도 여러 번 했지만, 어떤 의사도 문제를 발견해 내지 못했어요. 나는 지금 엉망진창이 되어 가고 있어요. 아마도 전적으로 내 마음의 문제인 것 같아요. 그래서 진정으로 이 문제를 극복해야 한다고 생각해요. 때때로 나는 극심한 고통을 느끼고 현기증에 시달리기도 해요. 그리고 나는 평소에 많이 울고, 몹시 의기소침해져 있어요. 스스로에 대해 생각하면, 눕지 않고는 못 견딜 것 같아요. 엄청난 중압감을 느끼고 있죠. 내가 미쳤거나 많이 아픈 것은 아닐까요? 나는 잠을 오래 자요. 나는 언제나 두려워하고 소심한 편이지만, 무엇을 두려워하는지는 잘 모르겠어요. 언제나 긴장해 있고 심란해하며, 사람들이 말하듯이 몹시 신경질을 부리는 편이에요."

"지난 몇 달 동안 신경과민을 진정시키기 위해 B12 주사를 맞았지만, 크게 도움이 되지는 않았어요. 남편은 뭔가 조치를 취해야 한다는 내 생각에 동의했어요. 나는 1년 전에 거의 탈진 상태에 빠진 적이 있는데, 그때 굉장히 긴장했었죠. 신경이 마치 바이올린 현처럼 팽팽하게 곤두서 있었으니까요."

"나는 3개월 동안 누워 있었지만 효과가 없었어요. 아무것도 못하고 그저 울기만 했지요. 자리에서 일어난 지 8개월이 되었지만, 이젠 몸이 너무 약해서 아무것도 할 수가 없어요. 집안일도 전혀 못하고 있어요."

"내가 이렇게 된 건 1년 전부터였어요. 그때 나는 유행성 감기에 걸렸죠. 감기가 다 나아가던 무렵에 가려움증을 느끼기 시작했고, 몹시 허약해졌다는 느낌이 들었어요. 가려움증은 점점 심해졌어요. 그런데 가려움증을 완화시키는 주사를 맞고 나면 거의 탈진 상태에 빠졌어요. 모든 게 자꾸만 악화되어 갔어요. 나는 현기증 때문에 4개월 동안 병상에서 일어나지도 못했는데 그때 결국 신경이 폭발했지요. 그러자 남편이 각종 검사를 받아 보라고 하더군요. 검사 후에 아무 이상도 발견되지 않았지만, 나는 여전히 아프고 허약하다고 생각해요."

"나는 외출할 때마다 두려움을 느껴요. 다시 현기증이 나타나기 시작했거든요. 현기증 때문에 어느 날 갑자기 나를 아는 사람이라곤 없는 길거리에서 쓰러지게 될까 봐 두려워요. 도무지 마음이 편안해지지가 않아요. 그러니 걱정이 거듭될 뿐이지요. 잠을 청해 보지만 도움이 되지는 않아요."

"결혼한 지는 5년이 지났어요. 남편은 건설 공사 현장의 감독관이에요. 나는 원래 서류를 정리하는 사무원으로 일했어요. 나는 그 일이 좋았지만 행복하지는 않았어요. 내가 일을 너무 열심히 했다고 생각해요. 사무실에서는 열심히 일하고 집에 와서는 집안을 깔끔하게 가꾸려고 애썼는데, 그건 나에게 너무 벅찬 일이었어요."

"감기에 걸리기 전까지는 나를 이렇게 엉망으로 만드는 일이 하나도 없었어요. 감기에 걸리기 직전에 사촌 언니가 우리를 찾아왔었어요. 언니는 좋은 사람이었지만, 언니를 위해 음식을 대접하고 모든 것을 더 준비해야 하는 건 일종의 부담이었죠."

"남편이 군에 입대한 직후에 우리는 결혼을 했어요. 그이는 제대한 후에 지금 다니는 직장에 취직을 했고, 그때부터 나는 가정을 지켜 왔죠. 우리는 둘 다 최선을 다했고, 남편은 더 열심히 일했어요. 그이는 나를 많이 도와주었고, 지금도 여전히 나를 잘 도와주고 있어요. 사실 지금도 집안일을 대부분 그이가 도맡아서 하고 있어요. 그런데 그이가 나에게 점점 싫증을 느끼는 것 같아요. 이제는 더욱 뚱해져서 아무 말 없이 앉아 있기만 해요. 그이는 나를 즐겁게 해 주려고 애쓰곤 했는데, 생각해 보면 내가 그이를 실망시키고 의기소침하게 만든 것 같아요. 이제는 내가 그이에게 말을 건네려 하면, 그이는 번번이 고작 '알았어.'라며 고개를 끄덕이고는 하던 일을 계속해요. 심지어 그 일이란 것이 그저 앉아 있는 것뿐일 때도 있어요. 나는 점점 더 그이를 지루하게 만들고, 아내 역할도 제대로 못하고 있어요. 그이는 명랑하고 애정 넘치는 사람이고 모두에게 호감을 사는 편인데, 내가 그이를 점점 더 침울하게 만드는 것 같아요. 나는 진정으로 이 병든 감정에서 벗어나야겠다고 생각해요."

레이 부인의 어린 시절 이야기에는 부모의 일상적인 태도가 건강 염려증의 지배를 받았다는 강력한 암시가 담겨 있다. 그는 자신의 어린 시절에 대해 이렇게 술회했다.

"나는 열 살 때까지 매우 골골했어요. 내내 병을 앓았고, 폐렴으로 입원까지 했었죠. 나중에는 복막염으로 수술을 받고 장기를 잘라 내기도 했어요."

"부모님과 형제자매들은 모두 사랑이 넘쳤어요. 내가 아플 때면 온 가족이 나를 친절하게 대해 주었죠. 사실 나는 응석받이로 자랐어요. 모두들 내가 원하는 것을 다 해 주었거든요. 어렸을 때 나는 참으로 행복했어요."

"어머니는 매우 훌륭하고 상냥한 분이었어요. 어머니는 가족을 위해서라면 언제든지 자신을 포기하셨어요. 어머니는 우리를 위해 일할 때 가장 행복해하셨죠. 우리는 언제나 어머니를 찾았고, 어머니는 항상 내 건강을 염려해 주셨어요."

"아버지는 병치레가 잦았어요. 아버지는 매우 신경질적이고 쉽게 흥분하는 까다로운 분이었어요. 아버지는 전과 마찬가지로 여전히 어머니에게 의존하며 지내시지요. 그래서 어머니 없이는 살 수 없다는 말씀을 입버릇처럼 하세요. 아버지도 내 건강을 많이 염려해 주셨죠. 나는 언제나 두 분 덕분에 내 방식대로 살아갈 수 있었어요."

이 이야기에서 건강 염려증의 근거가 될 만한 실마리를 찾아보자. "각종 검사를 받고 X선 촬영도 여러 번 했지만, 어떤 의사도 문제를 발견해 내지 못했어요. …… 언제나 긴장해 있고 심란해하며, 사람들이 말하듯이 몹시 신경질을 부리는 편이에요. …… 감기가 다 나아가던 무렵에 가려움증을 느끼기 시작했고, 몹시 허약해졌다는 느낌이 들었어요. …… 나는 열 살 때까지 매우 골골했어요. …… 내가 아플 때면 온 가족이 나를 친절하게 대해 주었죠. …… 어머니는 항상 내 건강을 염려해 주셨어요. …… 아버지는 병치레가 잦았어요. …… 아버지도 내 건강을 많이 염려해 주셨죠."

당신은 어렸을 때 겪은 병고에 대한 부모의 태도에서 이 같은 실마리를 찾아낼 수 있는가?

레이 부인이 사무원으로서 열심히 일하고, 주부이자 아내의 역할을 열심히 했다는 데에는 의문의 여지가 없다. 감기에 걸려 앓아눕기 전까지는 건강 염려증이 있는 내재과거아를 깊이 묻어 두고 있었던 것이다. 그러다가 어느 시점에 이르러 응석 부리던 어린 시절의 습성에 지배당하게 되었고, 병석에서 일어나려고 할 때 가려움증이 생겼다. 그리고 급기야 가려움증을 치료하다가 탈진 상태에 빠진 것이다.

레이 부인은 자녀의 건강을 염려하는 부모의 태도를 사실상 자신이 계속 이용하고 있다는 사실을 깨달았다. 그리고 이제 그 태도에서 벗어나기 위해 단호한 싸움을 시작했다. 그러나 쉬운 일은 아니었다. 그는 불평을 늘어놓는 내재과거아를 질질 끌고 다니면서 집안일을 해 나가기 시작했다. 장을 보는 일은 여전히 남편이 해 주지만, 집안일을 하는 데에는 남편의 도움을 받지 않아도 될 정도가 되었다.

그는 곧잘 현기증을 느끼고, 언제 갑자기 쓰러지지나 않을까 두려워한다. 그럼에도 억지로 바깥 공기를 쐬어 가면서 장볼 준비를 한다. 그는 이렇게 말한다. "나는 가만히 서서 눈을 감은 채 중얼거려요. 지금도 나는 부모님에게 응석 부리고 싶을 때 처신하던 그대로 행동하고 있고, 그것은 부모님이 나를 대하던 방식이라는 것을 이해하고 있어요. 그래서 '너에겐 잘못이 없다. 너는 잘 해낼 것이다. 나는 너를 비난하거나 너에게 굴복하지는 않을 것이다'라고 중얼거립니다. 이렇게 하면서 현기증은 사라졌고, 이제 내 일을 계속해 나갈 수 있게 되었습니다."

이러한 진전은 레이 부인에게 큰 만족감을 가져다주었다. 이제 더는 침울해하거나 의기소침해하지 않는다. 남편도 그의 노력에 고무되어 예전의 명랑하고 애정 넘치던 태도를 되찾았다. 성적인 측면에서도 관계가 회복되었다. 레이 부인은 "남편은 내가 더 나아질 거라고 기대해도 좋을 거예요. 그이의 신뢰가 있기에 나는 혼자서 더 많은 일을 해내겠다고 결심할 수 있거든요. 물론 나는 지금도 많은 일을 하려고 애를 쓰면 지쳐 버려요. 하지만 진정한 삶을 살기로 결심했기 때문에 날마다 조금씩이라도 노력하고 있습니다."라고 말한다.

자신의 내재과거아를 이해하고 받아들임으로써, 그리고 건강 염려증이 있는 부모와는 달리 자신을 응석받이로 취급하지 않겠다고 결심함으로써, 레이 부인은 좀 더 만족스러운 삶을 살아갈 수 있는 토대를 닦게 되었다. 매일 조금씩이라도 새로워지는 것은 대단한 노력이 필요한 일이었다. 하지만 그는 이제 "나는 할 수 없다."라고 불평하는 대신 날마다 조금씩 성취해 나가고 있다.

건강 염려증이 있는 사람이 해야 하는 노력을 누구도 과소평가해서는 안 된다. 불평을 잘하는 내재과거아는 언제나 사소한 아픔이나 고통, 부어오른 곳이나 멍든 곳을 과장하려 들 것이고, 새로운 증세에 엄살을 섞어 호소하려 들 것이다. 또 보살핌과 동정, 관용을 요청할 것이다.

건강 염려증이 있는 사람이 이러한 불평의 근원을 깨닫게 된다면, 일단 조심스럽게 그런 불평을 떨쳐 버리고 어른으로서 누릴 수 있는 만족감을 추구해 나가는 것이 바람직하다. 만약 그 불평을 난폭하고 모욕적인 태도로 밀어붙이거나 무시하고 부인한다면, 이내 되살아날 것이다. 그리하여 레이 부인이 앓던 감기처럼 실질적인 병으로 발전하면, 그때는 걷잡을 수 없이 요구만 하게 될 것이다. 어린 시절의 태도가 되살아나게 되면 극복하기가 참으로 어려워지기 때문이다.

• 건강 염려증의 기원과 구조

건강 염려증을 다루기 위해서는, 자신의 모든 병세에서 부모의 병적인 태도를 주의 깊게 식별할 필요가 있다.

건강 염려증은 지속성을 지닌다는 점에서 건강한 사람도 갈등이나 좌절, 분노 등의 결과로 겪을 수 있는 두통, 피로, 질투 등 정신적·신체적 증세와 구별된다. 우리 대부분은 건강 염려증과는 관계없이 그와 같은 증세를 한두 차례 겪어 보았을 것이다.

건강 염려증에 시달리는 사람이 불가능해 보이는 활동을 위험을 무릅쓰고 시도할 때, 과장되고 위험한 증세를 보일 수도 있다. 이 증세는 건강 염려증이 있는 당신의 내재과거아가 보이는 저항이다. 비글호의 항해를 기다리는 다윈이 심장 박동의 변화를 겪은 것 또한 이러한 증세를 보여 준다.

흔히 건강 염려증이 있는 사람은 동정과 관용을 구하는 요청이 몹시 두드러지는 반면 그 증세는 아주 사소하다. 때문에 사람들은 그러한 증세를, 순전히 '꾀병'이라고 생각하는 경우가 많다. 그리고 건강 염려증에 시달리는 사람들의 '병을 즐기는 듯한 태도'는 도움을 부탁받은 사람들을 화나게 하기도 한다. 그리하여 노골적인 비난을 불러오기도 하는데, 이러한 비난은 건강 염려증에 시달리는 사람의 무력감과 진작부터 느껴오던 죄책감을 더욱 심화시킨다. 그러나 이쯤 되면 건강 염려증적인 태도를 극복하기는 어렵다. 격려도 전혀 도움이 되지 않는다. 동정은 자기 병에 대한 확신을 굳혀 줄 뿐이다.

대부분의 건강 염려증은 부모가 알려 준 질병을 자녀가 두려워하는 데서 유래한다. 어린이는 자신에 대한 모든 것을 알고 있는 부모에게 무기력하게 의존하는 것이 버릇이 된다. 그리고 부모의 불안해하는 태도를 그대로 받아들여 부모를 모방한다. 그로써 자신이 부모와 가깝다고 느끼며 안도하고, 자기가 알고 있는 유일한 어른이자 보호자인 부모를 말 그대로 '좋아한다.' 그 자녀는 어른이 되어 자기 자신에게 부모 역할을 할 때에도 이 같은 부모의 태도를 답습한다. 이 태도가 자신을 보살피고 안도감을 가져다주는, 자신이 아는 유일한 방법이기 때문이다.

건강 염려증이란 다른 태도와 마찬가지로 부모에게서 자녀에게로 전달되는 것이다. 이는 오늘날에 비해 질병을 과학적으로 규명하지 못했던 과거에 더 만연한 태도이기도 하다. 또한 주위 사람들에게 받는 동정과 관용에 의해 뒷받침되곤 한다.

• 어떻게 대처할 것인가

건강 염려증에 효과적으로 대처하려면, 이 증세로 고통을 겪는 당사자가 직접 나서야 한다. 고통을 과장하고 있음을 스스로 깨달아야 하는 것이다. 또한 소극적이고 제한적인 태도와 자포자기로 인해 인생에서 크나큰 만족을 놓치고 있음을 절실하게 느껴야 한다. 피곤하더라도 싸우겠다는 결단을 내리고, 이전의 태도를 지양함으로써 새로 나타날 증세에도 대비해야 한다. 이 투쟁에 성공하기 위해서는, 다음 사항을 실행해야 한다.

1. 자신의 증세에 대한 의사의 판단을 합리적이고 과학적인 것으로 받아들여야 한다. 끊임없이 하소연하는 이유가 사실은 '두려워하는 태도' 때문이라는 것을 이해하려면, 현대 의학의 도움을 받아 스스로 만족을 찾아야 한다.

2. 자신에게 건강 염려증을 물려준 사람을 어린 시절 당신 가까이에 있었던 인물로 한정해야 한다. 예를 들면, 당신의 성장 과정에서 결정적인 역할을 한 부모나 조부모, 그 밖의 어른들이다.

3. 어린 시절에 받아들였던 건강 염려증을 지금도 답습하고 있다는 사실을 인식해야 한다. 우리는 대부분 사소한 증세를 가지고 있다. 예를 들어, 있는 힘을 다해 애쓰다 보면 피로를 느끼기 마련이다. 대부분의 사람들은 이 사실을 알고 각오하지만, 피로감이 우리를 무능력하게 만들도록 내버려 두지는 않는다. 증세를 과장하는 것이야말로 건강 염려증에 시달리는 사람을 무능력하게 한다.

4. 자신의 증세 때문에 각종 의무를 면제받고자 하는 생각과 싸워야 한다. 그리고 어른으로서 목표를 달성하는 데 적극적으로 참

여하기 위해 열심히 노력할 준비를 해야 한다.

5. 다른 이들에게 하소연을 하여 동정과 관용을 얻으려는 노력을 알아차리고 포기해야 한다. 그러한 노력은 죄책감만 더할 뿐이다. 자신이 설정한 목표를 달성하기 위해 적극적으로 노력함으로써 얻는 만족이 친구들의 동정과 관용에 의존해서 얻는 만족보다 훨씬 크다는 것을 깨달아야 한다.

6. 이 같은 노력은 장기적인 투쟁이 될 것이며, 때로는 스트레스를 느낄 정도로 퇴보하게 될 거라는 점을 깨달아야 한다. 여기에는 의사의 이해심 넘치는 지원이 필요하다. 의사는 어린 시절부터 몸에 익힌 환경을 극복하고자 노력하는 가운데 나타나는 새로운 증세의 특성을 파악할 수 있다. 만약 두려움을 그대로 받아들이고 모방하는 데서 안도감을 느끼던 내재과거아의 태도로 현재의 두려움을 다루고 있음을 깨닫는다면, 소심했던 당신의 부모보다 더 훌륭한 부모 역할을 할 수 있을 것이다.

자신의 내재과거아에게 더욱 훌륭한 부모 역할을 하는 요령을 터득할 때 가장 어려운 점은 어린 시절의 감정을 존중하는 안목을 기르는 것이다. 우리는 성숙해지고자 하기 때문에, 소위 '어린아이 같은 짓'으로 보이는 어떤 행위를 부끄러워하거나 멸시할지도 모른다. 우리는 그런 감정을 억누르려 하고, 면박을 주거나 무시하려고 한다. 만약 그렇게 한다면, 당신은 불행해지고 소외될 것이다.

그 대신, 예나 지금이나 당신이 자신의 어린 시절을 좌우할 수는 없다는 사실을 깨달아야 한다. 부모가 지나치게 건강을 염려했든지 완벽주의였든지 방임적이었든지 간에, 이러한 태도는 자신이 통제할 수 있는 범위를 벗어나 있다. 언제든지 당신의 인생에, 당신이 두려워하는 것에, 당신이 느끼는 것에, 당신이 희망하는 것에 작용할 것이다.

그러므로 인생에서 만족을 얻을 수 있는 기회는 자신의 내재 과거아를 겸손하게 받아들이는 데 달려 있다고 할 수 있다. 자신을 대하는 태도, 당신에게 고통과 불행을 가져다주고, 만족을 찾으려는 당신의 노력을 제한하는 부모의 태도를 당신은 변화시킬 수 있다.

제15장

응징

: 계속해서 과거사에 대해 보복하고자 한다면

만약 자신은 '착하지 않다', '악하다'고 자주 생각하거나, 자기 자신을 처벌하고 있다고 생각한다면, 또는 자신이 다른 사람에게 처벌받고 있다고 생각한다면, 당신의 내재과거아가 엄격하고 가혹한 응징 지향적인 환경에서 살았다는 징후를 가지고 있는 것이다. 처벌을 감당해야 하는 일을 하려고 하거나 자주 '보복하고자 하는' 증오심으로 가득 차는 경우에도 마찬가지다.

이러한 태도는 가정뿐 아니라 학교에서도 널리 볼 수 있으며, 우리 가운데 극소수만이 이러한 태도에서 완전히 벗어났을 뿐이다. 단호하고 응징적인 이 태도는 어른이 여가를 즐기며 느끼는 죄책감과 어린이가 혼자 놀다가 벌을 받을 것이라고 예상하는 연계적인 반응으로서의 죄책감을 잘 설명해 준다. 마찬가지로 세상에 '앙갚음하고자' 하는 원의와 다른 사람들을 호되게 비난하는 태도 또한 부모의 지나친 응징적 행위와 자녀의 보복하려는 마음에서 그 원인을 찾을 수 있다.

- **자신을 향한 응징에 대한 인식**

당신은 계속해서 '자신을 꾸짖고 있는가?' 많은 사람이 자신을 향한 응징적이고 비판적인 태도를 인식하지 못한다. 부모가 매를 아끼면 자녀를 버린다고 생각하는 문화권에서 양육된 사람들은 매질을 어른이 된 자신에게도 계속 적용한다. 이것이 바로 그들이 어렸을 때 자신을 다루도록 길들여진 방법이며, 어려서 자랐던 가정의 특징이기도 하다. 그들의 내재과거아는 지나친 징벌이 없으면 불안해하고 죄책감을 느낀다.

그런데 응징적 행위는 반드시 신체적인 것이어야 할 필요는 없었다. 그것은 당연히 미숙할 수밖에 없는 어린아이가 미숙한 행동을 했다는 이유로 죄책감과 극단적인 몰가치감沒價値感을 갖게 하는 엄격한 도덕화였을 수도 있다.

충동적으로 행동하고, 호기심이 많으며, 자신과 주변 세계를 끝없이 탐구하는 어린이가 자녀를 징벌로 대하는 가정에서 계속 '성가신 존재'로 남아 있기란 불가능하다. 어린이는 어른다운 지식과 시야를 갖추지 않았기에 자신의 충동성을 인식하지도 못하고 충동을 자제해야 할 필요성을 이해하지도 못한다. 하지만 호된 꾸지람과 모진 매질, 근엄한 도덕화로 인해 자기가 '몹시 악하다'는 생각을 점점 더 깊이 확신하도록 길들여진다. 그 어린이가 늘 잘못을 저지르는 것은 아니지 않는가? 그가 항상 말썽을 부리는 것은 아니지 않는가? 그의 행위는 더 좋아질 수 없었는가?

이 가혹한 응징적 행위에는 반드시 일종의 사랑과 애정이 뒤섞여 있다. 가혹하고 잔인한 매질조차도 어린이를 보호하고, 어린이에게 세상과 그 세상에 속한 자신을 알려 주는 방법이 될 수 있는 것이다.

이 모든 요인과 소아기의 뿌리 깊은 애정과 보호의 결과로, 징벌 위주의 대우를 받으며 자란 사람들은 흔히 어른이 되어서도 자신에게 지속적으로 나름의 징벌을 가하고 이를 인식한다. 하지만 그 징벌이 삶을 즐기는 능력을 얼마나 파괴하는지 인식하는 데에는 큰 어려움을 겪는다.

그들은 자신이 얼마나 힘들게 일했는지, 어렸을 때 얼마나 잔인하게 취급받았는지, 애정을 줄 수 없거나 받을 수 없다는 것이 얼마나 큰 불행인지, 긴장을 풀 수 없다는 것이 사회 생활에 얼마나 큰 불이익을 주는지에 대해 불평을 늘어놓을지도 모른다. 하지만 근본적으로 응징형 부모의 방식대로 자신을 대하고 있다는 사실과 현재의 난관을 연결 지어 생각하지는 못한다. 그는 "내가 나 자신에게 벌을 주고 있다고 말씀하시는 건가요? 그래요. 나는 나 자신에게 벌을 주고 있습니다. 나는 벌을 받아 마땅한 인간입니다. 그런데 내가 왜 이 울적한 말을 되뇌어야 하는지 이해할 수 없습니다." 라고 말할지도 모른다.

자신을 응징 위주로 대하는 사람인지 아닌지 아는 데에 가장 좋은 실마리는 어른이 된 당신의 현재 감정에 있다. 그 감정 가운데 가장 중요한 것은 죄책감, 보복심, 공포감 등이다.

죄책감

부모가 응징적인 행위를 하면 자녀는 자신이 '나쁘다', '작은 악마다', '말썽꾸러기다', '끝없이 나쁜짓을 하고 있기 때문에 올바르게 나아가려면 호되게 맞을 필요가 있다'는 감정에 빠져들게 된다.

그렇게 자란 사람은 어른이 되어서 잘못된 행위를 전혀 하지 않고도 계속 죄의식을 느낀다. 특히 혼자서 즐거움을 맛보는 행위를 한 경우에 그렇다. 만약 어떤 일에서 즐거움이나 해방감을 느낀다면, 그의 내재과거아는 그를 '나쁘다'고 여길 것이다.

그러므로 자신에게 부모 역할을 할 때, 엄격하고 도덕적이며 응징 지향적일 수밖에 없게 된다. 그래서 한때 그의 부모가 말했던 그대로 '악하다', '못됐다', '창피하다', '착하지 않다', '전혀 쓸모없다'는 말을 자신에게 한다. 실제로는 나쁜 짓을 하지 않았어도 죄책감을 느끼며 자신을 처벌함으로써 '잘못의 대가를 갚아야 한다'고 생각하는 것이다.

흔히 이 징벌은 극심한 노동의 형태로 나타난다. 집이 깨끗한데도 걸핏하면 힘들게 대청소를 하는 주부는 그만큼 빈번히 자신을 처벌하는 것이다. 그 이유는 무엇인가? 그는 옳지 못한 일을 하지 않았지만 죄의식을 느끼는 것이다. 그리고 빈둥빈둥 놀면서 지냈다느니, 맡은 일을 게을리 했다느니, 교회에 가지 않았다느니, 남편의 돈을 하찮은 데 낭비했다느니 하며 자기 탓을 한다. 그러나 객관적으로 보면, 그 이유 중 어느 것도 죄책감의 원인이 되지는 못할 것이다. 결국 날마다 자신을 처벌하는 것만이 그에게 안도감을 준다고 할 수 있다. 그래야 비로소 편안함을 느끼는 것이다. 그는 '나쁜 짓'을 했다는 이유로 자신을 처벌하고 있다.

이와 마찬가지로, 처벌 위주의 대우를 받으며 자란 사람들은 흔히 하루치의 일을 다 하고도 손바닥의 허물이 벗겨지고 근육이 당기고 관절이 쑤시지 않으면 만족하지 못한다. 오히려 자신이 빈둥빈둥 놀았고 윗사람을 속였다는 감정, 곧 죄책감을 느낀다. 이러한 자기 응징의 양상은 자신에게서 필요 이상으로 박탈하는 데서부터 자신의 감정을 상하게 하거나 신체적으로 상처를 입히는 데 이르기까지 다양하다.

응징형 부모는 매질뿐만 아니라 "너는 나를 아프게 만드는구나." 하는 질책에 이르는 온갖 처벌로 자녀를 길들인다. 그 자녀들의 죄책감은 어른이 되어서도 흔히 "나는 애물단지야. …… 나는 너무 칠칠치 못하고 못났어. …… 나는 변변치 않은 부엌데기야."와 같은 자기 비하의 형태로 나타난다.

그러나 객관적으로 볼 때, 이런 말들의 태반은 사실과 다르다. 이 말은 대개 자기 응징이다. 죄책감을 느끼는 사람은 자신을 별로 존중하지 않거나 아예 존중하지 않는다. 그는 자신의 나약함이나 결점에만 관심을 보일 뿐 자기가 성취한 것들은 대부분 무시한다. 이것이 응징형 부모가 그를 대하는 방법이었기 때문이다.

어쩌다 사람들이 업적을 칭송하면, 죄책감을 느끼는 내재과거아는 자신이 얼마나 '악한' 사람인지 잘 몰라서 그러는 것이라고 스스로에게 말한다. 그는 어린 시절에서 유래하는 죄책감을 모면하기 위해 때때로 기진맥진해질 때까지 자신을 호되게 몰아세우곤 한다.

어떤 사람이 당신을 칭찬하는데 얼굴이 붉어지거나 마음이 거북해진다면, 대체로 내재과거아가 당신 자신에 대한 어떤 만족감도 부인하려 들기 때문이다. 이 같은 어린 시절의 죄의식이 당신에게 워낙 철저하고 깊이 스며들어 있기 때문에, 스스로 아무 짝에도 '쓸모없다'고 생각하는 경우가 많다. 만족감은 그들을 당혹스럽게 만든다. 그래서 결국 자기 자신을 처벌하고 혹사해야만 하는 것이다.

많은 기혼 여성이 성관계를 즐길 때, 순간적으로 남편 아닌 다른 남자에게 마음이 더 끌린다고 느낄 때, 더 예쁜 옷을 갖고 싶어 할 때, 자신을 나쁜 여자라고 매도한다. 어린 시절의 죄의식은 남녀를 막론하고 성적인 반응을 제대로 하지 못하도록 마비시키는데, 이 죄스러운 금기 사항은 그들이 존경하는 어떤 어른이 인내심을 가지고 이해해 줄 때 비로소 완화될 것이다.

어린 시절의 죄책감은 흔히 어른이 되기를 열망하는 형태로 나타난다. 이 열망이 생기는 것은 엄격한 가정의 응징적 행위에서 벗어나 어른으로 받아들여지기를 바라고, 어른으로서의 삶을 누리고 싶어 하기 때문이다. 그러나 내재과거아가 처벌을 예상하면서 죄책감과 불안감을 느끼게 만든다. 이웃들이 어떻게 생각할지 걱정하고, 돈과 성에 대해 불안해하는 것은 자신을 향한 응징적 행위의 한 형태이다. 이 불안하고 죄스러운 감정은 특히 어린 시절에 금지당했던 것과 연결된다.

그런데 부모의 응징적 행위로 인한 더 큰 불행은 뿌리 깊은 죄책감과 몰가치감을 불러일으켜 아무것도 즐길 수 없게 한다는 점이다. 이는 많은 이의 삶을 가혹하게 제한하고 의기소침하게 만든다. 그러한 내재과거아를 지닌 사람은 휴일이나 친목 모임도 가볍게 즐기지 못할 것이다. 그는 자신의 창의적인 능력을 받아들이기까지 힘들고 불편한 시간을 보낼 것이다. 어린 시절에 응징적 행위로 고통을 당한 여자에게는 주방을 꾸미는 일도 단지 칭찬을 받고, 그 칭찬에 대한 만족감에 스스로 놀라기 위한 일일 따름이다. 그 순간, 가학적이고 응징적인 내재과거아는 그를 제어하여 칭찬에 만족한 데 죄책감을 느끼게 한다.

보복

당신이 어렸을 때 지나친 처벌을 받았다면, 내면에서 타오르는 격심하고 일반화된 증오를 제어해야 한다는 사실을 이미 알고 있을지 모른다. 이것은 비난과 반항, 심한 불평, 질투나 시기, 세상에 대한 강한 복수심으로 나타날 수도 있다.

그러나 사랑을 베푸는 부모가 훈육과 처벌을 행한다면 어린이들은 그것을 받아들일 수 있게 된다. 그러면서 차츰 자신의 충동적 행위를 제어할 필요성과 행동을 통제하는 규율의 필요성을 받아들이게 되는 것이다.

그러나 부당하고 지나친 처벌에 대한 어린이의 반응은 보복하고자 하는 강렬한 마음으로 나타난다. 그런 어린이는 응징형의 부모를 미워하게 된다. 실제로 "지금은 나보다 크니까 나를 야단칠 수 있지만, 내가 힘이 더 세질 때까지만 기다려 보세요. 그때 나는 당신에게 복수할 테니까요."라고 말할지도 모른다.

처벌이 부당하다고 생각할수록, 보복의 불꽃은 더욱 맹렬하게 타오를 것이다. 그리고 징벌을 피하기 위해 거짓말을 할 줄 알게 될 것이다. 그렇게 되면 자기가 거짓말을 하기 때문에, 아직 부모를 응징할 수 있을 만큼 충분히 크지 않기 때문에 파괴적인 자기 경멸을 느끼게 될 것이다. 혹독하게 벌을 받은 어린이는 복수를 꿈꾼다. 그는 훈육과 규율의 필요성을 파악할 줄 모르며, 다정함도 느끼지 못한다.

그는 어른이 되어서도 여전히 자신을 부당하고 잔인하게 처벌한 사람들에게 보복하고자 하는 간절한 원의에 따라 움직일지 모른다. 하지만 대개는 부모가 어른이 된 그의 삶에서 사라졌을 것이기 때문에, 보복하고자 하는 원의는 여러 가지 방법으로 드러날 것이다.

예를 들면, 자기보다 작거나 약한 사람들에게 자기가 처벌받았던 그대로 응징을 가하는 것으로 드러날 수도 있다. 또한 물건을 훔치거나 집안을 난장판으로 만드는 것과 같이 모든 규율을 위반하여 부모를 실망시키는 형태로 나타날 수도 있다. 흔히 이것은 금지된 것이면 무엇이든, 금지하는 사람이 누구이며 무엇을 금지하는지 고려하지 않고 저질러 보려는 충동적인 원의일 수도 있다.

어렸을 때 보복적인 증오심을 가졌던 사람은 어른이 되어서도 일상에서 쉽게 만족을 찾지 못한다. 그리고 내재과거아의 보복하고자 하는 원의에 사로잡혀 일생을 보낸다. 그들은 흔히 자신이 사랑을 주고받을 수 없다는 사실을 알게 되는데, 이것이 보복하고자 하는 그들의 욕구를 충족시켜 주지는 못한다.

자신의 보복 지향적이며 잔인하기까지 한 충동적 행위의 근원을 깨닫지 못하는 한, 그들이 할 수 있는 것은 단편적인 제어뿐이다. 그들의 응징적인 태도는 다른 사람들을 멀리하게 하고, 다른 사람들이 그들을 두려워하고 기피하게 만든다. 이러한 태도는 흔히 가까운 가족 관계에도 파멸을 초래할 수 있다. 뒤에서 살펴볼 엘레아너의 이야기는 이러한 보복 지향적 충동의 해악을 보여 준다. 이것은 응징적 행위가 결혼 생활에 끼치는 영향과도 관계된다.

보복 지향적인 충동의 가장 특징적이고 명료한 사례는 젊은 범죄자에게서 발견할 수 있을 것이다. 그들의 범죄는 어렸을 때 보복할 수 없었던 과도하고 잔인한 처벌에 대한 복수심에서 비롯된 경우가 많다. 그들은 부모에 대한 맹목적인 증오심에서 사회와 규율을 일종의 보편적인 부모로 여기고 보복하기를 갈구하는 것이다.

그러나 그들의 범죄는 대부분의 보복 지향적인 행위와 마찬가지로, 만족감을 주기보다는 죄책감을 느끼게 하는 경우가 많다. 또한 그들의 '악함'을 확인시키고, 죄책감을 심화하며, 자신을 상처받은 사람으로 만든다. 때로는 범죄자들이 자신의 죄책감과 보복 지향적인 충동을 제어할 필요성을 없애기 위해 공개적으로 자신을 '악한 사람'으로 낙인찍음으로써 스스로를 비난하기도 한다.

이러한 보복 지향적 충동은 뻔뻔스러운 태도, 비난과 독선, 다른 사람들에 대한 응징적 태도, 질투와 시기, 성적인 불장난과 간통 등으로 다양하게 나타난다. 자부심을 고양시키는 생산적인 노력에 투입되어야 할 에너지가 어린 시절의 보복 지향적인 원의를 충족시키는 데 허비되고 있는 것이다.

공포심

응징적인 환경에서 양육되는 사람은 죄책감과 공포심을 느끼며 성장한다. 그는 어느 누구도 신뢰하지 못하며, 자신의 정체가 드러나 처벌받게 될까 봐 두려워한다. 그는 보복하고자 하는 자신의 원의를 두려워하며, 보복 지향적인 감정이 드러날까 봐 두려워한다. 또한 이것은 죄책감과 몰가치감을 더욱 증가시킨다. 그가 보복하고자 하는 원의는 매우 강경하고 잔인하다. 그는 이것을 제어할 능력이 없다는 사실을 두려워하기 때문에 훨씬 더 강력한 권위로 자신을 처벌하려 할 것이다.

그러므로 어렸을 때 미숙한 충동적 행위로 끊임없이 처벌을 받아 온 사람은, 제 아무리 반항과 허세를 가장한다 하더라도 흔히 공포심 때문에 내면적인 무력감에 빠진다. 그는 이 모든 충동과 공포, 죄책감을 제어하고 은폐하기 위한 노력으로, 참기 힘든 긴장과 불안을 겪는다.

그는 어려서부터 부모의 심한 응징적 행위로 인해 자신이 '악하다', '착하지 않다'는 점을 확신해 왔다. 그러므로 그에게 유일하게 위안이 되는 것은 응징이다. 또한 자신에게 부모 역할을 할 때 가장 안전하고 유일한 과정 역시 스스로 가하는 자기 응징이다. 그럼에도 그는 어렸을 때나 어른이 되어서나 자신에게 잘못이 없었다는 점과 처벌이 지나쳤다는 점을 알고 있다. 따라서 보복하고자 하는 원의는 점점 커지고, 공포감 또한 커져 복수심에 불타는 충동을 제어하지 못하는 데 긴장과 불안을 느끼게 된다.

만약 이와 같이 숨겨진 죄책감과 보복하고자 하는 원의, 공포심과 긴장감을 당신 내면에서 부단히 투쟁하는 것들로 이해한다면, 어린 시절 당신 가정에 응징적 행위가 있었음을 말해 주는 증거가 된다. 당신은 여전히 부모의 가혹한 태도나 엄격한 규율 때문에 그들에게 보복하기를 원할 수도 있지만, 이제부터라도 자신에게 더욱 상냥한 부모 역할을 시작할 수도 있을 것이다.

이따금 응징적인 대우를 받는 어린이가 부모의 태도를 무조건 본받아 자신을 처벌하고, 착한 사람이 되려고 필사적으로 노력함으로써 부모에게 인정받고자 하는 경우가 있다. 그런 어린이가 어른이 되면 독선적인 사람이 되기 쉽다. 그의 보복은 다른 사람들을 '나쁜 사람'이라고 멸시하는 것이다. 또한 끝없이 이어지는 '도덕화'는 다른 사람들과 멀어지게 한다. 왜냐하면 그가 부모와 똑같은 식으로 다른 사람들에게 죄책감을 느끼게 하기 때문이다.

그러나 응징적 행위는 무엇보다도 자발성自發性을 파괴한다. 혹독하게 처벌받아 온 사람들은 대부분 몰가치감과 죄책감, 보복하고자 하는 원의, 공포심 등에 속박되어 있기 때문에 자발성을 쉽게 발휘하지 못한다. 자발성은 자신과 다른 사람들을 신뢰하는 능력을 요구하는데, 응징적인 대우를 받아 온 사람들은 자발적인 충동을 두려워한다. 그 충동이 어렸을 때는 벌을 불러왔기 때문이다.

일반적으로, 자발적인 즐거움은 그들이 받아 온 처벌 위주의 가정 교육과 지속적인 자기 응징에 의해 사라져 버렸다. 그들은 오직 가혹하게 처벌받은 내재과거아에게 상냥하고 이해심 있는 부모 역할을 함으로써 자발적으로 신뢰하고, 느끼고, 움직이는 능력을 되찾을 수 있다.

• 두 번 결혼한 여성의 이야기

자라나는 어린이에게는 자연스럽고 당연한 행위인데도 여전히 스스로를 처벌하고 있다는 점을 인식하지 못하는 한, 어린 시절의 죄책감이라는 응징의 굴레에서 벗어날 수 없을 것이다. 그러나 당신은 자신에게 부모 역할을 함으로써, 무엇이 당신을 그렇게 행동하도록 만드는지 인식할 수 있고 그 암울한 굴레에서 빠져나올 수 있을 것이다.

그런데 이 같은 노력에 따르는 어려움을 과소평가해서는 절대 안 된다. 필자는 어린 시절에 날마다 매를 맞았다는 한 여성을 알고 있다.

매일 저녁 그의 아버지가 귀가하면, 신경질적이고 근심이 많던 어머니는 그가 행한 '악한' 일들을 아버지에게 보고했고, 그러면 아버지는 '그를 더 잘 가르치기 위해' 매질을 했다. 그러나 처벌이 가해지는 대다수의 경우와 같이, 그는 결코 좋아지지 않았다. 매질과 모멸적인 상황은 그가 십대가 될 때까지 계속되었다.

마침내 그 여성이 그토록 바랐던 보복의 날이 왔다. 한 남자가 친절하게 말을 걸어왔던 것이다. 남자는 '착해 보인다'는 말을 하며 데이트를 신청했다. 데이트는 여자의 부모가 특별히 금지했던 것이다. 그때까지는 어머니가 '질이 좋지 않다'고 평가한 남자 아이들과 이야기만 해도 매를 맞았다. 남자들과 함께 지내본 적이 없는 그는 이번 일이야말로 응징형의 아버지에게서 자신을 구하기 위해 하늘이 내린 기회라고 생각했다.

그는 여러 번 집에서 몰래 빠져나와 남자를 만났다. 그리고 영원히 부모 곁을 떠나겠다고 극적으로 공개하여 부모를 놀라게 할 기회를 꿈꿨다. 하지만 막상 남자와 데이트하는 날이면, 엄청난 죄책감과 두려움을 느끼며 걱정했다. 남자는 여전히 사랑한다는 말을 해 주었다. 부모는 단 한 번도 그에게 해 준 적이 없는 '사랑한다는' 말이 그에게 승리감과 떳떳함을 느끼게 해 주었다. 하지만 그는 데이트를 한 사실이 부모에게 발각될까 봐 걱정하였다. 결국 데이트 사실을 극적으로 공개하기에는 아버지가 너무 무섭다고 생각한 나머지, 열일곱 살에 집을 나와 버렸다.

그런데 그 남자가 말로는 사랑한다고 하면서 실제로는 아버지처럼 잔인하고 야비한 사람이라는 것을 알게 되었다. 남자는 그를 폭행한 다음 뉘우치며 용서를 빌었고, 잠시 후에 다시 때리면서 온갖 욕설을 퍼부었다. 남자의 욕설은 한동안 그에게 꼭 들어맞는 것처럼 보였다. 그것은 몰래 남자를 만나다가 눈이 맞아서 도망친 여자를 욕할 때 그의 아버지가 하던 욕설과 똑같았다. 그러니까 그는 스스로를 처벌한 셈이었다.

그러나 차츰 그 욕설 중 어느 한마디도 자신에게 해당되지 않는다는 사실을 깨달았다. 또한 그토록 잔인하고 폭력적인 남자와 지금껏 살고 있는 이유가 자기가 착하지 않으며 돼먹지 못한 여자라는 생각에 대한 두려움 때문이라는 사실을 인식하게 되었다. 그 남자와 함께 산 지 8년이 지난 뒤에야, 그는 마침내 자신에게 잘못이 없으며 그 남자가 친절하고 사랑을 베푸는 남편이 될 수 없다는 사실을 깨달았다. 그는 남편을 버렸고, 온갖 욕설을 들으면서 이혼했다.

그 여성은 백화점에서 2년 동안 상품 창고 보조 사원으로, 그다음에는 판매 사원으로 일했다. 조용하고 차분한 그는 사람들의 호감을 사려고 몹시 애쓰는 가운데 직장에서나 집에서나 가외의 일을 함으로써 자신을 처벌했다. 그는 매일 밤 자기 집 마룻바닥을 힘들게 닦았다. 또한 친목 모임이나 영화 관람, 점심 식사 등에 초대를 받으면 모조리 거절함으로써 자신을 처벌했다. 어쩌다 점심 식사나 영화 관람 초대를 받아들이고 싶다고 생각하기도 했다. 하지만 거절해야 한다고 생각했고, 아버지와 전 남편에게 들었던 온갖 욕설을 생각하며 자신을 처벌했다.

그는 외로움에 고통스러워했으며 인생이 공허하다고 생각했다. 그리고 그런 식으로 일생을 보내고 싶지는 않다는 사실을 깨달았다. 이제 데이트 신청이 들어오면 받아들여야겠다고, 다시 결혼을 하게 된다면 친절하게 대해 주는 남자와 하겠다고 다짐하기에 이르렀다. 차츰 동료들과 함께 점심 식사를 하기 시작했으며, 그들을 통해 다른 사람들도 만나기 시작했다. 얼마 후에 그는 온화하고 근면하며 마음을 헤아릴 줄 아는 남자를 만났고, 그 사람을 좋아하게 되었다. 그 남자는 같이 저녁을 먹거나 영화를 보자고 자주 연락해 왔다. 여성은 그 제의를 받아들였고, 그 남자가 자기 아버지나 전 남편과는 확실히 다른 사람이라는 사실을 확신하게 되었다. 마침내 자신을 사랑과 존경으로 대해 주는 그 남자의 청혼을 받아들였다.

그러나 안락한 아파트에서 그 남자와 함께 산 지 6개월 정도 지났을 때, 그 여성은 점점 우울해져 갔다. 그는 우울 증세가 한참 심할 때 필자를 찾아와 자신이 '착하지 않은 사람, 게으름뱅이, 못된 여자, 아무 쓸모도 없는 존재'라고 말했다. 그리고 자신이 남편에게 아무 가치도 없는 존재라고 생각했다. 하지만 남편은 아주 선량하고 친절하게 그를 대해 주었으며, 화를 내거나 때리지도 않았다.

이 여성은 자신의 내재과거아가 지니고 있는 몰가치감과 죄책감으로 인해 아버지와 같은 응징형의 남자와 결혼함으로써, 그리고 스스로 응징형 부모 역할을 함으로써 번번이 어린 시절의 가정 분위기에 말려든 것이다. 그의 자기 응징은 극에 달했다. 심지어 자신을 때리던 전 남편과 살던 때조차도 스스로를 심하게 처벌했다. 전 남편과 헤어진 뒤 혼자 살 때에도 마찬가지였다. 전 남편과 헤어지면서 자신에게 잘못이 없음을 입증해 보이겠다고 결심했던 때처럼 가외 일을 하거나 매일 저녁 마루를 닦음으로써 자신을 처벌했다.

자신을 괴롭히지 않는 남자와 결혼하고 난 뒤에도 마음이 편치 않았다. 상냥하고 사려 깊은 남편이 그 여성을 사랑해 주었음에도 극단적인 몰가치감과 서글프고 우울한 감정을 느꼈다. 자신이 누군가에게 그런 호의를 받을 만큼 좋은 사람이 될 수 없다고 생각한 것이다. 어린 시절의 해묵은 죄책감이 스스로를 사기꾼이라고 말했던 것이다.

우리는 대체로 어렸을 때부터 알던 안도감을 느낄 수 있게 해 주는 배우자를 찾으려고 한다. 그런데 이 여성은 정중하고 사려 깊으며, 친절하고 사랑할 줄 아는 남자를 신중하게 선택하는 동안, 일생에서 늘 중요한 위치를 차지했던 감정적인 요소, 곧 응징적 행위를 고려하지 않았다. 그래서 의기소침해질 정도로 자신을 비하함으로써 응징을 가했다. 그는 남편의 좋은 면을 발견할수록, 자신이 그만큼 쓸모없는 존재라고 느꼈다.

이 여성은 자신을 높이 평가하고 존중할 수 있게 될 때까지 응징적인 자기 비하와 싸우느라 어려움을 겪었다. 그는 의기소침해졌던 자신의 감정이 일종의 응징이라는 점을 한동안 인식하지 못했다. 또한 자신에게 잘못이 없다는 사실을 입증하고, 응징적이지 않은 남자를 찾으면서도, 자신이 긍정적인 발걸음을 내디뎠다는 사실을 미처 이해하지 못했다.

마침내 그 첫걸음을 혼자서 비참하게 내디뎠다는 점을 깨닫게 되면서 자신을 존중하기 시작했고, 내재과거아가 지니고 있던 몰가치감을 떨쳐 버리기 시작했다. 그리고 우울한 감정도 어느 정도 줄어들었다. 그는 이제 남편의 친절과 사랑에 힘입어 응징적인 자기 비하를 제어할 수 있다는 사실을 안다. 자신이 남편의 존경과 사랑을 받을 자격이 있다는 점을 차츰 알게 된 것이다.

• 응징적 행위의 기원과 구조

당신 안에 존재하는 응징적 행위의 기원과 구조를 이해함으로써, 자신을 어떻게 처벌하는지 그리고 이처럼 가혹하고 자기 파멸적인 처신을 어떻게 저지할 수 있는지 알 수 있다.

응징적 행위란 무엇인가

응징적 행위란 부모가 개인적인 적개심과 공격적인 감정을 끊임없이 드러내면서 자녀를 지나치게 엄격하고 가혹한 태도로 대하는 행위를 말한다. '사랑'과 '미움'이 동전의 양면과 같은 것처럼, 응징형 부모는 대개 자녀를 매우 사랑하고 잘 보살피는 편이다. 그들은 자신의 응징적 행위가 자녀의 안전과 이익을 위해 필수적인 것이라고 생각한다. 그리고 주눅 들어 있는 자녀에게 욕설과 매질을 퍼부으면서 "이게 다 너 잘되라고 하는 일이란다."라고 말한다.

이것은 애정 어린 인정認定조차 기대할 수 없는 어린이들의 자기 존중과 성장을 가로막는 행위이다. 응징적 행위는 어린이를 쓸모없고, 착하지 않고, 악하고, 사랑받을 가치도 없는 존재로 매도하며,

어린이의 감정이나 관심사를 존중하지도 않는다. 또한 그 나이에는 자연스러운 행동인데도, 어린이들이 처벌을 피하기 위해 거짓말을 하거나 속임수를 쓰게 하는 경우가 많다.

뒤에서 살펴보겠지만, 응징적 행위를 대신할 수 있는 건전한 대안들이 있다. 그러나 미국 문화권에서는 응징적 행위가 대체로 받아들여지고 있거나, 부모의 권리로 양해되거나, 합법적으로 정당화되고 있다. 당신은 부모의 응징적 행위와 학대가 개인적인 문제가 아니라는 점을 인식해야 한다. 아마 당신의 부모도 당신과 비슷하게 어렸을 때 학대받았을 것이며, 다른 많은 어린이의 경우에도 그러했을 것이다. 이때 부모는 태도의 '전달자' 역할을 한다.

응징적 행위는 어떻게 발생하는가

부모의 응징적 행위는 대체로 다음 두 가지 방법으로 발생한다.

1. 응징적 행위는 흔히 부모가 실망하거나 자존심이 상했거나 좌절했을 때 생기는 적대감과 공격적인 성향을 교육이라는 명분으로 자녀에게 발산할 때 일어난다. 때로는 어린이가 다른 것에 몰두해 있는 부모의 관심을 끌기 위해 미숙한 행동을 함으로써 응징적인 행위를 야기하기도 한다. 그런 다음에는 어린이가 어른의 분노 발산의 표적이 되기도 한다. 또는 어린이가 창의적인 일을 전혀 할 수 없게 되는 경우도 있다.

한편 부부 사이의 불화, 직장 내 고민, 세금 부담, 먼 도시에서 일어난 범죄 기사 등 부모의 삶에서 벌어지는 여러 사건으로 인해 자녀에게 더 엄격한 규율을 적용하기도 한다. 이것은 어린이의 반항과 도전을 불러일으키기도 한다. 이러한 반항, 도전은 흔히 응징을 불러온다.

많은 부모가 자녀에게 큰 적개심을 품는다. 왜냐하면 자녀들은 부모를 불편하게 하고, 당황하게 하며, 주의를 기울이기를 요구하고, 부모가 하려는 일을 방해하기 때문이다. 이 점이 바로 어린이가 흔히 적대감의 대상이 되는 이유이다. 또한 어린이는 자신을 방어하지 못하고 매우 의존적이기 때문에 부모의 좋지 않은 감정의 확실한 발산처가 된다. 흔히 자녀를 또 하나의 자신으로 여기는 부모는 자녀의 미숙한 행동을 보면 크게 당황해서 가혹한 처벌을 가한다. 부모 자신도 어렸을 때 앞뜰에서 몰래 오줌을 누다가 들킨 적이 있으면서도 말이다. 그들은 자녀를 호되게 매질하면서 "지금 너를 때리고 있지만, 내가 너보다 더 아프단다."라고 소리를 높일 것이다.

게다가 젊은 부모들은 더 미숙한 경우가 많다. 그들은 부모의 문제점과 책임을 자녀의 탓으로 돌리고, 걸핏하면 응징적 행위에 의존한다. 이는 흔히 그들이 자기 부모에게서 받았던 응징적 행위에 대한 직접적인 보복이 된다.

2. 위에서 본 응징적 행위가 어느 정도 부모의 내적 감정에 좌우되어 자발적으로 발생하는 유형이라면, 자녀를 매질하는 것이 부

모의 필수적인 책임이며 자녀를 키우는 적절한 방법이라고 믿는 징벌적 행위 유형도 있다. 이러한 신념은 아주 잘못된 것이긴 하지만, 고통스러운 가르침이 곧 훌륭한 가르침이라는 주장을 신봉하게 만든다. 아픔은 기억되기 때문이다.

그러한 부모들은 자신도 그런 식으로 양육되어 왔기에 대개 지나칠 정도로 엄격하다. 그들은 실제로 "규칙을 알고 있겠지? 그리고 그에 따르는 벌도 알고 있겠지? 네가 규칙을 어겼으니 이제 벌을 받아야 해. 아프겠지만 이건 네 탓이야."라고 말하면서 응징적 행위에 개인적인 감정을 개입시키지 않으려고 노력한다.

사실 대부분의 어린이들은 이러한 규율을 지킬 수 있다고 기대하기에는 아직 미숙하다. 그러나 규율이 가볍게 정해지는 경우는 거의 없으며, 규율을 어겼을 때는 가차 없이 징벌이 뒤따른다. 그러한 가정에서는 흔히 어머니가 그날그날의 규율 위반 사례를 아버지에게 보고하고, 처벌은 아버지가 한다. 이 경우, 심리적인 면에서 보면 가정은 감옥보다 나을 것이 없다.

응징적 행위가 어떻게 일어나느냐 하는 것과 상관없이, 이 행위는 거의 언제나 '가르침'으로 일컬어진다. 그리고 매 맞고 야단을 맞는 어린이는 '더 잘 행동하도록 배워야 할 것'이라는 말을 듣는다. 이것은 어린이에게 '착하지 않다'고 말하는 것이다. 처벌이 거듭될 때마다 계속 강조되는 이러한 '판결'은 많은 사람이 평생토록 징벌을 통해 자신을 꾸짖는 자기 비하의 원인이 된다.

응징적 행위가 부모 자신의 불만족 때문인 경우에는, 부모가 이 행위를 필수적인 것이라고 믿는 경우보다 덜 빈번하게 일어날 것이다. 다만 이 경우에는 아주 과격할 때가 많다. 대개 부모는 자녀의 범칙 행위가 사소했고 자신의 징벌이 부당했다는 점을 즉각 인식한다. 그러면 부모는 자녀를 꾸짖은 데 대한 죄책감을 덜기 위해서 자녀를 지나치게 방임하기도 한다.

응징적 행위가 완벽주의나 지나친 강압의 방식으로 가정을 지배하는 경우는 매우 드물다. 응징적 행위는 매우 일반적이긴 하지만, 대개 다른 태도와 공존하며 부차적인 원인으로 작용한다. 부모의 입장에서는 흔히 어떤 일이 잘못되고 있다고 생각할 때 응징적 행위를 발동한다.

예컨대 응징적 행위는 어린이가 부모의 지나친 요구 앞에서 망설일 때, 또는 어린이에게 더 큰 효과를 주려고 할 때 사용되는 지나치게 강압적이거나 완벽주의적인 태도의 최종 결과일 수도 있다. 이것은 앞에서 말한 것처럼 지나친 방임과 연결되기도 한다. 또는 자녀의 요구에 지나치게 관대하던 부모의 뒤늦은 제동일 수도 있다. 지나치게 유순하거나 방임적인 부모는 대체로 응징적 행위에 큰 죄책감을 느끼기 때문에, 이미 도를 넘어선 '원인이 되는 태도'를 쇄신하려 한다. 또한 응징적 행위는 거부拒否와 연결되기도 하는데, 이 경우 자녀는 골칫거리이자 부담스러운 짐으로 간주된다. 그런 자녀는 존재만으로도 처벌받는 수가 있다.

또한 어른의 실망이나 좌절에서 야기되는 응징적 행위는 그다지 일관적이지 않을 때가 많다. 이 경우, 가혹한 정도는 자녀의 잘잘못보다 부모의 내적 기복에 좌우된다. 부모는 자녀의 나쁜 행실에 대해 처음에는 웃어넘기거나 애교로 봐주다가 나중에는 따끔한 말이나 체벌을 가하는데, 자녀의 잘잘못과는 아무 관련이 없으므로 거의 언제나 지나친 것이라고 할 수 있다.

자녀에게 벌을 주는 것이 하나의 교육 방법이라고 믿는 부모들은 오히려 일관성 있는 사람들일 수도 있다. 그들은 자신이 설정한 엄격한 규율을 분명히 알아듣게 하려고 애쓰고, 그것을 매우 엄격하게 집행한다. 그리고 많은 경우에 '잘못한 것에 적합하게' 벌을 내리려고 한다. 하지만 그럼에도 부모의 개인적인 감정 기복이 반드시 영향을 끼친다. 또한 그들 자신도 이런 식으로 양육되어 왔기 때문에 세상을 '자기 일은 자기가 해야 하는' 냉혹하고 준엄한 장소로 파악하기 쉽다. 부모들이 보여 주는 규제 중심의 규율과 지나친 응징적 행위는 그들의 부모가 보여 준 응징적 행위에 대한 보복인 경우가 많다.

필요 이상의 규제는 어린이의 잠재력 발달에 이롭지 못하다. 예를 들어, 오랫동안 밤 9시를 취침 시간으로 지켜 오던 어린이 중에는 그 시간만 되면 당연히 잠자리에 들어야 하는 경우가 있다. 또한 어린이의 사회 활동이나 체육 활동이 전면적으로 금지되거나,

제한적인 범위 안에서만 허용되는 경우도 있을 것이다. 간단히 말해, 어린이의 사회적·정서적 욕구가 심각하게 무시당할 수도 있다는 말이다.

규율을 일관성 있게 적용한다면, 어린이는 자신이 처벌받아 마땅한 짓을 하고 있는지 알 수도 있다. 하지만 그 어린이는 자라면서 계속 금지된 방향으로, 곧 속이고 거짓말하고 죄를 짓는 쪽으로 이끌릴 것이다. 대표적인 사례 하나가 자녀의 데이트를 부모가 비합리적인 이유로 금지하는 것인데, 이러한 조치가 흔히 난혼亂婚을 초래한다.

일부 응징형 부모들이 "나는 한 번도 자녀에게 손 댄 적이 없다."라고 자랑스럽게 단언한다. 이러한 부모들은 한편으로 응징적 행위의 해악적인 형태, 곧 '지나친 윤리화'를 실행한다. 그러나 어린이의 미숙한 행위에 대해 '나쁘다' 또는 '악하다'고 하면서 윤리적 잣대를 부여하는 것은 어린이를 때리는 것과 똑같은 효과를 낸다.

실제로 수많은 어린이가 이것이 더욱 견디기 어렵다고 말할 것이다. 왜냐하면 부모의 응징은 어린이에 의해 즉시 '자기 응징'이 되고, 더 나아가 끝없이 이어질 수도 있기 때문이다. 그러므로 이러한 응징은 언제나 지나친 것이 되고, 어린이들이 '말하기'를 두려워하는 이유가 된다. 또한 '윤리화'는 어린이의 감정 체계에 자신을 몹시 비하하는 왜곡을 가져온다. 그리고 자녀에게 체벌을 가하는 부모에게서 나타나는 경우도 많다.

모든 응징적 행위는 어린이에게 지나친 죄책감을 느끼게 한다. 그리고 자신이 착하지 않고 쓸모없으며 사랑받을 자격도 없는 존재라고 여기게 한다. '선과 악'의 윤리적 도식은 건전한 자부심을 발달시키기에는 너무도 융통성 없는 구조이다. 다른 형태의 응징적 행위와 마찬가지로, 부모는 응징적 행위를 윤리화하는 과정에서 자녀에게 적개심을 드러내고 자신의 죄책감을 떠넘긴다. 종종 부모의 신앙이나 인정받고자 하는 자녀의 원의가 자녀에게 '심리학적 매질'을 가하도록 오용되기도 한다.

저명한 언론인인 월터 리프먼은 자신의 저서에서 언젠가 그가 겪었던 사건을 다음과 같이 이야기했다.

"나는 단짝 친구 두세 명을 생일 파티에 초대한 적이 있습니다. 우리는 흥분해서 생일 케이크를 무기로 사용하면서 바닥을 더럽히고 말았습니다. 내 방을 정돈해 주던 가정부는 몹시 화가 났고, 오직 신앙만이 사태를 무마해 줄 것이라고 생각했습니다. 가정부는 오후 늦게야 엄숙한 목소리로 잔소리를 하기 시작했습니다. 중산층 가정에 전기가 보급되기 전이라 가스등을 사용하던 시절이었는데, 초라한 가스등 불빛 아래서 가정부의 목소리를 듣는 것보다는 매를 천 대쯤 맞는 편이 차라리 나았습니다. 우리는 케이크 부스러기가 뒤덮여 있는 바닥 위로 그림자가 어른거리는 것이 더 견디기 힘들고 불길했고 비난이 쏟아지는 듯했습니다. 나는 금방이라도 하느님의 분노가 터져 나올 것 같은 느낌에 울음을 터뜨리고 말았습니다. 나는 그 뒤로 여러 해 동안 하느님을 황혼녘의 두려운 존재로 여겼습니다."

하느님이 어린이들에게 죄책감을 심어 주거나 공포심을 주는 존재가 결코 아니라는 사실에 당신도 동의할 것이다. 그러나 수많은 응징 지향적인 사람들에 의해 하느님이 이런 식으로 이용당하고 있다. 아마도 리프먼의 경우와 비슷한 일들이 많은 가정에서 날마다 벌어지고 있을 것이다. 가정부에게 당한 것도 그토록 가혹하고 잔인했는데, 만약 자기 부모에게 이런 식으로 응징을 당했다면 더욱 견디기 어려웠을 것이다. 아마 많은 사람에게 이 말이 메아리칠 것이다. "가정부의 목소리를 듣는 것보다는 매를 천 대쯤 맞는 편이 차라리 나았습니다."

응징-보복의 순환

아래에 짤막하게 요약한 사항에서 당신이 어린 시절에 감수해야 했던 응징적 행위 유형을 골라낼 수 있을 것이다. 또한 당신이 자신에 대한 부모 역할을 맡아서 수행하는 한, 아마 이 유형 가운데서 자신을 계속 응징하는 몇 가지 방식을 발견할 수 있을 것이다.

당신은 지난날 부모가 택한 것과 똑같은 방식으로 자신을 응징하고 있을 것이다. 부모가 일관성을 보이지 않았다면, 당신도 그렇게 할 것이다. 부모가 당신의 욕구를 무시하는 엄격한 규율을 만들었다면 당신도 그렇게 할 것이고, 당신의 욕구에 의해 그 규율을 스스로 위반하도록 끊임없이 강요할 것이다. 그러면 당신 스스로를 처벌하게 될 것이다. 비만인 사람들이 다이어트를 할 때처럼, 계속해서 자신을 처벌하는 태도를 보이다가 어느 순간부터는 자신을 지나치게 방임하게 될 것이다.

여기서 분명하게 말할 수 있는 것은 자기 응징의 한 형태인 자기 비하가 어린 시절 가정의 응징적 행위로 인해 형성된다는 점이다. 또한 어린 시절에는 응징-보복의 순환이 확립된다. 어린이에게 응징을 가한 결과에 관한 연구를 보면, 어린이는 응징에 대해 다음 중 한 가지나 몇 가지가 결합된 형식으로 반응한다는 사실을 알 수 있다.

1. 응징을 초래하는 행동
2. 부모에게 복수하려는 보복적 원의
3. 자기 응징적인 죄책감과 몰가치감

어른의 활동을 가로막는 자기 비하, 죄책감, 몰가치감이 자신을 응징하는 사람들에게서 볼 수 있는 주요한 특징이다. 자기 응징은 복수하고자 하는 원의를 발동시키는데, 지난날에 당한 응징에 대해 여전히 품고 있는 원한에 자극받는 경우가 많다. 자신을 응징하는 사람은 흔히 다른 이들에게 욕설을 퍼붓고 잔인하게 대하려고 하며, 한때 상처받은 만큼 다른 이들에게 상처를 입히고 싶어 하는 보복적 원의에 좌우된다. 그리고 자신에 대한 부모 역할을 하면서 자신을 응징하기도 하고 이 응징에 대해 보복하기도 한다. 자기비하가 특히 심각할 경우에는 다른 사람들이 자신에게 벌을 주도록 유도하기도 한다.

자신에게 부모 역할을 하는 가운데 이러한 요인을 줄여 나가는 것이 자기 응징을 완화하는 데 도움이 될 것이다. 만약 보복적 원의를 일으키는 강력한 원인이 어린 시절에 겪은 징벌이라는 사실을 인식한다면, 다른 사람들과 자신에게 폭언을 퍼붓고자 하는 욕구를 줄일 수 있을 것이다. 당신의 죄책감과 몰가치감이 실제로 어린 시절의 어떤 응징적 행위에 의해 만들어졌으며, 어떻게 자기 응징의 형태를 이루는지 이해한다면, 자신이 성취한 것과 성취할 수 있는 것을 바탕으로 스스로를 새롭게 평가할 수 있을 것이다. 이것은 당신의 보복적 원의를 줄이는 데 도움이 될 것이다.

그리고 이러한 노력은 자신을 응징해야 할 필요성은 물론, 그 응징을 견딜 수 있다는 사실을 다시금 입증해 보여야 하는 필요성 또한 줄여 줄 것이다.

• 응징적 행위에 흔히 관련되는 영역

응징적 행위는 삶의 여러 영역에서 발생한다. 그리고 사람들은 갖가지 일에서 각기 다른 방식으로 자신을 응징한다. 이때 근본적인 응징-보복의 순환이 드러나는 형태는 언제나 똑같다. 다만 몇몇 특정한 영역에서는 더욱 두드러지게 나타난다.

일

사람들이 자신을 응징하는 가장 일반적인 방법은 아마도 일을 통해서일 것이다. 어떤 사람들은 어린 시절에 형성된 보복심을 충족시키기 위해 다른 사람을 혹사하기도 한다.

수많은 사람들이 육체적으로 고된 일을 함으로써 자꾸만 떠오르는 내재과거아의 감정, 곧 자기는 악하며 착하지 않다는 감정을 떨쳐 버리려고 애쓴다. 당장 하지 않아도 되는 힘든 청소를 일삼는 가정주부가 그러한 예에 해당한다.

그런가 하면 응징 지향적인 배경을 지닌 사람들을 매료시키는 직업도 있다. 그러한 직업은 매를 맞으며 자란 사람들의 어린 시절과 비슷한 환경을 제공한다. 예를 들면, 모래 채취, 광석 채굴, 부두 하역, 트럭 운전, 육체노동과 같이 소위 막노동이라고 부르는 일이다. 이러한 직업은 어린 시절에 잔인하게 매를 맞는 등 가혹하게 처벌받으며 자란 사람들의 마음을 잡아끈다. 힘든 노동을 통해 어렸을 때 경험했던 응징을 스스로에게 계속 가하는 것이다.

많은 사업가들이 복수심을 바탕으로 상대방을 냉혹하게 쓰러뜨리려고 한다. 흔히 이러한 감정이 현재 경영하고 있는 사업으로 이끈 경우도 있다. 그들은 보수나 경력, 자신이 기여할 수 있는 부분보다도 상대방을 굴복시키는 데에 더 관심을 보인다. 어린 시절 침대에 누워서도 잠들지 못하고 응징형의 부모를 굴복시키고 보복하고자 했던 것처럼, 지금도 잠 못 이루며 경쟁자에게 치명적인 일격을 가하는 상상을 한다. 경쟁이 치열한 사업의 세계에서는 그러한 사람들이 지시를 내리는 높은 지위에 오르는 경우가 많다.

지난날의 응징적 행위에서 비롯된 압박감은 종종 그러한 압박감을 완전히 해소할 수 있는 일을 하도록 강요한다. 예컨대, 어렸을 때 엄격하고 응징적인 대우를 받은 사람들은 흔히 경찰이나 군인, 또는 그 밖에 통제적인 기능을 발휘할 수 있는 직업에 매료된다. 그리고 어린 시절에 형성된 적개심은 자신이 위협을 가하거나 모욕을 주거나 욕설을 퍼부을 수 있는 사람들에게 보복하도록 만든다. 부모가 그들에게 한 것과 똑같은 식으로 말이다.

또한 응징적인 환경에서 자란 이들은 착취당하고 혹사당하는 일에 끌리는 경향이 있다. 흔히 교육 기회가 적었던 이들에게 이러한 경향이 나타나는 것은 지속적인 자기 비하와 몰가치감 때문이다. 그들은 어렸을 때 생각하던 대로 자기가 착하지 않다고, 아무런 권리도 가지고 있지 않다고, 학대받는 것이 자기 몫이라고 생각한다. 수많은 일용직 노동자와 농장 인부들이 이런 식의 자기 평가에 덜미를 잡혀 있다. 이는 다른 사람들이 그들을 착취하고 혹사하는 데에 이용된다. 만약 진정한 자기 평가가 가능해진다면, 그들은 오히려 이러한 사정을 견딜 수 있는 자신의 능력에 자부심을 갖게 될 것이다.

가정

직장 내에서나 그 밖의 사람들과 맺는 관계에서는 전혀 응징 지향적이지 않지만, 가정에 들어서는 순간 응징적으로 돌변하는 사람들이 많다. 이러한 현상의 원인과 결혼 생활에서 나타나는 응징적 행위의 또 다른 국면에 대해서는 뒤에서 자세히 다룰 것이다.

윤리화

윤리적으로 엄격하게 교육하는 가정에서 양육된 어린이 중에는 간혹 부모의 기준과 태도를 받아들이고 그 기준에 따라 착한 사람이 되려는 어린이가 있다. 그 어린이는 부모에게 인정받지 못하는 것을 감당할 수 없기 때문에 이런 식으로 온정과 안도감을 확보하고자 한다.

하지만 청년기에 들어설 무렵이면, 독선에 빠져 사람들을 멀리한다. 그는 부모의 비합리적인 구속에 대한 보복심에서, 스스로 일상적인 만족과 기쁨을 자제하는 것을 자랑으로 여긴다. 그리고 주변 사람들에게 죄책감을 느끼게 만든다. 그는 적개심에 불타는 한편 독선에 빠져 사람들을 멀리할 뿐 아니라, 부모는 인정하지 않는 '이성에 대한 관심'을 자신에게도 곧잘 숨기려 한다. 부모의 독선이 다른 사람들의 '어리석은 행동'을 경멸하도록 가르쳤기 때문이다. 그리고 보복 삼아서 비난과 독선으로 다른 사람들의 즐거움과 만족을 파괴한다.

또한 힘든 일로 자신을 자주 응징하는데, 그 결과 보복적인 증오심과 야비함이 마음에 가득 찬다. 그는 자신이 '매우 착하게' 살아왔기 때문에 온갖 명예를 누리고 배려를 받아야 한다고 생각한다. 그리고 흔히 자신이 보기에 별 볼 일 없고 평범한 사람, 착하지 않고 악한 사람들이 배려받는 것을 심하게 질투한다.

예를 들면, 베티가 그런 부류였다. 베티는 한결같이 남자나 데이트에 대한 이야기를 일삼는 동료 여직원들을 경멸했다. 베티는 대규모의 보험 회사에서 열심히 일했으며, 근면하고 양심적인 태도로 윗사람들과 동료들에게 칭찬을 받았다. 베티는 칭찬을 받을 때면 큰 행복을 느꼈다. 하지만 독선적인 태도 때문에 사람들과 멀어지게 되었고, 자신이 소외당하고 있다는 사실을 깨닫고는 매우 상심했다. 일은 그다지 꼼꼼하게 처리하지 못하면서 분위기만 띄울 줄 아는 여직원들이 윗사람들의 배려를 받을 때는 심한 질투를 느꼈다.

베티는 응징적 행위가 항상 윤리화의 형태를 취하던 엄격하고 경건한 가정에서 자랐다. 베티의 표현을 빌리자면, 모든 오락 활동은 실제로 해롭지 않더라도 어리석은 시간 낭비라고 욕을 먹어 마땅한 것이었다. 부모가 동행하는 경우가 아니면 영화관에도 갈 수 없었고, 간혹 허락을 받은 경우에도 그 영화는 대개 종교적인 주제를 다룬 것이었다. 베티 부모의 표현에 의하면, 데이트를 하는 여성들은, 사악하고 어리석으며 행실이 나쁘고 망측하다고 '욕을 먹어

마땅한' 사람들이었다. 베티는 자신이 '착한' 여자라는 사실에 자부심을 가지고 성장했다.

베티는 학교 성적이 좋았으나, 냉정하고 독선적인 태도 때문에 몹시 외로웠다. 베티는 특히 남학생들을 아주 무서워했다. 어쩌다 남학생이 관심을 보이기라도 하면, 베티는 영화나 춤, 또는 학교에서 '시간을 허비하는 일' 따위에는 관심이 없다고 조신한 척하며 그 학생을 따돌리곤 했다. 베티가 만약 어떤 남학생에게 마음이 끌렸다면 마음속의 '악마'와 결연히 맞서 싸웠을 것이다.

베티는 나이가 들어 가면서, 자신의 태도가 다른 사람들을 멀어지게 한다는 사실을 깨달았다. 다만 자기가 착하기 때문에 '처벌받고' 있는 것이라 여겼다. 결국 베티는 부모가 자기를 외롭게 만들었다고 비난하면서, 부모 곁을 떠나는 것으로 보복했다. 그러고는 일상적으로 사람들을 만나고 사회생활을 하려고 노력했다.

그러나 독선적인 태도를 제어할 수는 없었다. 더구나 가정의 편안함마저 잃은 상태였기에 한동안 더 큰 외로움을 느꼈다. 그는 가벼운 데이트를 좋아하지 않았고 공식적인 만남과 공식적인 초청을 원했다. 그리고 어쩌다 남자와 영화를 보러 가면, 영화 내용에 대해 어떻게 말해야 좋을지 몰랐기 때문에 비판적이고 도덕적인 반응을 보였다. 물론 남자는 그런 베티에게 이내 흥미를 잃었다.

베티는 더욱더 엄격하고 품위 있는 사람이 되어 갔다. 그리고 친구를 사귀는 데는 더욱 진지해졌다. 베티는 뒤늦게 적절한 도움을 받으면서, 자신의 내재과거아가 우정과 애정을 발견할 기회를 방해했다는 사실을 깨달았다.

베티가 체험한 일들은 수많은 사람들이 겪을 법한 일이다. 그들은 베티처럼 곤혹스러워질 것이다. 그렇다고 그들이 '착한' 사람이 아니라고 할 수 있는가? 그들은 자기 부모의 응징적인 태도로 자신과 다른 사람들을 판단한다. 또한 그 태도로 '선善'을 유지한다. 하지만 이것이 친구를 사귀고 관계가 유지하는 데 장애가 된다는 사실은 인식하지 못한다.

만약 당신의 가정에서 응징적 행위가 윤리적인 독선의 형태를 취했다면, 어른으로서 느낄 수 있는 많은 즐거움과 만족감, 그리고 다른 사람들로부터 자신을 차단하며 응징을 가하고 있지는 않은지 살펴봐야 할 것이다.

• 응징적 행위는 어떻게 성과 결혼 생활에 영향을 끼치는가

응징적 행위의 특징 가운데 하나는 직장이나 가정 밖에서는 아주 분별 있는 사람들이 가정에서 배우자나 자녀들을 대할 때는 응징적이고 적대적인 태도를 보인다는 점이다. 이 경우 응징-보복의 순환은 가정에만 국한되어 나타난다.

하지만 응징적인 가정 환경에서 양육된 후에, 대학에 진학하거나 직장에 들어가면 응징적 행위와 속박에서 벗어나기 마련이다. 새로운 환경에서는 그들을 분노하게 만드는 속박이 사라지고, 응징이 반복되지 않기 때문에 그들의 보복적 원의가 힘을 잃고 만다. 그들은 또한 나름의 규율을 정하고 관심사와 충동을 충족시키는 자유도 누린다.

규율을 제정하기 위해서는 각자의 요구와 호불호를 조율해야 하며, 또한 그것을 배려해야 한다. 이러한 규율의 필요성을 인식하면 자신에 대한 부모 역할을 하는 데 존경심을 느끼기도 하고, 보복심을 줄이려는 경향도 보인다. 그가 자기 부모처럼 구속적이고 응징적인 규율을 제정하지 않는 한, 그의 보복심은 모두 사라진 것처럼 보일 것이다.

그러나 그가 결혼을 해서 가정을 이루면, 그때는 전혀 새로우면서도 과거에 그가 살았던 가정과 아주 흡사한 환경이 생겨난다. 애정과 속박하는 태도에 대한 보복적인 감정을 비롯해 지난날의 온갖 감정이 한데 어우러져 나오는 것이다. 가정에서, 또는 배우자의 역할에서 바람직하다고 여겨지거나 바람직하지 않다고 간주되는 것들은 모두 어린 시절 가정에서 익힌 바가 그대로 반복되는 것일 뿐이다. 그러한 태도가 사실은 지난날 가정에서 안도감을 추구하던 내재과거아의 태도를 되풀이하는 것임을 흔히 볼 수 있다. 엄중한 규율과 응징적 행위가 지난날 가정의 일부를 이루고 있었다면, 그것은 내재과거아에 의해 다시 추구되기 마련이다.

응징적 배경을 가진 사람은 자신의 부모 역할을 하면서 정해 놓은 규율이나 태도에 보복적 원의를 불태울 때 비로소 편안함을 느끼는 경우가 많다. 이와 마찬가지로, 그의 내재과거아는 보복적인 충동을 부추기기 위해 몰가치감을 느끼게 만들기도 한다. 교회에 가야 한다고 말하고 나서 교회에 가지 않는 것이 대표적인 예이다. 이때 내재과거아는 어린 시절의 교육을 무시하고 이내 죄책감을 느낀다. 그런가 하면 배우자에게 규율을 정하게 하고, 자신의 내재 과거아가 규율에 반항하고 보복하게 만드는 사례도 흔하게 일어난다. 이로써 배우자가 지난날에 구속적이었던 응징형 부모 역할을 맡게 되는 것이다.

그런가 하면, 결혼 생활에 따르는 애정이 어린 시절의 해묵은 상처와 분노, 보복적 원의를 다시 불러일으키는 경우가 있다. 어린이는 사랑한다는 것과 자기가 사랑받을 자격이 없다는 지나친 응징 사이의 모순을 예리하게 감지한다. 어른이 된 그의 내재과거아는 지난날의 응징을 보상하는 사랑을 요구한다. 그러나 어린 시절에 사랑과 응징이 한데 결합되어 있었기 때문에, 언제나 응징적 행위와 보복심이 상황을 망치고 있다고 생각한다.

수많은 어른들이 배우자에게 사소한 일로 욕설을 퍼붓는 것도 학대받은 내재과거아의 감정과 보복적인 원의를 충족시키는 일이다. 이러한 원의는 다양한 모습으로 나타난다. 예를 들면, 어떤 여자는 어렸을 때 항상 마루를 청소하는 벌을 받았기 때문에 어른이 되어서 깔끔하지 못한 주부가 되기도 한다. 그 여자는 청소를 하지 않음으로써 보복하는 것이다. 그러나 이러한 태도는 남편의 극심한 분노를 불러오고, 여자는 어머니에게 줄곧 듣던 '좋은 사람이 아니다'라는 말을 다시 떠올리게 된다. 그러면 힘이 다 빠질 때까지 격렬하게, 자신을 응징하는 마음으로 마루를 닦고 온 집안을 청소한다. 이러한 수고는 여자에게 '좋은 사람이 아니다'라는 죄책감을 덜어 준다. 그러면서 여자는 남편의 지나친 언사를 원망한다. 그런데 사실은 남편의 잔인하고 징벌적인 특징도 그가 '가장'이 될 때를 대비해 비축해 두었던 보복적 충동으로부터 나온 것일 수 있다.

이 모든 상황이 뜻하는 것은, 결혼 생활이 마침내 파경에 이를 때까지 보복과 응징이 뒤따르는 말다툼, 소동, 불화가 연속된다는 점이다. 우리는 이혼 법정에서 응징-보복의 순환이 작동하는 이야기가 번갈아 가며 이어지는 광경을 볼 수 있다. 그 내용은 어떻게 가혹함이 가혹함을 부르고, 남편이 무엇을 했고 아내가 무엇을 했으며, 남편이 어떻게 쳤고 아내가 어떻게 받았는지와 같은 것이다. 이때 지난날의 응징과 보복적 원의가 어떻게 이토록 사소한 일들에 대한 지나친 응징과 오해를 불러왔는지 고려하는 이야기는 단 한마디도 들을 수 없을 것이다.

• **자초된 모욕**

몇 가지 사례를 보면, 응징적인 환경에서 자란 여자들은 남편이 충동적이고 선동적인 언행을 하도록 자초한다. 이것은 일종의 자기 응징이다. 여자들은 무엇 때문에 남편에게 모욕을 당하는지 아주 잘 알고 있으며, 때로는 그것을 의도적으로 자극하기도 한다. 그리고 나서 "내가 뭘 한 거지?"라고 말한다. 그들은 한때 부모들이 했던 그대로 자신을 제어하기 위해, 지난날의 응징적인 가정 환경을 추구한다.

많은 경우에, 그들이 스스로를 성숙하게 제어하는 것은 감당하기 어려운 일인 듯하다. 대신에 그들은 충동적이고 보복 지향적인 내재과거아가 자신의 말과 행위를 떠맡도록 허용한다. 그다음 자신의 충동적인 성향을 만족시킨 데 죄책감을 느낀다. 그것이 하찮은 것이든 몰염치한 것이든 무례한 것이든 말이다. 응징적인 모욕은 그들의 죄책감을 덜어 주고, 자신의 부모 역할을 하는 책임을 떠맡아 준다. 비록 이 모욕에 대해 심하게 불평하기는 하지만 말이다. 그러나 모욕은 또다시 보복적인 원의를 자극하고 어린 시절의 죄책감과 몰가치감을 새롭게 할 뿐이다.

필자는 자기 아내를 샌드백 삼아 어린 시절 가정에서 형성된 보복심을 해소하는 사람들을 여럿 알고 있다. 어렸을 때는 표현될 수 없던 보복심이 자신이 아내보다 육체적으로 더 강한 현재에는 표현될 수 있는 것이다.

왜 아내가 그 대상이 되어야 하는가? 그 까닭은 아내가 '가정'이라는 환경과 긴밀하게 연관된 유일한 어른이기 때문이다.

그들은 아내를 구타한 다음 큰 죄책감을 느낀다. 그래서 자신이 생각해 낼 수 있는 온갖 저속한 욕설을 자신에게 퍼붓는다. 그리고 날마다 자신이 얼마나 악하며 불의하고 잔인한지 상기함으로써 스스로를 처벌한다. 또한 자신에게 가외의 일을 부과하거나 죄책감을 더는 다른 방법을 실행한다. 그러나 자기 징벌은 시간이 지나면서 보복적인 감정을 부추기고, 그러면 또다시 아내를 구타하게 되는 것이다.

한편 필자는 응징적인 어린 시절을 보낸 아내들 또한 많다는 사실을 알았다. 모욕을 당한 아내들은 남편을 용서하고 잊어버린 듯 보인다. 하지만 실상은 교묘하게 남편의 마음을 상하게 하고, 자극하며 비하하는 언사로 자신의 보복적인 음모를 표출한다. 이것은 대개 보복적인 모욕을 유발하고 괴로움을 주는 그다지 순수하지 못한 행동이다. 이것이 다시금 새롭게 나타나는 것이다.

보복은 분별없는 낭비나 난폭 운전, 알코올 의존, 성적 유희 등의 형태를 취하기도 하는데, 그중 상당수가 '보복하고자 하는' 원한에 의해 일어난다. 이때 어느 한쪽이 보복적 원의를 억제하는 법을 배우지 않는 한, 결혼 관계는 불가피하게 파경에 이르고 말 것이다.

그러나 가혹함에 가혹함으로 대처하는 최악의 상황에서도 결혼 생활이 지속되는 경우가 간혹 있다. 필자는 잔인하게 학대하는 남편에 대해 불평하면서도 자녀들을 줄줄이 낳고, 그 자녀들 때문에 경제적으로 갈라서지 못하면서 그럭저럭 살아가는 여성들을 수차례 보았다. 그리고 욕설이 오가는 부부 싸움에 이웃이 끼어들었다가 부부에게 쫓겨 다니는 모습도 여러 번 보았다. 그러나 파경을 앞둔 위기 상황이 보복의 기회가 되는 경우도 자주 있다.

• 성적인 측면에서 본 응징적 행위

이와 같이 상처를 입히고 상처를 입는 경향이 성적인 관계에서 중요한 역할을 하기도 한다. 프로이트와 그 밖의 다른 정신의학자, 정신분석학자들은 이러한 경향을 '사디즘적인(sadistic) 관계, 매저키즘적인(masochistic) 관계'라는 개념으로 폭넓게 다루었다. 그러나 이 용어나 그에 관련된 논의가 성적 행동에서 나타나는 보복적 충동의 의미를 분명하게 밝혀 주지는 못한다.

응징 지향적인 부모는 사랑과 애정, 지나친 징벌을 뒤섞어 놓는다. 그래서 육체적인 고통과 학대가 '사랑하고 사랑받는다'는 감정과 뒤얽히는 경우가 흔히 있다. 우리는 부모들이 갓난아기를 깨물어 주고, 깜짝 놀랄 정도로 와락 안아 주고, 장난삼아 놀리거나 살짝 때리는 것으로 자녀에 대한 애정을 표현하는 것을 본 적이 있을 것이다. 흔히 이러한 표현은 사랑을 주고받는 본질적인 부분이 된다. 많은 어머니들이 "엄마에게 뽀뽀해 주고 엄마를 꼭 안아 주렴. 뽀뽀 좀 제대로 해 줘."라고 요구한다.

이처럼 사랑하는 마음에서 신체적으로 난폭하게 다루고 꼬집고 때리는 데 익숙해진 사람은 이런 방식이 생략되는 경우에 자신이 사랑받지 못하고 있다고 생각할 것이다. 그리고 이러한 행위를 주고받는 것을 정서적인 감정의 강도強度와 관련지어 생각한다. 그러한 경우, 응징-보복의 순환이 성적인 긴장과 원의를 고조시키는 데 기여할 수도 있다. 또한 상대를 귀찮게 굴고 방해를 일삼는 내재과거아가 배우자의 가혹한 행위를 자극하기도 한다. 그러면 그 배우자는 부모라도 되는 듯이, 사랑하는 마음에서 '응징'하게 된다. 결국 이 사랑은 보복적인 행위나 그와 비슷한 것들과 뒤섞이게 된다.

    필자가 일찍이 이야기한 바와 같이, 사람들은 자신의 내재과거아를 침실까지 데리고 가는 경향이 있다. 만약 당신이 지난날에 사랑과 뒤섞인 징벌을 지속적으로 겪었다면, 친밀한 사람과의 성적인 관계에서 보복적이고 자기 응징적인 감정이 쉽게 나타날 것이다.

• 질투심 많은 여자의 이야기

    결혼 생활에서 흔히 발견되는 가장 파괴적인 감정 가운데 하나가 바로 질투심이다. 여러 사례에서 보듯이, 이 강력한 감정은 어린 시절에 겪은 응징적 행위에서 시작되어 미처 해소되지 않은 채 이어지며, 보복적인 감정과 자기 멸시로 인해 생겨난다. 이러한 질투심은 과거에 의해 부추김을 받는 감정이며, 어른이 되었을 때 일어나는 사건들과는 무관하다.

    엘레아너의 불행한 이야기가 이 경우에 해당한다. 젊고 매력적인 가정주부인 엘레아너는 질투심에 사로잡혔다. 그는 자기로서는 어쩔 도리가 없다고 주장했다. 남편이 텔레비전에 나오는 여자들에게 관심을 보이기라도 하면, 엘레아너는 맹목적이고 비이성적인 태도로 남편에게 화를 내고 비난하며, 협박하고 몰아세웠다.

엘레아너는 자신이 쳐다보기만 해도 혐오감이 들 정도로 못생겼다고 생각했다. 실제로는 아주 예쁘고 매력적인데도 말이다. 그는 자녀를 둘이나 낳으면서 자신의 외모가 망가졌다고, 그래서 남편이 자기에게 관심을 주지 않는다고 믿었다. 그리고 끝없이 남편이 다른 여자들에게 관심을 보인다고 의심했다.

엘레아너는 긴장과 분노로 가득 차 때때로 감정을 폭발시켰다가 다시 우울한 상태로 잠잠해지는 심한 감정 기복을 보였다. 자녀들을 대할 때는 더욱 극적인 감정 기복이 나타났다. 그는 자녀들에게 큰소리를 치고 매질을 한 다음, 죄책감을 느끼면서 지나치게 너그럽고 유순하게 자녀들을 대하곤 했다.

하지만 남편은 엘레아너를 사랑했으며 다른 여자들은 거들떠보지도 않았다. 그는 끊임없이 엘레아너에게 애정과 관심을 보이면서 이 사실을 믿게 하려고 노력했으나 허사였다. 엘레아너는 '다른 여자들에 대한 남편의 관심을 참을 수가 없어서' 두 차례나 남편과 자녀들을 버리고 가출했다. 그가 필자와 상담을 했을 때, 그는 남편의 부정不貞에 대한 의심 때문에 남편을 사랑하거나 신뢰할 수 없다고 생각했다. 그러나 정작 자신은 치과 주치의와 친절하게 도와주는 이웃, 식료품점 배달원에게 마음이 강하게 끌리기도 했다. 금지된 것은 무엇이든 엘레아너의 마음을 끌었으며, 책임져야 하는 것은 모두 그를 분개하게 만들었다.

필자는 상담을 통해 엘레아너가 자라면서 그의 어머니나 형제자매와 마찬가지로 아버지에 대한 공포를 느꼈다는 사실을 알게 되었다. 힘이 센 그의 아버지는 끊임없이 폭음을 했다. 그는 걸핏하면 엘레아너의 어머니와 엘레아너에게, 그리고 곁에 있는 사람이면 누구에게나 폭력을 휘둘렀다. 그리고 술에 취하지 않았을 때에는 가족들을 경멸하고 깔보며 모욕하고 조소했다.

어른이 된 엘레아너는 자신을 경멸하던 아버지의 태도를 이어받아, 남편을 의심하며 폭언과 분노를 퍼부었다. 남편을 술에 취해 광분하던 아버지와 같은 부류로 생각하고 경멸함으로써 어린 시절에 대한 보복을 일삼은 것이다. 어렸을 때 가족에게 애정 어린 배려를 받지 못했던 그녀는 가족 중 누구도 사랑할 수 없었고, 가족이 아닌 다른 사람에게 사랑과 배려를 갈구하기에 이르렀다.

엘레아너와 두어 차례 면담을 한 후였다. 필자가 어떤 제안을 하기도 전에, 그는 남편과 자녀들을 두고 세 번째 가출을 했다. 그에게 실망한 남편은 자녀들을 데리고 부모님과 함께 살기로 했다. 엘레아너는 전에 종업원으로 일했던 이웃 마을로 갔다. 종업원으로서 사람들과 맺는 관계는 훨씬 마음 편했고 화가 나는 일도 별로 없었다.

비록 우울 증세가 더욱 심해지고 있기는 하지만, 당장은 이렇게 지내는 것이 자신에게나 남편과 자녀들에게나 더 나은 해결책이다. 감정 폭발과 우울증 사이를 오가는 그가 자녀들을 때리고 지나치게 방임하는 상황은 피할 수 있기 때문이다. 어렸을 때 겪은 가혹 행위로 인한 보복적인 감정을 엘레아너가 스스로 내려놓기 전까지는 내재과거아를 달리 이끌어 갈 방법이 없다.

• 응징적 행위에 대한 방어

많은 사람들이 응징적 행위를 어린이를 교육하는 데 실제 필요한 것으로 진지하게 받아들인다. 그들은 어린이가 지체 없이 복종하고 부모가 바람직하다고 생각하는 바를 행하기를, 그리고 부모를 존경하기를 원한다. 그러한 응징적 행위는 어린이의 단련을 위한 교육 방법으로는 거의 실패할 것이며, 불경과 증오, 두려움을 가르치는 데는 거의 100% 성공할 것이다.

응징적 행위는 힘에 대한 존경심을 가르치고, 보복하기 위한 목적에서 힘에 대한 원의를 가지게 할 것이다. 그러나 부모들은 자녀에게 애정 어린 존경을 받기를 원하므로, 증오심으로 가득 찬 존경을 받으면 감정이 상하거나 더욱 응징 지향적인 성향을 띄게 될 것이다.

우리는 부모의 응징적 행위에서 비롯된 최종적인 결과로, 어린이 보호기관에서 정신과 병원, 경찰서, 교도소에 이르는 사회 공공기관을 유지하는 데 엄청난 비용을 지불하고 있다. 이 기관들은 해마다 엄청나게 많은 경비를 필요로 한다. 그러나 이것도 응징적 행위가 가져오는 불행에는 비할 바가 못 된다.

왜 응징적 행위가 효과를 내지 못하는가

응징적 행위는 여러 가지 이유로 인해 흔히 실패로 끝난다. 응징적인 행위는 전적으로 부모의 힘에 근거하는 것으로, 아주 자연스럽고 필요한 일인 것처럼 보인다. 하지만 부모의 힘은 일반적으로 어린이가 아니라 어른의 필요에 의해 사용될 때가 많다. 이때 흔히 간과되는 것은 어린이가 나름의 감정과 그 감정을 드러내고자 하는 마음을 가지고 있다는 사실이다. 응징형의 부모는 대체로 이러한 부분을 존중하지 않으며, 오히려 부모 자신의 감정을 앞세워 끊임없이 무시하곤 한다.

심지어 그 부모는 자녀를 응징 위주로 교육하면서 스스로 부모 노릇을 잘하고 있다고 생각하기도 한다. 만약 어린이가 반항이라도 하면 부모는 어린이를 강제로 억누르고 '가르치기' 위해 매질을 하기도 한다. 그러면 어린이는 어쩔 수 없이 반항하지 못하고 복종하겠지만, 바로 그 순간 증오심을 배운다.

이 과정이 계속됨에 따라 어린이의 반항은 더욱 완강해진다. 어린이가 감히 그 반항을 표현할 수 없다면, 죄책감과 자기 모멸감만 키우게 된다. 만약 어린이가 보복적 증오심을 드러내 보이면, 부모는 속상해하고 당황할 것이다. 또한 자녀를 통제하지 못하게 될까 봐 두려워할 것이다.

지난날의 지나친 응징에 대해 죄책감을 느끼게 되면, '두려움'이 반복되는 '응징적 행위'로 바뀐다. 부모는 "너에게 나를 존경하는 법을 가르쳐 주겠다."라고 소리를 높이겠지만, 이 말은 고작 보복하고자 하는 원의를 불러올 뿐이다. 결국 어린이의 육체적인 힘이 세지면 신체적인 응징이 끝나겠지만, 부모의 응징적 행위는 여전히 다양한 형태로 나타날 것이다. 그 결과, 어린이의 보복하고자 하는 원의는 반항이나 공공연한 악행, 형편없는 학교 성적, 도전, 무례한 태도, 난잡한 행동, 태만 등 각종 형태로 드러날 것이다.

응징적 행위는 수많은 젊은이가 그들의 부모와 함께 비틀거리며 걸어가는 '막다른 골목'이라고 할 수 있다. 매년 여름마다 벌어지는 청소년들의 일탈 행위는 흔히 더 무거운 응징적 행위를 초래한다. 이들은 방학이 끝나면 다시 학교로 돌아가 통제를 받아야 한다는 강박관념에 자극받는다. 언론은 경찰에게 강경하게 대처할 것과 부모들에게 더욱 엄격한 대책을 강구하라고 단호히 요청한다. 그러나 하버드 대학교와 몇몇 기관에서 실시한 연구를 보면, 수감 중인 청소년 가운데 60~90%는 체포 당시에 신체적 응징을 지속적으로 받아 오고 있었으며, 그 외 청소년의 경우 30% 정도가 그런 대우를 받아 온 것으로 나타난다.

결국 응징으로 '교육'하는 데 실패했기 때문에, 우리는 그 청소년들을 '좋지 않고' '악하고' '위험한' 존재로 단정하고 말았다. 그들의 보복적인 충동을 억제하기가 워낙 어려웠기 때문에 그들을 위험한 존재로 간주하게 된 것이다. 그래서 그들을 교도소에 보내면서 다시 바람직하게 행동하게 되리라는 기대를 한다.

그러나 응징적 행위에서 비롯된 보복적 행동으로 교도소에 수감된 한 청년이 쓴 글을 통해 이러한 신념의 어리석은 단면을 볼 수 있다.

"내가 처음으로 수용된 시설은 무단결석자들을 교화하는 곳이었다. 내가 열두 살 되던 해였는데, 그때 나는 학교 가는 것을 좋아하지 않았다. 하지만 사회는 내 자유를 인정하지 않았다. 어느 날, 나는 욕을 하다가 감독관에게 걸렸다. 그들은 내가 좋지 않은 말을 했다는 이유로, 내 입에 비누 한 덩이를 한 시간 동안 물려 놓았다. 또 탈출을 시도했다는 이유로 어느 허름한 방에 갇혔는데, 그 방 창문에는 창살이 박혀 있었고 바닥엔 온기가 없었다. 누울 침대도, 신발도 없었고, 쥐들이 밤낮없이 마구 돌아다녔으며, 잠옷 외에는 입을 옷도 없었다. 당신은 그때 내 기분이 어땠을지 상상할 수 있을 것이다……."

"두 번째로 간 곳은 고아원이었는데, 내가 열세 살이던 때였다. 나는 그곳에서 2년을 지냈다. 들어간 지 2주 정도 되었을 때, 어떤 꼬마가 사과 몇 개를 훔쳐 도망쳤다. 그런데 다른 녀석 하나가 도망치는 꼬마를 보고 감독에게 일러바쳤다. 나는 그 녀석에게 왜 감독한테 고자질했느냐고 따졌다. 그런데 나는 그 녀석에게 따졌다는 이유로 회의실에 끌려가서 무지막지하게 얻어맞았다. 나는 나흘 후에야 겨우 걸어 다닐 수 있었다."

"세 번째는 열여섯 살 때 갔던 소년원이었다. 풍기 문란 죄 때문이었다. 그곳에서 9개월하고도 8일을 살았는데, 아마 당신은 그곳에서 이로운 것이라곤 하나도 배우지 못할 것이다. 그곳은 사회에 대한 복수를 가르치는 학교였다. 거기서 나이 든 사람들에게 배울 수 있는 것은 그게 전부였고, 좋은 것이라곤 하나도 없었다."

"네 번째는 XXX였는데, 열일곱 살 때 거기서 1년간 지냈다. 나는 오른손에 총상을 입은 상태에서 그곳에 가게 되어, 두 달 동안 치료를 받았다. 나를 담당했던 직원 두 사람은 젊은 내가 노인들 사이에 내던져진 사실을 딱하게 여겼다. 그들은 내 상처가 나아지고 있는지 날마다 물어보곤 했다······."

"그다음엔 교도소에 갔는데, 열여덟 살 때부터 5년 형기 중 2년 6개월을 그곳에서 살았다. 나는 지금은 정신 병원에 입원해 있는 놈과 함께 지내야 했다. 그 방에서 지낸 지 사흘째 되던 날, 그 놈이 나를 유혹했다. 나는 곧바로 거절했다. 나는 그놈에게 그 따위 소리는 두 번 다시 하지 말라고 했다. 그리고 그날 밤 간수에게 혼자 있게 해 달라고 간청하는 쪽지를 썼다. 그러나 아무 소용이 없었다. 나흘째 되던 날 밤, 내가 담배를 너무 많이 피워서 거북해하고 있으니까, 이 가엾은 놈이 자기가 좋은 약을 가지고 있다고 생각한 모양이다. 그놈이 내 침대로 기어 올라와 강제로 내게 그 짓을 시키려고 애썼다. 나는 그놈을 바닥으로 밀어 던졌고, 그놈과 싸우기 시작했다······."

"짐승과 같은 대우를 받은 나는 이제 짐승처럼 행위하고자 한다. 나에게 남은 것은 무엇인가. 나는 돌이킬 수 없는 '시간'을 잃어버렸다. 가석방되려면 앞으로 5개월 이상 있어야 한다. 그렇게 되면 나는 이 지옥에서 또 다른 지옥으로 보내질 것이다. 나는 이곳을 거쳐 1년 동안 갱생원에서 지내야 한다. 사회는 내가 교화되기를 기대할 것이다. 첫 번째 장소에서는 내가 노력했더라도 교화될 수 없었을 것이다. 나는 면전에서 내가 출소하자마자 그들이 나를 붙잡으러 사람을 보낼 것이라는 말을 들었다. 당신에게 분명히 말해 두겠는데, 내가 나갈 때 방해하는 사람은 신상에 좋지 않은 일이 있을 것이다. 물론 나에게도 좋지 않을 것이다. 하지만 나는 이제 개의치 않는다. 자유 아니면 죽음이 있을 뿐이다. 어떤 일이 닥치든 나는 받아들일 각오가 되어 있다. 나는 전에도 그렇게 받아들였고 지금도 받아들일 수 있다."

"…… 나는 한 시설에서 나오면 또 다른 시설로 들어가곤 했다. 나는 이제 겨우 스무 살밖에 안 된 젊은 놈이다. 나는 그동안 다섯 곳의 시설을 거쳐 왔다. 지금 여섯 번째 시설을 거쳐 가는 중이며, 자유의 몸이 되기 전에 일곱 번째 시설을 거쳐 가게 될 것이다."

이렇게 보복적인 범죄는 응징적 행위로, 가혹함과 불명예, 타락과 치욕적인 투옥 생활로 이어진다. 수십 년 동안 범죄학자들에 의해, 심지어 죄수들에 의해 인식되어 온 응징-보복의 순환은 지나친 응징에 보복하고자 하는 어린 시절의 원의를 계속 이어 가는 것일 따름이다.

보복 지향적인 사람들에게는 그들이 보복적인 동기를 줄이고, 더욱 신뢰하고 존경하는 반응을 보일 때까지 제한 사항을 부과해야 한다. 만약 우리가 교도소를 병원으로 여긴다면, 그들의 응징적 행위를 변화시킬 수 있고, 그들을 대하는 데 필요한 폭넓은 체험을 할 수 있을 것이다.

가령, 결핵 환자는 사회에서 위험한 존재다. 우리는 환자가 완치될 때까지 자유를 제한하고 치료의 의무를 가해야 한다고 역설한다. 하지만 그 환자에게 적개심을 품거나 치욕적인 징벌을 가하지는 않는다. 오히려 그러한 환경에서는 건강을 회복할 수 없다고 말하기도 한다. 이와 마찬가지로, 부모의 지나친 응징으로 고통을 겪는 사람은 교도소에서 더욱 처벌받는 것으로 치유되지 않는다. 그러므로 교도관의 처우와 자질을 향상시켜야만 교도소에 수감된 사람들의 치유를 위해 의미심장한 한 걸음을 내디딜 수 있을 것이다. 간혹 부모의 응징에 희생당한 사람들 가운데 사회 안전이라는 미명하에 자기 직업을 이용하는 교도관들이 있다. 현재 상황에서는 수감자들이 그들에게 시달리기 십상이다.

이처럼 중대한 사회 문제를 뿌리 뽑기 위해서는 가정에서 부모의 응징적 행위에 대대적으로 맞서 싸워야 한다. 예컨대 필자가 이 책을 쓰던 무렵, 버지니아주 노포크 해병 기지의 슈프 대장이 불명예 제대하는 해병을 추방하는 의식을 중지하도록 명한 바 있다. 비록 그보다 몇 년 전에 공식적으로 폐지되기는 했지만, 지역 사령관이 '군기 확립'이라는 명분으로 이 의식을 부활시켰던 것이다.

이 치욕스러운 의식이 거행되면, 군법 회의에서 불명예 제대 판결을 받은 해병은 '죽음의 행진곡'의 북소리가 천천히 울려 퍼지는 가운데 병사들의 대열 앞으로 나온다. 그다음 그의 '비행 행위'와 불명예 제대 명령서가 큰 소리로 낭독된다. 이어서 한 장교가 "이 사람을 미합중국 해병 기지 영내로부터 호송해 가라." 하고 말한다. 그러면 불명예 제대 해병은 정렬한 병사들 앞을 행진한다. 그가 각 열을 지날 때마다 지휘관이 "뒤로 돌아!" 하고 명령을 내리면 그 후미의 다른 열 앞을 행진하게 된다.

연합통신의 보도에 따르면, 1960년 한 지역 사령관이 이 쓸모없고 잔인한 의식을 부활시켰으며, 해병 사령부가 금지 명령을 내리기 전에 이미 일곱 명의 퇴역 해병이 이 의식을 치렀다. 이 의식은 군기를 다져 주지 않는다. 그것을 명령한 사람의 응징적 원의만을 충족시킬 뿐이다.

이러한 응징 행위가 이따금 권력을 지닌 보복 지향적인 사람들에 의해 실행되기는 하지만, 더 이상 공식적으로 승인되어서는 안 된다. 우리는 가정과 국가 차원에서 응징적 행위의 어리석음을 인식하게 하는 데 큰 성과를 이뤄 냈다. 당신 또한 이 영속적인 불행을 막는 데 중요한 공헌을 할 수 있을 것이다.

• 응징적 행위를 뒷받침하는 문화적 요소

미국 문화는 학대하는 부모에게서 자녀들을 떼어 놓는 합법적인 수단을 제공하기도 하지만, 대체로 응징적 행위를 옹호한다. 이 문화적인 뒷받침은 응징-보복의 순환을 끊고자 시도할 때 상당한 혼란을 불러올 수도 있다.

어린 시절 심하게 처벌받은 사람들은 흔히 자기만큼은 결코 자녀들을 그런 식으로 처벌하지 않겠다고 맹세한다. 그러나 막상 부모가 되면, 자기 부모와 똑같이 행동하고 있음을 깨달을 것이다. 비록 그것이 잘못되었다고 생각하더라도, 분노는 극도에 달하게 되고, 보복하려고 하며, 자신이 과거에 당한 그대로 자녀를 대하려는 원의가 끝없이 커진다. 이 점에서 미국 문화는 부모의 응징적 행위를 옹호한다. 부모는 주위를 살피며 다른 부모들의 처지에서 응징적 행위를 파악한다. 이때 그러한 행위가 학교와 군대에서 용인되거나 활용되고 있고, 수많은 종교적·정치적 지도자들에 의해 요청되고 있으며, 최종적으로 미국의 법률과 법정, 교정 제도에 의해 수행되고 있음을 알게 된다.

이 같은 비판적 견지에 따르면, 부모는 어린 시절부터 유예되어 온 보복적 원의의 강요를 받아 문화적인 태도의 전달자가 된다. 앞에서 입증했듯이 지나친 응징은 여러 요인에서 비롯된다. 중요한 것은 응징적 행위가 이렇게 세세대대로 영속한다는 점이다.

• 불신, 응징적 행위의 특수한 형태

'불신'은 정신의학자들이 폭넓게 연구한 부모의 태도 중 하나다. 이것은 비교적 소수의 사람들에게만 영향을 미치는 반면, 매우 특수하기 때문에 쉽게 확인할 수 있으며, 사람을 명백히 무능력하게 만든다.

응징적 행위의 하나인 불신은 자녀가 완전하게 해낼 수 없다거나 실패할 거라고 예상하는 부모의 태도를 말한다. 이러한 태도를 지닌 부모는 자신이 등을 돌리기 무섭게 자녀들이 자신의 말을 따르지 않을 것이라고 확신한다. 어린이들은 이 불신을 감지하며, 부모가 예상한 일들을 저지른다. 당신은 이처럼 불신으로 가득 찬 말을 들은 적이 있을 것이다. "그놈은 꼭 제 아버지를 닮았어요. 주책없는 놈이거든요. 당신은 그놈에게서 별다른 면을 기대할 수 없을 거예요."

이러한 부모의 불신은 자녀들이 새로운 기술을 배우는 것을 방해한다. 어린이들은 흔히 다음과 같은 말을 듣고 진로를 중단하곤 한다.

"너는 자전거를 타기에는 아직 어려."

"너는 노래를 부를 줄 모르는데 왜 합창반에 들어가려고 하니?"

"너는 개를 키울 수 없어. 제대로 돌보지 못할 거야."

"화학 실험 기구 세트는 위험해. 다칠 수도 있어. 그런 걸 가져서는 안 돼."

부모의 불신은 자기 비하의 특수한 유형을 만들어 낸다. 당신이 만약 자신을 불신한다면 자신이 완벽하게 해낼 수 없다거나 실패할 거라고 예상할 것이다. 오래된 표현에 따르자면, '당신은 시작하기도 전에 맞기부터 할 것'이다. 자신을 불신하는 사람은 두 가지 특징을 보이는데, 하나는 실패하도록 되어 있다는 감정을 유발하는 우울하고 불길한 예감을 한다는 것이고, 다른 하나는 자신을 완벽하게 해낼 수 없고 자신없는 사람이라고 생각하는 경향을 보인다는 것이다.

불신은 실패를 예상한다는 점에서 대부분의 자기 비하와 뚜렷이 구별된다. 자기 비하는 대개 과거의 노력에 대해 매도하는 입장을 말한다. 여기서 시간적인 요소가 중요한데, 흔히 불신은 아무런 노력도 기울이지 않으려는 이유가 된다. 그러므로 불신은 사람을 특별히 무능력하게 만든다고 하겠다.

누구나 실패할지도 모른다는 절박하고 불길한 예감을 경험한 적이 있을 것이다. 그러나 설사 우리가 실패한다 해도, 이러한 감정과 반복되는 실패가 우리의 생활 방식이 되는 예는 거의 없다. 그러나 어린 시절에 겪은 부모의 태도를 답습해서 자신을 불신하는 사람의 경우에는 이야기가 다르다. 우리는 보통 실패가 준비 부족 때문이라는 점과 좀 더 노력하면 필요한 지식과 기술을 얻을 수 있다는 점을 안다. 만약 우리가 가지고 있지 않은 어떤 것이 필요한 상황이라면, 크게 아쉬워하지 않고 노력을 중단할 수도 있다. 그러나 불신의 희생자는 '실패하도록 되어 있다'고 예감하고, 실제로 실패하게 된다. 게다가 그는 실패할 수밖에 없는 분야에서 새롭게 노력을 재개한다.

그러므로 불신으로 고통을 겪는 사람은 자신의 능력과 자격이 생각처럼 불완전하지만은 않다는 것을 보여 주려는 노력 자체를 기피한다. 그러한 사람은 직업을 갖거나 데이트를 하거나 올바르게 행동하거나 학위를 받거나 운전을 하거나 그 밖의 어떤 일을 이룰 수 있다고 생각하지 못한다. 직장을 구할 때에는 자기 불신 때문에 면접 때 머뭇거리는 태도와 자신감이 결여된 모습을 보이게 된다. 결국 그는 별 볼 일 없는 구직자가 되고 만다. 그리고 이 실패는 다시금 자신이 실패하도록 운명 지어져 있다는 생각을 더욱 굳혀 주는 것처럼 보일 것이다.

불신으로 고통을 겪는 사람의 두 번째 특징은 자신을 가장 불신하는 분야에서 어떤 구실을 하려고 시도한다는 것이다. 이것은 단순히 '상대방의 마음을 끌려는 것'이 아니다. 그는 자신의 능력을 불신하는 일이라면 무엇이든 시도해 보려 한다. 이는 많은 사례에서 명백하게 보이는 사실이다.

반복되는 실패의 구조

자신을 불신하는 사람의 거듭된 실패와 그로 인한 절망감, 모욕감, 의타심, 비참함 등은 때가 되면 매우 뿌리 깊은 자기 멸시를 불러온다. 그 결과 자신의 능력을 가장 불신하는 행위들을 하게 된다. 그는 '본때를 보여 주겠다'는 마음으로, 무모하고 엄청난 일이나 '당장의 인기만을 노리는 연기'를 시도한다. 이로써 지난날의 수치와 비참함을 씻어 버리기를 원하고, 자신의 능력을 자만할 뿐 아니라 다른 사람들의 존경도 받기를 원한다.

그러나 이러한 노력은 과거의 실패에서 오는, 오랫동안 축적되어 온 강력한 자기 멸시에 의해 지시되는 것이므로, 그 시기가 부적절할 수밖에 없다. 또한 조금이라도 자신감을 느낄 수 있는 분야 대신 가장 능력을 발휘하기 어려운 분야를 자동으로 선택하게 만든다.

이 반항적이고 강제적인 노력은 거의 언제나 더 큰 낙담을 불러온다. 이는 불행의 원인이자 '실패하도록 되어 있다'는 증거가 되는 객관적인 실패로 나타난다. 그리고 그 실패는 아무것도 시도하지 않으려는 이유가 된다. 그는 "나는 노력했지만 실패했다. 노력해 봤자 아무 소용이 없다. 나는 성공할 수 없다."라고 말할 것이다.

이렇듯 잘못 계획되고 시의적절하지 않은 노력은 '돌발적인' 자기 멸시에 좌우된다. 자신을 불신하는 사람은 흔히 상당한 능력을 가지고 있으며, 자신에게 그런 능력이 있음을 스스로 알기 때문이다. 그러한 사람 중에는 참으로 이지적이고 감수성이 예민하며 유능한 사람이 많다. 그러나 불신이 스스로를 무능하게 만든다.

이렇듯 엄청난 노력과 불가피한 실패로 인해 어떤 일을 성취할 수 있는 무수한 기회가 희생된다. 그다지 거창하지 않은 업적이라면 그의 능력으로 쉽게 이룰 수 있을 것이고, 참된 만족을 얻을 수 있을 것이다. 제 아무리 하찮은 것이라도, 이러한 경험은 현실적으로 자신의 능력에 대한 불신과 절망, 의타심을 덜어 줄 것이다. 나아가 그가 헤어나지 못하는 자기 불신의 응징적인 수렁을 메워 갈 수 있을 것이다.

- **응징 지향적인 감정에 대한 한계 설정**

계속되는 자기 응징과 보복적인 감정에 대한 유효한 대안은 이러한 감정에 조심스럽게 한계를 설정하는 일이다. 이 문제에 관해 정신 의학 전공 의대생, 사회사업가, 의사들과 논의할 때면, 다음과 같은 반응을 볼 수 있다. "박사님은 당연하고 중요한 말씀을 하셨습니다. 이제 어떤 말씀을 하실 작정입니까?"

필자는 이렇게 설명하고자 한다. 내재과거아의 감정에 조심스럽게 한계를 설정하는 일은 무엇보다 당신의 감정을 인식하고 존중하는 것을 배워야 함을 의미한다. 그리고 그 감정이 무엇이냐 하는 것보다는 그것들이 현재 또는 과거에 생겨난 것인지, 불안감인지 적개심인지, 자기 비하인지 충동적 원의인지, 우울증인지 분노인지 알아야 한다는 것을 의미한다.

우리는 대개 자신의 감정을 인식하지 못한다. 다만 그 감정에 반응할 뿐이다. 감정을 인식하는 것은 당신이 어떻게 느끼고, '무엇이 당신을 괴롭히는지'를 분명히 측정하는 데 필요한 첫 단계이다. 감정은 누가적累加的인 경향을 지닌다. 즉 감정은 일회적으로 발생하는 것이 아니라 일련의 전체적인 사건이나 상황, 또는 그 사건이나 상황의 전체적인 양식으로 발생한다. 그러므로 자신의 감정을 인식하는 가운데 사건의 전체적인 연속이 수반되지는 않았는지 알려고 노력해야 할 것이다. 예를 들면, 일련의 실망이나 좌절, 학대가 수반될 수도 있다. 당신이 찾고 있는 것은 '낙타의 등을 다치게 만든 짚'이 아니라 그 마지막 짚이 놓이기 전까지 쌓아 올려진 거대한 짐 더미다.

당신은 자신의 감정을 간단명료하게 요약해 인식하는 것이 유익하다는 점을 알게 될 것이다. 그렇게 해야 '마지막 짚'과 그 짚 아래 누적된 짐더미에 대해 더욱 개관적으로 알 수 있을 것이다.

어쨌거나 자신을 대하는 새로운 방법을 개발할 때는 감정을 존중하는 것이 중요하다. 이러한 감정을 가지고 있다고 해서 자신을 응징해서는 안 된다. 하지만 우리는 그러한 감정을 가지고 있다는 이유로 자신을 '유치하다', '어리석다', '악하다'고 매도하면서, 스스로를 '착하지 않고 가치 없는 존재'라고 비하하고 처벌한다.

감정을 인식하고 존중하는 것은 우리가 그 감정에 굴복한다는 뜻은 아니다. 대신 그 감정에 제약을 가해야 한다. 그 감정이 우리를 응징하거나, 어른으로서의 생활을 방해하거나 지배하도록 허용해서는 안 된다.

친절하지만 단호한 부모의 태도로, 자기 자신과 내재과거아에게 이렇게 말해야 한다. "그래, 나는 네가 어떻게 느끼고 있는지 알아. 너는 네가 어리석고 악하다고 생각하지. 네가 과거에 실수를 저질렀을 때 그런 말을 들었기 때문이야. 하지만 나라면 실수를 했다고 해서 자신을 처벌하려고 하지는 않겠어. 나는 조심스러워지려고 노력하고 그 일을 계속 해 나가려고 노력하겠어."

내재과거아는 자기 비하적인 응징에 익숙해져 있다. 그러므로 당신은 자기 비하를 스스로 제한하는 것이 낯설고 당황스러울 것이다. 그러나 차츰 내재과거아의 감정에 좌우되지 않고 느긋해질 것이며, 어른의 삶을 더욱 충실하게 즐길 수 있을 것이다. 당신의 감정은 존중되어야 하지만, 그것이 속해 있는 과거로 제한되어야 할 것이다.

당신이 만약 어린 시절에 응징적 행위를 겪었다면, 자신에 대해 부모 역할을 할 때 두 가지 중요한 문제에 부딪힐 것이다. 첫째는 어린 시절에 겪은 지나친 응징에서 유래하는 죄책감, 착하지 않고 사랑받을 가치가 없다는 감정, 이와 비슷한 자기 비하의 감정이다. 아마 당신은 어른이 되어서도 이러한 감정을 지닌 채로 자신을 계속 응징하려 할 것이다. 특히 실수를 할 때나 어려서 금지당했던 일을 할 때, 실망하거나 실패할 때 그럴 것이다.

자신에게 살뜰한 부모 역할을 하는 가운데, 이러한 감정을 인식하고 존중해야 한다. 하지만 당신이 보복심에서 충동적으로 욕설을 퍼부을 경우, 이 감정은 원상태로 복귀된다는 사실을 인식해야 한다. "죄책감과 자기 비하는 내가 어렸을 때 생긴 것이며, 현재 내 생활에는 속해 있지 않다. 내가 저지른 실수를 이유로 스스로를 매질하지 않겠으며, 다만 그것을 바로잡고 더욱 주의할 것이다."라고 자신에게 말해야 한다.

만약 이 감정을 존중하는 방식으로 제약을 가하지 않는다면, 자기 징벌은 충동적이고 유해한 방법으로 나타날 것이다. 이는 대개 사랑하는 사람에게 보복하도록 이끌 것이다. 당신은 이 감정을 내재과거아에게 속해 있는 것으로 인식하고 이를 존중하는 법을 배워야 한다. 또한 이 감정을 제한하고, 당신의 현재 상태와 어른으로서 성취해 온 바를 존중하는 데 초점을 맞춰야 한다. 그리고 '악하다', '착하지 못하다'라는 감정이 당신의 만족을 파괴하지 못하도록 해야 한다.

둘째로 중요한 것은 보복적인 감정의 운용이다. 자기 비하로써 자신을 응징하려는 경향을 줄일 수 있다면, 수많은 보복적 감정의 근거를 없앨 수 있다. 자신의 감정과 당신 자신을 존중할 수만 있다면, 다른 사람에게 보복할 필요성을 느끼지 않을 것이다.

자기 비하나 죄책감과 마찬가지로, 강한 보복 지향적 감정 역시 어린 시절의 지나친 응징과 속박에서 생겨난다. 당신은 상처 입히고 박살내고자 하는 원의를 인식하고 존중해야 한다. 이러한 감정은 내면에서 끓어오르다가, 누군가 당신을 조금이라도 적대적이거나 부당하게 대할 때 격렬하게 터져 나올 수 있다. 이렇게 터져 나오는 보복적 감정은 어린 시절에 겪은 지나친 응징에서 유래한다. 이 감정은 당신이 지나친 보복을 하도록 밀어붙인다. 그러나 이런 감정을 가졌다는 이유로 자신을 비하하거나 처벌하지 말고 감정을 존중해야 한다. 이 감정이 어떻게 생겨났는지 이해하고, 보복은 더 많은 징벌을 가져올 뿐임을 인식해야 한다. 또한 이 감정을 표현하는 데 어떤 제한을 가할 것인지 이해해야 한다. 당신의 감정적 폭발이 지나치다는 것을 깨달을 때 더욱더 자신을 처벌할 것이기 때문이다.

당신 자신에게 부모 역할을 할 때는 다음과 같이 말해야 한다. "그래, 나는 지금 몹시 화났어. 하지만 이 증오심과 분노는 대부분 나의 내재과거아가 지난날의 응징에 대해, 내가 받지 않았어도 될 응징에 대해 나타내는 감정일 뿐이야. 그리고 나머지는 자기 징벌이겠지. 나는 고작 지난날의 원한이나 충족시키려고 더 많은 응징과 적대감을 불러올 일들을 하고 싶지는 않아. 그래서는 안 돼. 예전에는 내가 그런 식으로 행동했었지. 하지만 나 자신에게 응징형 부모 노릇을 할 필요는 없는 거야."

이처럼 당신은 보복적인 감정 표현을 제한하고, 내재과거아에게 친절하고 정중한 부모로 행동함으로써 더욱 객관적인 사람이 될 수 있다. 또한 뒤늦게 죄책감을 느끼고 자기를 비하하는 일 없이 어른으로서 당신의 감정을 더욱 강력하게 표현할 수 있다.

어느 누구도 이것이 쉬운 일이라고 생각해서는 안 된다. 실로 엄청난 인내와 결단이 필요하며, 공들여 노력해야 할 것이다. 당신의 내재과거아가 조소하고 방해할 것이며, 큰소리로 외쳐대고 당신을 불안하게 할 것이다. 내재과거아는 당신의 단호한 제한을 경멸할 것이기 때문이다. 당신은 격렬한 보복적 요구에 굴복하기 쉽다. 하지만 당신은 이러한 요구를 조심스럽게 제어하고 제한할 수 있다.

보복 지향적 충동을 제어하는 당신의 능력이 성장함에 따라 당신 자신도 성장한다는 사실을 느낄 것이다. 그러면 더 이상 응징-보복의 순환에 속박되지 않을 것이다. 그리고 자신에 대해 정중한 부모 역할을 하는 가운데 더는 자신을 처벌하지 않아도 될 것이다.

제16장

방치

: 소속감이 없고 소속되기 어렵다는 생각이 든다면

 다른 사람들에게 친근감을 느끼거나 어떤 집단에 소속되는 데 어려움을 겪고, 다른 사람들이 당신에게 그다지 중요하지 않다고 여겨 일상적인 관계에서 겉돌고 있다면, 어린 시절의 원인적인 요소로 일단 '방치'를 의심해 보아야 할 것이다. 당신 나름의 주체성이 결여되어 있다고 느끼고, 불안과 고독으로 심한 고통을 받으며, 사람들에게 거리를 두고 대하는 경우도 마찬가지다. 방치의 징후를 암시하는 또 하나의 실마리는 부모의 사망, 이혼, 입원 또는 부모의 특정한 활동이나 무관심으로 인한 장기간의 별거, 특별히 어머니와 떨어져 지낸 경험 등이다.
 박탈에 관한 연구는 존 보울비John Bowlby 박사가 세계보건기구(WHO)에 제출한 《어머니의 보살핌과 정신 건강》이라는 책에 훌륭하게 요약되어 있다. 그의 오랜 연구에 따르면, 유년기의 정서적 방치가 다른 사람들에게 호응하고, 친근함을 느끼고, 만족을 느끼며 사회 활동에 참여하는 개인의 능력을 심각하게 저하시킨다는 것을 알 수 있다. 또한 어린 시절에 겪은 방치의 정도와 이후의 삶에서 나타나는 특징적인 결과들이 직접적이고 비례적으로 연결된다는 점도 알 수 있다. 이는 어린 시절의 방치로 고통을 겪는 듯 보이는 이들의 문제를 규명하는 데 큰 도움이 된다. 실제로 이 연구를 통해 과거에는 거의 이해되지 않았던 많은 문제가 분명해졌다.

• 방치란 무엇인가

방치는 자녀가 욕구를 충족하기 위해 도움을 청할 때 의지할 수 있는 어른과 지속적으로 접촉해야 할 필요가 있음에도, 시간과 관심을 덜 배려하는 부모의 태도를 말한다. 이는 흔히 일이나 의무에 대한 몰두로 표현된다. 그러한 부모는 스스로 만족을 찾고자 하는 자녀의 노력에 적절한 관심이나 긍정적인 뒷받침을 제공하지 못하며, 자녀에게 '자기 편'이 있다는 생각을 심어 주지 못한다.

하루 종일 밖에 있다가 집에 돌아온 아버지는 흔히 이러한 필요성을 인식하지 못하고 소홀히 한다. 심지어 지적을 받더라도, 자녀에게 아버지의 관심과 배려가 필요하다는 것을 이해하지 못한다. 마찬가지로, 직장 생활을 하면서 학부모 모임, 병원 기금 모금 운동에도 참여하는 어머니도 '하도 바쁜' 나머지, 자녀들 한 명 한 명에게 일일이 관심을 주지 못할 것이다. 흔히 그러한 부모는 자녀들이 말썽을 부리거나 법을 어기거나 사회적 물의를 일으키기 전까지 자신의 무관심을 전혀 알아차리지 못한다. 본인은 청소년 문제에 관여하고 있으나 정작 그 아들은 청소년 범죄를 일으켜 체포되었다는 소식을 한 번쯤 들어 본 적이 있을 것이다.

방치는 당연히 누려야 할 부모의 애정 어린 배려가 박탈된 것이다. 방치의 요인은 사회 활동일 수도 있고, 질병이나 알코올 의존, 사업, 죽음, 운동일 수도 있다. 또한 방치는 '죽음'과 같이 부모로서는 어쩔 수 없는 요인으로 나타나는 경우도 흔하다. 여기서는 '요인'이라는 말이 '태도'라는 말보다 더 적합해 보인다. 그러나 대부분의 경우, 방치는 자녀의 욕구에 대한 적절한 고려를 생략하거나 방해하는 부모의 태도 또는 선입관으로 생겨난다.

우리 가운데 많은 이가 부분적이거나 일시적인 방치로 고통을 받는다. 뒤에서 제시하겠지만, 어린 시절에 겪은 가혹한 박탈이 어른의 삶에 심각한 영향을 미치는 반면, 시기적으로 부분적이거나 일시적인 방치의 영향은 그리 심하지 않은 편이다. 그리고 다행히도, 극단적인 방치는 거의 나타나지 않았다.

- **방치가 과거와 현재에 끼친 영향에 대한 인식**

당신의 어린 시절을 돌이켜 보면, 여간해서는 방치가 발견되지 않을 것이다. 정서적인 방치는 '무언가의 결여'이기 때문에 실체가 없고 알 수 없는 것이며 공허한 것이다. 같은 이유로 방치는 어른의 삶에서 인식하고 대처하기가 어렵다. 그것은 다시금 '무언가의 결여'가 된다.

방치는 자녀가 부모와 친밀하고 만족스러운 접촉을 유지하며 자신을 특별하고 가치 있는 존재라고 생각할 기회를 빼앗는다. 이러한 관계가 결여되면, 어린이 자신과 다른 사람들에 대해 느끼는 감정은 마비되고 불확실해지며 왜곡되고 공허해진다. 그 어린이는 자신을 중요한 존재로 느끼지 못하고, 다른 사람의 감정에 반응하거나 깊이 관심을 보이는 능력이 부족하다. 그리하여 다른 사람들과 맺는 관계가 피상적이고 보람 없게 되고 만다.

만약 어린 시절에 방치를 겪었다면, 당신에게 부족한 것은 무엇이든 누군가가 제공해 주기를 기대하면서 이 사람 저 사람을 찾아다니게 될지도 모른다. 그리고 자신을 잘 돌볼 수 없으므로, 결혼이 문제를 해결해 주리라고 생각할 것이다. 그러나 정작 결혼을 하고도 정서적으로는 결혼한 사람답지 않게 걱정을 일삼을 것이다.

방치는 '무언가의 결여'이기 때문에, 어린 시절에 방치를 겪은 많은 사람이 어려움의 본질을 인식하지 못한다. 그들은 알 수 없는 두려움이나 응징적인 매질과 같은 어린 시절의 충격 때문에 자신이 고통을 겪고 있다고 믿을 것이다.

그러나 방치는 대체로 존재하지 않으며, 결코 존재한 적이 없다. 언젠가 방치로 고통을 겪은 사람이 말했듯이 "아무 일도 일어나지 않았다." 그는 다른 사람들에게 큰 기대를 걸면서도 그들을 멀리하고, 그들이 자신을 활기차게 만들지 못한다며 비난하기도 한다.

어쩌면 당신은 다른 사람들과 가까워져야 할 필요성을 느끼지 못하다가, 당신과 가까워지려는 그들의 노력에 깜짝 놀랄지도 모른다. 그리고 전전긍긍하면서 그들을 멀리하려고 애쓸지도 모른다. 그러나 당신의 냉정한 태도를 보고 그들이 떠나면, 더욱 불안하고 우울해질 것이다. 어린 시절에 한 번도 다른 사람과 가까워진 적이 없던 당신은 사람들의 온정을 끝없이 추구할 것이고, 그러면서도 온정에 이를 수 있는 암시가 나타나면 언제든 깜짝 놀라며 물리칠 것이다. 당신은 고독에 시달리는 가운데 이미 자신의 행동 방식에 주목했을 수도 있고, 사람들의 온정을 느꼈을지도 모른다. 그리고 자신에게 무언가 부족하다는 것을 인식했을지도 모른다.

흔히 무언가 부족하다는 감정은 어린 시절에 방치가 있었음을 말해 주는 표시이다. 이 감정을 인식하는 것은 어린 시절의 방치를 평가하고 당신이 겪는 특별한 문제를 제기하는 데 도움이 될 것이다. 또한 어린 시절에 겪은 박탈을 계속 이어 가며 사람들을 멀리하려는 태도를 변화시켜 줄 것이다.

• 방치에 대한 새로운 이해

방치에 대한 이해는 제2차 세계 대전 이래로 의미심장하게 변화했다. 이제 방치는 물질적으로 풍족하고 부모가 사회적으로 높은 지위에 있는 가정에서 흔히 나타나는 원인적 태도로 이해된다. 디킨스Dickens는 그의 작품 《올리버 트위스트》에서 방치된 어린이들이 고아원에서 멀건 죽을 먹으며 사랑과 배려를 갈망하는 전형적인 모습을 그려 냈다. 오늘날 중산층 가정에서 주로 나타나는 부모의 애정 부족은 보호 시설에 장기간 수용된 어린이들에게 통상적으로 나타나는 정서적 방치와 같은 결과를 초래하는 것으로 인식된다.

신체적 방치는 확실히 박탈이라고 할 수 있으며 흔히 정서적 방치도 있었음을 암시한다. 하지만 심리적 방치와 같이 일반적인 경우에도 당사자를 무능력하게 만드는 것은 아니다. 근본적인 상황은 간단하지만 확실하게 말할 수 있다. 만약 당신이 아버지와 어머니를 진정 필요로 할 때 아버지가 아버지 역할을 해 주지 않고 어머니가 어머니 역할을 해 주지 않았다면, 당신은 어느 정도 방치 때문에 고통을 받은 것이다.

사람들은 제2차 세계 대전 당시 영국 어린이들에 대한 연구를 계기로, 방치의 진정한 특성과 광범위한 현상을 인식하게 되었다. 아이들은 공습으로 난파된 폐허에서 위생 설비나 잠자리도 없이 형편없는 식량과 소량의 물만으로 연명해야 했다. 그럼에도 그 아이들은 어머니와 함께 지냈기 때문에 더 안전하고 위생적인 지역으로 후송되어 어머니와 떨어져 지낸 아이들보다 정서적으로 상처를 덜 받은 것으로 나타났다.

그 뒤로도 방치에 대한 연구는 사회, 종교, 경제, 지리 분야를 포함한 모든 영역에서 집중적으로 진행되었다. 래포포트R. N. Rapoport 박사는 물질적으로 풍요한 상류층 가정의 어린이들에 대한 방치 결과를 보고한 바 있다. 이 아이들은 불행히도 제대로 적응하지 못하고 자주 비행에 가담했는데, 부모와는 거의 접촉이 없거나 전혀 접촉이 없었던 것으로 드러났다. 그 부모들은 흔히 사회적으로 인정받기 위해 열심히 일하느라 자녀들에게 무관심한 편이었다. 더러는 부모가 공동체를 위해 봉사하는 일에 '선발된' 경우도 있었다.

이 경우, 부모와 자녀의 접촉은 제한적이고 무의미했다. 물론 어린이들이 도시 행정의 개혁 업무와 관련해 새로운 건축 법규를 제정하고 빈민가를 정비해야 할 필요성을 이해할 수는 없었을 것이다. 그들은 다만 부모가 한가롭게 지내는 모습을 거의 본 적이 없었고, 부모의 이야기를 방해하지 말라고 주의를 받았으며, 자신이 보모나 간호사, 가정부, 그밖의 관계도 없는 어른들에게 맡겨졌다는 사실을 알고 있을 뿐이다. 래포포트 박사가 보고한 사례 중 가장 대표적인 것은 '건전한 정서적 발달을 가져다주는 친밀한 관계에 굶주린, 가엾은 부잣집 소녀'이다. 부모들은 흔히 자녀를 비용이 많이 드는 사립 학교에 보내면서, 이것이 일종의 방치가 될 수도 있다는 사실을 인식하지 못한다. 오히려 자녀들을 위해 최선을 다하고 있다고 독백한다.

어쨌거나 방치는 잘 대해 주는 것으로만 일어나는 것은 아니다.

사회 각계각층의 가정에서 어린이들은 알코올 의존자인 부모, 바쁜 부모, 부모의 전방위적인 사회 활동에 의해 방치되고 있다. 그리고 때로는 실직, 오랜 투병 생활, 과로, 개인적인 불행과 같은 부모 나름의 비참한 사정에 의해 방치되기도 한다. 때로는 자녀의 수가 너무 많다는 단순한 사실 때문에, 과로에 지친 어머니가 자녀 하나하나를 방치하게 되기도 한다.

• 방치에 대한 기억

모든 어린이는 갓난아기 때부터 청소년기에 이르기까지 한 인간이 되기 위해 노력하는 가운데 지속적인 도움을 필요로 한다. 누군가가 자신을 돌보고 있으며, 자신을 뒤에서 밀어준다고 느낄 필요가 있는 것이다.

우리 가운데 대부분은 방치에 대한 기억, 곧 부모의 배려와 뒷받침을 받지 못한다고 여겨 고통스러웠던 기억이 있다. 일반적으로 이러한 기억은 일시적이고 특수한 환경에서 기인하지만, 이 시기가 연장되어 파멸적인 효과를 가져오는 경우도 있었다. 만약 당신이 방치로 고통을 받은 적이 있다면, 어린 시절에 대해 나름의 안목을 가지고 자신에게 더욱 친절한 부모 역할을 할 수 있을 것이다.

예를 들어, 당신을 보살펴 주는 사람이 아무도 없다고 생각하던 시절이나 당신이 무력하다고 느끼던 시절, 이해를 구하기 위해 찾아갈 사람이 한 명도 없다고 생각하던 시절을 회상할 수 있다면,

자신이 겪은 방치가 어떤 것이었고 그때가 언제였는지 알 수 있을 것이다. 또한 어떤 여건에 의해 이 기억이 한동안 지속되었다는 것을 입증할 수 있을 것이다. 예컨대, 어머니가 앓아눕거나 병원에 입원해 있는 동안 그런 생각을 했는지도 모른다.

이로써 당신은 방치 기간이 짧았는지 길었는지를 알 수 있다. 또한 당신의 문제를 볼 줄 아는 안목이 생길 것이다. 만약 그 기간이 비교적 짧았다는 것을 알면, 당신은 그 결과를 지나치게 강조할지도 모른다. 그 기간이 오래 지속되었다면, 당신은 그 결과를 덜 강조하려 할 것이다. 왜냐하면 이러한 배려의 결여가 당신이 인생을 체험하는 방법이 되었기 때문이다.

이러한 안목을 기계적으로 얻을 수는 없다. 예컨대, 부모의 곤경이 항상 방치를 의미하지는 않기 때문이다. 필자가 아는 어떤 사람은 어렸을 때 방치를 경험했다. 어머니는 어린 동생 때문에 늘 바빴고, 아버지는 아침 일찍 일하러 나갔다가 집에 돌아오면 자기 일에 몰두하거나 다른 사람들을 만나기 일쑤였다. 그래서 그는 어렸을 때 숙모에게 맡겨졌는데, 숙모는 그의 어머니를 도우려는 마음에서 청결을 유지하고, 지저분한 장소에는 가지 말고, 어머니를 괴롭히지 말라고 가르쳤다. 숙모의 생각대로라면 그는 '작은 신사'가 되어야 했다. 이것은 의자에 꼿꼿이 앉고, 묻는 말에만 대답하고, 교육적인 내용의 책만 읽는 것을 의미했다. 그는 여러 해 동안 외롭게 지냈다. 그의 존재는 책에서 읽은 기사騎士들의 행적에 비하면 시시하기 짝이 없었다. 그는 자신에 대해서나 자신이 할 수 있는 것에 대해 현실감을 느끼지 못했다. 숙모는 자주 그에게 '거들어 달라'고 한 다음 그가 하는 일에 대해 비난하였다. 게다가 그는 저녁 식사 시간 외에는 아버지를 거의 보지 못했으므로, 아버지가 자기를 모를 것이라고 생각했다.

어느 해 여름, 일벌레였던 아버지가 실직을 해서 집에서 지내게 되었다. 아버지는 경제적으로 힘들기는 했지만, 아들에게 애정과 관심을 쏟았다. 아버지는 아들에게 금지했던 모든 일을 허용했다. 철로변이나 강가에서 놀게 해 주었고, 아들이 지저분해지거나 실수를 해도 부드럽게 웃어넘겼으며, 아들이 좋아하는 친구는 누구든 같이 놀게 해 주었다. 그는 "그렇게 한 지 불과 몇 달 안 되어서 아버지는 내가 한 인간임을 느끼게 해 주셨어요."라고 말했다.

그러므로 방치에 대한 기억은 신중하게 검증되어야 한다. 이 사람은 아버지가 실직했을 때보다 경제적 형편이 좋았을 때 방치당한 셈이다. 당신이 '어떤 생각을 했는가'를 기억해 내는 것이 검증에 도움이 될 것이다.

- **'나는 누구인가'**

어느 날, 한 의사가 필자에게 젊은 여성을 보냈다. 세련된 옷차림에 쾌활해 보이는 그는 서 있거나 걸어 다닐 때 자주 몸이 흔들리고 균형이 잡히지 않는 것처럼 느껴진다고 불평했다. 그러고는

"때로는 실제로 내 몸이 흔들린다니까요." 하고 말했다. 그는 침착하지 못하고 긴장한 것처럼 보였다. 그는 이렇게 말했다.

"내 정체에 대해 알 수만 있다면, 그리고 실제로 나도 한 인간이라는 느낌을 가질 수만 있다면 좋겠어요. 나는 누구인가요? 나는 계속 자문합니다. 내 이름이나 주소 같은 것들은 별로 중요하지 않아요. 나는 아직도 내가 인간이 아니라고 느껴요. 예를 들어 음식점에 갈 때면, 내가 어떤 걸 먹고 싶은지 전혀 알 수가 없어요. 단지 내가 무엇을 좋아하는지 기억하는 것처럼 보일 뿐이라고요. 그리고 가끔 내가 움츠러들고 있다고 느낄 때면 발작을 일으켜요."

"다른 여자들은 가정을 갖고 아이를 낳으면 만족감을 느낀다는데, 나에겐 큰 만족을 주지 못해요. 나는 항상 침착하지 못하고 불만을 품고 있다는 생각이 들어요. 물론 누구나 다 그럴 때가 있다고 생각합니다. 나는 파티에서 사람들이 하는 말에 집중하지 못할 때도 있어요. 그저 사람들이 나에게 기대하는 반응을 표현하기 위해서 웃거나 고개를 끄덕이거나 얼굴을 찡그리죠. 그렇게 상대방의 말을 이해하는 것처럼 보이려고 애쓸 뿐이에요. 그렇지만 진정으로 그들을 이해하지는 못한다는 것을 나는 알아요. 그들은 내 친구들이고 내가 잘 아는 사람들이지만, 내가 그들과 관련되어 있다고 느껴지지는 않아요. 실제로 그들이 낯선 사람들일 수도 있겠죠. 나는 그들을 이방인이라고 여기고, 나 자신도 이방인이라고 생각해요. 나는 가끔 모임에 가면, 내 안에 있는 건 공허뿐이라는 느낌이 들어요. 나는 모든 사람들, 심지어 남편에게서도 동떨어져 있다고 생각해요."

그의 남편은 양심적이고 세심한 회계사로서, 어느 면에서는 고지식한 사람이었다. 남편은 그의 안절부절못하는 불안감을 이해하지 못했다. 그래서 그의 걱정은 더욱 커졌고, 언젠가는 갑자기 태도를 바꾸려고 하며 자기 일에 더욱 몰두했다. 다음은 그가 자신의 가정 환경을 묘사한 내용이다.

"나는 큰 도시에서 자랐어요. 아버지는 교육을 많이 받지 못한 분이셨죠. 우리는 초라하고 지저분한 빈민 지역에 살았어요. 나는 그곳에서 십대를 보냈는데, 아주 비참한 곳으로 기억하고 있어요. 그 지역의 남자 아이들은 불결하고 사악하며 냉소적이고 비열했어요. 그 아이들은…… 있잖아요, 선생님도 아시겠지만, 나를 도발적이고 위협적으로 바라봤어요."

"나는 아버지와 대화를 못했어요. 남자 아이들에 관해서만이 아니라 모든 일에 대해서 그랬어요. 언제나 그런 식이었어요. 아버지는 매일 저녁 친구들을 만나러 외출하곤 하셨어요. 내가 고등학교를 마치자, 아버지는 내가 더는 교육을 받을 필요가 없다고 생각하셨어요. 아버지는 '공부는 더 해서 뭐하느냐?'고 말씀하셨죠. 이제 곧 결혼하게 될 텐데 공부가 어디에 쓸모가 있느냐는 것이었어요. 나는 그 남자 아이들에 대해서 설명할 수 없었고, 아버지는 내가 그 아이들과 시시덕거린다고 꾸짖으며 자리를 뜨곤 하셨어요.

나는 너무 괴로웠어요."

"그런데 어머니도 마찬가지였어요. 어머니는 내 얘기를 한마디도 들으려 하지 않으셨어요. 어머니는 병원에 가서 신경성 질병을 치료받는 데 많은 시간을 보내셨어요. 어머니는 아버지에 대해 자주 불평하셨고, 지금도 여전히 그러시죠. 어머니는 나와 함께 무언가 의논하거나, 나에게 뭔가 물어보신 적이 단 한 번도 없어요. 자기 자식들인데도 우리 중 누군가에게 관심을 보이신 적이 없어요."

"나는 공부를 잘했기 때문에 학업을 계속하고 싶다는 생각을 한 적이 있어요. 선생님이 우리 중 누가 대학에 진학할 것인지 물어보곤 하셨는데, 내가 손을 들지 않으면 번번이 놀라셨어요. 나는 학교 신문에 글을 투고했고, 교내 연극 몇 편의 주연을 맡기도 했어요. 나는 내가 했던 모든 일에 큰 애착을 느꼈어요. 집에는 말을 건넬 수 있는 사람이 아무도 없었기 때문에 내 방에서 책을 읽으며 지냈어요. 오빠는 나이가 너무 많은 데다가 아버지처럼 자주 집을 비우곤 했어요. 그리고 내가 거실에 있으면 어머니의 불평을 들어야만 했어요. 어머니는 내 말에 귀를 기울이신 적이 없었어요."

이 여성은 어린 시절의 대부분을 그 누구와도 친해질 수 없는 외로운 공허 상태에서 보냈다. 좀처럼 그의 곁에 있어 주지 않은 아버지는 딸에게 큰 관심을 보이지 않았다. 어머니 역시 자기 건강에 대한 걱정과 남편에 대한 불평에 사로잡혀 딸과 따뜻하고 친밀한 관계를 맺을 수 없었다. 이 여성은 외로움 속에서 성장하면서 일상적인 활동을 불안해하고 두려워하게 되었다. 어른이 된 지금도 이 여성의 내재과거아는 다른 사람들과 의사소통을 할 수 없는 무능력과 다른 사람들과 더불어 살아가는 것의 두려움을 지속시키고 있다. 그는 사람들과 관계 맺는 일에 거의 관여하지 않는다. 어린 시절 부모가 그에게 '사람들의 배려를 당연히 받아야 할 사람', '나름의 감정과 관심사를 지닌 독특하고 가치 있는 사람'이라는 생각을 심어 주지 못했기 때문이다. 이 여성이 어린 시절에 느끼고 생각한 것은 배려받은 적이 전혀 없다는 점이다. 그래서 지금 그 배려를 매우 갈망하고 있다.

이 여성의 이야기는 수많은 사람이 겪고 있는 정서적 방치의 전형적인 유형이다. 대개 이러한 상황에서는 가정 밖의 누군가가 그들에게 가치 있는 존재라는 감정과 자신을 표현할 수 있는 기회를 제공하여 파멸적인 심리적 손상을 모면한다. 이 여성의 경우에는 선생님이 그 역할을 했다. 어쨌거나 방치로 고통을 당하는 사람들은 따뜻하고 친밀한 인간관계에 대해 아주 막연한 개념을 가지고 있다. 그들은 친밀한 관계에서 느끼는 만족의 가치를 쉽게 이해하지 못한다.

방치로 고통을 당한 사람들의 어린 시절을 보면, 대개 아버지가 아버지 역할을 제대로 하지 않았고 어머니가 어머니 역할을 제대로 하지 않았다. 그러므로 방치당한 내재과거아는 어른이 되어서도 이러한 공허감에 대해 방어적인 자세를 견지하며 깊고 친밀한 관계 형성을 방해한다. 언젠가 한 사람이 이렇게 말했다. "나는 사람들을 많이 알고 있지만 친구는 없습니다. 선생님이 그토록 잘 말씀해 주시는데도, 나는 누구에게나 별로 관심이 없는 편입니다."

어느 면에서, 어린 시절 방치로 고통을 겪은 사람들이 맺는 관계는 배우가 청중과 맺는 관계와 비슷하다. 그들은 어렸을 때 무언가 성취하고 착하게 행동함으로써 부모의 칭찬과 인정, 일시적인 배려와 사랑을 얻을 수 있다는 것을 깨달았을지도 모른다. 그러한 어린이들은 흔히 부모의 주목을 받기 위해 필사적으로 노력하여 뛰어난 업적을 달성하도록 이끌리기 마련이다. 하지만 친밀한 관계와 상호 관심은 발전하지 못한다. 그러한 환경에서 어린이들은 칭찬 이외에 그 무엇도 기대해서는 안 된다는 것을 알게 된다. 순간적인 온정과 사랑 이상의 것은 존재하지 않는 셈이다. 그들은 어른이 되어서도 계속 친구를 사귀되, 뛰어난 업적과 우아한 태도, 겉보기에 사려 깊어 보이는 자세로 친구들에게 감명을 주려고 노력한다.

그런데 만약 사람들이 그들에게 가까이 접근하려고 하면, 그들은 불시에 관계를 깨뜨려 버릴 것이다. 실제로는 더 가까운 관계를 절실히 원하면서도 말이다. 친근함은 그들의 내재과거아를 양육해 온 방치에 대한 방어 수단을 위협하는 것이 된다. 그러므로 친근함은 무서운 것이고 속박하는 것이며 함정에 빠뜨리는 것이라고 여긴다.

- **착취 성향**

어린 시절에 방치로 인해 상처를 받은 이들은 흔히 다른 사람을 착취하는 사람이 되기 쉽다. 누군가에게 제대로 접근할 줄 모르는 그들은 결국 다른 사람을 이용하려 든다. 또한 자신에 대한 관심과 동정을 자극하는 요령을 잘 안다. 그들은 관심과 애정은 물론, 자신의 노력에 대한 끝없는 배려와 정서적 후원, 심지어 물질적 후원까지 요구할 것이다. 하지만 반대로 그들이 그러한 후원을 요구받는다면, 돌연 그 관계를 파기할 것이다. 방치의 심각한 사례들을 보면, 착취 성향에 의해 좀도둑이나 건달이 되는 경우도 있다. 그들은 인생을 '공갈'이나 '사기'로 보는 경향이 있고, 자신이나 타인에 대해 천박하고 착취적인 방법이 아닌 다른 방법으로 생각할 줄 모른다.

그런가 하면 방치를 겪으며 성장한 어린이와 어른은 비양심적이라는 점이 많은 연구를 통해 드러났다. 이러한 양심의 결여는 하나의 일상적인 관계에서 또 다른 관계로 옮겨 다니도록 조장하는 경향이 있다. 흔히 그들은 다른 사람들과의 관계를 진지하게 생각하지 않기 때문이다. 또한 다른 사람들에 대한 착취를 정상적인 것으로, 심지어 바람직한 것으로 본다. 다른 사람들의 권리와 소유, 감정을 자기가 가질 수 있고 사용할 수 있다고 보는 셈이다. 보울비 박사는 심한 방치와 박탈을 겪은 어린이들 사이에 좀도둑질이 빈번했다는 사실을 강조했다. 하지만 그들 대부분이 불우한 환경에서 성장하지는 않았다.

필자의 관찰에 의하면, 한 어른이 잘못한 후에 느끼는 죄책감의 크기와 어렸을 때 겪은 방치의 정도 사이에는 흔히 뚜렷한 관련성이 있어 보인다. 만약 그가 죄책감을 느끼지 않는다면, 어린 시절 방치를 경험했다는 유력한 근거가 있는 셈이다. 만약 죄책감으로 괴로워한다면, 어렸을 때 누군가 친밀한 사람이 있었다고 할 수 있다. 단, 어린 시절에 부모가 곁에 있었음에도 그의 분별없는 행위를 너그럽게 받아 주었기 때문에 죄책감을 느끼지 못하게 된 경우는 예외로 한다.

충동적 행위

방치는 실제로 알려진 적 없는 무언가의 결여이다. 그래서 많은 어른이 방치의 영향력을 인식하는 데 큰 어려움을 겪는다. 여러 사례를 보면, 그들은 '살아 있음'을 느끼기 위해 충동적 행위에 의지한다. 그들은 좌충우돌하며 연애에 빠져들기도 하고 거창한 활동 계획을 세우기도 한다. 그러나 대체로 이 모든 것은 순간적인 만족을 제공할 뿐이다.

여러 차례 연애와 결혼을 거듭한 유명 영화배우들, 고독과 침울한 예지가 돋보이는 세계적인 정치가들, 봉사하는 삶을 사는 사람들은 표면상으로 어렸을 때나 어른이 되어서나 특별히 방치를 겪지 않은 것처럼 보인다. 하지만 그들도 계속된 자기 방치로 몹시 불행할 때가 많다. 세상에 내보이는 체면에도 불구하고, 자신에 대해 절망하고 자포자기하는 감정 외에 다른 감정은 거의 지니지 못하는 것이다. 그들은 살아간다기보다 그림자로서 존재하는 것이다. 그들 중 대다수, 특히 여성들이 연극계나 영화계에 발을 들여놓게 되는데, 그런 일이나 환경을 통해 환상적인 캐릭터를 창출할 수 있기 때문이다. 그들의 감정은 워낙 절망적이기 때문에, 자신이 그 감정에 관심을 기울일 수 있다고 느끼지 못한다. 한 여성이 언젠가 이렇게 말했다. "당신이 이름 없는 존재일 때 이름 있는 어떤 존재가 되는 유일한 방법은 누군가 다른 사람이 되는 것이다."

그들은 흔히 성공하고자 하는 지속적인 갈망을 보인다. 이러한 갈망은 과거의 경제적인 박탈을 상쇄하려는 노력을 설명해 주기도 하지만, 부에 대한 위안적인 전시 효과나 다른 사람들을 위해 봉사한다는 인상적인 평판을 통해 내면의 공허감을 부정하려는 시도일 때도 많다.

• 당신은 어느 정도 방치되었는가

만약 당신이 어렸을 때 방치를 경험했다면, 그 방치의 정도를 가능한 한 객관적으로 이해하는 것이 중요하다. 그렇지 않으면 문제를 잘못 해석할 수도 있다. 당신은 난관에 대처하는 방법을 모를 수도 있고, 좌절에 대비하지 못할 수도 있다. 또한 문제를 과장하면서, 그 문제를 헤쳐 나갈 수 있다는 사실을 인식하지 못한 채 자포

자기와 자기 연민, 절망에 굴복할지도 모른다.

이제 당신이 일찍이 가져 보지 못했던 사랑 넘치는 부모 역할을 함으로써 내재과거아를 받아들인다면, 현재의 당신에게 도움이 될 것이다. 어렸을 때 겪은 박탈이 아무리 극단적이었다고 해도 말이다.

'어떤 것이 가장 가혹한 박탈로 인식되는가'에 대한 연구를 통해 당신의 난관을 통찰할 수 있고, 어린 시절에 겪은 방치의 가혹함을 파악할 수 있다. 그러한 연구는 당신이 겪은 방치를 어느 정도 객관적으로 평가할 수 있는 척도를 제공할 것이다.

다른 사람들과 만족스러운 관계를 맺는 능력을 방해하는 가장 가혹한 방치 유형은 무엇일까? 그것은 어렸을 때 겪은 어머니의 죽음, 또는 오랜 기간 계속된 어린이의 입원 또는 시설 수용으로 초래된다. 우리는 어린 시절에 어머니와 별거하는 것이 어린이에게 해롭다는 점을 어느 정도 알고 있었지만, 그 과정과 이유를 정확하게 증명하는 자료가 나온 것은 최근의 일이다.

생애 초기의 박탈

미국의 저명한 인간학자 프란츠 보아스Franz Boas는 고아원에서 자란 어린이들이 가족들과 함께 자란 어린이들만큼 신체적으로 발달하지 못한다는 사실을 논증하였다. 그러나 소아과 의사들이나 정신의학자들이 '정서적 방치는 어린이가 다른 사람들과 관계

맺는 능력에 특별히 해악을 끼친다'는 사실을 입증하는 데는 거의 50년이 걸렸다. 버퀸Harry L. Bakwin 박사, 스피츠R. A. Spitz 박사, 골드파브William Goldfarb 박사, 그 밖의 여러 사람이 독자적인 연구를 통해 이를 입증했다.

그들의 연구에 의하면, 갓난아기는 처음 몇 주간 다른 사람들에게 유해한 영향을 전혀 받지 않고 보호될 수 있는 반면, 생후 수개월에서 다섯 살까지의 어린이는 향후 성격상의 어려움을 겪지 않으려면 어머니나 어머니를 대신할 수 있는 사랑 넘치는 적임자의 지속적인 배려가 필요하다.

연구 대상은 일차적으로 어머니의 죽음이나 장기 입원으로 인해 시설에 수용된 어린이들이었다. 보울비 박사는 다른 연구자들의 연구 결과를 모두 분석·검토하고, 자신의 연구 결과를 보완했다. 그는 박탈을 겪은 어린이가 다음과 같이 반응한다고 지적한다.

"그 어린이의 정서 상태는 불안과 슬픔 중 하나이다. 환경에 대한 거부에 상응하는 '환경으로부터의 철회'는 있으나 낯선 사람과 접촉하려는 시도나 낯선 사람이 그에게 접근하려는 시도를 반기는 기색은 없다. 어린이는 굼뜨게 행동하게 되고, 생기 없이 멍하게 앉아 있거나 누워 있는 경우가 많다. 불면증이 다반사로 나타나고 대다수가 식욕 부진을 겪는다. 또한 체중이 감소하고 전염병 감염 확률이 높아지며, 발달지수(어린이의 발달을 측정하여 등급을 매기는 체계)가 급격히 하락한다."

그러나 어린이가 자기 어머니 또는 어머니를 대신하는 사람에게 되돌아가면 상황은 반전된다. 버퀸 박사는 생후 4개월 된 남자 아기의 예를 다음과 같이 기술했다. 아기는 그중 2개월을 병원에서 보냈다.

"아기는 창백하고 주름살 많은 노인처럼 보였다. 호흡이 아주 약하고 엷어서, 어떤 때는 숨을 안 쉬는 것처럼 보이기도 했다. 그런데 두세 시간 후에 집에 가면 아기는 옹알이를 하며 웃었다. 식사 처방에는 아무 변화가 없었는데도 아기의 체중은 정상 수준으로 호전되었다. 어느 모로 보나 정상적인 아기였다."

이러한 변화는 매우 극적이고 유익하다. 이와 유사한 경우들을 연구한 보울비 박사는 "지금까지 그런 배려가 거의 베풀어지지 않았다는 것이 놀랍다."라고 지적한다.

보울비 박사와 다른 연구자들은 어머니를 대신할 사람을 가능한 한 일찍 소개해 주는 것이 별거의 영향을 상쇄하는 데 큰 역할을 한다는 점에 동의한다. 또한 대리 보호가 생애 초기의 정서적 손상을 성공적으로 막을 수 있다고 믿는다. 비록 대리 보호가 충분하지 않다고 해도, 차후의 정서적 문제를 방지하는 데 절대적으로 필요하다는 사실에 모두가 동의한다.

연구자들은 생후 5년 이내에 어머니를 잃는 것이 어린이에게 가장 심각한 박탈이라고 믿는다. 만약 당신이 이 기간에 어머니와 오랫동안 떨어져 있었다면, 당신은 틀림없이 이 일 때문에 크게 고통받았을 것이다. 그러나 당신의 고통은 다섯 해 동안 사랑과 보살핌을 준 사람에 의해 상쇄되었을 것이다. 그 사람이 당신의 어머니만큼 포근하지 않고 무지하고 천박한 사람일지언정 말이다.

그리하여 다른 사람들에게 친밀감을 느끼는 능력이 완전히 손상되지는 않았을지도 모른다. 이 능력이 무엇이든지, 당신 자신에게 살뜰한 부모 역할을 하는 가운데 그 능력을 증대시킬 수 있다.

부모의 죽음으로 인한 이별은 돌이킬 수 없는 것이며, 어느 연령층의 어린이에게나 심각한 박탈이다. 그러나 이러한 상실은 어린이가 여섯 살이 되고 점점 나이를 먹으면서 차츰 덜 심각해진다. 비록 청소년기에도 심각하게 느껴질 때가 자주 있긴 하지만 말이다.

이처럼 가장 심각한 상실을 이해함으로써, 자신의 박탈을 객관적인 견지에서 바라보게 될 것이다. 이것은 당신의 내재과거아에게 부모 구실을 하는 데 도움이 된다. 당신은 내재과거아의 해묵은 감정, 곧 외로움, 분노, 철회, 분리와 같은 것들을 인식하게 될 것이다. 이러한 감정은 어렸을 때 충분히 누리지 못했던 온화함과 친밀함을 단념하게 만든다. 당신은 이제 이 감정을 과거에 속하는 것으로 제쳐두고, 이 감정에 대해 편안하게 느끼면서, 스스로 조금씩 다른 사람들과 친분 관계를 맺어 나갈 수 있을 것이다. 만약 당신이 시간과 장소를 할애해서 현명하게 대처한다면, 인내하고 이해하는 가운데 지난날의 욕구를 차츰 줄여 갈 수 있을 것이다.

•슬픔의 세 가지 국면

어린이를 부모에게서 떼어 놓는 초기 박탈에 근본적으로 수반되는 것은 어린이가 그 상실에 대해 슬퍼하고 애도하는 과정이다. 이 과정은 상실이 일시적일 때에도 나타나지만, 때로는 어린이가 여러 달 입원해야 하는 때에도 일어난다. 이 과정은 상실 자체이지 상실의 원인이 아니다.

어린이의 슬픔을 깊이 있게 연구한 보울비 박사에 의하면, 어린이는 슬퍼하는 과정에서 세 가지 중요한 국면, 곧 반항·절망·이탈을 거친다고 한다.

처음에는 어린이가 눈물을 흘리고 화를 내며 부모가 돌아오기를 큰소리로 요구한다. 그것이 이루어질 가능성이 있다고 생각하기에 그렇게 하는 것이다. 이런 현상은 여러 날 지속될 것이다. 그렇게 세상에 없는 부모에 대한 생각과 부모가 돌아오기를 바라는 열망에 사로잡힌 가운데, 희망이 점점 줄어들다가 마침내 사라지게 된다. 이것은 절망적인 국면이 시작될 것을 알리는 신호가 된다. 어린이는 자포자기하며 작은 소리로 부모를 그리워하며 흐느낀다. 잠시 동안 어린이는 반항하다가 다시 절망하다가 할 것이다. 그리고 이어서 더 큰 변화가 일어난다. 어린이가 부모를 완전히 잊은 듯 보이는 것이다. 부모가 어린이에게 돌아와도, 어린이는 부모에게 이상할 정도로 무관심하고 부모를 아예 알아보지 못하는 것처럼 보인다. 이것이 이탈의 국면이다.

보울비 박사는 다음과 같이 지적한다. "각각의 국면에서, 어린이는 발끈 화를 내거나 파괴적인 행동, 흔히 걱정스러울 정도로 난폭한 행동을 하기 쉽다. 이처럼 무반응적인 태도는 떨어져 지낸 기간이 얼마나 길었는지에 따라 한두 시간에서 여러 주간에 이르기까지 지속될 것이다. 그런 다음에야 비로소 어린이는 어머니에게 매달리고, 잠시나마 어머니가 없었던 것에 몹시 화를 내고 걱정한다. 만약 어린이가 부모와 떨어져 지낸 기간이 오래되었다면, 이탈의 단계로 한 걸음 더 나아가게 되고, 부모에 대한 호의를 회복하지 못한 채로 남을 수도 있다."

이 같은 부모와의 이별이 어른에게 미치는 영향은 무엇인가? 헬렌 도이치Helene Deutsch 박사는 이렇게 기록했다. "그는 일말의 통찰도 없이 자기 감정이 완벽하게 차단되어 있음을 보여 주었다. …… 사랑도, 우정도, 그 어떠한 것에도 실질적인 관심이 없었다. 그는 자기가 체험하는 모든 것에 무기력하고 무감각한 반응을 보였다. 노력도 실망도 없었다. …… 가까운 사람들의 죽음에 슬퍼하지도 않았고, 싫어하는 감정이나 공격적인 충동도 없었다."

보울비 박사는 이 경우에 대해 논평하는 가운데 그가 다섯 살이었을 때 어머니가 사망했다는 점에 주목한다. 그는 어머니가 죽기 전에 있었던 일들을 전혀 기억하지 못했으나, 나중에 '커다란 개가 와서 나를 좋아해 주고 내가 바라는 모든 것을 다 이루어 주기'를 바라면서 침실 문을 열어 놓았던 것을 기억해 냈다.

그는 자신을 버리고 도망가 버렸다고 생각한 어머니에 대해 반항과 분노와 갈망을 표현할 수 없었기에, 이탈의 단계로 급히 들어가 버린 것이라고 보울비 박사는 지적한다. "갈망과 분노는 그의 내부에 감금되었고, 잠재적으로는 활동이 가능하지만 실제로는 세상에서 차단되기에 이르렀다. …… 그의 감정 가운데 다른 부분만이 발달할 수 있도록 남겨졌다. 그 결과, 정서가 몹시 메마른 사람으로 성장했다."

애도하는 과정에는 수반되지만 어린 시절 이래로 마음속에 갇혀 버린 분노, 절망, 갈망을 그가 좋아하고 신뢰하는 누군가에게 충분히 표현할 수 있다면, 그의 인격은 새로운 균형을 이루게 되고, 과거에 폐쇄되었던 영역에서 기능을 발휘하게 될 것이다.

당신이 어렸을 때 부모를 잃었다면, 분노와 의지할 데 없는 절망, 동경의 일부를 생생하게 회상할 수 있을지도 모르고, 여러 해에 걸쳐 그 감정을 부인하려고 애써 왔을지도 모른다. 만약 부모가 당신의 마음을 아프게 하려고 일부러 죽은 것이 아니라는 사실을 충분히 알 나이에 상실을 겪었다면, 당신은 이러한 분노에 대해 부끄러워하고 죄책감을 느꼈을 것이다. 어쩌면 지금도 그렇게 느끼고 있을지 모른다. 그러나 이것은 아주 자연스러운 감정이다.

상실에 대한 아픔은 매우 크다. 그러므로 어린이는 자기를 버린 것처럼 보이는 부모에 대해 분노를 느끼며 복수심으로 가득 찰 때가 많다. 이 공정하지 못한 충격에 대해 앙갚음하기를 원하고, 특별히 다른 심각한 문제나 박탈을 초래한다면, 부모 역시 인간이라는 사실을 망각하고 원한과 증오를 아주 많이 축적할지도 모른다.

소심하고 얌전한 남자가 아내에게 여러모로 강요당한 경우를 보자. 아내는 자녀들의 이름으로 남편에게 요구하고 남편을 쥐고 흔드는 자신의 역할을 자랑스럽게 여겼다. 마침내 남편은 반기를 들었고, 급기야 가정을 버렸다. 구호 수당에 의지해 생활을 꾸려 나가게 된 아내는 자녀들에게 '너희 아버지는 좋지 않은 떠돌이'라고 상기시켰다. 아버지에게 각별히 사랑을 받았던 맏아들은 하는 수 없이 아버지가 맡았던 책임과 허드렛일을 떠맡게 되었다. 맏아들은 아버지를 몹시 원망하면서 이 모든 절망적인 상황을 아버지 탓으로 돌렸다. 또한 분노로 이를 갈면서 "언젠가 그 인간을 붙잡아 놓고 '쥐새끼 같은 사람, 기생충 같은 사람'이라고, 그 인간이 우리에게 저지른 일이 무엇인지 알려 주고, 도대체 우리가 그 인간에게 무슨 잘못을 했냐고 따지겠다."라고 다짐하곤 했다.

그는 여러 해가 지나도록 아버지에 대한 보복적인 감정을 잊지 않았다. 20년도 더 지난 어느 날, 그는 아버지가 가까운 도시에 살고 있다는 사실을 알았다. 그는 지체 없이 그 도시로 갔다. 그런데 아버지를 찾아가는 길에, 어쩌면 자신이 아버지를 몰라볼 수도 있고 아버지가 자기를 몰라볼 수도 있다는 것을 깨달았다. 그리고 자신의 과격하고 모진 물음이 아버지에게 상처를 주기보다는 오히려 자신이 우스운 꼴이 될 수도 있겠다고 생각했다. 그래서 아버지에게 전화를 걸어 자기가 찾아가는 중이라고 알렸다. 잠시 후 아버지가 문을 열고 조용히, 그다지 떳떳하지 못한 듯이 그를 맞이했다. 그는 당시 상황을 이렇게 회상했다.

"나는 마치 그분을 처음 뵙는 것 같았습니다. 나는 그분이 조용하고 세심하며 키가 작은 사람이라는 것을 알았고, 그분이 달아난 이유 또한 알게 되었습니다. 그분은 단지 어머니의 일방적인 요구와 잔소리 그리고 아이들을 견딜 수 없었던 것입니다. 그분은 그런 것을 견딜 만한 사람이 아니었습니다. 나도 그분이 맡았던 모든 책임을 감당해야 했지만, 그것을 모두 해내지는 못했습니다. 이 왜소한 사람은 나의 반만큼도 감당할 수 없었으리라는 것을 그때 알았습니다. 그때 갑자기, 그분에게 우리 가족이 겪은 괴로움을 보상하게 하려던 꿈이 무의미하게 여겨졌습니다. 그분도 나름대로 괴로움을 겪은 것입니다. 그분 역시 상처를 입었습니다. 어렸을 때 그분이 우리를 사랑했다는 것을 나는 알고 있습니다."

"그래서 나는 그저 그동안 보고 싶었다는 말을 했을 뿐, 잠시 동안 멍한 표정으로 말도 못하고 문간에 서 있었습니다. 마침내 그분이 '모두들 잘 지내니? 어머니는 어떠시니?' 하고 물었습니다. 나는 '별일 없어요. 다들 잘 지내고 있어요.'라고 대답했는데, 순간 하마터면 '당신이 상관할 바 아니잖아요, 이 늙은 양반아!'라고 말할 뻔했습니다. 그러나 그런 말을 하지는 않았습니다. 그분은 '모든 게 다 미안하구나. 하지만 당시에는 그럴 수밖에 없었던 것 같구나.'라고 말했습니다. 나는 '알아요, 알고 말고요.'라고 대답했습니다. 그때 그분이 나에게 미안하다는 말을 하려던 참임을 알았고, 그런 말을 듣고 싶지 않았으나 기어코 그분이 그 말을 하도록 내버려 두었습니다. 나는 멍청해진 것 같은 기분을 느끼며 그저 '알아요, 알고 말고요.'라는 말만 되풀이했습니다. 나는 모자를 움켜쥐고 '자, 됐어요. 나는 다만 아버지가 보고 싶었을 뿐입니다.'라고 말하고서 그곳을 떠났습니다. 나는 그 순간을 여러 해 동안 별러 왔습니다. 그러나 나도 이제 한 남자이고 그분 역시 한 남자임을 알았어요. 그분이 어머니와 원만히 지낼 수 없었다는 사실을 이해했습니다. 그분은 자신을 구하기 위해서 도피할 수밖에 없었던 거예요. 나는 이제 그분을 비난하지 않습니다. 하지만 내 입장에서는 그 감정을 없애 버리기 위해 그분을 만나야 했습니다."

내재과거아의 마음에 오래 축적되어 있던 보복적인 감정, 즉 아버지가 돌아오기를 염원하던 과거의 갈망이 일부 혼합된 감정이 20년이나 지난 뒤에 아버지를 찾아가게 한 것이다. 그러나 막상 아버지를 만났을 때, 그는 어른이 되어 있었으며 아버지를 한 사람의 인간으로 파악하게 된 것이다. 어린 시절에는 아버지가 다정하고 강인한 사람이라고 생각했지만, 조용하고 세심한 아버지가 쥐고 흔들어대는 어머니와는 한시도 행복할 수 없었다는 점을 알았다. 그리하여 보복적인 감정을 버리고, 아버지를 좋은 성품뿐만 아니라 약점과 결점도 지닌 한 인간으로 새롭게 이해하게 되었다.

그러나 방치를 겪은 사람 중에는 이 아들처럼 내재과거아의 보복 지향적인 감정을 제거하지 못하는 경우가 많다. 보복적 감정은 부모의 방치에서 오는 것이 아니라, 주로 방치의 결과로서 어린이가 감수해야 했던 징벌에서 온다. 이 아들은 신체적인 박탈은 물론, 한시도 가만 두지 않는 어머니처럼 한결같이 응징적인 과도한 책임을 감내해야 했다. 방치는 흔히 응징적인 행위와 결합되며, 보복적인 감정은 수년 내에 해결되지 않는 쪽으로 전개된다.

보복적인 감정이 당신의 과거인 어린이에게 속하는 것이지 당신의 현재인 어른에게 속하는 것은 아니라는 점을 인식할 수 있다면, 당신 나름의 삶을 살아가는 데 의미심장한 한 걸음을 내디딜 수 있을 것이다. 또한 부모를 한 인간으로 받아들일 수 있게 된다면, 계속해서 지난날의 감정을 돌보느라 힘을 허비하지 않아도 될 것이다. 또한 자신에게 편안한 부모 구실을 함으로써 어린 시절에 방치당했던 불행을 덜 수 있게 될 것이다.

방치는 부모가 이혼하는 경우에도 문제가 되는데, 자녀들은 이러한 상실을 예민하게 느끼고 자신이 부모의 결별을 초래했다고 자책하기도 한다. 또한 부모와 떨어져서 자란 모든 어린이에게 흔히 나타나는 반항, 분노, 보복, 절망의 감정도 지니고 있다. 그러나 그 상실은 영구적이지 않으며, 궁극적으로 따뜻하고 친밀한 관계를 회복할 수 있다는 희망이 늘 제공되기 때문에 절망이 그리 크지 않고 이탈도 그다지 두드러지지 않는다.

부재不在 부모에 대한 이상화理想化

어린이가 어렸을 때 고도로 이상화된 부모의 모습을 상상하는 것은 죽음, 이혼, 입원, 수감 등으로 부모와 이별을 겪은 사람에게는 전혀 이상한 일이 아니다. 어린이의 상상을 통해서 이상화된 '사랑 넘치는 부모'는 어린이가 처한 모든 어려움을 해결해 주고, 어린이의 노력을 인정해 주며, 어린이에게 제약을 가하거나 처벌하는 일 없이 언제나 너그럽게 대해 줄 것이다. 이처럼 이상화된 부모상은 어린 시절의 많은 것에 영향을 준다. 즉 사랑에 대한 갈망, 슬픔과 애도, 양부모에 대한 혐오나 거부 등이 나타나며, 만약 양부모를 좋아하는 것이 친부모를 저버리는 것이라는 생각을 불러일으킬 경우에는 호감에 대한 방어가 나타나게 된다.

부재 부모에 대한 이상화는 어린이가 양부모나 의붓 부모와 적응해 가는 데에도 문제가 된다. 어린이는 '만약 친어머니가 여기 계신다면……' 하고 말하며, 이상화된 부모상을 자신의 요구나 희망을 들어주게 만드는 무기로 사용할 수도 있다. 이것은 흔히 성실하고 사랑 넘치는 의붓 부모가 어린이와 친밀한 관계를 맺는 것을 가로막는다. 대개는 의붓 부모가 어린이가 자발적으로 돌아오기를, 이상화된 부모상을 차츰 잊어버리기를 참을성 있게 기다리겠지만 말이다.

그러나 이처럼 공상적인 부모상이 청소년기와 성인기까지 계속된다면, 이성異姓과 친밀한 관계를 맺는 데 방해가 될 수도 있다. 예를 들어 어머니를 '천사 같은 여자'로 이상화한 경우, 대개 다른 여자들을 시시하고 경박하며 죄악으로 가득 차 있다고 생각하게 된다. 성인聖人은 성적인 활동을 하지 않을 테니까 말이다.

그리하여 부모의 부재는 어린이에게 부모를 있는 그대로, 한 사람의 인간으로 파악할 기회를 박탈한다. 어린이들은 자연스럽게 부모를 이상화하고, 전능한 존재로 보려는 경향이 있다. 일상생활에서 부모의 장점과 약점을 접하며 부모의 지위를 인간적인 수준으로 낮출 기회를 얻지 못한 어린이는 비인간적인 기준으로 자신과 다른 사람들을 판단하게 될 것이다.

예컨대 아버지가 전사한 경우, 아들은 그 어떤 것도 능가하는 용맹을 갖춘 공상 속의 아버지를 그려 낼지도 모른다. 그러면 자신이 용기 없는 겁쟁이인 데다가 아버지만큼 훌륭하지 않다고 생각하면서 무분별하게 각종 공적을 세우는 데 집중할지도 모른다. 자영업자인 아버지를 둔 어린이는 아버지의 실제 성공 여부와는 상관없이, 누군가에게 고용되어 일하는 것이 자신에게 어울리지 않는다고 생각할지도 모른다.

어머니에 대해 알 기회를 박탈당한 남자는 여성과 자유롭고 친밀한 관계를 이루기 어렵다는 것을 알게 될 것이다. 그의 이상화된 어머니상이 모든 여성을 대하는 비현실적인 기준을 만들어 내기 때문이다. 그가 이상적인 기준에 너무 공상적으로 집착하기 때문에 어떤 여성도 그 기준에 미치지 못할 것이다. 그래서 만나는 여성들에게 실망하고 관심을 두지 않을 것이다. 마찬가지로 어려서 아버지를 잃은 여성은 아버지를 이상화할 것이며, 좋은 결혼 상대가 나타나도 그가 더 좋은 자질을 갖추고 있지 않다는 이유로 거절할 것이다.

만약 당신이 부모를 한 가지 또는 몇 가지 이유로 잃었다면, 당신이 어떻게 부모에 대한 기억을 이상화하고 꾸며 냈는지 이미 깨달았을 것이다. 그리고 그 이상이 다른 사람과의 관계, 특히 의붓 부모와의 관계를 어떻게 방해했는지 이해했을 것이다.

그러나 부모에 대한 이상화는 당신의 필요에 의한 것이었다. 공상적인 부모상을 만들어 낸 것을 용서받기 위해 자신을 비하해서는 안 될 것이다. 그보다 중요한 것은, 다른 사람들을 판단하는 기준으로 실현 불가능한 것들을 내세우면서 삶을 즐기지 못하고 있지는 않은지 점검하는 일이다. 당신은 조각품 같은 여성을 원하는가? 헌신적인 기사 같은 남성을 원하는가? 당신의 부모도 때로는 행복해하고 때로는 슬퍼했으며, 서로 사랑하는가 하면 말다툼도 했고, 과식하기도 하고 두려움에 떨기도 한 인간이라는 사실을 깨달은 적이 있는가?

한 사람이 어른이 되어 어느 정도 삶을 체험할 때까지, 자신의 부모를 평범한 인간으로 인식하거나 받아들일 수 없을지도 모른다. 하지만 그 사실을 받아들이고 나면, 자신에 대한 책임을 완전히 떠맡을 수 있다. 또한 자신의 부모보다 더 나은 부모 구실을 할 수 있게 되어, 결과적으로 더욱 성장할 것이다.

• 방치의 원인

방치는 부모가 자녀에게 적절한 배려를 베풀지 못하도록 방해하는 여러 가지 상황으로 인해 나타난다. 많은 경우에서, 방치의 원인은 부모로서 어쩔 수 없는 것이라고 할 수 있는데, 그 대표적인 예가 죽음이다. 그러나 이 원인 자체는 중요하지 않다. 그보다 더 중요한 것은 다른 원인적인 태도와 마찬가지로, 방치가 세세대대로 전해진다는 사실이다. 방치형 부모는 대개 그 자신도 방치당했던 사람이다. 당신은 먼저 당신 자신에게, 그다음 당신의 자녀들에게 자상하고 인정 많은 부모 역할을 함으로써 오랫동안 표류해 온 불행을 종식시킬 수 있는 특별한 위치에 있다.

어렸을 때 방치를 겪은 많은 사람이 과거에 대해서 한편으로는 걱정하고 한편으로는 희망을 품는다. 그들은 극심한 상처를 받았지만, 그 원인을 알 길 없는 무언가가 자신의 어린 시절에 존재했다는 점을 걱정한다. 만약 자신이 방치당했다는 것을 인식한다면, 자기 안의 무언가가 부모로 하여금 자신을 방치하게 만들었다고 믿는다. 아니면 그들의 삶을 변화시켜 줄 왕자나 공주가 나타날 것이라고 상상할지도 모른다. 예를 들면 '신데렐라'가 바로 응징적 행위와 방치에 관한 이야기의 주인공인 셈이다.

이처럼 걱정하고 희망을 품는 것은 당신이 어른으로서 문제에 대처하는 데 도움이 되지 않는다. 당신의 힘을 소모하고, 그 힘을 막다른 골목으로 몰아갈 뿐이다.

예컨대 무엇이 부모가 당신을 방치하게 만들었느냐 하는 문제는 현재 그리 중요한 것이 아니다. 당신이 그 해답을 정확히 안다고 해도, 현재 당신이 처한 정서적 난관을 덜어 줄 수는 없다. 다만 평범한 인간인 부모의 문제에 대해 약간의 통찰을 가능하게 할 뿐이다. 하지만 부모를 비난하는 것은 또 하나의 막다른 상황을 초래할 뿐이다.

만약 자신이 다른 사람들에게서 물러나거나 멀리 달아나게 만드는 구조를 발견할 수 있다면, 스스로 의미심장한 변화를 시도해 볼 수 있을 것이다. 또한 다른 시기, 다른 조건에서라면 거리감을 유발하는 장벽을 세우지 않아도 된다는 사실을 발견할 것이다. 당신 자신의 감정과 반응을 주의 깊게 관찰함으로써 다음 두 가지 일을 할 수 있다.

1. 다른 사람들에게서 이탈하지 않아도 되는 기간의 연장
2. 거리감을 느끼게 하는 장애물을 구축하려는 내재과거아에 대한 저항

이 두 가지 일로 당신의 내재과거아는 불안하고 불편한 감정을 느낄 것이다. 그러나 당신은 이러한 감정이 과거에 속하는 것임을

알 수 있다. 그러므로 이 감정을 점차 감소시키기 위해 꾸준히 노력하여, 머지않아 다른 사람들과 친밀해지는 능력에 여유를 가지게 될 것이다. 당신은 방치와 고독이라는 과거의 환경에서 계속 살아갈 필요가 없다는 사실을 기억해야 한다.

• 방치를 뒷받침하는 문화적 요인

미국 문화는 어린이를 방치하는 태도를 직접적으로 지지하지는 않는다. 그러나 경제적·사회적 성공을 강조하는 사회 풍조는 어린이들을 방치하는 원인이 되곤 한다. 경제적·사회적으로 높은 지위를 얻기 위해 노력하다 보면, 흔히 가족 관계의 친밀도는 어느 정도 약화된다. 오늘날 많은 어린이는 아버지, 어머니가 하루 종일 무엇을 하는지, 어디에 가면 그들을 만날 수 있는지 제대로 알지 못한 채 성장하고 있다. 그 밖에도 방치로 상처받는 사람들이 해마다 아주 많이 생겨나고 있다. 주로 방치당한 십대 소녀인 미혼모들은 대체로 아기를 포기하거나 직업을 갖도록 강요받는데, 이것이 생후 5년이라는 중요한 기간 동안 어머니를 아기에게서 떨어져 있게 만든다.

최근까지도 우리 사회는 '방치'가 전적으로 신체적인 측면에서 이루어진다고 생각했다. 또한 경제적·사회적 성공을 지나치게 강조하는 가운데, 원하는 모든 것을 소유한 사람도 불행할 수 있고 정서적으로 공허할 수 있다는 사실을 간과했다.

어린 시절 방치를 겪은 사람은 나름의 목표를 설정하고 그 목표를 향해 지속적으로 나아가는 데 어려움을 겪는다. 또한 사람들에게 친근감을 느끼는 데에도 어려움을 느낀다. 사람들과 쉽게 가까워지는 것을 두려워하면서도 극심한 고독감을 느끼며, 자신이 진정으로 원하는 바를 알지 못한 채 방황하게 된다.

스스로 변화하고자 한다면, 정서적인 만족을 느낄 수 있을 것으로 예상되는 일들을 목표로 삼아 번호를 매겨 정리해야 한다. 목표를 향해 잘 나아가고 있는지 매일 점검해 봄으로써 당신은 변화하기 시작할 것이다. 만약 이 명확한 목표를 '언젠가 해결될 일'쯤으로 생각한다면, 당신은 변화하지 못할 것이다. 그러면 여전히 당신의 삶을 변화시켜 줄 상상 속의 왕자나 공주를 기다리게 될 것이다.

• 방치가 성과 결혼 생활에 끼치는 영향

어린 시절에 방치를 겪은 사람은 흔히 사랑, 성, 결혼 생활에 따르는 정서적인 친밀 면에서 큰 어려움을 느낀다. 실제로 성적인 관계나 부부 관계에서 두드러지게 어려움을 겪는 경우, 어린 시절에 방치된 사실이 있음을 강력하게 보여 주는 것이다. 이러한 관계가 충족되기 위해서는 친밀감, 온정, 의미 있는 애정, 배우자와의 동질성 등 일찍이 몰랐던 정서적인 자질이 필요하다.

어린 시절에 정서적 방치를 겪은 사람은 다른 사람들과 맺는 관계를 끊임없이 불만족스러워한다. 그는 사회적인 관계를 피상적으로 유지해 나가도록 배우지만, 정작 본인은 더 깊고 더 가깝고 더 친밀하게 사람들을 만나기를 끊임없이 갈망한다. 그는 이 사실에 놀라고 심지어 두려워할 것이다. 왜냐하면 자신이 어린아이처럼 보살핌 받기를 간절히 원한다는 사실을 알기 때문이다. 이로써 어른의 삶에 적응하는 것이 어려워지고, 친밀함에 대한 기대를 버리게 될 것이다.

친밀해지고자 하는 그의 욕구는 한 번도 실현된 적이 없기 때문에 끊임없이 자신을 '관계없는 사람'이라고 생각한다. 또한 자신은 어색하게 대처하는 관계를 쉽게 맺는 사람들을 부러워한다. 실제로 그는 "만약 사람들이 나를 제대로 안다면, 내가 어린아이처럼 보호받기를 갈망하기 때문에 나를 완전히 받아들일 수 없다는 사실을 알게 될 것이다. 이 갈망대로 이루어진다면 어른이 되고자 하는 나의 시도가 무너지게 되므로, 나로서는 이것을 받아들일 수 없다."라고 독백한다.

그러므로 방치를 겪은 사람은 보호받기를 원하는 내재과거아의 강력한 요청에 대한 반응으로, 공공연히 친밀해질 수 있는 기회들을 회피하거나 회피하려고 애쓴다. 이렇듯 초연하고 냉정한 태도는 사실상 관계가 전혀 전개되지 못할 정도까지 상대에 대한 온정과 관심, 애정을 감소시킨다.

그들은 흔히 다른 사람들과 정서적으로 접촉하고 교류하고자 시도하는 가운데 고통을 겪는다. 이러한 측면에서 그들이 애써 노력하는 것은 '내가 정서적인 교류를 쉽게 할 수 있는 사람으로 인식되지 않았으면 한다'는 것이다. 한 사람이 이런 말을 했다. "문제는 내 안에 있는 것 같습니다. 나 자신을 정서적으로 표현하기가 무척 힘듭니다. 내가 그 여자와 친하고 그 여자가 나와 가깝다고 느껴질 때 나는 당황하게 됩니다. 그저 달아나고 싶을 뿐입니다."

어린 시절에서 시작되어 그 뒤에 두려움과 금지로 보완된 특정한 반응은 방치당한 사람이 다른 사람과 친밀해지는 것을 가로막는다. 이러한 반응 가운데 가장 보편적인 것은 친밀해지려는 필요성을 부인하고, 그로 인한 불편한 상황을 회피하려는 시도이다.

이는 자급자족과 자립을 위해 엄청난 노력을 기울이는 원인이 되기도 한다. 이 경우, 피상적이고 일상적인 면에서는 다른 사람들과 잘 지내며 존경과 호평을 받지만, 진정으로 가까워질 수 있는 사람은 하나도 없다. 그들은 두려워하면서 일상적인 우정 이상의 관계를 피한다. 그들은 대개 매력적이고 재능 있으며, 일생동안 일에 몰두하여 놀라운 성공을 거두기도 한다. 그러나 고독으로 심하게 고통 받으며, 사회 활동을 멀리한다. 다른 사람들이 온정과 애정을 나누는 것을 지켜보는 가운데, 고독감과 아쉬움, 무언가 부족하다는 고통스러운 감정은 더욱 커진다.

그들은 흔히 다른 사람들의 고마운 온정을 경솔하게 기피했기 때문에 고통을 겪는다는 사실을 깨닫는다. 또한 방치당한 지난날에 대한 방어적인 반응과 싸우며 진보할 수도 있을 것이다. 그러나 그들이 움켜잡아야 할 기회들은 이미 빠져나간 후일 것이다. 이것은 결혼하지 못한 사람들, 외로워하고 우울해하는 사람들에게 해당되는 이야기이다.

음악과 더불어 사는 삶

조지는 호리호리하고 감수성이 예민해 보이는 젊은 음악가이다. 그는 어렸을 때 바쁜 어머니에게 방치당했다. 아버지는 사업 일정에 맞춰 끊임없이 출장을 다녔기 때문에 거의 보지 못했다. 그는 형제 중 맏이였는데, 어머니가 갓난아기만 돌봤기 때문에 고통스러운 상처를 받았다. 그런데 그가 아주 어렸을 때, 이웃에 사는 한 음악가가 그의 음악적 재능을 발견하고 지도하며 격려해 주었다. 그는 이 음악가에게 배려와 칭찬을 받았으나 실제로 친밀한 관계를 맺지는 못했다. 그러나 그의 음악적 재능 덕분에 잠시나마 부모에게 배려를 받을 수 있었다.

아직 어린아이였던 그는 세상을 정복하기 위한 방법으로 음악에 의지하게 되었다. 그는 나이에 걸맞지 않은 음악 공부를 하려고 노력했다. 그에게는 친구도 없었다. 청소년 때에는 음악 공부를 계속할 돈을 벌기 위해 결혼식이나 파티에서 연주하기도 했다. 그러나 전문 음악가로서 손색없는 능력에도 불구하고 그러한 자리에 거의 초대받지 못했다. 현재 그는 사교적인 활동을 몹시 경멸하는 태도를 갖게 되었다. 그래서 사람들과의 접촉을 피하고 오직 음악 연습과 연구에만 몰두하는 외로운 칩거 생활을 하고 있다.

그를 마음에 두었던 여자들은 그의 무관심에 상처를 받았다. 그는 여자들의 관심이 좋았지만 얽매이고 싶지는 않았다. 그는 "나는 음악과 함께 살고 있다. 여자는 필요하지 않다."라고 말한다.

그는 음악적인 기교 면에서 완숙의 경지에 이르렀다. 그의 실력은 연주회에 나갈 수준에 이르렀지만, 비평가들은 그의 연주에 음조와 음색의 깊이가 부족하고 그저 화려한 기교만 있을 뿐이라고 지적했다. 그는 이 비평을 듣고 몹시 상심했다. 비평가들의 '시시한 비평'에 분노하고 절망한 것이다.

최근에 그의 오랜 친구이자 어느 누구보다 그와 가까운 음악 선생이 이렇게 말했다. "조지, 자네는 기교에 관한 한 알아야 할 것을 모두 알고 있네. 하지만 음악은 본질적으로 감정이네. 그리고 그 감정은 생활에서, 다시 말하면 체험에서 오는 것이라네. 자네가 발전하기 위해서는 은둔해서 연습 기계처럼 살기보다 한 사람의 인간으로 살아야 해. 연습만 계속한다고 해서 완성에 이를 수는 없어. 자네에겐 다소 인간답게 사는 것이 필요하다네."

이 말이 조지의 생활에 위기를 가져왔다. 때로는 우울한 기분에 사로잡히고 때로는 화를 내기를 반복했다. 그는 큰마음을 먹고 어느 매력적인 여성과 사랑에 빠졌다. 그러나 그의 관심을 기다리는 듯한 여성의 태도를 견뎌 낼 수 없었다. 결국 그는 그 여성을 싫어하게 되었다. 자신에게 접근하는 사람에게 보복하고자 하는 원의가 겉으로 드러나고 만 것이다. 그는 여성을 자기 음악에 정서적인 깊이가 부족한 원인으로 보게 되었고, 이내 그 여성을 쫓아냈다. 조지가 궁극적으로 어떻게 될지는 누구도 알 수 없다.

그레첸의 이야기

그레첸은 기품 있고 사려 깊은 여성이다. 그는 미국 중서부 지방의 외로운 농장에서 사람들과 거의 접촉하지 못한 채 자랐다. 그의 부모는 성실하고 엄격했으며, 새벽부터 해질 때까지 열심히 일하는 사람들이었다. 그들은 척박한 땅을 일구느라 딸을 위해 시간을 거의 할애하지 못했다. 그들은 어린 딸을 바구니에 넣어 밭에 데리고 나갔다. 딸이 걸을 수 있게 된 후에는 부모를 따라 아장아장 걸어서 밭으로 나갔고, 부모 옆에서 일하는 흉내를 내곤 했다. 부모는 농사일이 바쁘지 않을 때 교회를 세우는 일을 했다.

그레첸은 애정이나 친밀감, 상호 교류를 충분히 경험해 본 적이 전혀 없다. 시간이 지나면서 부모는 죄악, 이방인, 하느님에 대한 개념으로 그를 괴롭혔다. 그는 어머니, 아버지가 서로를 어떻게 생각하는지에 대해 한마디라도 주고받은 적이 있는지 기억하지 못한다. 그는 "어머니의 말씀을 빌리자면, '우리는 다만 서로에 대한 의무를 다했단다.'라는 정도였습니다." 하고 말했다.

그레첸은 태어나면서부터 줄곧 열심히 공부하는 법을 배웠기 때문에 대학을 무사히 마칠 수 있었다. 대기업에 취직한 그는 양심적인 업무 태도와 지성, 엄격한 자기 관리로 거의 '완벽한 회사원'이 되었다. 그러나 그는 텅빈 아파트로 귀가해야 하는 현실을 고통스러워하고 있다. "내가 가장 기분이 나빠지는 순간은 퇴근해서 귀가할 때입니다. 다른 사람들은 걸음을 재촉하는데 나는 그럴 필요가 없습니다. 아파트에 아무도 없기 때문이죠. 그래서 기분이 우울하곤 하지만 일단 집에 들어가면 그다지 신경 쓰이지 않습니다."

그레첸은 어려서부터 익숙해 있던 중서부 지방의 느린 말투를 쓰는 사람을 만나면 마음이 푸근하고 느긋해진다는 사실을 알았지만, 누구에게도 친근감을 느끼지 못했다. 그는 여가 시간의 대부분을 교회에 바쳤으며, 단체 봉사에도 열성적으로 임했다. 교회에서 시간을 보내며 스스로를 위로하고자 노력하는 가운데 고독감을 억눌러 온 것이다.

그레첸이 대학을 갓 졸업했을 무렵 젊은 남자 여럿이 그에게 관심을 보였다. 하지만 그는 데이트를 한다는 것이 당황스러워 서둘러 관계를 끝내 버렸다. 이후 그는 직장과 교회 일에 몰두하느라 결혼할 기회를 놓쳐 버렸다. 그는 이따금 자신이 '노처녀가 될 팔자'라고 말한다. 그는 자신에게 관심을 보였던 사람을 스스로 피했거나 교묘히 따돌렸다는 사실을 안다. 그는 이렇게 말한다. "내가 만약 누군가와 함께 일할 수 있다면, 우리 사이엔 거리감을 두지 않아도 될 것이고, 그에게 친근감을 느낄 수 있을 것이며, 그 관계를 즐기고, 그 관계를 좋게 생각할 수 있으리라는 것을 알았습니다. 이 사실은 나에게 상당히 중요합니다. 만약 내가 결혼을 한다면, 그 대상은 나와 함께 일해 온 사람일 것이라고 믿습니다. 나는 함께 일하는 사람과 저녁 식사를 하는 것을 대수롭지 않게 생각할 것입니다. 그러나 만약 그가 나와 함께 일하지 않거나 같은 회사의 다른 부서에서 일하고 있다면, 그가 식사를 청할 때 몹시 놀라거나 그 자리에서 얼어붙을 것입니다."

그레첸은 방치를 겪은 대부분의 사람들보다 문제를 훨씬 분명하게 인식했다. 그 결과, 사람들에게 친근감을 느끼지 못하는 자신의 성향에서 몇 가지 중요한 측면을 발견할 수 있었다. 그의 내재과거아는 어렸을 때 부모에게 친근감을 느낄 수 있었던 유일한 환경인 '일터'라는 여건에서는 친밀함을 묵인할 수 있을 것이다. 이 사실은 현재 결혼하고 싶은 남자와 가까워지는 것은 가능하지만 다른 분야의 사람들에게 친근감을 느끼는 것은 어려운 이유를 설명해 준다. 때가 되면 그는 거리감을 두고자 하는 필요성을 줄일 수 있게 될 것이다.

- **무의미한 사랑**

조지나 그레첸이 애정, 온정, 친밀감의 필요성을 부인하려고 애쓰는 반면, 유년기에 방치를 겪은 대부분의 사람들은 이러한 전철을 따르지 않는다. 그 대신에 사회 참여, 성적인 사랑과 같은 것을 적극적으로 모색한다. 일단 그들이 처음의 수줍음을 극복한다면,

동료애나 애정, 친밀감이나 흥분을 가져다줄 것 같은 어떠한 관계라도 시작할 수 있을 것이다.

어렸을 때 어머니의 보살핌을 받지 못한 사람은 성적인 활동에 어려움을 겪곤 한다. 그는 성적인 것이 아닌 부드러운 모성애에 관심을 보이고, 그러한 사랑을 원하며, 배우자를 변화시켜 자신을 보살펴 주는 모성적인 인물로 만들려는 경향이 있다. 갓난아기였을 때 친척에게 맡겨졌던 한 여성이 결혼한 뒤에 남편을 깜짝 놀라게 만든 일이 있다. 그 여성은 남편의 성애性愛 행위에 성적으로 반응하지 않았고, 유아용 침대를 본뜬 자기만의 침대를 갖겠다고 고집했다. 그는 남편이 자기 어머니와 같은 방식으로 귀여워해 주고 얼러 주기를 원했다.

그런가 하면, 어린 시절에 방치를 겪은 사람들은 대부분 성적인 만족을 과잉 평가하는 경향이 있다. 그들은 자신의 의존적인 갈망을 에로틱하게 표현하고, 이러한 욕구를 다른 사람들에게 강조한다. 하지만 어린 시절에 의타적인 욕구를 충족시키지 못한 그들의 욕구가 워낙 크기 때문에 만족하지도 못하고 분별하지도 못한다. 육체적 만족을 지나치게 강조하다 보면 성적인 사랑을 의미 있게 진전시키는 데 필수적인 정서적 교류를 배제하게 된다. 그 결과는 흔히 의미 없는 사랑이 되고 만다.

그런 사람이 지나치게 자기비판적이 되면, 성적인 능력이 파괴되기 쉽다. 또한 모성적인 보살핌에 대해 충족되지 않은 갈망이 그를 괴롭히기 때문에 의기소침해지기 쉽다. 한 여성이 "나는 이러한 감정과 원의를 가지고 있습니다. 나는 아기처럼 보살핌을 받고 사랑을 받으며, 모성적인 손길을 느끼고 귀여움을 받기를 원합니다. 이렇게 나는 아기처럼 취급받기를 원합니다. 무엇인가 잘못된 것이 분명합니다."라고 말했다. 이것은 내재과거아가 방치당한 자신의 감정을 어떻게 표현하는지 이해하지 못하는 많은 사람들의 보편적인 반응이다. 그들은 이러한 감정에 대해 부끄러워하고 죄책감을 느낀다.

자신의 내재과거아에게 자상한 부모 역할을 할 때는 기본적으로 어린 시절의 감정에 대해 부끄러워하거나 죄책감을 느낄 필요가 없다는 사실을 인식해야 한다. 당신이 그러한 감정을 만족시킬 필요는 없지만, 그 감정을 표현하는 데에는 정중하고 단호하게 제재를 가할 수 있다.

어린 시절에 방치를 겪은 사람이 관계를 맺는 데 정서적으로 기여하지 못하는 무능력은 흔히 관계의 붕괴를 불러온다. 이때 관계의 유지 여부는 상대에게 달려 있다. 하지만 상대방은 과중한 부담에 질려서 그 관계를 떠나려 한다. 게다가 성장 배경에 방치가 깔려 있는 사람은 자기가 맺고 있는 관계에서 정서적인 만족을 얻을 수 없기 때문에 늘 안절부절못하고 불안해한다. 그런 사람은 현실적으로 '무언가 부족한 것'을 다른 사람이 제공하기를 바라며, 하나의 관계에서 또 다른 관계로 계속 옮겨 다니고 싶어 한다.

이렇듯 안절부절못하는 충동적인 이동은 삶의 환상을 만들어 내는 데 도움을 주지만, 대체로 지속적인 만족은 없다. 그런 사람은 결혼을 할 수는 있지만 배우자나 자녀에게 전혀 친밀감을 느끼지 못할 것이다. 그는 이따금 자신의 양심 부족과 불충실에 놀라고 충격을 받는다.

또한 한 사람과 결혼 생활을 하는 동시에 다른 두세 사람과 성적인 관계를 유지하기도 한다. 그의 애정에 대한 욕구는 매우 크고 분별 능력은 손상되어 있기 때문에, 그에게 애정을 주는 사람이면 누구에게나 쉽게 마음을 사로잡힌다. 그 결과 의미 없는 난혼亂婚이 많이 나타난다. 그런데 이러한 성적 활동과 정서적 결핍의 무의미한 속성은 한동안 인식되지 않는 경우가 많다. 왜냐하면 무분별한 성적 활동을 통해 사랑 넘치는 친밀한 관계가 가능할 것이라는 환상을 만들어 내기 때문이다.

· 방치의 숨겨진 구조

유년기에 방치와 박탈을 겪은 이들의 두드러진 특징 하나는 다른 사람들을 대할 때 초연한 태도를 일정하게 유지한다는 점이다. 흔히 이러한 무관심을 일종의 '벽'이라고 부른다. 이 '벽'에 대해, 이 '벽'이 왜 필요한지에 대해 이해하는 것이야말로 '벽'을 세우려는 당신의 욕구를 줄이는 데 도움이 될 것이다.

어린 시절에 박탈을 겪은 사람들은 누군가 자기를 보살펴 주기를 바라는 엄청난 갈망으로 가득 차 있다. 이 갈망은 어린 시절 이래로 충족되지 않은 것들이다. 이 간절한 원의를 인식하면 그것을 억누르려고 애쓰겠지만, 곧 다시 대두될 것이다. 그들은 흔히 이러한 갈망에 대해 놀라고 부끄러워한다. 이 갈망은 매우 간절하고 격렬하기 때문에, 자신이 아기처럼 보살핌 받을 권리를 상대에게 요구하리라는 점을 안다. 예컨대, 아내에게 자기 어머니가 되어 주기를 원한다는 점을 인식하는 것이다.

그들은 이처럼 엄청난 갈망을 감추고 제지하기 위해 애쓴다. 그래서 이러한 갈망을 촉발하는 모든 관계에서 뒷전으로 물러나거나 관계를 파기하려고 애쓴다. 예컨대, 모성적인 사람을 만나는 것이 한 사람의 성인으로서 삶에 적응하는 데 위협이 되는 수도 있다. 그들은 자신이 어린아이와 같이 행동하도록 허용되고 심지어 격려까지 받으리라고 생각하는데, 이것은 무서운 일이다. 그들은 자존심을 유지하기 위해 그러한 격려를 물리쳐야 한다.

여러 경우에서 보면, 무관심하고 초연한 사람은 자신의 의타적인 갈망이 스스로를 상처받기 쉽게 만든다는 점을 인식한다. 또한 착취적 유형에 대응할 수 있는 보호책을 신중하게 모색한다.

흔히 '벽'은 애정과 보살핌에 대한 어린 시절의 갈망을 성공적으로 감춘다. 또한 결혼 생활과 성생활에서 자연스럽게 일어나는 정서적인 교류에 만족스럽게 참여하지 못하도록 방해한다.

- **상대방의 매력**

 그들은 자녀의 소원이라면 지나치게 잘 들어주는 부모 아래서 자라서 어른이 되어서도 응석받이 같이 행동하는 충동적인 사람에게 이끌린다. 피상적으로 보면 이 두 가지 유형의 사람들에게는 서로 잘 맞는 면이 있다. 충동적인 사람은 방치를 겪은 사람이 쉽게 받아들이지 못하는 정서적 온정과 친밀함에 재빠르게 적응한다. 그리고 방치를 겪은 사람은 위안을 바라며 절망의 눈물을 흘리는 충동적인 사람을 환영한다. 충동적인 사람은 누군가 자신의 '벽'을 뚫고 들어왔다고 생각하는 방치당한 사람의 감정을 잘 표현해 줄 수 있다.

 그러나 이러한 조화에는 불행한 면이 많다. 예컨대, 이들의 관계가 즉시 균형을 잃는 경우가 있다. 왜냐하면 그 관계가 충동적인 사람보다 방치를 겪은 사람에게 훨씬 더 중요하기 때문이다. 방치를 겪은 사람은 관계를 쉽게 맺지 못한다. 반대로 충동적인 사람은 관계를 쉽고 빠르게 맺는다. 이러한 능력 차이가 흔히 불행하고 착취적인 상황을 불러일으킨다. 방치를 겪은 사람은 충동적인 사람이 제공하는 온정과 친밀함을 유지하기 위해 상당한 착취를 묵인할 것이다. 그러나 충동적인 사람은 다른 사람들의 반응에 익숙해 있고 또한 그것을 원한다. 이 반응은 방치당한 사람은 쉽게 제공할 수 없는 것이다. 충동적인 사람은 늘 충동적으로 움직이려 하고, 충동적으로 반응할 수 있는 상황이나 사람을 찾아서 계속 움직인다. 그러므로 그처럼 불안정하고 깨어지기 쉬운 관계가 아주 오랫동안 지속되는 경우는 거의 없다. 양쪽 모두 이렇게 불행한 상황을 만들어 내는 데 자신의 내재과거아가 수행한 역할을 인식하거나 이해하지 못한다.

때때로 각자 어린 시절에 방치를 겪어 지속적인 관계를 형성하는 능력이 거의 없는 두 사람이 결혼하기도 한다. 그들은 서로에게 거리감을 두어야 필요성을 거의 똑같이 발견한다. 그러나 이 상황에서는 배우자에게 자신의 '벽'을 극복해서 삶을 충족시켜 주고 행복을 제공하기를 기대하는 마음이 생겨난다. 이것이 인식되기까지는 여러 해가 걸릴 것이다. 이러한 기대가 충족되지 않으면 배우자를 비난하게 되고, 심한 부부 싸움이나 교묘한 명예훼손, 멸시 등이 자주 나타나게 된다. 배우자를 '자신의 인생을 망쳐 놓은' 사람으로 보게 되는 것이다.

예컨대 깅어와 켄은 둘 다 유년기에 확실히 방치와 박탈을 겪었다. 그들은 어린 나이에 가족을 잃고 고아원에서 자랐다. 둘 다 신체적으로 건강하고 매력이 있었지만, 불우한 성장 배경이라는 공통점을 가지고 있었다. 그들이 이십 대 초반에 처음 만났을 때, 깅어는 도시 근교의 고급 상점에서 일하는 점원이었고 켄은 기계를 취급하는 작은 가게에서 막 사업을 시작한 참이었다. 가정을 소망하고 자기를 돌보아 줄 사람을 소망하던 두 사람은 곧 결혼하게 되었다. 한동안은 결혼으로 각자의 꿈이 이뤄진 듯 보였다. 두 사람은 가끔 안절부절못하고 불안한 때가 있긴 했지만 행복했다.

그들은 경제적으로 성공을 거두기는 했지만, 차츰 둘 사이에 공통점이 거의 없다는 것을 알게 되었다. 사소하던 차이점들이 점점 크게 다가왔다. 그럼에도 그들은 원하던 일들을 이루고자 새 집을 지었고, 이어서 또 한 채의 집을 지었다.

어느 날 집에 돌아온 켄은 깅어가 술에 취해 거실 바닥에 쓰러져 있는 것을 보았다. 켄은 차가운 물수건과 커피로 깅어의 의식을 회복시켜 주었고, 그가 오래전부터 혼자 술을 마셔 왔다는 것을 알게 되었다. 깅어는 자신이 몹시 우울하고 불행하다고 생각하면서 술을 마셨다. 그는 켄과 자녀들을 비롯한 모든 사람에게 친근함을 느끼지 못했는데, 음주만이 그의 불행을 잊게 해 주었다. 켄 역시 자신이 누군가와 가까워질 수 없다는 사실에 절망해 오던 터였다. 하지만 켄은 자신이 어려움을 겪는 원인을 어느 정도 꿰뚫어 보고 있었다. 결국 켄은 깅어의 태도에 질리고 말았다. 깅어는 일을 거의 할 수 없을 정도로 신경질적이고 의기소침하게 되었다. 두 사람은 상대를 비난하게 되었다.

그들은 내재과거아의 역할에 대해 끈기 있게 조사한 결과, 박탈당하고 방치당한 유년기의 갈망은 누구도 채워 줄 수 없다는 사실을 알게 되었다. 그리하여 상대가 자신의 갈망을 충족해 주기를 기대하지 않게 되었다. 이제 그들은 고아원에서 지냈다는 사실이 반드시 공통점이 되지는 않는다는 것을 인식하고 있다. 그들은 다른 취향, 다른 관심사를 가진 서로 다른 사람들이라는 사실 또한 알고 있다. 다행히도 그들은 유년기의 외로움과 박탈을 이해하고 있기 때문에 서로 도울 수 있다. 그들은 서로 친근함을 느낄 수 없는 시기가 있다는 것을 받아들여야 한다는 사실 또한 깨달았다.

• 방치당한 내재과거아 다루기

　방치당한 내재과거아는 어머니가 자녀에게 베푸는 것과 같은 궁극적인 사랑과 완전한 수용을 갈망한다. 방치를 겪은 사람은 스스로 이러한 갈망을 표현할 수 없다. 그래서 다른 사람들과 어떤 활동에 참여하고 있을 때조차도 자신을 그 일과 관계없는 사람이라고 생각한다.

　몇 가지 측면에서 볼 때, 어린 시절 방치를 겪은 사람은 자신의 내재과거아에게 부모 구실을 하는 데 특별한 문제가 있다. 내재과거아는 어린 시절에 모성적인 보살핌을 충분히 받지 못했으며, 그 결핍은 현재도 충족될 수 없다. 그는 이러한 아픔을 겪으며 사는 법을 배워야 한다. 어린 시절에 겪은 박탈의 흔적을 매우 상심한 어린이를 다독거려 줄 때와 같이 상냥한 동정과 사랑으로 받아들여야 한다. 당신이 모성적인 보살핌을 원한다고 해서 자신을 '유치하다'고 비웃지 말고, 자기비판적이고 고압적인 자세로 자신을 거스르지 않는 것이 중요하다.

　당신은 이러한 감정을 피할 수 없지만, 내재과거아에게 부모 역할을 하면서 이렇듯 절실한 감정을 존중할 수 있다. 그러나 이러한 과거의 갈망을 결코 충족시킬 수는 없다. 그러므로 모성적인 역할을 맡아 줄 누군가를 구하려고 하는 내재과거아의 노력에 단호히 한계를 정해 주어야 한다. 이 '누군가'가 현시점에서 세월을 거슬러 올라가 지난날의 욕구를 충족시켜 주지는 못할 것이다. 당신의 아내라 하더라도 어른인 당신과의 관계를 파기하지 않고서는 당신의 어머니가 될 수 없다.

만약 당신이 이 같은 유년기 이래의 갈망에 굴복하거나 그것이 당신의 삶을 지배하도록 용인하지 않고 하나의 상처로 받아들일 수 있다면, 비로소 현재의 일상에서 만족을 찾기 시작할 것이다. 이렇게 하는 것이 당신의 내재과거아에게 '무엇이나 다 해 주는 어머니'에 대한 약속을 지키는 것은 아니다. 당신이 '무엇이나 다 해 주는 어머니'라는 환상을 따르기를 중단할 때 실제로 만족을 찾을 수 있을 것이다.

이 모든 것은 강한 인내와 단호한 제재, 그리고 내재과거아에 대한 진정한 수용을 요구한다.

제17장

거부

: 애써 자신을 고립시키려 한다면

만약 자기 자신은 물론, 어느 누구에게도 받아들여지지 못하고 있다고 느낀다면, 자신을 고독한 늑대나 무법자라고 생각한다면 당신의 내재과거아가 아직도 부모의 거부拒否로 고통받고 있는지 의심해 보아야 한다. 종종 친구들에게서 자기중심적이라는 비난을 받거나, 가까운 사람들의 태도를 흔히 곡해하고 그들에게 적개심을 드러내는 경우, 불만과 심한 자기 비하, 의기소침으로 괴로워하는 경우에도 마찬가지다. 그러나 부모의 태도 가운데 거부는 비교적 드문 만큼, 이것이 당신의 내재과거아를 괴롭히는 주범이라는 결론으로 비약해서는 안 된다.

거부는 집중적으로 연구된 부모의 태도 중 하나였기 때문에, 거의 모든 사람들의 정서적 난관과 불행을 어렸을 때 '거부당한' 탓으로 돌리는 것이 보편적이었다. 그러나 정신의학적인 연구를 통해 거부가 실제로는 드문 현상이며, '거부'라는 말이 자주 오용되고 있다는 점이 명확하게 드러났다.

거부는 자녀에 대해서 어떠한 범주의 수용도 부인하는, 곧 자녀를 받아들이지 못할 존재이자 원치 않는 짐이며 말썽의 근원으로 대하는 부모의 태도이다. 하지만 부모가 이러한 태도를 보이며 심지어 욕설을 퍼붓는다고 해도, 대체로는 자녀들을 애정과 존중으로 받아들이는 데 최선을 다한다. 그러므로 진정한 거부는 거의 일어나지 않는 셈이다.

부모가 자녀의 어떤 행동을 금지하거나 반대하고 자녀의 충동적인 욕구를 부인하거나 자녀를 벌한다는 단순한 사실이 반드시 부모가 자녀를 '거부하고 있음'을 의미하지는 않는다. 실제로 어린이가 자신이 보호받고 있다는 안도감을 느끼려면 부모가 적절한 제재를 가할 필요가 있다.

- **성장 환경에서 겪은 거부의 인식**

당신이 어렸을 때 거부당했다면, 아마도 이미 그 사실을 알고 있을 것이다. 앞에서 자기 어머니에게 돼지라 불리고 바다 한가운데로 들어가라는 말을 들었다고 소개한 여성의 이야기에서, 적개심에 불타는 부모의 거부는 명백하게 기억에 남을 만한 것이었다.

거부에는 미묘하다거나 은밀하다고 할 만한 것이 없다. 한마디로, 당신이 필요하지 않은 존재로 만들어진 것이다. 유명한 가수인 어사 키트Eartha Kitt는 《목요일의 아이》라는 자서전에서 거부에 관한 전형적인 이야기를 들려주었다. 어사의 어머니는 남편에게 버림받았다. 그 후 어머니는 한 남자와 결혼하게 되었는데, 그 남자는 어사를 포기하는 것을 결혼 조건으로 내세웠다. 쓸모없고 거부당한 존재였던 어사는 어린 나이에 어머니에게 버림받았다.

친척에게 맡겨진 어사는 학대와 멸시를 받으며 우울하고 절망적인 시간을 보냈다. 마침내 그는 교회에서 성가를 부르면서 친척에게 조금이나마 수용되고 인정받을 수 있다는 사실을 알았다. 그래서 그는 노래와 연기에 일찌감치 눈을 돌리게 되었다.

그러나 유명한 가수가 된 후에도, 어린 시절에 겪은 거부라는 상처는 그를 불행하고 비참하게 만들었다. 그는 여전히 애정 어린 인정을 아주 절실하게 원했기 때문에 친구들에게 종종 착취를 당하곤 하였다. 장기간에 걸쳐 단호한 노력을 기울인 끝에 비로소 그는 자신의 내재과거아를 이해하고 자신을 가치 있는 인간으로 받아들일 수 있었다.

어린 시절에 거부당한 사람들은 쉽게 감정이 상하고, 원한을 품으며, 적개심을 갖는 경향이 있다. 그들은 자신이 쓸모없다고 굳게 확신하기 때문에 다른 사람들이 일상적인 대화로 간주하는 말에도 거부와 멸시를 느낀다. 또한 자신이 쓸모없는 존재라는 내재과거아의 뿌리 깊은 감정을 극복할 수 없기 때문에 사람들이 우호적으로 제의하는 것들에 대해서도 의심한다. 그들에게는 우호적인 제의가 상처를 주는 또 하나의 거부를 가져오는 계략인 셈이다. 흔히 그들은 자신을 바람직한 동료로 생각해 주는 친구들을 시험한다며 적대적이고 불쾌하게 행동한다. 사람들은 이러한 행동 때문에 그들과 친하게 지내려는 노력을 포기하게 되곤 한다. 그들은 결국 또 한 번의 거부를 체험하게 되는 셈이다. 이는 수용과 애정, 인정을 얻으려고 하는 내재과거아의 불안을 충족시키는 일이다.

당신 스스로 사람들에게 거부를 불러일으키는 상황이 자주 일어난다는 사실을 깨닫는다면, 어린 시절 가정에서 거부가 있었는지 없었는지 확증할 수 있는 다른 증거를 찾아야 한다. 이따금 어린이들은 사생아라는 이유로, 피부색 때문에, 부모가 원하던 것과는 다른 성별을 가지고 태어났기 때문에 소외당하기도 한다. 그러나 그렇게 괴로움을 당하는 것 자체로는 영속적인 거부의 증거가 되지 않으며, 그런 어린이들도 대개는 처음부터 사랑을 받는다. 그리고 처음에는 어느 정도 거부를 당하는 어린이들이라도 이내 부모에게 깊이 사랑받고 받아들여진다.

따라서 어른의 삶에서 거부를 입증하는 더욱 중요한 증거는 친구의 말을 오해하거나, 거부에 대한 적개심을 가지고 요구하거나, 사랑받을 만한 사람으로 받아들여지는 것을 불신하거나, 쉽게 상처받거나, 거부당한 내재과거아가 자기비판적인 고통을 불러오는 것과 같이 성격적이고 정서적인 것들이다.

알코올 의존이 때로는 어린 시절에 있었던 거부의 증거가 되는 경우도 있다. 이 경우, 술의 힘을 빌릴 때에만 자기비판적인 거부에서 벗어나곤 한다. 그는 다른 사람들과 술을 마시며 유쾌하게 어울리는 가운데, 순간적으로나마 자신이 재미있고 바람직한 인간이라는 느낌을 갖는다. 그러나 거부당한 그의 내재과거아는 우정과 온정 한가운데서도 불편하고 불안하며 불신하는 기분을 심하게 느낀다. 그리고 자신이 과연 받아들여지는가를 시험해 보는 등 가증스럽고 싸우기를 좋아하는 사람이 되기도 한다.

이와 같은 행동은 그가 거부당하는 결과를 불러오며, 실제로 친구들에게 따돌림을 받기도 한다. 또다시 자신이 불필요함을 입증한 내재과거아는 의기소침해지고 적대감으로 가득 차게 된다. 또한 알코올에 과도하게 의존했다는 사실 때문에 죄스러운 부담감까지 갖게 된다. 부패하고 고립적인 자기비판은 암담한 모멸감과 자기 증오를 불러온다. 그래서 그는 더욱더 술을 마셔야만 어린 시절에 겪었던 심각한 거부에 대한 감정을 겨우 진정시킬 수 있게 된다.

• 거부의 기원

만약 당신이 어렸을 때 거부를 겪었다면, 그리고 거부가 어떻게 일어났는지를 이해한다면, 이 해로운 태도에서 벗어날 가능성이 높아진다. 거부는 당신 부모의 개인적인 문제 때문에 존재한 것일 뿐이며, 당신과는 거의 무관한 것이다. 가장 보편적으로 나타나는 문제는 어머니의 불행한 결혼 생활이다.

자녀를 거부한 어머니들을 대상으로 한 연구에서 어머니들의 95%가 남편에게 실망했다는 사실이 나타났다. 그들은 대개 어린 시절에 거부당한 사람들이었고 그중 일부는 어머니가 될 자격도 거의 갖추지 못한 미숙한 사람들이었다. 그런가 하면 어린 시절에 거부를 겪은 어머니가 자녀에게 보복하게 된 경우도 있었다. 이 경우 어머니가 자녀 때문에 사회 활동을 포기해야 했기 때문이다. 그리고 어떤 어머니들은 어떤 근거도, 사실을 확인하려는 노력도 없이 '나쁜 혈통'의 유전을 두려워했다. 또 다른 이들은 임신 때문에 어쩔 수 없이 사랑하지도 않는 남자와 결혼하게 되었다고 생각했다. 일부는 성性과 임신을 혐오했다. 자신이 자녀를 거부하게 된 원인을 '가족을 제대로 부양하지도 못하면서 싸움이나 하려고 드는' 남편 탓으로 돌리는 사람들도 있었다.

이 분야를 집중적으로 연구한 뉴웰W. H. Newell 박사는 어린 시절 자기 부모에게 적대적인 태도를 지녔던 어머니, 아버지가 같은 성별의 자녀에게 적대적인 태도를 보이는 사례들을 보고했다. 곧, 자기 어머니를 미워했던 여성은 자기 딸을 미워하고, 자기 아버지를 미워했던 남성은 자기 아들을 미워한다는 것이다.

당신은 이 모든 것에서 기본적인 사실 하나를 깨달을 수 있을 것이다. 곧, 이 가운데 어느 요인도 한 인간으로서의 당신과는 무관하다는 점이다. 만약 당신이 가장 흠모하는 사람이라 해도 당신의 부모에게서 태어났다면, 그 역시 당신과 똑같은 대우를 받았을 것이다.

사이먼A. J. Simon 박사는 이 분야에 관한 연구를 통해 수많은 거부형 부모들이 "정서적으로 어린이나 다름없었으며, 자기 자녀들에 대한 무관심과 적대감을 통해 이 사실을 드러냈다."라고 결론지었다.

이것은 매우 의미심장한 견해이다. 당신은 스스로에게 살뜰한 부모 노릇을 하여 당신이 어린 시절에 당한 적대감과 거부에서 벗어날 수 있다. 당신은 그럴 만한 자격이 있을 뿐 아니라, 이러한 태도가 실제로 당신의 것도 아니고, 이 태도를 자신에게 계속 적용할 필요도 없다. 만약 당신이 어린 시절에 당한 거부가 부모의 불행하고 가난한 결혼 생활로 야기되었다는 사실을 깨닫는다면, 자신의 감정과 성취를 가치 있는 것으로 받아들일 수 있다. 그것은 자기 자신을 고려하고 받아들일 자격을 준다. 이 자격은 당신 자신에게서 나오는 것이다.

관건은 우선 사소한 데에서부터 현재의 당신을 받아들임으로써 과거에 겪은 거부를 극복하는 것이다. 당신은 현재 가치 있는 일을 하고 있는가? 특별히 당신에게 만족감을 주는 일을 열거해 보자. 각각의 일은 당신 자신에 대한 지속적인 거부와 싸우는 데 사용할 수 있는 무기가 된다.

• 거부를 뒷받침하는 문화적 요인

미국 문화에서는 모든 어린이를 각자의 성취도에 맞춰 받아들이려 한다. 그러나 이와 상반된 결과를 불러오는 요인도 있다. 이 요인은 대체로 어린이가 취학 연령에 이르기 전에 영향을 끼친다.

예컨대 미혼모라는 상황은 어머니와 자녀 모두를 거부하도록 한다. 불법이라는 꼬리표가 죄책감을 가중시키고 자녀를 키우는 과정에서 문제를 복잡하게 만들어 미혼모를 괴롭힌다. 불법이라는 사실 자체가 부모가 젊은 미혼모를 거부하도록 하는 것이다. 거부당한 사람은 사랑과 애정에 대한 요구가 워낙 절실하기 때문에 성과 결혼에 관해 분별 있는 선택을 하지 못할 때가 자주 있다.

몇몇 경우에서 보듯이, 금전과 성공, 물질적 소유를 중시하는 문화도 어린이들이 거부당하는 데 한몫을 한다. 경제적으로 몹시 쪼들릴 때 태어난 어린이는 거부당하기 쉽다. 마찬가지로 부모가 화목하게 살아갈 수 없을 경우에, 자녀를 자기를 묶어 놓는 사슬로 보기 쉽고, 이에 따라 거부하는 태도를 취하기 쉽다.

일반적으로 미국 사회는 어린이를 경제적인 면에서 짐으로 간주한다. 흔히 가정의 경제적인 문제는 어머니가 자녀들에게 화를 내고 자녀들을 성가시게 생각하는 원인이 된다. 이것을 거부의 원인이라고 할 수는 없겠지만, 흔히 거부적인 태도를 심화하는 것은 사실이다.

몇몇 경우를 보면, 어린이의 외모가 거부의 원인이 되기도 한다.

외모가 아름다운 자녀를 원하던 소망을 이루지 못한 어머니는 결국 자녀를 거부한다. 외적인 아름다움을 중시하는 문화에서는 신체적인 면만을 지나치게 강조할 뿐, 더욱 깊이 있는 만족을 제공하는 정서적이고 정신적인 자질에 대해서는 적절히 언급하지 못한다.

• 거부는 성과 결혼 생활에 어떤 영향을 끼치는가

어린 시절에 거부를 겪은 사람은 사랑과 인정을 절실히 원하지만 어떠한 사랑도 진지하게 받아들일 능력이 없기 때문에 만족스러운 성생활이나 결혼 생활을 영위하는 데 흔히 큰 어려움을 느낀다. 물론 거부를 겪은 사람도 누군가 자기를 사랑하고 원한다는 사실을 받아들이는 데까지는 갈 수 있다. 그런 사람은 평생토록 사랑을 갈구해 온 터라, 애정에 대한 욕구에 절대 싫증이 안 날 것처럼 보인다. 그는 자신의 행복과 상대방의 행복을 표현하는 것에 열중하게 되는데, 이것이 거부당한 사람처럼 절실하지 않은 상대방에게는 부담스러울 수 있다. 열기가 조금이라도 식으면, 거부당한 사람은 이를 지난날에 겪은 거부의 재현으로 오해하게 되고, 상처를 받거나 적개심을 품게 된다.

거부당한 사람에게는 안정적이고 지속적인 관계를 유지할 수 있는 기회를 무산시키는 뿌리 깊은 구조가 있다. 그는 그러한 관계에서 반려자로 받아들여지는 것에 대해 이렇게 말한다. "좋습니다. 당신은 내가 사랑스럽다고, 나를 참으로 원한다고 말합니다. 나도 당신을 원하기 때문에 그 말에 동의합니다만, 나는 당신을 믿지 않습니다." 그러고 나서 계속 상대방이 잘못하지는 않는지, 자신을 경멸하지는 않는지, 자신에게 무관심하지는 않은지, 신의를 저버리지는 않는지 살피면서 사랑을 시험한다. 불평할 근거를 발견하지 못하는 한, 그는 다소 느긋해지고 행복해질 것이다.

그러나 거부에 대한 불안한 예감도 커진다. 그가 계속해서 상대방을 '시험하는' 등 지나친 압박을 가하기 때문에, 결국 상대방은 분노를 터뜨리게 된다. 이 시점에서 거부당한 사람은 마음에 깊은 상처를 받고, "드디어 진실이 드러나는군요……. 당신은 나를 사랑하지 않고, 전에도 결코 사랑하지 않았다니까요."라고 말한다. 마침내 자기비판은 물론, 다른 사람에게 적개심을 가지고 폭언을 퍼붓는 지경에 이르는 '고립된 밀실'로 들어가 버린다. 이것이 그를 더욱 고립시킨다.

어렸을 때 거부를 겪은 여자와 결혼한 남자가 언젠가 이런 불만을 털어놓았다.

"비비안과의 결혼 생활에서 나는 마치 얼간이가 되는 것 같습니다. 우리의 관계는 그 사람이 아주 애정이 넘쳐서 내 기분이 덩달아 고조되거나, 그 사람이 분노하면 내가 빈정거릴 것이라는 그의 추측 때문에 내가 져 주든가 둘 중 하나입니다. 내가 그 사람에게 스타킹의 선이 비뚤어졌다거나 수프에는 소금을 적게 쳐야 한다거나 누구의 아내는 양파를 곁들여서 밥을 짓는다고 말이라도 하면, 그 사람은 이내 토라지고 맙니다. 그 사람은 이 모든 것을 비난으로 간주하고, 감정이 상하면 말도 않고 일어납니다. 그러고는 방에서 나갔다가 감정이 다 풀려야 돌아옵니다. 나는 그처럼 쉽게 감정이 상하는 사람은 처음 봅니다. 나는 그 사람과 함께 살 수가 없습니다. 그 사람은 '내 사랑, 당신은 하늘이 보내 준 선물이며 나의 꿈이라오.'라는 한마디 외에 어떤 말도 마음 놓고 주고받을 수 없는 사람입니다. 이런 여자와 살 수 있는 사람이 어딘가 있겠지만, 나는 아닙니다."

"내가 만약 100% 칭찬이 아닌 말을 하기라도 하면, 그 사람은 발끈합니다. 일단 그 사람이 말문을 열면, 이야기가 홍수처럼 끝없이 이어집니다. 이것이 그 사람의 수법입니다. 이 말의 홍수를 중단시키는 첫 번째 방법은 문간에서 키스를 하거나 성관계를 맺는 것입니다. 그리고 내가 사과의 뜻으로 손바닥을 싹싹 비벼 가며 모든 것을 원만하게 넘기려고 애쓰지 않으면, 그때까지 유예되었던 소동이 벌어집니다. 그중에서도 가장 참기 힘든 것은 그 사람의 감정이 왜 상했는지 내가 전혀 알 수 없다는 점입니다. 그러고 나면 그 사람은 매우 자기비판적으로 바뀝니다. 자신이 착하지 않고 어리석으며 추한 사람인 줄을 알고 있다고 말하고는 자기 방에 들어가서 한마디도 하지 않으려고 합니다."

이처럼 엄청난 감정 기복은 거부당한 사람들이 맺는 친밀한 관계에서 흔히 볼 수 있는 현상이다. 그들은 상처받게 될 어떤 일을 추구하는 듯 보이며, 결국 깊은 상처를 받아 내면으로 움츠러들거나 스스로를 고립시킨다. 이러한 고립은 언제나 가학적인 자기비판으로 흐르다가 마침내 다른 사람들, 특히 가까운 사람들에 대해 적대적이고 불신적인 태도를 보이는 지경에 이른다. 이는 어린 시절에 겪은 거부의 재현이다.

어린 시절에 거부를 겪은 사람들은 자신에게 친절하게 대해 주지 않는 사람들, 끊임없이 자신을 멸시하고 신체적인 폭행을 가하며 비웃고 깔보는 사람들에게 깊이 매료되는 경향이 있다. 흔히 객관적인 관찰자들에게는 이러한 성향이 분명하게 보이지만, 거부당한 사람들은 거의 보지 못한다.

거부당한 사람은 계속 이러한 대우를 받으며 깊은 상처를 입지만, 좀처럼 그것을 물리치지 못한다. 불친절하고 잔인하며 가학적인 상대방이 건네는 애정 어린 말 한마디가 그에게는 전부인 셈이다. 사실상 그들이 맺는 친밀한 관계에서 재현되는 것은 잔인하고 응징적인 방법으로 거부당하던 어린 시절의 상황 전체이다. 어렸을 때 이 같은 대우로 심하게 고통을 받았지만, 애정과 배려와 인정을 받을 수 있는 다른 근원들에 눈을 돌릴 수는 없었을 것이다.

어쨌거나 이제 어른으로서 그러한 상황에서 빠져나와 새로운 상대방을 찾는 것은 가능하다. 그러나 그들에게 거부적인 환경은 거의 필연적인 것처럼 보인다. 어린 시절에 거부를 겪은 사람은 그를 거부할 수밖에 없는 상대방에게 밀착하게 된다. 그 사람만큼 의미 있게 여겨지는 사람은 없다. 여기서 중요한 것은 '거부되는 환경의 유지'이다. 이보다 더 비참하고 불행한 상황이란 거의 상상할 수 없다.

• 조지 부인의 이야기

이 책의 중요한 주제 가운데 하나는 세세대대로 전해지는 부모의 태도이다. 부모의 태도는 자녀가 어른이 되어 자기 자신에 대해 부모 노릇을 할 때 취하는 태도가 됨으로써 '지속된다'. 이것은 거부의 경우에 특별히 분명해지는데, 거의 언제나 심한 자기비판으로 표현된다.

조지 부인은 25세의 젊고 매력적인 가정주부이다. 그의 외모는 단정했지만, 표정에는 생기가 없었다. 그는 자신에 대해 다음과 같이 말했다.

"나는 오랫동안 우울하게 지내 왔습니다. 신경이 예민하고 불안할 때가 많았고, 의기소침한 상태에서 회복하지 못할 때도 많았습니다. 남편이 웃게 해 주려고 애쓰긴 하지만, 그것도 허사인 경우가 많습니다. 우리 부부에게는 네 살 난 아이가 하나 있습니다. 나는 가끔 남편이 말하는 것에 대해 쉽게 화를 내곤 합니다. 나는 내가 쓸모없고 천박하며 이기적인 인간이라고 줄곧 생각해 왔습니다. 특히 기분이 처지는 것을 어쩔 수가 없습니다. 이러한 상황을 결혼 전에 극복했더라면 지금쯤 상황이 괜찮았을 것입니다. 나는 고개를 들 수가 없습니다. 지금까지는 아내 역할을 충실히 해 왔지만, 그게 큰 도움이 되지는 못했습니다. 아이를 보면, 나는 아무것도 아니라는 생각이 듭니다."

이러한 자기비판은 자신을 고립시킬 뿐, 과거를 변화시키지도, 현재의 문제를 가볍게 해 주지도 못한다. 조지 부인은 계속해서 자신의 어릴 적 이야기를 들려주었다.

"내가 다섯 살 때 어머니가 아버지를 버렸습니다. 그래서 2년 동안 어머니와 함께 살게 되었는데, 그 후로 아버지를 두 번 다시 보지 못했습니다. 그래서 아버지에 대한 기억이 별로 없습니다. 어머니가 내게 말해 준 것은 아버지가 나쁜 사람이라는 것 정도가 고작입니다. 꼬마였을 때에는 선머슴처럼 굴었는데, 어머니는 한 번도 나를 훈계하지 않았습니다. 그렇지만 가끔 어머니가 아무 이유 없이 쥐어박거나 때린 적은 있습니다. 말 그대로 그냥 혼내는 것이었습니다. 그 당시 대부분의 시간을 무엇을 하며 보냈는지 전혀 모르겠습니다. 지금 생각해 보니, 어머니는 다정하거나 친근한 분이 아니었고, 나를 보살펴 주거나 나에게 관심을 주지도 않았습니다. 일곱 살이 되던 해에, 어머니는 일자리를 구하러 다른 도시로 가면서 나를 숙모에게 맡겼습니다. 어머니가 데리러 오겠다고 말했기에 나는 그 약속을 믿고 기다렸습니다. 그러나 그 뒤로 어머니와 함께 살아 본 적이 없습니다."

"나는 숙모와 겨우 두어 달을 함께 지냈습니다. 숙모는 나를 1년 동안 수녀원 부속 학교에 보냈습니다. 그 뒤에는 고아원을 몇 곳 전전했습니다. 그러다가 열 살 때 다른 숙모 댁에 가게 되었고 지금까지 7년을 함께 지냈습니다."

"숙모와 숙부는 연로하셨고, 사고방식도 구식인 분들이었습니다. 몸이 좋지 않았던 숙모는 내가 자기 손발처럼 시중들기를 원했습니다. 나는 한낱 심부름하는 계집애에 지나지 않았습니다. 거울도 마음대로 볼 수 없었고, '네 엄마처럼 쓸모없고 이기적인 년'이라는 말도 들었습니다. 이것은 숙모가 흔히 하던 말입니다. 만약에 데이트라도 하려고 했다면, 숙모는 이렇게 말했을 겁니다. '절대 안 된다. 너는 아버지를 닮아서 망측하게 행동하려고 하는구나. 아버지가 나쁜 사람이라는 걸 알고 있겠지. 그 사람이 너에게 해 준 것이 도대체 뭐가 있니?'라고 말입니다. 솔직히 숙모가 처음에 그런 말을 했을 때는 무슨 뜻인지 전혀 몰랐습니다."

"숙모는 언제나 비난하고 괴롭혔습니다. 내가 하는 모든 일은 숙모를 기쁘게 해 주지 못했습니다. 숙모의 병은 마음에도 영향을 끼쳤습니다. 숙모는 점점 더 예민해지고 불평이 많아졌으며 불신과 의심이 심해졌습니다. 숙모는 다른 사람들의 행동거지를 모두 비난했습니다. 내가 고등학교 졸업반이던 해에는 다른 친척이 학교를 마칠 때까지 맡아 주었습니다. 그 뒤로는 직장을 가져야 했고 스스로 벌어서 먹고 살아야 했습니다."

"그런데 이것으로 이야기가 끝나는 것은 아닙니다. 나는 지금도 여전히 그 당시에 생각하던 것과 똑같이 생각하고 있습니다. 나는 나에게 조금도 관심이 없는 부모와 나를 원하지 않았던 부모, 나를 없애 버린 부모를 두었다고 생각합니다. 실제로 어머니는 한 번도 보살펴 주지 않았습니다. 어머니가 나를 위해 한 일이 있다면, 데리러 오겠다고 약속한 것뿐입니다. 어머니는 자기 이외의 어느 누구에게도 관심을 가져 본 적이 없습니다. 그래서 아버지와의 관계마저 끊어 버린 것입니다. 나는 어렸을 때 어머니를 '숭배'했습니다. 나는 사정도 모르고 어머니가 나에게 시간을 할애해 주고 나를 위해 뭔가 해 주기를 줄곧 희망했습니다. 그러나 어머니는 결코 그렇게 해 주지 않았습니다. 나는 어떻게 어머니가 그런 식으로 나를 버리고 떠날 수 있었는지 이해할 수 없습니다. 지금은 어머니를 원망합니다. 가끔 기분이 처질 때면, 나도 내 아이에게 똑같은 일을 저지르겠다고, 다른 도시로 가서 이 모든 곤경과 내 주변의 사람들을 잊어버리고 싶다고 생각합니다."

"나는 나이 많은 사람들을 두려워합니다. 그 사람들을 좋아하지 않고, 전에도 좋아하지 않았습니다. 그들은 무엇이 잘못되었다느니, 어떻게 하면 그것을 더 잘할 수 있었다느니, 어떻게 그처럼 저속하게 행동할 수 있냐는 말 외에 친절한 말은 한마디도 하지 않습니다. 물론 그들도 이 사실을 잘 알고 있습니다. …… 나는 가끔 자살을 생각합니다."

"남편은 경찰입니다. 그이는 건강하고 자신만만한 사람입니다.

그러나 나는 결혼할 때 그이를 사랑하지 않았습니다. 그저 안전하게 보호받기를 원했습니다. 선생님이 말뜻을 이해하실지 모르겠지만, 나는 다만 비를 피해 집 안에 들어가기를 원했을 뿐입니다. 그래도 그이에게 좋은 아내가 되려고 노력했습니다. 그이는 신의 있는 사람이지만, 내 생각에는 숙모와 똑같이 군림하려 드는 데다가 비판적이며 오만하기까지 합니다. 그이가 그런 식으로 말하면 나는 불쾌해지고 빈정거리게 됩니다. 그이는 나에게 명령을 내리고, 나는 그이가 말하는 대로 복종하며 그 일을 하려고 노력합니다. 이것이 내가 할 수 있는 최소한이라고 생각합니다. 나는 자주 아프거나 겁이 나는 것 같습니다. 그리고 내면의 괴로움을 보상받기 위해서 사람들에게 특별히 좋은 존재가 되어야 한다고 생각합니다. 그래서 증오심이 치밀 때면 한동안 침실에 그냥 앉아 있곤 합니다."

조지 부인은 그의 어머니나 숙모와 달리 자신에게 상냥하고 수용적인 부모 역할을 하는 데 힘든 시간을 보냈다. 그가 자신을 거부하기를 중단하고 자신을 받아들이는 것은 견디기 힘든 일이었다. 자신이 남편의 언사에 대해서 지난날 숙모의 비판을 대하던 식으로 반응하고 있다는 사실을 인식한 뒤에도 한참 동안 여전히 남편의 말에 큰 상처를 받았으며, 그의 대꾸에는 빈정거림과 혐오가 깃들어 있었다. 그러나 그는 남편이 무정한 숙모와 같은 사람이 아니라는 점을 인식함으로써 내재과거아의 감정을 제어할 수 있게 되었다. 그것으로 불안감이 더 커지기는 했지만 말이다. 그는 남편의 '군림하려는 태도'를 일종의 애정 어린 배려로 받아들이는 가운데 인생을 더욱 즐기게 되었다. 남편의 비난 또한 줄어들게 되었다. 그는 자녀가 성장하는 것을 지켜보는 가운데 자신이 어렸을 때 얼마나 불행했고 외로웠는지 회상할 수 있었고, 자녀를 도와야겠다고 생각하기에 이르렀다. 그러나 이따금 좌절과 실망이 한순간에 몰려오면, 우울한 감정이 다시 찾아오는 것을 알게 되었다. 그러면 다시 자신을 착하지 않고, 어리석고, 타락한 사람이라고 매도했다.

• 거부에서 멀어지는 길

거부를 겪은 사람은 자신에 대해 상냥하면서도 단호한 부모 역할을 하는 가운데, 자신이 알고 있는 것은 가혹함뿐이라는 점을 명심해야 한다. 또한 자신이 억압적인 자기비판에서 지나친 방임으로 방향을 바꿀 수도 있다는 점을 반드시 기억해야 한다. 당신은 자기 고립에 대해서만이 아니라 지나친 방임과 자기비판에 대해서도 한계를 설정해야 한다.

자신에 대해 부모 역할을 할 때, 모든 어린이에게는 자신을 받아들여 주는 부모의 격려, 인정, 자극을 필요로 한다는 점을 이해해야 한다. 이러한 이해는 조화로운 인격의 성장을 촉진한다. 그러나 당신이 거부를 겪었다면 당신의 내재과거아는 가혹한 거부, 무관심, 경멸만 알고 위의 사실은 전혀 모른다. 수용과 자극을 향한 욕구가 좌절되었다고 느끼면, 자신이 무력하다고 생각하게 된다. 또 자신을 원치 않는 짐으로 간주하는 적대감은 세상이 모두 자신에게 적대적이라고 확신하게 만든다. 부모의 거부는 자녀가 자신을 사랑받을 가치가 없고, 착하지 않으며, 다른 사람들에게 골칫거리라고 생각하게 한다. 이는 건전한 자기 존중의 발달을 저해하며, 대개 이 장에서 기술하는 자기 파멸적인 형태의 거부를 구축한다.

• 수용과 성취

거부에서 멀어지려면, 먼저 두 단계를 천천히 거쳐야 한다. 계단을 오르는 법을 배우는 어린이를 본 적이 있거나 당신이 그것을 배우던 때를 기억한다면, 그 과정을 알 것이다. 어린이는 한쪽 발을 들어 계단에 올려놓은 다음, 몸을 끌어올려 반대편 발을 같은 계단에 올려놓는다. 곧바로 다음 계단에 반대편 발을 가져가기는 쉽지 않기 때문이다. 어린이는 계단마다 이 과정을 반복하다가 머지않아 자신감을 얻게 된다. 그러면 한 발로 한 계단을, 다른 발로 다음 계단을 디디면서 신속하게 움직일 수 있게 된다.

거부당한 내재과거아를 다루는 첫째 단계는 수용과 그 수용에서 나오는 보장을 제공하는 것이다. 당신은 스스로에 대해 수용적인 부모 역할을 함으로써, 자신을 비하하고 호되게 꾸짖고 거부하는 일을 중단해야 한다. 두 팔로 자신을 감싸 줘야 하고, 당신이 올바르고 사랑스러우며, 가치 있고 능력 있으며, 다른 사람들에게 이바지할 수 있는 자질을 타고났다는 이야기를 스스로에게 들려주어야 한다. 또한 다른 사람들에게 상처를 입히고 거부하고자 하는 소망을 거부당한 내재과거아의 감정 가운데 일부로 인식하고 받아들이되, 그 표현을 제한해야 한다. 만약 당신 자신을 가치 있는 존재로 받아들이는 가운데 자기 비하와 자기비판에 한계를 설정할 수 있다면, 이 첫째 단계에 착수할 수 있을 것이다.

첫째 단계에서 한쪽 다리를 한 계단에 올려놓음으로써 자신을 받아들이기 전에는 자기 파멸적인 거부에서 벗어날 수 없을 것이다. 상처받고 거부당한 내재과거아를 자기비판이나 자기 비하 없이 자신의 일부로 받아들이는 법을 배우는 것은 매일 수시로 실행해야 할 과제이다. 둘째 단계에 착수한 후에도 이렇게 해야 한다.

둘째 단계는 거부라는 짓눌린 감정에서 당신을 궁극적으로 끌어올릴 수 있는 단계이다. 이 단계는 당신 자신을 받아들이고, 자신이 재미있고 가치 있는 사람이라는 것을 발견하도록 도와줄 것이다. 또 당신의 문제가 얼마나 어려운지와 관계없이, 당신이 다른 사람들보다 숙련되게 수행할 수 있는 몇 가지 영역을 확립할 수 있다.

거부를 겪은 대부분의 사람들은 자신이 할 수 있다고 생각하는 것을 일람표에 기록한 다음, 이를 자기비판을 위한 더욱 그럴듯한 이유로 이용한다. 이때 자신의 실제 능력은 중요하지 않다. 이러한 자기비판은 그들의 능력을 제한하며, 어린 시절에 느끼던 거부를 계속 연장한다. 그러므로 우선 한정된 방법을 통해 무언가 성취할 수 있도록 노력해야 한다.

· **자기 존중의 구축**

당신이 일할 분야를 조심스럽게 선택함으로써, 그리고 그 목표를 달성하기 위해 노력함으로써, 순수한 자기 존중의 토대를 구축할 수 있다. 물론 그 목표 자체보다는 당신이 목표를 달성하는 데 들이는 신중함과 지구력이 더 중요하다. 그러므로 목표가 작다고 해서 부끄러워하거나 자신을 비판해서는 안 된다. 자기 적성에 맞고 스스로 성취할 수 있는 분야, 즉 당신에게 성취감과 자기 존중이라는 만족을 가져다줄 분야를 찾은 것이기 때문이다. 당신은 지금 당장 할 수 있는 일을 찾되 그 일이 한정적이라는 사실을 받아들여야 한다. 또한 지속적인 자기 발전을 위해 노력해야 한다. 그로써 스스로를 거부했던 어린 시절의 적대적인 환경을 재현할 필요성을 줄여 나갈 수 있다.

이러한 분야를 발견하고 지금 할 수 있는 것을 받아들임으로써 당신은 참다운 즐거움과 만족을 찾을 수 있다. 하지만 이것이 당신이 유일하게 노력할 수 있는 일이라는 뜻은 아니다. 당신은 옷을 잘 갖추어 입거나 사람들의 고민을 들어 주는 재능을 가지고 있을지도 모른다. 어사 키트는 복음 성가를 부르는 데서 재능을 찾았으며, 자기 수용과 성취를 향해 그 길을 따라갔다. 이것은 쉬운 일이 아니다. 지도는 쉽게 따라갈 수 있지만, 여행 자체는 어려울 때가 많은 법이다.

만약 어린 시절에 거부를 겪었다면, 거부당한 내재과거아를 받아들이고 당신의 가능성을 이뤄 나가려 할 때 불안과 고독을 느낄 것이다. 그러나 자기 수용은 당신이 그 불안과 고독을 이겨 내고 무언가를 이뤄 냈을 때 시작된다. 설령 그것이 신체적으로 어른이 되는 데 필요한 것에 불과하더라도 말이다. 이러한 자기 수용을 통해 내재과거아의 격렬한 비판을 어린 시절의 거부적인 환경에 대한 안도감을 확립하려는 노력으로 인식해야 한다. 또한 이러한 인식을 내재과거아에게 재확인시킬 필요가 있다. 당신이 지닌 재주나 재능은 무엇이든 이용하여 어린 시절의 거부를 극복하는 자기 존중을 순수하게 발달시켜야 한다. 그러한 자부심은 자신에 대해 일찍이 가져 보지 못했던 상냥하고 고무적인 부모 역할을 할 때 생겨난다.

그러나 어렸을 때 거부의 고통을 견뎌 낸 사람이라면 누구도 자기 문제를 과소평가해서는 안 된다. 그러면 오래된 상처가 도질 것이다. 당신은 스스로를 받아들이고 애정을 받아들이는 데 많은 어려움을 느낄 것이며 쉽게 좌절할 것이다. 그럴 때는 이해심 많은 친구나 의사, 성직자와 상의해 보길 바란다. 여러 사례에서 보았을 때, 그들은 당신이 스스로 부모 역할을 함으로써 자신이 인정받고 사랑받을 만한 가치가 있다는 사실을 깨닫도록 자극하고 격려해 줄 수 있다.

제18장

성적 자극

: 성의 역할을 잘못 판단하는 것 같다면

만약 당신이 성적性的 활동의 육체적인 측면만을 강조하려는 경향이 있다면, 사랑 충만한 성적 관계를 형성하거나 유지할 수 없다면, 자주 성적인 환상에 사로잡힌다면, 부모의 태도가 당신 내재과거아의 성적인 감정 발달에 어떤 역할을 했는지 검토해 보아야 한다. 당신이 맺고 있는 친분 관계들이 보람 없고, 불만스럽고, 비인격적이라고 느끼는 경우에도 마찬가지이다. 당신의 부모는 성에 대해 완전히 금지하는 형태를 취했거나, 노골적으로 또는 은연 중에 유혹적인 형태를 취했을 것이다. 흔히 금지는 지나친 성적 환상을 초래한다.

일반적으로 성에 대한 부모의 태도는 오늘날 우리의 문화적인 관점을 반영한다. 성을 대하는 태도는 청교도적인 엄격한 금지에서 현재와 같이 엄청난 성적 자극을 용인하는 방향으로 바뀌었다. 단, 육체적 능력이 최고조에 달해 있는 젊은이들이 성적 만족을 누리는 것은 허용하지 않는다. 바로 이러한 경향이 '폭발적인' 상황을 불러일으킨다. 끊임없이 이어지는 성적 자극을 인정하는 가운데, 비현실적이고 비인격적이며 미숙하기까지 한 어린 시절의 성적 환상이 계속 이어지도록 강요하는 것이다. 이 경우 내재과거아는 성적 심리 측면에서 '환상'이라는 유치 단계에 머물러 있다.

청교도적인 엄률嚴律주의가 환호를 받았다고 해서 성적인 문제가 감소했다고 말하기는 어렵다. 물론, 불필요하고 가혹한 몇 가지 금기 사항을 제거하기는 했지만 성에 대한, 그리고 삶에서 성이 차지하는 위치에 대한 물음은 오늘날 미국인에게 가장 혼란을 주는 주제 중 하나일 것이다. 어린이에 대한 유혹을 다룬 이야기로 베스트셀러가 된 《롤리타Lolita》와 〈플레이보이Playboy〉, 그리고 이 책의 발행인들이 〈새터데이 이브닝 포스트The Saturday Evening Post〉에서 성공 사례로 평가되는 것을 볼 때, 우리는 지금 어디로 가고 있는지 알지 못한다고 말할 수밖에 없다.

우리는 과거 어느 때보다도 시각적인 성적 자극에 노출되기 쉬운 시대에 살고 있다. 이것이 어른인 우리에게 어떤 영향을 미치느냐 하는 것은 여러 가지 요인에 의해, 특별히 개개인의 내재과거아에 의해 좌우될 것이다. 그런데 가장 중요한 사실은 우리 자녀들이 이 같은 성적 자극의 온상에서 양육되고 있다는 점이다. 나중에 살펴보겠지만, 이미 문제의 조짐이 나타나고 있다.

• 성장 환경에서 체험한 성적 자극에 대한 인식

이 장에서 어른과 어린이를 괴롭히는 온갖 성적인 문제를 완벽하게 논의할 수는 없다. 그런데 성적인 활동을 대하는 부모의 태도는 흔히 의미심장하고 계시적인 형태를 취한다. 예컨대, 앞에서 논의한 원인적인 부모의 태도는 하나하나가 성적인 영역과 관련된 특징적인 표현을 지니고 있다.

가령, 완벽주의를 추구하는 사람은 성행위의 실행을 강조하는 경향이 있고, 자신에게 복종하기를 지나치게 요구하는 사람은 충동적인 데다 다른 사람들의 권리는 아랑곳하지 않으며, 건강 염려증에 시달리는 사람들은 성을 나쁘다고 생각하기 때문에 용인하지 않는다. 지나치게 억압을 당한 사람은 자기 의무를 다하지 않으려고 반항하며, 방치당한 사람은 성적인 면에서 누구에게도 친밀감을 느끼기 어렵다는 점을 깨닫는다. 대개 성에 대해서 고립적이거나 분리적인 입장을 보이는 원인적 태도는 그 자체만으로 존재하지 않는다. 이는 일반적으로 부모의 다른 원인적인 태도와 이러한 태도에서 기인하는 불만족의 결과로 나타난다.

어린이는 누구나 부모의 태도에 대항해서 자신의 성적 욕구를 발전시킨다. 성적인 충동은 적절히 인도되기만 하면 개인의 행복과 사회 적응에 이바지할 수 있다. 그러나 이 충동이 잘못 인도되거나 왜곡될 경우 사회적 비난, 정서적 갈등, 불안 등이 나타난다.

성은 부모의 다양한 원인적 태도가 방출되는 영역이며, 실제로 다음과 같이 뚜렷한 양상으로 표현된다. 예컨대, 다른 사람의 복종밖에 모르는 내재과거아를 지닌 충동적인 사람은 항상 자신의 성적 욕구가 충족되기를 원한다. 그런가 하면 완벽주의를 추구하는 사람은 언제나 지난번의 행위를 능가하는 성적 행위를 추구할 것이다.

이러한 상황에 불만족을 느낀 부모들은 자녀들과의 관계 밑바닥에 깔려 있는 성애적性愛的 감정에서 만족을 찾게 된다. 존슨Adelaide M. Johnson 박사와 로빈슨David B. Robinson 박사는 이 문제에 관해 주로 연구했다. 그들은 유혹을 '부모가 어린이의 성적 감정과 관능을 부추기고 자극하는 것'이라고 정의하며, "가정의 사회적·경제적 지위와는 상관없이 흔히 일어날 수 있는 일이다. 유혹은 애무만큼 미묘한 것이거나 실질적인 근친상간만큼 난잡한 것일 수도 있다."라고 지적한다. 그러한 부모들은 "공동체 안에서 안전을 보장하는 모든 부분을 기만하는 사람들이다. 또한 정서적으로 매우 혼란한 상태에 빠져 있고, 환경에 전혀 적응하지 못했으며, 확실히 병들어 있는 사람들이다. 그들 부부는 모두 '성적 관계의 불만족'이라는 공통점을 지닌다."라고 한다.

간단하게 말하면, 성적인 부적응은 한 개인을 만드는 모든 원인적인 태도의 일부분이다. 이것은 그 자체로는 거의 존재하지 않는다. 내재과거아의 성적 체험은 불가피하게 부모의 특정한 태도에 의해 채색되고 영향을 받았으므로, 반드시 부모의 태도와 관련해서 이해해야 한다.

예를 들면, 완벽주의는 어린이에게 큰 걱정을 가져다줄 것이다. 그 어린이는 자위행위를 통해 긴장감에서 벗어나 기분 좋은 해방감을 맛본다. 그러나 이 행위는 금지된 것으로서 죄책감을 불러일으키고 새로운 걱정거리를 가져다준다. 어른이 되어서 완벽한 배우자를 찾지 못한 그는 다시 자위행위를 시작할 것이다. 그렇게 그의 내재과거아는 걱정에서 벗어나는 안도감과 해방감을 계속 제공하지만 어른으로서 발전하는 것을 가로막는다. 하지만 그의 문제는 성적인 차원에 국한되지 않는다. 이것은 인생을 지배하는 완벽주의의 문제이다.

출발점

성은 인간의 정서적인 교제나 접촉과 밀접하게 연관되는 자연스러운 충동이다. 당신은 어른이 될 때까지 부모의 태도나 부모가 자녀를 양육하는 정서적 환경에 의해 영향을 받으며 성을 이해한다. 그다음에는 부모의 태도가 당신에게 전달되고, 성의 바람직한 면과 수용성에 관한 문화적 견해에 영향을 받는다. 이러한 요인의 결과로, 흔히 왜곡되고 완전히 그릇된 개념이 자리 잡게 된다. 하지만 성은 인간의 삶에서 아주 자연스러운 것이고, 생명을 주는 소중한 것이다.

이와 관련된 문제를 분명히 하기 위해서는 다음 사실을 기억해야 한다. 어린 시절의 지나친 성적 자극은 성적인 관심이나 활동에 대한 부모의 금지에 의해 야기되기도 하고, 부모의 은밀하고 관능적인 부추김과 지나친 자극에 의해 야기되기도 한다.

자연스러운 발달

미국 문화권에서는 인간의 다른 어떤 충동보다도 소아기의 성적 욕구에 더 많은 제재가 가해진다. 다른 영역에서는 적극적이고 진취적인 행동이 칭찬을 받는 반면에 성에 관한 한 어떠한 노골적인 관심이나 활동이라도 반대를 받고 우려를 산다. 또한 성에 관한 관심에는 즉각적으로 제재를 가하며, 관심을 다른 곳으로 돌리거나 금지하기 위한 조치들이 취해진다. 폴리네시아 문화권에서는 무시될 만한 일이 미국 문화권에서는 흔히 부모의 심각한 우려를 유발하는 것이다. 이러한 우려는 흔히 어린이의 성적 욕구는 물론이고, 어른의 성적 욕구를 부인하고 억압하기 위한 시도에서 유래한다.

제1차 세계 대전 직전, 프로이트는 성적 욕구가 사실상 유년기에도 실재한다고 주장했다. 그는 빅토리아 왕조 시대에나 어울릴 법한 신화를 타파하고, 어린이의 양육에 관한 많은 논의와 연구를 불러오는 선풍을 불러일으킨 셈이었다. 성적인 감정의 조짐이 아주 어린 나이에 나타난다는 주장은 이제 소아의학, 정신의학, 심리학 연구에서 철저하게 학문적으로 정립되었다. 이것은 자연스러운 현상이며 어린이에게 아무런 해악도 초래하지 않는다. 어린아이는 자기 성기를 만지거나 주무르는 데서 즐거움을 발견하고, 자라면서 자신의 몸과 다른 어린이들의 몸에 대해 점점 더 큰 호기심을 보인다. 가슴과 엉덩이는 어린이들의 관심의 대상이 된다. 호기심이 강한 3~4세 어린이들이 의사 놀이나 소꿉장난을 하면서 옷 속을 살짝 들여다본다거나 세밀하게 살펴본다거나 상대방의 성기를 만지는 것은 결코 이상한 일이 아니다.

이때는 자위행위를 공공연히 행하기도 하는데, 이것은 셜리Hale Shirley 박사가 지적했듯이 입, 코, 귀, 머리카락을 만지는 것과 같이 흔하고 습관적인 손장난과 마찬가지이지, 정서적인 변화이거나 근본적인 대책을 강구할 필요성을 암시하는 것이 아니다. 사춘기 무렵에는 성적 충동이 두드러지게 급증하므로 남자와 여자 모두가 거의 일반적으로 자위행위를 하게 된다. 청년기에 들어서면, 급증하는 성적 충동에 이성에 대한 큰 관심이 더해진다. 그래서 짝을 찾게 되고, 결혼 관계로 가는 첫째 단계인 데이트를 하기 위해 처음으로 노력하게 된다.

근본적으로 어린이는 자기 부모를 보면서 어떻게 하면 좋은 남편이나 좋은 아내, 좋은 아버지나 좋은 어머니가 될 것이라는 자기만의 생각을 갖게 된다. 또한 어린이는 어릴 적 가정에서 체험한 것을 통해 다른 사람들과 더불어 살아가는 기본 원리들을 배운다. 어린이는 부모가 부부로서 보여 주는 행동을 관찰한다. 그리고 그 관찰로 얻는 것을 합당하다고 여기게 된다. 이것이 어린이가 추구하는 기본적인 형태가 되는 것이다. 어린이는 장래의 배우자를 향한 감정의 기반을 다지기 위해 성별이 다른 부모의 사랑을 체험할 필요가 있다. 동시에 같은 성별의 부모와 자신을 동일시하면서, 어른으로서 나름의 성 역할을 수행할 수 있는 기초를 확립한다.

성적 욕구의 수용은 이처럼 자연스러운 것이고, 두 가지 성별의 정서적 발달을 고루 체험하게 하는 것을 의미한다. 또한 미래의 행복과 안녕을 위한 건전하고 현실적인 근거를 만들어 준다.

여러 해가 소요되는 과정을 이렇게 요약하는 까닭은 부모의 태도가 거의 모든 면에서 자연스러운 발달을 방해하기 때문이다. 성에는 생태적으로 사악하거나 혐오스럽거나 불결하거나 무서운 면이 있을 리 없다. 하지만 일부 부모는 어린 자녀의 성적 감정에 그러한 정서를 주입한다. 수치심, 죄책감, 곤혹스러움, 두려움, 심지어는 무력함까지도 성적 욕구를 부인하거나 금지하고자 하는 불안하고 단호한 노력에서 기인한다.

금지와 억제

그러한 부모들 가운데 소수만이 '창피하다, 나쁘다, 두 번 다시 너를 만지지 않을 거야, 하느님이 너를 보고 계신다'라고 말하면서 스스로 문제가 되는 태도를 만들고 있음을 깨닫는다. 일부 부모는 자신의 불행이 지난날의 가정과 부모의 태도에서 기인한 것임을 알면서도, 그러한 반응을 제어하지 못하고 내재과거아에 굴복하고 만다.

그들은 다른 원인적 태도를 만들어 낼 수 있다는 우려 속에서도 언제나 얌전한 체하며 어렸을 때와 마찬가지로 성은 죄스럽고 불결하며 야만적이라고 매도하는 부모의 태도에 단순하게 반응한다. 이 반응이 자신의 다른 원인적 태도의 결과, 즉 보람 없는 업무나 불만족스럽고 불행한 결혼 생활, 자기 비하와 어떤 관련이 있다고 인식하는 것은 아주 소수뿐이다.

부모는 자녀들이 다른 사람들의 존엄성이나 사생활을 침해하지 않도록 한계를 정해 주어야 한다. 그런데 어린이들의 성적인 호기심에 죄책감을 느끼도록 하는 것은 어린이의 성적 욕구를 죄의식과 불안감으로 연결시킨다. 쉽게 말해서, 어린이는 자신이 즐긴 것에 대해 죄책감을 느끼게 되는 것이다. 죄의식은 그의 성적 생활을 이루는 중요한 요소가 되어, 결혼으로 합법화된 사랑보다는 죄책감이 수반되는 부정한 사랑에 더욱 맛 들이는 결과를 가져올 수도 있다. 게다가 인간의 삶에서 성적 욕구가 제거될 수는 없는 노릇이므로, 부모의 단죄가 그 욕구를 비밀스럽게 표현하도록 만들어서 한없이 죄책감을 가중시키는 결과를 초래할 수도 있다.

또한 금지는 특히 그것을 못하게 하는 '성별이 다른 부모'에 대한 적개심을 불러일으킨다. 어린이는 자신이 실제로는 순진무구하며 사악하거나 죄스럽거나 불결하지 않은 아이라는 사실을 나중에라도 인식하게 된다. 결국 그는 자신이 그토록 죄책감을 느끼게 된 것을 원망할 것이다.

그러나 무엇보다도 금지와 억압은 성적인 호기심과 환상을 자극한다. 그는 부정되거나 처벌받은 내용을 틀림없이 환상 속에서 철저하게 시도해 볼 것이다. 그러한 환상에 탐닉한 후에는 흔히 '하느님이 보고 계시기' 때문에 성적 감정에 죄책감을 느끼고 자책하게 된다. 그의 내재과거아가 성적 감정에 죄책감을 느끼기 때문이다. 자책하면서 걱정하고 두려워하게 된 그는 한편으로 더 많은 성적 환상을 갈구한다.

수많은 작가들, 그중에서도 서머싯 몸Somerset Maugham과 오하이오주 와인즈버그 출신의 작가 앤더슨Sherwood Anderson이 지적했듯이, 청교도처럼 엄격한 사람들이 흔히 성적 환상에 빠져든다. 그들은 겉으로는 성을 비난하지만, 실제로는 환상을 통해 의미심장한 만족을 얻는다. 하지만 이내 스스로 타락했다는 죄책감을 갖게 되고, 더 열심히 성적 욕구를 근절하고자 노력하게 된다.

억압에 의해 생긴 이러한 환상은 어린이의 성적 감정을 지나치게 자극한다. 어린이에게는 환상이 자신의 성적 욕구를 표현하는 방법이 되기 쉽다. 이러한 환상은 어른이 되어서도 내재과거아가 추구하는 성적 활동에서 친숙하고 편안한 기분을 느끼게 한다.

금지는 오히려 호기심을 불러오고, 성적 환상에 지나치게 몰두하도록 인도하며, 성을 비인간화한다. 환상을 통한 만족은 서로 주고받는 정상적인 성적 관계의 발달을 저해한다. 가정에서 부모가 은밀하게 숨기고 금지하는 환경조차도 대개 환상적인 구조의 한 부분으로 이어지는데, 이는 내재과거아의 성적 활동에서 본질적이고 매우 중요한 부분이기도 하다.

어렸을 때 성적 욕구가 금지되고 나쁜 것으로 간주되었을 경우, 내재과거아는 어른이 되어서도 이처럼 환상적인 성적 활동을 추구하는 경향이 있다. 어린 시절에 억압된 성적 호기심은 어른이 되어서 누드 잡지 따위를 통해 표현되기도 한다. 이것이 유일하게 안도감을 느끼면서 즐길 수 있는 성적 욕구 해소의 한 방편이 되기도 한다. 자신이 알고 존경하는 이성과의 실질적인 성적 상황은 불안과 심지어 공포를 불러일으키기도 한다.

따라서 그러한 시각적 자극은 무의미해지기 쉽다. 환상을 좋아하는 사람은 알려져 있지 않고, 알 수도 없다. 따라서 그러한 성적 활동은 비인간화된다. 또 금지되고 비인간화된 내재과거아의 성적 활동인 자위행위도 이와 마찬가지로 계속될 것이다. 그러한 미숙한 행동은 성적인 관계에 큰 만족을 느끼면서 충분히 참여할 수 있는 어른으로 발전하는 것을 저해하기 쉽다.

현실감이 없는 성적 환상에 몰두함으로써 나타나는 성적 불만족과 그 결과로 이어지는 우울하고 자기 비하적인 감정을 여기서 다 열거할 수는 없다. 어린 시절의 성적 욕구에 대한 억압이 우리 사회에서 보편적으로 일어나는 만큼, 우리 가운데 소수만이 이러한 곤경을 잘 모면해 왔다고 볼 수 있다.

우리는 성적 욕구에 몰두해 있는 문화적 환경에서 살고 있다. 대중 매체는 성의 에로틱하고 육체적인 측면에 초점을 맞추면서 대인적인 측면과 육체적인 측면의 분리를 심화한다. 그리하여 우리 사회에서는 정감적인 상호 교환보다는 분비선分泌腺적인 상호 교환이 성적인 관계의 목표로 정해지기 쉽다. 성이 분비선적인 방향으로 흐르면 비인간적인 것이 되기 쉬운데, 이것은 신체적 매력을 지나치게 강조하는 대중 매체의 영향이기도 하다.

그런가 하면 최근 우리의 성적 활동에서 나타나는 비인간화는 광범위하게 퍼진 고독감의 주요 원인이 된다. 또한 환상 속에서 살 필요성을 강화한다. 우리는 지나치게 비인간화된 나머지 누군가에게 말을 하거나 자신의 감정이나 생각을 나눌 수도 없게 된다.

죄책감을 자극하는 과거의 훈계, 그리고 이 훈계의 근거가 되는 부정과 억압이 당신의 성적 발달에 어느 정도 영향을 미쳤는지는 스스로 판단해야 할 것이다. 그것은 당신이 현실에서 만족을 추구하기보다는 성적인 환상에 지나치게 몰두하도록 만들었는가? 당신의 부모가 그러했듯이, 성적인 감정의 존재 자체를 부인하게 만들었는가? 그것이 성을 육체적인 어떤 것으로 보고 사랑에서 분리하도록 만들었는가?

당신은 성적 욕구를 자연스러운 한 부분으로, 전혀 부끄러워할 필요가 없는 것으로 받아들임으로써 차츰 당신의 성적 생활에 훼방을 놓고 환상을 추구하는 내재과거아의 죄책감을 줄여 나갈 수 있다. 이렇게 죄책감을 떨쳐 버리고 어른으로서 성적 만족을 충족시킬 권리를 주장하는 것이 처음에는 불안하게 느껴질지도 모른다. 그러나 이렇게 할 때에야 자신에 대해 만족을 느끼는 능력을 꺾어 놓고 배우자에게 만족하지 못하도록 방해하는 어린 시절의 속박에서 차츰 해방될 수 있을 것이다.

• 베스의 이야기

부모로서 성을 대하는 태도는 어릴 적 가정에서 경험한 다른 태도들과 뒤섞여서 세세대대로 전해지지만, 이것은 널리 퍼져 있는 문화적인 태도에 큰 영향을 받는다.

우리가 응징적인 배경을 지니고 있을 경우, 이성적인 감정을 다룰 때 응징적 행위와 불신이 나타나는 예가 흔히 있다. 불신은 더욱 엄격한 금지를 불러온다. 응징적 배경을 지닌 수많은 사람들이 일시적이고 난잡한 성적 활동에 관여하고 나서는 스스로를 처벌한다. 그들은 끔찍한 성적 감정과 갈망, 성적 환상에 몰입하는 자신을 비난한다.

부모의 지나친 강압에 대한 반항은 그들이 무의미한 성적 에피소드에 빠져들도록 몰아붙이기도 한다. 또는 자기 부모와 마찬가지로 충동적 행위에 너무 쉽게 굴복하는 경우도 있다.

어머니의 끈질긴 요청에 못 이겨 필자를 만났던 베스라는 여고생이 있다. 이제 겨우 열일곱 살밖에 안 된 베스는 자신이 완전한 어른이며 불량하고 아름다운 여자라고, 스스로 생각해도 남자라면 사족을 못 쓰는 문제아라고 자신을 열심히 소개했다. 베스는 빠른 어조로 말했다.

"한순간 내가 소녀답다고 생각될 때도 있어요. 그러나 곧바로 난 폭해져서 상스러운 욕을 해대요. 이 다음에 하려는 것이 얼마나 끔찍한 일인지 전혀 모르겠어요. 담배 피워도 되죠? 나는 고등학교 3학년이에요. 학교 성적은 좋은 편이고 선생님들과도 잘 지내고 있어요. 하지만 교장 선생님은 좋아하지 않아요. 이중인격자거든요. 우리 반 친구들 중 몇몇과는 썩 잘 어울리지 못해요. 내가 찾아갔던 목사님은 내가 엄마에 대한 반항으로 말썽을 피우는 것이라고 말씀하시더군요. 엄마는 실제로 그다지 엄격하지 않은 편이에요. 그런데 언제나 사소한 일들로 나를 못살게 굴어요. 엄마는 나더러 '담배 피우지 마라, 착한 여자애가 되라'며 길게 설교하지요. 엄마는 나를 절대로 안 믿어요. 하긴, 엄마니까 그렇겠지요?"

"그런데도 나는 언제나 여러 남자아이들과 통화를 하고, 그 애들 역시 나에게 전화를 해요. 내가 남자아이와 통화를 하면 엄마는 아래층에 있는 전화기로 대화를 엿들어요. 엄마는 내 사생활을 침해해요. 내 앞으로 오는 편지를 뜯어서 읽어 보고, 내 속옷을 유심히 살피지요. 옷이며 주머니, 수첩, 콤팩트, 심지어는 교과서까지 샅샅이 뒤져 본다니까요. 솔직히 말해서 나는 그런 엄마 곁에서 오랫동안 지낼 수 없어요. 내가 데이트를 하고 돌아오면 엄마는 한 시간이나 나를 심문한다고요. '어디에 갔었니? 무엇을 했니? 둘이서 손을 잡았니? 남자 아이가 키스를 했니? 뺨에 했니 아니면 입에다 했니?' 하고 말이에요."

"엄마는 실제로 그런 일들을 물어본다니까요. 아주 미치겠어요. 나는 집에 오면 보통 문을 쾅 소리가 나게 닫고 엄마를 그냥 지나쳐 이층으로 올라가서 방에 틀어박혀 지내요. 그러면 엄마는 문 밖에 서서 한탄하거나 소리를 질러요. 내가 엄마의 인생을 파멸시키고 있다나요. 엄마는 자기가 나에게 하는 것에 대해서는 어떻게 생각하는지 모르겠어요. 나는 '엄마의 인생을 파멸시키는 것은 내가 아니라 바로 엄마예요'라고 대꾸하지요. 그리고 '나를 그냥 내버려 두세요'라고 말하지요."

"가끔 나는 술을 마셔요. 엄마는 술 냄새라도 맡으면 불같이 노해요. 나는 '왜 그러세요?'라고 말하지요. 그건 엄마가 상관할 일이 아니잖아요. 엄마는 또 언제나 이렇게 경고해요. 내가 임신할지도 모른다고요. 그래서 그게 어떻다는 건가요? 그건 내가 걱정할 바잖아요. 물론 여러 남자아이와 잔 건 사실이에요. 내가 그걸 좋게 생각하는데, 무슨 잘못이라도 있는 건가요? 내 말은, 내가 남자를 좋아한다는 뜻이에요. …… 음, 잘못된 것이 있다면, 전과 같은 상황이 계속되기를 내가 원치 않는다는 점이겠지요. 나는 늘 명랑한 것처럼 행동해요. 그러나 사실은 기가 죽고 의기소침해지고 아주 울적해질 때가 많아요. 하지만 남자아이들은 침울하게 쪼그리고 앉아 있는 계집애를 좋아하지 않기에 그렇게 행동하진 않아요. 나는 나 자신을 '음탕한 계집애, 창녀'라고 불러요. 나는 내가 실제로 행동하는 것보다 더 나쁘고 죄스럽게 느껴야 한다고 자주 생각해요."

"2년 동안 사귀어 온 남자친구가 있어요. 그 아이는 아주 상냥한데다 나를 사랑해요. 그런데 그 아이가 나를 겁주는 거예요. 내 말은 그 아이가 모든 면에서 나와 다르다는 뜻이에요. 그 아이는 믿음직스럽고 착실하며 열심히 공부하고 빈둥거리지도 않아요. 나는 그 아이가…… 음, 있잖아요, 내 모든 것을 알게 될까 봐 겁나요. 솔직히 말해서 엄마는 언제나 잔소리를 해 대거나 외출하지 못하도록 일거리를 찾아내서 나를 방해하려고 해요. 하지만 일단 집에서 나가기만 하면 금방 재미있는 일들이 벌어지는 걸요."

이 경우, 문란한 성생활이 베스가 처한 어려움의 중요한 징후이기는 하지만, 주된 문제는 아니다. 이것은 베스가 자기 어머니에게 대들며 한 말에서도 분명하게 나타난다. 베스의 어머니는 베스에 대해서 이렇게 말했다.

"제 아이는 외동딸이에요. 그 아이는 여러 사람들과 성적인 관계를 맺어 왔습니다. 일전에 저는 딸의 서랍에서 남자아이가 쓴 편지를 발견했습니다. 편지에서 그 남자아이는 성관계에 대한 말을 했더군요. 제가 그 편지를 베스에게 들이댔더니, 제게 천박하고 끔찍한 욕을 하면서 반항하는 것이었습니다."

"그 아이는 결코 크게 제약받는 일 없이 자랐습니다. 언제나 자기가 원하거나 좋아하는 것에 대해서는 아주 단호하게 자기 방식대로 해 왔습니다. 또 제법 예쁘장하게 생겼고 공부도 꽤 잘했습니다. 그런데 항상 성적인 문제가 있었습니다. 글쎄요, 항상이라고 말할 수는 없겠지만요. 아마 아이가 열 살 되던 해였을 겁니다. 이웃집 여자가 찾아와 베스와 몇몇 여자아이들이 차고에서 성적인 장난을 벌이고 있다고 했습니다. 그것은 실제로는 별것 아니었습니다. 그 여자아이들 중 나이 든 몇몇은 젖가슴이 발달하기 시작했는데, 그 아이들이 서로 자기의 젖가슴을 보여 주고 있었습니다. 베스는 나이 먹은 다른 아이들처럼 젖가슴이 발달하지 않을 때였습니다. 나는 그 짓을 중단시켰습니다. 그리고 베스에게 앞으로 그런 짓을 해서는 안 된다고 타일렀습니다. 그런데 이웃에 사는 몇몇 꼬마들이 소문을 퍼뜨렸고, 그 후로 베스에게 나쁜 별명이 생겼습니다. 나는 베스에게 '너에 대한 사람들의 생각을 바꾸려면 특별히 착한 일을 해야 할 거야'라고 일러 주었습니다."

"그러나 성에 관한 문제는 늘 제 마음에 자리 잡고 있었습니다. 이 문제는 여러 해 동안, 심지어 결혼 전에도 저를 괴롭혔습니다. 선생님께 말씀드리자니 당황스럽습니다만…… 저는 자주 성에 대해 생각했습니다. 언젠가 다른 일에 대해서는 전혀 생각할 수 없었던 적도 있습니다. 물론 결코 아무런 짓도 하지 않았습니다. 그러나 여전히 성에 대해서 생각하는 것이 옳지 않다고 판단했고······ 늘 성에 대해 몹시 걱정해 왔습니다. 그런데 베스를 낳고 나니, 글쎄요······. 어쨌든 성에 관한 문제를 달리 생각해야 한다는 것을 알았습니다. 저는 성에 대해 생각하지 않으려고 애썼지만, 그 생각은 여전히 끼어들곤 했습니다. 그러다가 베스의 일이 터지고 나니 아무것도 생각할 수 없게 되었습니다. 저는 그저 적당한 남자아이가 베스와 결혼해 주기를 바랄 뿐입니다."

"저는 베스에게 어떤 일이 일어날지 모릅니다. 그 아이는 착하지 않습니다. 얌전한 아이라면 그렇게 말하지 않을 것입니다. 지난 2년 동안 그 아이는 나이 든 남자들과 나돌아 다녔으며, 나이 들어 보이려고 화장을 더 짙게 했습니다. 그리고 몰래 담배를 피우고 술도 마십니다. 저는 '베스야, 제발 그러지 마라. 네가 그런 짓을 하도록 내버려 두자니 마음이 아프단다'라고 타이릅니다. 그 아이는 틀림없이 만나는 남자들 가운데 한 사람과 일을 저지를 것입니다. 저는 성관계에 따르는 위험한 일들에 대해 경고하고 일러두려고 노력했습니다. 어쩌면 그 아이는 임신을 하게 될지도 모릅니다. 그러나 아이는 제 말을 들으려 하지 않습니다. 저로서는 어쩔 도리가 없습니다."

베스의 어머니는 자신이 어렸을 때 겪은 죄스러운 태도를 계속 이어 가고 있다. 성적인 감정에 대한 내재과거아의 불안과 죄책감이 베스에 대한 응징적인 불신의 형태로 변한 것이다. 그는 베스에게 잔소리를 하고 훈계를 했으며, 편지를 뜯어보고 전화를 엿들으며 베스의 사생활을 침해했는데, 이 모든 것이 능력 있고 자격 있는 주체가 되려는 베스의 감수성에는 몹시 해로운 것이었다.

또 한편으로 베스를 신뢰하지 않았고, 다른 한편으로는 강력하게 제지하지도 않았다. 어머니가 "네가 내 마음을 아프게 하는구나."라고 말하면, 베스는 죄책감과 적대감을 느끼게 된다. 그러나 이 말은 단호하게 "안 된다."라고 말하는 것과는 거리가 멀다. 게다가 그는 잔소리와 강압적인 지시, 재지시를 통해 베스가 도전하도록, 즉 '재미있는 일'과 애정을 찾을 수 있는 곳이라면 어디서든지 그것을 추구하도록 부추겼다. '반항'이라는 화로에 끊임없이 불을 지핀 셈이다.

우리는 베스의 이야기를 들으며, 그를 판단하고 그가 한 행동의 결과에 대해 경고하려 할 것이다. 이처럼 그의 행동이 '그를 바로잡아 줄 훈계'를 초래하겠지만, 그러한 훈계는 그의 가정에서처럼 비난하고 잔소리하는 환경만 새롭게 할 뿐이다. 그러면 베스는 즉각 반발하게 될 것이다.

제멋대로 하도록 내버려진 베스는 어머니가 자기를 대하는 것과 똑같은 식으로 자신을 대했다. 이 점을 베스에게 지적했다. 그리고 어머니의 방식이 아니라 자신의 방식으로 스스로를 대할 수 있을 것이라고 말해 주었다. 이것은 충동적인 행위에 대해 자신을 비난하지 말고 단호하게 "안 된다."라고 말해야 하며, 나름대로 명령을 하고 그것을 거역해서는 안 된다는 것을 의미했다.

베스는 자신의 충동적인 도전에 굴복하지 않아도 되고 자신을 비하할 필요도 없게 되었을 때, 반항할 필요도 없어졌으며 덜 충동적인 사람이 될 수 있었다.

베스 어머니의 성에 대한 편견으로 인해 이 모든 요인이 지나치게 과장되었던 것이다. 실제로 베스의 어머니는 금지, 죄책감, 억압으로 베스의 성적 활동을 자극했다. 베스는 스스로에게 나름 비판적이지 않은 부모 역할을 하게 되면서 안정을 되찾았다. 어머니의 예상과는 달리 베스는 임신하지 않았다. 좋은 직장에 나가고 있으며, 전에 호감을 보였던 젊은 남자와 교제하고 있다.

어쨌거나 중요한 것은, 원래는 어머니에 의해 성적인 문제가 제기되었지만, 베스의 실질적인 문제는 자신에게 상냥하고 단호한 부모 역할을 하는 데 있었다는 사실이다. 강압과 방임, 응징적인 불신을 오가는 어머니의 변화무쌍한 기분이 원인이었으며, 이 원인들이 성적 욕구라는 영역에서 특징적인 방법을 통해 불신과 금지, 죄책감이 지배하는 상황으로 집중된 것이다. 그 결과, 베스의 성적 활동을 지나치게 자극하게 되었다. 이것은 전혀 이상한 일이 아니다. 말 그대로, 부모들이 설정해 놓은 금지 사항에서 지나친 성적 자극을 받은 수많은 사람들의 이야기다.

• 유혹

몇몇 사례를 보면, 자신을 대하는 원인적인 태도에서 불만족을 느끼는 부모가 직접 자녀들의 성적인 감정을 지나치게 자극하는 경우도 있다. 이 자극은 알게 모르게 일어난다.

존슨 박사와 로빈슨 박사가 '성적 자극의 인식'에 대한 논문에서 지적한 바와 같이, 이것은 생각보다 훨씬 더 자주 발생한다. 성적 욕구를 금지하려고 애쓰다가 도리어 지나친 자극을 야기하는 부모와는 대조적으로, 어떤 의미에서 직접 성적 욕구를 자극하는 부모는 성적 희롱을 하는 자신의 행동에 자녀가 참여한다는 것을 잘 알며, 심지어 음흉하게 그것을 조장하기도 한다.

그런가 하면, 미처 의식하지 못하는 단순한 유혹이 '현대적인' 부모가 되려는 노력으로 나타나기도 한다. 또한 프로이트의 '노이로제의 성적인 기원'에 관한 이론을 오해하면서 발생하기도 한다. 그래서 이런 부모들은 '성적 욕구에 노골적으로 접근하는 것이 정서적 건강에 유익하다'는 자기들의 신념을 과장하기도 한다. 때때로 그들은 전통적 의미의 조신함을 무시하고 집에서 벌거벗고 다니거나 욕실의 프라이버시를 존중하지 않기도 한다.

어떤 상황은 자연스럽게 과도한 성적 자극을 유도한다. 성별이 다른 부모가 욕실에 들어와서 장난삼아 자녀의 몸을 씻기는 경우가 그 예이다. 이 경우, 자녀가 나이 들어 감에 따라 성적인 요소가 점점 농후해지며 유혹적이고 자극적인 경향을 띠게 된다. 또는 어머니가 아들의 성기를 씻기고 살펴보는 것이 유혹적인 계기가 되기도 한다.

한편 거의 모든 부모가 처음에는 멋모르고 자녀들을 데리고 자다가 자녀가 학령기에 이르기 전에 중단한다. 그러나 이것이 지나치게 자극적이라는 사실이 분명해질 때까지 금지 조치가 지연되는 수도 있다. 부모는 이처럼 희롱적이고 유혹적인 자극을 방지하기 위해 자녀가 부모의 침대에 들어오지 못하도록 금지시켜야 한다.

이 습관이 십대까지 연장되면, 그때는 극단적인 자극이 유발되기도 한다. 아버지가 딸과 함께 자면서 심각한 정도의 애무와 성적 자극을 가하는 수도 있다. 비행 청소년을 조사한 연구에 의하면, 조사 대상 여학생 가운데 15%가 아버지와 그런 관계에 있었던 것으로 밝혀졌다. 이 결과는 확인된 경우일 뿐이고, 실제로는 그런 관계가 훨씬 더 많을 것으로 예상된다.

마찬가지로, 어머니 역시 아들이 성적으로 흥분한다는 것을 잘 알면서도 계속해서 아들을 데리고 자기도 한다. 존슨 박사와 로빈슨 박사에 의하면, 그러한 어머니들은 '적대감과 불안감이 뒤섞인 만족'을 체험한다고 한다. 란제리나 반쯤 열린 잠옷 차림을 예사로 보여 주는 희롱적이고 유혹적인 어머니에게는, 아들이 등에 화장품을 발라 주거나 머리를 빗겨 주기를 원하는 것이 그다지 유별난 행동은 아닐 것이다.

이 과도한 자극의 결과로 어린이에게 무슨 일이 일어나는가? 처음에는 어린이가 당황하겠지만 이내 고분고분 따를 것이다. 그러나 결국에는 좌절과 분노가 축적되어, 다음 두 가지 과정 중 하나를 따르게 될 것이다.

  1. 비교적 안전하다고 여기는 의존적이고 유아적인 태도와 행동으로 되돌아간다. 이것은 즉시 어린이에게 문제를 일으킨다. 그는 의타적인 어린이로 남아 있으면서 자신을 전적으로 부모에게 내맡긴다. 그런데 이것은 어린이의 정상적인 성장과 발달, 그리고 어른으로서 주체적으로 살아가는 것을 불가능하게 만든다.
  2. 남자들의 경우, 여자에 대한 신체적인 공격과 분노를 갖게 된다. 여자들의 경우에는 이것이 흔히 복잡한 난혼의 원인이 된다. 존슨 박사와 로빈슨 박사, 그 밖의 권위 있는 학자들은 근친상간, 특히 아버지와 딸 사이의 근친상간이 공식적으로 보고되는 것보다 훨씬 더 일반적으로 발생한다고 지적한다.

  연구자들은 이러한 유혹적인 행동을 대체로 부모 중 한 사람이 수행하고, 다른 사람이 용인한다는 점을 지적한다. 그들은 다음 사례를 인용한다.
  "우리는 최근 어느 중산층 가정 출신의 열한 살 난 소녀를 조사했다. 소녀의 어머니는 소녀의 성기에 대한 자극이 아버지에 의해 심각할 정도로 자행되고 있음을 여러 해 전에 알았다. 불감증인 데다 정서적으로 매우 불안정했던 어머니는 처음 얼마 동안은 부부 간의 성적인 '의무'에서 해방되었다고 기뻐했지만, 결국 분노와 질투심을 느꼈다. 그리고 사태를 바로잡기 위해 무언가 조치가 필요하다고 생각했다. 왜곡된 환경에서 성장한 아버지는 자기 딸과의 행위를 솔직하게 고백했으며, 딸과 부부를 위한 장기적이고 집중적인 치료 활동에 참가하기로 동의했다. …… 이 사례에서 치료의 어려움을 증대시키는 요인은 그 소녀에게 수치심이나 죄책감이 전혀 없었다는 점이었다. 어머니의 분명한 시인이 있었기 때문이다."

어쨌거나 어린이들은 자주 근친상간을 상상하거나 공상한다. 사실상 이것이 어렸을 적 환상의 일반적인 유형이다. 이것은 성별이 다른 부모에 대한 어린이의 애정 어린 접촉에서 발전한다. 이러한 관계들이 사실대로 보고될 때, 이 관계의 상상적인 특성은 대개 확립될 수 있다. 과도한 성적 자극이 가해질 때, 이 자극이 반드시 신체적인 상황까지 이르지는 않을 수도 있겠지만, 그러한 환상은 어린이의 발달을 제한하고 저해할 것이다.

부모에게 요청되는 한 가지는 가능한 한 많은 사랑과 애정을 자녀에게 기꺼이 주고자 하는 마음이다. 그러다가 자녀가 성장하면서 다른 사람에게서 사랑과 애정을 찾게 되면 점진적이고 지속적으로 자녀를 기꺼이 떼어 놓고자 하게 된다. 일부 부모는 자신의 결혼 생활에 대한 불만의 결과로, 자녀와 너무 친근한 정서적 유대를 형성해 자녀의 발전을 가로막는다. 이같이 지나치게 자극적인 배려는 자녀의 눈에 같은 또래의 사람들을 불충분하고 하찮은 존재로 보이게 만든다.

만약 당신이 어렸을 때 부모나 다른 어른들에 의해 지나치고 직접적인 성적 자극을 받았다면, 어쩌면 당신은 아직까지도 이성에 대한 깊은 혐오와 적대감을 잊지 못하고 있을 것이다. 내재과거아는 그러한 애정의 배반에서 기인하는 정서적 상처를 어쩌지 못하고 지니는 한편으로, 당신이 사랑 충만한 성적 관계를 전개해 가는 것을 불가능하게 만들 것이다.

이 체험은 또한 인내와 이해를 요구할 것이다. 많은 경우, 수많은 남자와 여자가 사랑을 느낄 수 있을 만큼 자신에 대한 신뢰를 충분히 발달시키기 위해서는 정신의학적인 도움이 필요하다. 애정으로 은폐된 잘못을 범한 부모를 이해하고 용서하고자 애쓰는 것은 영영 불가능한 일로 남을 수도 있다. 그러나 과거가 확고하게 과거로 분류되고, 그 과거와 상관없는 사람들에게 적용되지 않는다면, 상처 입은 내재과거아는 자신의 탓이 아님을 인식하고 자신이 사랑받을 가치가 있다는 사실을 인식하게 될 것이다.

당신이 만약 이러한 상처로 고통을 받았다면, 그 상처가 반드시 영속적이지는 않다는 점과 남자와 여자가 건전한 방법을 통해서 서로 사랑할 수 있다는 점을 인식함으로써 스스로를 도울 수 있다. 당신이 만약 도움이 필요하다고 느낀다면, 이것이 심각한 문제가 될 수도 있는 만큼 주저하지 말고 도움을 요청해야 할 것이다. 정신의학자들은 복잡한 정서적 문제를 다루도록 특별히 훈련받은 사람들이므로 이 문제에 대해 효과적으로 조언해 줄 수 있을 것이다.

• 대량의 성적 자극에 대한 문화적 용인

미국 문화는 어린이의 성적인 감정을 지나치게 자극하는 것을 명시적으로 시인하지는 않는다. 다만 그러한 자극을 불가피한 것으로 만들 뿐이다.

이 점은 어린이뿐만 아니라 우리 모두에게 마찬가지이다. 우리는 모두 지나친 성적 자극에 노출되어 있으며, 이 자극의 영향을 받는다. 도처에 자리한 고혹적이고 선정적인 여인들은 남자들이 반응하게 하고 여자들이 열심히 흉내 내게 하는 데 성공을 거두면서 선망의 대상이 된다.

그런가 하면, 어린이들도 대중 매체를 통해 어른들과 똑같이 성적 자극에 노출된다. 이 점이 바로 대중 매체의 특성이다. 다른 문화권에서는 성을 대하는 태도가 우리보다 더욱 엄격하거나 더욱 개방적인 반면, 우리처럼 혼란에 빠지거나 모순적인 경우는 없다. 이것은 그 자체로서 사회 각계각층에서 야기되는 불안의 상습적이고 뿌리 깊은 원인이 된다.

무분별하게 나타나는 시각적인 성적 자극은 우리 사회의 특징 가운데 하나이다. 이것은 여성의 발목만 보여도 충격으로 간주하던 청교도적인 낡은 견해에 대한 반항이 가져온 최종적인 결과이기도 하다. 이 모든 무차별적인 대량의 자극에도 불구하고, 성적 만족을 추구하려는 우리의 태도는 대단히 얌전한 체하고 청교도적인 척하는 자세를 견지한다. 이렇듯 어쩔 수 없이 문화적일 수밖에 없는 모순적인 태도는 그 자체로 문제의 원인이 된다.

이 같은 대량의 자극이 맨살을 드러내 보이는 것을 금기시하는 낡은 태도를 타파한 반면, 청교도적인 행동 규범을 변화시키지는 못했다. 그 대신 성적인 환상이 대량 생산되고 공공연해졌다.

한편에서는 청교도적인 행동을 강조하지만 또 한편에서는 성적 환상이 계속 자극을 가한다. 이러한 문제는 더 큰 긴장과 불안, 성적인 난제와 갈등, 그리고 행동 규범의 파괴를 불러올 뿐이다. 이것은 '새로운 자유'나 '현대적인 삶'이 아니라 갈피를 못 잡게 하는 일종의 관능적인 노예 상태에 불과하다. 이것이 해마다 미혼모가 점점 더 늘어나는 이유를 말해 준다. 1961년에는 그 숫자가 20만 명이라는 전에 없던 기록을 남겼다.

• 성의 착취

우리는 예전부터 인간의 육체를 자연스럽고 아름다운 것으로 받아들여 왔다. 그리고 현재는 육체를 상업적으로 착취하는 데 눈을 돌리고 있다. 이것은 오늘날과 같은 대량의 성적 자극을 유발하는 주요 요인 중 하나이다.

성적 매력을 갖춘 여인이 골프 클럽, 위스키, 자동차, 영화, 직업

등 최고의 만족을 약속하는 온갖 것을 팔고 있다. 의류 제조업체들은 비치웨어에서 작업복에 이르는 모든 의류의 성공적인 판매를 위해 성적 자극을 불러일으키는 디자인을 추구한다. 또한 해이하고 일상적인 만남을 바람직하고 가치 있는 일인 것처럼 암시한다. 사람들은 파티 같은 데서 일어나는 충동적이고 희롱적인 행동을 용인하며, 이렇게 해도 아무 문제도 없을 것이라고 애써 부인한다.

• 대량의 성적 자극이 가져오는 결과

많은 사람이 우리 사회의 무절제한 성적 자극은 무언가 잘못되었다고 느낀다. 그러나 그들은 과거의 지나친 규제를 떠올리며 청교도적인 '엄률주의자'로 불리지 않으려고 자신의 감정과 반응을 깊이 생각해 보기를 꺼린다. 어쨌거나 이러한 성적 자극의 결과를 조사해 보면, 사람들의 반응이 청교도적인 것이 아니라 현실적인 것임을 알 수 있다.

우리를 괴롭히는 성적 욕구에 대한 선입관은 성의 육체적이고 에로틱한 측면만을 강조하고 인격적인 상호 교류의 측면은 무시하는 왜곡된 결과를 가져온다. 이는 여러 방면에 걸쳐 큰 불행을 초래한다. 우리가 영화배우들과 같은 육체적인 매력을 다 갖출 수는 없다. 그럼에도 그러한 매력이 그저 바람직한 것으로서가 아니라 모든 문제에 대한 해결책으로 제시된다. 아름답지 못한 여성의 경우, 자신에 대해 즉각적으로 해로운 태도를 갖게 된다. 안타깝게도 수많은 여성들이 육체적인 아름다움과 늘씬한 몸매, 새로운 매력을 위해 끝없이 노력하고 있다. 이러한 노력은 대부분 자신이 매력적이지 않다는 내재과거아의 감정에서 비롯된다.

또한 그들은 사람의 마음을 끄는 것은 일차적으로 자신을 받아들이는 데서 출발하는 내면적인 매력의 문제라는 사실을 전혀 인식하지 못한다. 아름다운 여성들도 흔히 보통 여성들과 마찬가지로 육체적인 아름다움에 열중하면서 큰 고통을 받는다. 그들은 자신의 아름다움에 대해 스스로 만족하고 행복해하기를 기대한다. 그러나 자주 자신이 몹시 불행하고 비참하다고 느낀다. 왜냐하면 만족감은 정서적인 참여를 통해서만 얻어질 수 있는 것이며, 육체적인 아름다움과는 별로 관계되지 않는 것이기 때문이다.

또한 대량의 성적 자극은 실질적인 성적 체험을 비인격적인 것으로 만들기 쉽다. 이 경우 상대방은 하찮은 요인이 되고 만다. 상대방은 특별히 자극을 주지 못하고 단순히 한 인간과 그의 환상 사이에 미리 설정된 관계를 촉발할 뿐이다. 이때 실질적인 자극은 가상의 감정적인 국면에서 비인격적인 형태로 오며, 그 반응도 마찬가지로 난잡하고 비인격적이다. 따라서 사랑의 대인적對人的 측면과 육체적 측면의 분리가 더욱 촉진된다. 그러면 성적인 체험의 목표는 육체적인 것, 즉 의미가 깊은 관계를 통한 애정 있고 정서적인 상호 교류가 아닌 성적인 긴장의 해소가 되고 만다.

또한 언급해야 할 것은, 이러한 지속적인 자극이 지속적인 불만족과 좌절을 가져온다는 점이다. 예를 들어, 어떤 여성이 대중에게 인기를 끌기를 원한다면, 문화에 따라서 자극적이고 성적인 분위기를 내는 옷을 입어야 하고 희롱적이고 선정적인 태도로 행동해야 한다. 그러나 자신에게 반응을 보이는 남자들의 어떠한 성적인 제안에 대해서는 저항해야 한다. 그러면서 귀찮은 처지에 놓이게 된다. 만약 이에 저항하지 않는다면, '악한 여자, 바보 같은 여자, 손쉬운 여자, 잘 넘어가는 여자, 질이 좋지 않은 여자'로 취급받을 것이다. 그리고 만약 이에 저항한다면, 자극할 만한 요인도 없으면서 자기 자신과 남자들을 자극하는 입장에 처하게 된다. 문란한 성적 관계의 대부분이, 특히 십대들 사이에서 벌어지는 난잡한 성적 관계가 이처럼 성적인 자극을 대중의 인기와 동일시하는 데서 비롯된다.

 대량의 자극과 그에 대한 제재는 비현실적이기도 하고 가혹하기도 하다. 이것은 젊은이들에게, 특히 오랜 기간에 걸쳐 교육을 받아 온 젊은이들에게 많은 문제를 불러일으킨다. 그들이 경제적으로나 정서적으로 의타적일 수밖에 없을 때, 그리고 그들의 생애에서 성적 충동을 가장 강하게 체험할 때, 우리 문화는 그들이 사회에서 용인된 대량의 성적 자극을 무시하거나 그 자극에 면역되기를 기대한다. 이것이 젊은이들에게 뼈아픈 좌절과 혼란을 초래하는 가운데, 미숙한 성적 환상이 성인기까지 지속되도록 만든다.

• 어린이들에게 끼치는 영향

성의 육체적이고 에로틱한 측면에 대한 대중 매체의 이상화가 어린이들에게 의미심장한 어려움을 초래한다는 사실을 뒷받침하는 증거가 급증하고 있다. 많은 사례에서 보듯, 특히 대중의 인기도와 성을 혼동하는 어머니들에 의해, 수많은 어린이들이 제어할 준비도 갖추지 못한 채 성적이고 정서적인 상황으로 떠밀리고 있다. 우리의 성적 자극이 여러 원인으로 나타난 것처럼, 그 결과로 일어나는 문제 역시 수많은 근거 위에 자리한다.

그러나 어린이들에게 각별히 관심이 있는 몇몇 의사와 정신과 의사, 사회사업가와 문화적인 동향을 관찰하는 일부 지각 있는 연구자를 제외하고는 대부분 이러한 상황을 간과한다. 장차 문제를 일으킬 성적 자극의 파급 효과를 증명하기 위해 10세 미만의 어린이들에 관한 〈타임Time〉지의 기사를 인용해 보기로 하자.

"뉴욕의 마사피콰에 사는 케이시는 학교에 갔다 오더니, 친구의 생일 파티에 신고 갈 나일론 스타킹과 가터벨트가 필요하다는 말을 했다. 다른 아이들도 모두 그런 차림을 할 것이기 때문이라고 했다. 케이시는 여덟 살이다."

"로스앤젤레스에 사는 빌의 부모는 열 번째 생일을 맞은 빌에게 처음으로 파티를 준비해 주었다. 그 파티에서는 턱시도 차림의 소년들과 코사지 차림의 소녀들이 어울렸다. 그런데 한 소년이 다른 소년의 짝에게 지나치게 관심을 쏟았다. 빌의 어머니는 '그 아이에게도 귀여운 상대 소녀가 있다는 사실을 말해 줘야 했습니다'라고 설명했다."

"시카고 교외의 에버그린 공원에서 여섯 살 남짓한 여자아이 열두 명이 토요 정기 모임 시간에 맞춰 미용실에 우르르 몰려갔다가 머리를 사자처럼 잔뜩 부풀려서 나왔다. 미용실 원장 와렌 밀러는 한숨을 쉬며 '아이들이 얼굴 형태는 생각하지 않고 머리 모양에만 관심을 보여요. 나는 그걸 더벅머리라고 불러요'라고 말했다."

"샌프란시스코에 사는 버클리 대학 교수의 딸인 비벌리는 부모에게 브래지어를 요구했다. 비벌리는 남자 친구의 자전거를 함께 타고 자동차 극장에 가기로 계획을 세우면서 자기 몸매를 챙겨야 했던 것이다. 비벌리는 아홉 살이고 남자 친구는 열두 살이다."

"단적으로 말해서 과거에는 청년들의 영역에만 속했던 데이트, 무도회, 키스와 그 밖의 기쁨을 주는 모든 놀이가 이제는 미국 전역에 걸쳐 8~12세의 초등학교 학생들에게 생활의 일부가 되어 가고 있다. 최근 특히 도시 외곽에서 널리 유행하는 것은, 10세 미만의 청소년들이 시험적으로 목을 끌어안고 애무를 해 보는 이른바 '일 치르기'이다. 소년들과 소녀들이 함께 누군가의 집에 도착하면, 부모는 그들이 자유롭게 '일'을 치를 수 있도록 방을 어둡게 만들어 주고 눈치껏 자리를 비켜 준다. 로스앤젤레스에 사는 10세 미만 어린이들은 '우체국 키스 게임'과 '병 돌리기 키스 게임'이라는 새로운 방법을 개발했다. 그들은 이것을 '천국의 7분' 또는 '지옥의 7

분'이라고 부른다. 남자아이가 상대 여자아이를 방으로 데리고 간 다음에 남자아이의 취향에 따라서 7분 동안 여자아이와 키스를 하거나(천국) 여자아이를 때리는 것(지옥)을 말한다."

과도한 성적 자극과 육체에 대한 강조는 근본적으로 문화적 태도의 '매개자'인 부모에게서 오는 것이다. 펜실베이니아 주립 대학교의 브로데릭 Carlfred B. Broderick 교수는 다음과 같이 말했다.

"많은 부모들이 성은 사춘기와 더불어 시작된다고 하는 그릇된 이론에 따라 움직이는 것 같다. 그들은 어렸을 때의 키스는 무의미한 것이라고 생각한다. 그러나 10세 미만 어린이들의 데이트는 그들이 더욱 이른 나이에 점진적으로 가까워지도록 한다. 이 어린이들이 십대에 이를 무렵이면 그 방면에 관해 상당히 많이 알게 되며, 금방이라도 결혼하려 들 것이다."

하지만 그런 어린이들에게 결혼이 해결책이 되기는 힘들다. 결혼은 어쩌면 더 큰 불행을 기약하는 것인지도 모른다. 십대에 결혼한 사람들의 이혼율이 이십대 중반에 결혼한 사람들의 이혼율보다 거의 다섯 배나 높다.

오늘날 텔레비전, 영화, 잡지에서 보는 관능적인 연애담에서 자극을 받는 어린이들이 사랑과 애정, 결혼과 책임에 대한 왜곡된 견해를 피하기란 거의 불가능하다. 이는 성의 육체적인 측면을 지나치게 강조하는 부모들에 의해 보완된다. 어린이들은 자신이 수용할 수 있는 한계를 넘어서까지 성적인 상황으로 떠밀리고 있다. 어린이들에 대한 지대한 관심으로 어린이 문제에 관한 미국 제일의 권위자가 된 스포크Benjamin Spock 박사는 이렇게 말했다.

"문제는 본능이 15~16세에도 결혼을 꿈꾸도록 작용한다는 점이다. 일찍부터 데이트를 시작하고 여러 달에 걸쳐 꾸준히 진행하다 보면, 설사 15세가 안 되었어도 함께 지내고 싶다는 생각이 들 것이다. 그러나 우리 사회는 모든 사람이 적어도 17~18세가 될 때까지는 학교에 다니기를 기대한다. 몇몇 어린이들이 전혀 준비되지 않은 상태에서 짝을 구하기 위해 경쟁하고, 사랑에 빠진 사람의 역할을 수행하도록 자신을 몰아세우고 있다."

초등학교 5학년인 자녀에게 벌써 데이트를 안내하려고 애쓰는 부모들이 있다는 보고가 있다. 현재는 중학교 1학년 때 그런 안내를 하는 것이 여러 지방에서 널리 성행한다. 그리고 많은 부모가 자기 딸이 고등학교에 다닐 나이가 되도록 데이트를 하지 않거나 꾸준히 진도를 나가지 못한다며 노심초사한다. 남자아이들도 마찬가지다. 부모들은 자녀가 데이트에 실패한 것을 성적 매력이 부족한 탓이라고 해석한다. 그래서 성에 대해 지나치게 강조하는 문화의 결과로서, 그 자녀가 바야흐로 '늙어 가고' 있다는 결론을 내린다.

이처럼 지속적으로 일반화된 자극에 대해 우리가 궁극적으로 치러야 할 대가는 헤아릴 수 없을 만큼 엄청나다. 우리는 이 자극이 무엇이며, 이 자극이 어떻게 내재과거아의 미숙한 성적 관심을 유발하고 그 관심을 유지하는지 인식함으로써, 이 자극으로 인한 압박과 긴장에서 벗어나기 시작할 것이다.

• 성에 대한 현실적인 접근

우리 문화에서 나타나는 대량의 성적 자극이 어떻게 성을 비인격화하는지 이해하는 것은 당신이 참으로 성적인 만족을 느낄 수 있는 나름의 방법을 찾도록 도와줄 것이다. 실제로 인간은 육체 중심의 성적 관계에 오랫동안 만족할 수 없는 존재이다. 더욱 깊이 있는 만족감은 사랑 넘치는 관계를 아름답고 풍요롭게 만드는 일상적인 상호 교류와 상호 관심에서 나온다. 성적인 관계는 상대방에 대한 존중과 배려, 관심이 있을 때에 비로소 만족스러울 것이다.

미국의 청교도 조상들은 육체를 부정하고 성적 욕구를 억압하려고 애쓰는 어리석음을 범했다. 그러나 인간의 육체가 부정될 수는 없기에, 지나친 성적 환상과 불안한 죄책감이 불거져 나왔다.

우리에게는 육체가 있고 육체에는 성적인 분비선들이 존재한다. 이것들이 정서적인 사랑의 감정과 상대방의 행복을 비는 원의와 한데 어우러져 기능한다는 사실을 인식해야 한다. 성과 다른 사람에 대한 배려, 그리고 한 인간으로서 완전히 발전하고자 하는 상대방의 사랑이 완전하게, 헤어나지 못할 정도로 한데 어우러질 때, 가장 심오한 성적 만족을 느낄 수 있다.

이것은 한낱 이상적인 목표가 아니라 현실적인 목표이다. 이것은 당신이 우리 문화 고유의 비인격적인 성적 자극에 떠밀려 환상 속에서 고독하게 살아가지 않도록 막아 줄 것이다. 이 목표를 달성하기 위해서는 다음과 같이 해야 한다.

1. 자신의 성적인 환상에 제재를 가하라. 지나친 환상은 대부분 대중 매체에서 성을 강조함으로써 선동된다는 점을 인식함으로써 성적인 환상에 단호하게 제재를 가할 수 있다. 그러한 환상은 당신의 내재과거아에게 속하는 것들이다. 당신은 자신에 대한 부모 역할을 맡아서 그 환상을 제거할 수 있다.

2. 당신은 한 사람의 인간으로서 당연히 배려받아야 할 성적인 분비선과 성적인 감정을 가지고 있음을 인식하라.

3. 당신의 성적 욕구를 다른 사람을 향한 정서적 애정과 관련지어라. 환상의 과장된 약속이 아니라 일상생활에서 나누는 상호 교류를 통해 참된 만족을 추구하라.

제3부

당신 자신과 당신의 인생을 바꾸는 일

제19장

자신에게 새로운 부모 역할 하기

　이 책이 특별히 의사들만을 위해 쓰였다면, 이 장의 제목을 '요법療法' 또는 '치료법'이라고 해야 할 것이다. 하지만 이 책은 당신이 어린 시절에서 비롯하는 부모의 병적인 태도를 버리고, 내재과거아에게 도움을 주는 부모 역할을 하는 방법을 개발하면서 부딪히게 될 몇 가지 실질적인 문제를 해결하기 위해 쓰였다.

　이 책은 마음의 평화를 가져다주는 격려의 말을 모아 두었다가 당신에게 들려주지는 않는다. 그러나 당신은 내재과거아와 어른인 당신 사이의 투쟁을 억제함으로써 마음의 평화를 누릴 수 있다. 이것은 당신이 얻을 수 있는 내적인 만족감이며 충족감이다. 그 누구도 이것을 당신에게 베풀 수는 없다. 인생 자체는 투쟁으로 점철되어 있으며, 인생의 만족은 투쟁을 통해서 얻어진다. 우리 대부분이 겪는 불행과 불만족은 어른으로서 사는 삶의 성취를 가로막는 내재과거아와의 무익한 투쟁에서 기인한다. 자신의 인생을 바꾸기 위해서는 내재과거아를 이해하며, 친절하면서도 단호한 태도로 새롭게 받아들이고 다루어 나가야 한다.

필자는 가장 보편적이고 병적病的인 영역을 기술하는 가운데, 당신의 내재과거아를 새롭게 인도하기 위해서 싸우게 될지도 모르는 특정한 영역들을 보여 주려고 했다. 또한 병적인 태도가 어떻게 전달되며 어떻게 분석되고 변화되는지 보여 주고자 노력했다.

그러나 그 결과는 자신에 대한 부모 역할을 맡아 지난날의 태도를 변화시키는 데 얼마나 노력을 기울였는지에 따라 좌우될 것이다. 이 책이 당신의 난관을 이해하는 형태로 당신에게 필요한 어떤 수단을 제공하기는 하겠지만, 이 책을 읽는 것이 곧 예전의 태도에 맞서 싸우는 것은 아니다. 정신과 의사나 일반 의사들도 당신의 태도를 변화시켜 줄 수는 없다. 이것만큼은 당신이 스스로 해 나가야 한다.

마찬가지로 당신의 어린 시절에 대한 어떤 설명이나 탐구도 당신의 문제를 곧바로 없애 주지는 못할 것이다. 당신이 처한 난관의 근원을 찾아야만 어디서 갈등이 발생하는지를 알 수 있다. 당신의 인생을 의미심장하게 변화시키기 위해서는 어쨌든 당신이 노력해야 한다.

• 내재과거아의 감정 확인

자신에게 새로운 부모 역할을 하는 과정에서 가장 먼저 관심을 가져야 할 것은 당신 특유의 내재과거아의 감정을 확인하는 법을 배우는 것이다. 왜냐하면 어린이는 저마다 다르고, 각자 성장한 가정이 다르며, 각자 고유한 특성을 지니기 때문이다.

설사 당신이 쌍둥이라 하더라도 당신의 내재과거아는 형제자매의 내재과거아와는 다르다. 당신의 내재과거아는 몇 가지 면에서 누구와도 다른 특별한 체험을 했다. 이러한 감정과 어린 시절의 갈망을 당연히 존중받아야 할 것으로 중요하게 인식하고, 이 감정을 어른인 당신의 감정과 분리해서 생각할 줄 알아야 한다. 이 구별은 어른으로서 당신이 세운 목적을 분간하는 데 도움이 된다는 점에서 중요하다. 당신은 내재과거아의 감정을 인식하고 받아들이는 가운데 자신에 대한 부모 역할을 충분히 알게 되어, 상냥하고 도움이 되는 부모로서 직분을 다할 수 있다. 그러면 당신은 어른으로서 자신의 목표를 성취하는 방향으로 움직일 수 있을 것이다.

실생활에서 당신이 스트레스를 받고 있을 때 내재과거아의 감정을 더 쉽게 인식할 수 있을지도 모른다. 당신의 내재과거아가 줄곧 당신의 행위를 지배하거나 통제하는 것은 아니다. 그러나 이따금 당신이 지쳐 있거나 병을 앓거나 매우 긴장해 있을 때, 내재과거아는 더 쉽게 그 모습을 분명히 드러내 보일 것이다. 아니면 당신이 처한 외적 상황이 어린 시절을 생각나게 할 때, 내재과거아의 감정이 뚜렷하게 드러나는 경우가 많다.

그렇다고 내재과거아의 역할을 분명하게 파악하기 위해 스트레스가 넘칠 때까지 기다릴 필요는 없다. 과거에 스트레스를 받았을 때 당신이 보였던 반응을 떠올려 보는 것이 정확한 지침을 제공할 것이기 때문이다.

그러니 노트를 펴고 당신이 받은 스트레스와 그에 대한 당신의 반응을 항목별로 기록해 보라. 이것이 내재과거아가 당신의 인생에서 수행한 역할을 분명하게 밝히는 첫걸음이 될 것이다. 당신은 자신에 대한 부모 역할을 맡음으로써 당신의 태도와 당신 내재과거아의 반응을 모두 예상할 수 있다.

자녀가 위험한 물건을 가지고 놀지 못하게 제지하려는 어머니는 자녀가 화를 낼 수도 있다는 것을 예상해야 한다. 하지만 당황하거나 자녀의 분노에 굴복하여 그 위험한 것을 계속 가지고 놀게 해서는 안 된다. 이와 마찬가지로 내재과거의 반응을 예상함으로써 당신의 내재과거아를 이끌어 가야 하는 것이다.

둘째로, 앞에서 기술한 보편적이고 병적인 태도를 방법론적으로 주의 깊게 점검함으로써, 당신에게 적용할 만한 몇 가지를 발견하게 될 것이다. 그러면 내재과거아의 감정을 더욱 잘 파악할 수 있을 것이다. 그러니 특별히 내재과거아의 반응을 형성하는 데 관련되는 것으로 보이는 병적인 태도들을 열거해 보길 바란다. 그리고 이러한 태도가 현재 어른으로서 살아가는 당신의 생활을 어떻게 방해하는지 기록하라. 만약 이러한 태도가 깊은 만족을 제공한다면 그것 역시 기록하라. 특별히 오락 활동이 만족을 주는 경우도 있다. 어쨌거나 당신이 변화시켜야 할 태도는 어른인 당신의 능력과 노력을 방해하는 것들이다. 이 같은 태도와 더불어, 내재과거아의 출현을 촉발하는 것처럼 보이는 태도들을 적어 두어야 한다.

- **병적인 태도의 분류**

이 분류 작업을 할 때는 병적인 태도의 특정한 국면을 유념해야 한다.

1. 부모의 태도 가운데 병적이거나 말썽을 유발하는 것은 무엇이든 '지나친' 태도이다. 이 책에서 기술한 태도는 부모의 병적인 태도 가운데 가장 흔한 것들이지만, 결코 전부는 아니다. 당신은 이 책에서 기술하지 않은 부모의 지나친 태도에 시달렸을지도 모른다. 우리는 누구나 어렸을 때 어떤 면에서는 어느 정도 방치당했고, 과잉보호받았고, 가혹하게 처벌받았고, 강압되었고, 완벽해지도록 강요당했으며, 세균을 두려워하도록 강요당했고, 충동적으로 행동하도록 허용되었고, 거부당했다고 할 수 있다. 그러나 중요한 것은 이러한 반응이 지속적이고 지나친 행동의 결과였느냐 하는 것이다. 어떤 태도의 지나치고 지속적인 특성이 그 태도를 병적인 것으로 만든다. 예컨대 세균이 질병을 가져오기는 하지만, 세균을 두

려워하는 태도가 지나치면 무능력해진다는 점을 알 필요가 있다.

2. 앞에서 여러 가지 병적인 태도에 대해 마치 '순수 배양의 형태'로 존재하는 것처럼 기술했다. 그러나 사실상 이 태도들은 반드시 다른 태도들과 혼합되어 있고, 흔히 하나의 병적인 태도가 또 하나의 병적인 태도를 발생시키는 방식으로 서로 연결되고 뒤섞여 있다. 예를 들어, 완벽주의를 지향하는 부모는 자신의 지나친 요구에 대해 죄책감을 느끼면 지나치게 방임적인 태도로 전환하여 선물 세례를 퍼붓고, 그러다가 또 완벽함을 요구할 것이다. 병적인 태도들이 흔히 밀고 당기는 관계로 연결되는 것은 이러한 양식을 통해서다. 일반적으로 한 가지 지나친 태도는 흔히 원래의 병적인 태도로 초래되는 불균형을 유지하도록 도와주는 다른 태도들을 불러일으킨다.

3. 당신의 어머니와 아버지가 서로 상이한 태도를 취했을 때, 그 태도의 일반적인 면과 특징적인 면을 회상함으로써 내재과거아의 감정을 확인할 수 있을 것이다. 한쪽 부모가 지나치게 강압적인 반면에 다른 부모는 지나치게 방임적이고 유약한 것은 전혀 이상한 것이 아니다. 그러한 상황에서 어린이는 자신을 대하는 부모의 태도를 모두 받아들일 것이다. 어떤 태도가 아버지의 것인가? 어떤 것이 어머니의 태도인가? 아마도 부모의 어린 시절 환경이 어떠했는지를 말해 주는 실마리를 찾을 수 있다면, 부모의 태도, 즉 당신이 '물려받은 태도'의 일부를 이루는 것들을 분명히 볼 수 있을 것

이다. 당신의 인생에서 중요하게 여겨지는 부모의 태도를 노트에 적어 내려가다 보면, 그 태도들에 서로 모순되는 면이 있음을 발견할 것이다. 어쨌든 이러한 태도는 모두 당신의 특별한 개성의 일부이다. 이 태도들이 어떻게 조화를 이루고 서로 어떤 영향을 미치는지 알아내는 데는 제법 시간이 걸릴 것이다. 당신이 따를 수 있는 최선의 절차는 시간을 할애해서 다음 두 가지를 분명하게 밝히려고 시도하는 것이다. 첫째는 부모의 태도이고, 둘째는 이 태도에 대한 당신의 반응이다.

• 당신 자신에 대해 부모 역할을 할 때

당신은 어렸을 때 부모의 태도에 자연스럽게 반응했고, 지금도 자연스럽게 반응하며, 당신 편에서 이 태도를 이용한다. 당신은 사춘기 훨씬 이전에 이 태도들을 내재화하고, 자신을 생각하고 다루고 인도하는 방법에 이 태도들을 받아들여 통합하는 과정을 시작했다. 당신을 통제하는 부모의 손길에서 차츰 분리해 나간 사춘기 때에 자신에 대한 부모 역할을 시작한 것이다.

이것은 당신이 의미 있는 방법으로 바꿀 수 있는 과정이다. 현재 당신의 것으로 사용하고 있는 태도가 사실은 '빌려 온 것'이라는 점을 아는 것이 도움이 될 것이다. 이 태도는 당신의 창작물이 아니고, 굳이 이 태도를 사용할 필요는 없으며, 자신에 대한 부모로서 나름의 태도를 계발할 수 있다. 당신 인생의 모든 것을 변화시켜야 하는 것이 아니라, 당신의 만족과 성취를 제한하는 부모의 태도만을 변화시켜야 한다.

이따금 당신은 인생의 모든 것을 변화시켜야 한다고 생각할지도 모른다. 이는 스스로 성취한 바를 과소평가하며 현재 당신의 노력에 덜 만족하고 있다는 것을 가리킨다. 어떤 분야에서 자신의 노력에 만족을 느끼기 시작할 때, 당신은 그다지 풀이 죽어 지내거나 우울해하지 않을 것이며, 모든 것이 변화되어야 하는 것은 아니라는 점을 알게 될 것이다. 당신 자신은 미처 모르고 있다 하더라도, 새로운 태도와 새로운 만족을 찾을 수 있는 요소들을 이미 가지고 있다는 것이다. 당신의 만족과 성취를 제한하는 부모의 태도야말로 변화되어야 할 것들이다.

• 상호 존중

당신이 지금 자신의 것으로 사용하고 있는 부모의 해묵은 태도를 바꾸기 위해서는, 그 태도가 당신의 내재과거아에게 일으키는 감정을 인식하고 존중하는 것이 중요하다. 당신은 어떤 특정한 태도가 어른인 당신과 당신의 내재과거아 사이의 상호 존중을 어떻게 파괴하는지 이해할 필요가 있다.

필자가 강조했듯이, 부모의 태도는 대부분 부모의 감정, 권리, 필요, 요구 사항, 형편 등의 사정에 좌우된다. 이때 어린이의 감정은 흔히 무시되거나 마구 짓밟힌다. 심지어 어린이에 대한 관심이라는 허울을 취하는 방임의 경우에도, 어린이의 진정한 발달에 대한 필요성과 어린이 자신의 노력에 의한 더 큰 만족감은 무시된다. 결국, 원치 않는 선물 세례에 질린 어린이는 적극적으로 자기만의 만족을 추구할 수 없게 된다.

따라서 당신은 내재과거아의 감정을 존중하는 데서 시작해야 한다. 끈기를 가지고 이러한 감정이 어떻게 생겨났는지 인식하고, 그 감정이 생겨나는 것은 당신의 탓이 아님을 알아야 한다.

이제 당신의 부모보다 더욱 상냥하고 도움이 되는 부모 역할을 함으로써 이러한 감정과 이 감정의 표현에 대해 당신이 보이는 반응에 제재를 가해야 한다. 당신은 어린 시절 가정에서 겪은 가혹함과 박탈, 부적절한 태도에서 계속해서 발생하는 감정에 대해서도 단호히 제재를 가해야 한다. 낙담해서 스스로 어떻게 해 보려고 하지 않을 수도 있고, 시대에 뒤떨어지고 비현실적인 어린 시절의 목표를 추구하고 있을지도 모른다. 그렇지만 내재과거아가 감정을 표현하는 데 대해 단호하게 제재를 가할 수 있고 이 감정을 존중하는 태도를 견지할 수 있는 것은 당신이다.

내재과거아의 감정을 존중하는 자세로 시작하라. 그러면 당신의 난관을 줄이는 데 큰 진척을 가져올 것이다. 그렇지 않으면 당신은 발전할 수 없다. 다만 자신과 싸우고 자신을 비난하면서 몸부림만 칠 것이다.

• 한계의 설정

　당신의 내재과거아가 어른으로서 살아가는 당신의 삶에 훼방을 놓는 시기를 알 수 있는 매우 실질적인 방법이 있다. 이것은 내재과거아의 감정 표현을 억제하는 데 중요하다.

　예컨대, 당신이 어떤 상황에 대해서 정당화되는 것 이상의 기분과 감정으로 반응하며, 그 상황이 당신을 화나고 괴롭고 초조하게 만들고 자신에 대해 실망하게 만들 때가 있을 것이다. 그럴 때 자신의 내재과거아에 대해서, 그리고 이 같은 감정적 격변에서 내재과거아가 맡는 역할에 대해서 살펴보아야 할 것이다. 당신의 내재과거아가 왜 그토록 강하게 반응하는지 자문해 보라. 그리고 내재과거아의 감정 표현에 조심스럽게 제재를 가하라.

　만약 당신이 실제로 정당화되는 것보다 더 자주 다른 사람들과 갈등을 빚는다면, 그 원인은 당신의 내재과거아에게 있다고 볼 수 있다. 내재과거아는 당신 부모의 태도와 외적인 상황 모두에 반응한다. 사람들이 분노 표현에 제한을 둔다면 각자의 어려움을 상당히 줄일 수 있을 것이다.

　그들은 어렸을 때 좌절에 대한 포용력을 전혀 발달시키지 못했을 것이다. 또한 부모는 좌절에 대한 분노를 표시하며 나름의 방식을 요구하는 그들에게 굴복하고, 심지어 방관하기까지 했을 것이다. 어른이 된 그들은 내재과거아의 감정에 불과한 것을 발산함으로써 다른 사람들과 맺는 관계를 계속 악화시킨다. 그러나 그들이 표현하는 만큼 분노가 일어날 만한 상황이란 거의 없다.

만약 당신의 생애에서 과음이나 분노와 같이 억제할 필요가 있는 문제들이 주요한 난관이라면, 또는 당신이 많은 시간을 빈둥거리며 지내고 있다면, 부모의 태도와 이에 대한 내재과거아의 반응으로 수행되는 역할을 제한하도록 노력해야 할 것이다.

만약 일과 휴식, 놀이 사이의 불균형이 분명하게 보인다면, 내재과거아의 어느 부분이 이러한 불균형에 작용하는지 판단하기 위해 노력해야 한다. 당신은 일을 떠나서 휴식을 취할 필요가 있다. 과도한 일이나 휴식, 놀이는 대개 내재과거아의 요청에 의한 결과이다.

또한 유년기의 해묵은 목표는 비현실적이고 소모적인 것이기 때문에 제한되어야 한다. 우리는 이미 이 점에 관해 어느 정도 알고 있다. 카우보이가 되기를 꿈꾸는 소년은 카우보이의 현실에서 어딘가 부정적인 면을 발견하면 그 꿈을 포기할 것이며, 성장하면서 더욱 매력적이고 합리적으로 보이는 다른 이상에 몰두하게 된다.

그러나 몇몇 목표는 쉽게 제거되지 않는다. 그것들은 흔히 목표로 인식되지 않기 때문이다. 내재과거아는 목표를 구성하고 그것을 충족하기 위해 노력하는 갈망으로 충만해 있을 때가 많다. 예컨대 당신이 어렸을 때 어머니에게 적절한 사랑과 배려를 받지 못했다면, 내재과거아는 계속해서 그러한 다정함을 추구할 것이고 어른이 되어서도 건전한 상호 교류보다는 이 다정함을 더 좋아할 것이다. 유년기의 목표는 과거에 속하는 것이기 때문에 충족될 수 없다. 이 목표를 추구하는 데 단호하게 제재를 가하는 것이 부모로서 필수적인 일이다.

• **기본적인 지침**

만약 당신이 어렸을 때 시달렸던 병적인 태도를 확인할 수 있다면, 다음 도표가 자신에게 새로운 부모 역할을 하면서 지향할 수 있는 일반적인 지침을 제시할 것이다.

당신이 어린 시절에 시달린 태도	지금 당신이 할 수 있는 행동
완벽주의·강압	자신에게 부과하는 압박, 요구 사항을 제거할 것
응징·완벽주의·거부	자신을 대하는 방식과 자기비판에 한계를 설정하는 방식에 친절과 존경, 온화함을 더할 것
방임	일을 스스로 성취하려고 하며, 다른 사람에게 의지하려는 의타심을 제한할 것
유약	충동적 행위에 단호하게 한계를 설정하고, 다른 사람의 감정과 권리를 존중하지 않는 경향을 극복하도록 노력할 것
방치·거부·건강 염려증	의식적으로 자신에게 작은 친절을 베풀고 가능하면 자신을 너그럽게 대하며 자기비판을 줄여 나갈 것, 당신의 아픔과 고통에 굴복하지 말 것

많이 요약되기는 했지만, 이 도표는 당신이 어떤 지침을 택할지 판단하게 해 줄 것이다. 해묵은 부모의 태도와 그 태도에 대한 당

신의 반응을 분명하게 밝힐 때, 더욱 단호하고 존중하는 태도로 자신을 달리 대하는 일을 의식적이고 효과적으로 시작할 수 있다.

이따금 사람들은 이러한 병적 태도에 대해서, 그리고 이 태도가 어떻게 지속되어 왔는지에 대해서 간단히 아는 것만으로도 이 태도를 사라지게 하거나 영향력을 없애는 데 충분할 것이라고 생각한다. 그러나 실제로는 아는 것만으로 충분하지 않다. 당신의 내재과거아를 새로운 방법으로 다루는 과정에서 의식적이고 지속적인 노력, 훈련과 연결되어야 한다. 이를 통해 비로소 당신은 말썽을 불러일으키는 과거의 태도와 그 태도의 유형을 변화시킬 수 있다.

• 당신이 변화될 때 예상되는 것

이와 같이 해묵은 부모의 태도를 변화시키는 일은 인내와 노고를 요구한다. 예전의 태도를 따르는 것이 훨씬 쉽다. 실제로 이와 같은 태도는 당신에게 친숙하다는 강점을 가지고 있기 때문에, 어떤 때는 그것이 옳다고 느껴지기도 할 것이다. 당신은 내면적인 이질감, 편안하지 못하다는 느낌, 심지어는 분명한 불안감까지도 대응할 준비가 되어 있어야 한다. 이와 같은 불안감을 진전의 표시로 볼 수 있어야 할 것이다. 머지않아 자신의 새로운 태도에 익숙해지면서 이질감과 불안감을 해소해 나갈 것이며, 새로운 태도의 이로운 점을 느끼기 시작할 것이다.

당신은 또한 과거의 태도에 계속 끌려다닐 것이라는 점을 예상해야 한다. 한두 가지 경우에 자신을 달리 대하는 데 성공했다고 해서 싸움이 끝난 것은 아니다. 당신은 계속되는 투쟁에 맞설 각오를 해야 하며, 자신이 하나의 유형을 정립하고자 애쓰고 있다는 사실을 인식해야 한다. 당신은 차츰 지난날의 불행에서 벗어났다는 안도감과 새로운 만족을 느끼게 될 텐데, 이것이 당신의 노력을 가치 있게 만들어 줄 것이다. 그러나 과거의 잔재는 늘 존재할 것이며, 당신이 압박을 느끼거나 피곤하거나 몸이 아플 때는 언제든지 그것이 더욱 편안하게 여겨질 것이다.

가끔 필자는 '개인이 일반 의사나 정신과 의사의 도움 없이 이러한 변화를 이뤄 낼 수 있는지' 질문을 받는다. 근본적으로, 그리고 대부분의 경우에, 한 개인이 이 책을 통해 얻을 수 있는 도움만으로도 자신에 대한 부모의 태도를 상당히 변화시킬 수 있다고 필자는 믿는다. 그러나 투쟁은 계속될 것이며, 정서적인 문제에 관해 훈련을 받은 의사의 도움을 받는 경우보다는 어려움을 겪을 것이다.

물론 의사가 해묵은 부모의 태도에 맞서는 투쟁을 대신 수행할 수는 없는 노릇이다. 그 일은 당신이 해야 한다. 그러나 의사는, 당신이 해묵은 부모의 태도를 버리고 새로운 태도를 가지려 할 때 나타날 수 있는 이질적이고 편치 않은 감정을 설명해 줄 수 있다. 이 책과 같은 종류의 다른 책들은 길잡이 역할을 할 수는 있겠지만 인간적인 관계를 제공하지는 않는다. 당신의 노력에 진정 관심 있는 의사가 아니라면 온정과 이해를 제공하지 못할 것이다.

꾸준하고 지속적인 진전을 위해서는 두 달에 한 번씩 자신의 진척 상황을 점검해 보기를 권한다. 달력에 당신이 점검한 날짜를 표시해 두라. 그리고 부모의 태도에 대해서, 그리고 당신의 내재과거아의 반응에 대해서 기록하라. 해묵은 태도를 변화시키려는 노력을 고찰하기 위해 날마다 규칙적으로 시간을 할애하라. 이렇게 함으로써 자신에게 부모 역할을 하는 새로운 방법에 익숙해질 때까지 지속적으로 노력을 기울일 수 있을 것이다.

• 예방을 통한 만족

대부분의 병적인 태도는 세세대대로 전해진다. 문제의 소지가 많은 부모의 태도를 변화시킬 수 있는 가장 확실한 측면은, 당신이 현재 또는 장차 당신의 후손에게 영향을 끼치는 것을 막을 수 있다는 점을 아는 일이다. 필자는 수많은 부모들, 자녀들과 함께 일해 온 정신과 의사로서, 이 예방적인 국면을 일차적인 고려 대상으로 생각한다. 이것이 바로 필자가 이 책을 쓰게 된 주요 동기 가운데 하나이다.

이러한 예방은 부모의 병적인 태도를 형성하는 정서적인 환경에서 부모와 자녀 사이의 상호 존중을 다지는 분위기를 창출할 것을 요구한다. 각자의 연령 수준에 따라 활동하고 좌절할 수 있는 권리를 존중받아야 하며, 이 권리는 다른 가족 구성원들의 권리를 침해하려 할 때만 제한되어야 한다. 이때 제한은 다른 사람들의 권리가 존중되도록 충분히 보장할 수 있는 선에서 단호하게 가해져야 한다. 여기에는 세 가지 의미가 함축되어 있다.

  1. 가족 구성원은 아버지에서 아기에 이르기까지 저마다 존중되어야 한다. 구성원의 나이나 업적, 가정 안에서의 지위에 좌우되지 않는다.
  2. 다른 사람의 권리를 침해하는 데 대해서는 지속적이고 단호한 제한이 있어야 한다.
  3. 이 제한은 다른 사람들의 권리를 침해하는 순간 야기되는 갈등을 기꺼이 받아들이려는 자세로 보강되어야 한다. 인생은 갈등으로 가득 차 있으며, 결혼해서 부모로 사는 삶에 갈등이 전혀 없으리라는 낭만적이고 달콤한 생각은 우리 모두에게 상처를 입힌다. 갈등 그 자체로는 존중의 결여를 의미하지 않는다.

  상호 존중의 균형을 유지하려고 시도하는 부모들, 자녀들과 여러 해 동안 함께한 결과, 필자는 각 가정에서 다음과 같은 조치를 취해야 한다고 확신하기에 이르렀다.

  1. 어른은 자신의 권리나 위엄을 침해받는다고 생각되면 언제든지 자녀들에게 한계를 설정해 주어야 한다. 어린 자녀는 다른 사람의 권리를 침해하지 않고 행동할 준비가 될 때까지 자기 방에 혼

자 있게 하면 될 것이다. 정중한 제한은 응징이 아니다. 어린이는 물건을 훔쳤거나 부주의해서 파손시켰거나 잃어버렸을 때 최소한 부분적인 보상이나 사과를 하게 해야 한다. 또한 유치원에 다닐 무렵이 되면 어린이를 도로, 약상자, 전기 소켓, 난로, 칼, 바늘, 가위, 계단, 세제 용액 등 위험 요인으로부터 보호하기 위해 단호히 제한을 가해야 한다.

2. 어린이에게 일하는 습관과 자아를 존중하는 태도, 자기가 한 일에 대한 만족감을 길러 주기 위해, 학교에 다닐 때부터 집안일을 시키고 나이가 들어 감에 따라 분량을 늘려 가도록 한다. 어린이들은 이런 일들에 대해 불평할 권리가 있고 부모는 시킬 권리가 있다.

3. 어린이들이 텔레비전과 라디오를 끄고 공부하는 시간을 가지도록 해 주어야 한다. 아이의 공부에 관심 있는 어른이라면 의논 상대로는 적합하겠지만, 어린이의 공부를 대신 해 주어서는 안 된다.

4. 가족 구성원은 누구나 다른 사람의 권리를 침해하지 않는 한, 흙장난에서 진지한 취미에 이르는 모든 개인적인 관심사를, 다른 가족들의 훈계나 압박, 잔소리나 비판 없이 추구할 자유를 누려야 한다.

5. 어린이들은 으레 다투기 마련이다. 어린이들이 다툴 때 두 어린이가 각자 다른 방에 가서 다시 사이좋게 지내겠다고 약속할 때까지 있게 해야 한다.

6. 어른에게는 여가가 필요하다. 어른들이 정기적으로 자녀들에게서 벗어나서 지낼 수 있다면 상호 존중의 균형을 유지하는 일이 가능해질 것이다. 그리고 어린이들은 자기 부모에게도 나름대로 추구할 생활이 있다는 사실과 어른들이 전적으로 어린이의 요구에 봉사하기 위해서만 세상에 존재하는 것은 아니라는 사실을 알 필요가 있다.

우리는 가정에서 상충되는 관심사를 상호 존중하는 생활 방식으로 해결해 나갈 수 있다. 이러한 존중은 병적인 태도가 자라나지 못하게 한다. 필자는 수많은 가정에서 성공적으로 문제를 해결한 것을 보았으므로 그것이 가능하고 실용적이라는 것을 안다. 부모 자신도 한때 거쳐 온 적 있는 어린 세대를 무시하는 지난날의 태도보다는 존중하는 태도로 대해야 한다는 점을 인식한다면 말이다. 만약 부모가 지난날 자신의 감정을 존중하는 태도를 보인다면, 자녀의 감정도 존중할 수 있게 될 것이다.

- **조명과 해결**

위와 같은 예방적 측면뿐 아니라 현재 당신의 만족과 행복도 자신에게 새로운 부모 역할을 하는 능력에 좌우된다. 필자는 이 책이 당신의 정서적인 난관을 비추어 줄 수 있을지는 모르지만 해결해 줄 수는 없으리라는 점을 지적한 바 있다. 당신이 습득하게 될 모든 지식과 통찰을 적용하는 것은 당신에게 달린 문제다.

만약 내재과거아의 다루기 힘든 감정들이 어떻게 생겨났고 지금 어떻게 표현되고 있는지를 제대로 알고, 이러한 지식을 바탕으로 내재과거아에게 정중하고 상냥한 부모 역할을 할 수 있다면, 점차 과거의 왜곡된 삶에서 벗어날 수 있다. 당신은 과거에 구애되는 일 없이 어른으로서 적절하고 만족스러운 방식으로 행위하고, 인생의 여러 활동에 참여하는 자유와 활력을 더 많이 갖게 될 것이다.

그런데 문제는 이것이 쉽게 성취되지 않는다는 점이다. 당신이 생각하는 데 익숙하지 않다면 더욱 생각해야 한다. 당신이 추진하는 데 익숙하지 않다면 강력히 추진해야 할 것이다. 당신이 투덜거리는 데 익숙하다면 불평을 억눌러야 할 것이다. 당신은 새로운 불안감과 이질감을 참고 견뎌야 할 것이다.

당신은 내재과거아에게 상냥하면서도 때때로 단호하게 제재를 가하는 의식 있고 적극적인 부모 역할을 함으로써, 어느 누구도 당신에게 해 줄 수 없는 일을 해낼 수 있다. 즉, 당신 자신을 위해 새롭고 만족스러운 삶을 사는 법을, 당신과 가까운 사람들에 대해 새롭게 생각하는 법을 만들어 낼 수 있다.

지은이 **W. 휴 미실다인**(W. Hugh Missildine)

미국 오하이오 주립 대학교 의과 대학 교수와 미국 정신 신경 의학회 전문의를 지냈다. 또한 메릴랜드주 볼티모어시에 소재한 존스 홉킨스 병원에서 정신과 의사로서 수련을 쌓았다. 9년 동안 오하이오주 콜럼버스시 어린이 정신 건강 센터의 책임자로 일했으며, 이곳에서 성인의 정서적인 문제들에 대한 새로운 접근을 구상하게 되었다. 그리고 미국 내 수천 명의 의사들에게 매달 배포되는 잡지인 〈감정과 그 의학적 중요성〉의 편집인으로 일하면서 이 책에 나오는 개념들을 자주 발표했다.

옮긴이 **이석규**

가톨릭대학교 신학 대학, 중앙대학교 신문 방송 대학원 졸업
가톨릭출판사 제작국 제작 위원, 가톨릭문화총서 편집 간사 역임

옮긴이 **이종범**

광주 가톨릭대학교 신학과, 로마 살레시안 대학교 교육 대학원 졸업